구속사의 관점에서 본

신약성경 파노라마

누가복음

증보판

구속사의 관점에서 본
신약성경 파노라마
누가복음(증보판)

1쇄 발행 2014년 9월 25일

지은이 유도순
펴낸이 유효성
펴낸곳 머릿돌

등록번호 제17-240호
등록일자 1997년 5월 20일
주소 서울 동작구 노량진1동 205-7
TEL. (031) 607-7678 / Mobile. 010-9472-8327
http://edendongsan.onmam.com
E-mail yoodosun@hanmail.net

총판 기독교출판유통
경기도 고양시 일산동구 장항동 585-12
(031) 906-9191

디자인 참디자인(02-3216-1085)

ISBN 978-89-87600-27-7 03230

책값은 뒤표지에 있습니다.
잘못된 책은 교환하여 드립니다.

구 속 사 의 관 점 에 서 본

신약성경 파노라마

유도순 지음

03

누가복음

증 보 판

NEW TESTAMENT PANORAMA

머릿돌

머리말

누가복음은, "우리 중에 이루어진 사실에 대하여" (1:1), 이렇게 시작하여, "너희에게 말한바 곧 모세의 율법과 선지자의 글과 시편에 나를 가리켜 기록된 모든 것이 이루어져야 하리라 한 말이 이것이라" (24:44) 하는, "이루심으로 시작하여, 이루심" 으로 마치는 구조로 되어 있다. 이는 복음이 임기응변으로 주어진 것이 아니라 구약성경을 통해서 계시하신, "언약, 예언, 예표, 모형" 등이 실체(實體)로 "이루어진 사실"이라는 점을 드러내고 있는 것이다.

우리가 믿는 하나님은, "일을 행하는 여호와, 그것을 지어 성취하는 하나님" (렘 33:2)이시다. 하나님은 말씀하신다. "나는 나를 위하며 나를 위하여 이를 이룰 것이라 어찌 내 이름을 욕되게 하리요 내 영광을 다른 자에게 주지 아니하리라" (사 48:11), "또 다윗의 왕좌와 그의 나라에 군림하여 그 나라를 굳게 세우고 지금 이후로 영원히 정의와 공의로 그것을 보존하실 것이라 만군의 여호와의 열심(熱心)이 이를 이루시리라" (사 9:7).

본서는 하나님의 "이루심"에 초점을 맞추어 관찰하였다. 왜냐하면 성경은 구약의 예표를 들어서 신약의 복음을 이루어주심을 입증하라고 주어진 것이기 때문이다. 그러면 우리는 복음서를 성령께서 기록하게 하신 목적대로 사용하고 있는가? 이것이 이 책이 던지는 화두(話頭)다.

하나님께서는 아브라함과 다윗에게 언약하시고 선지자를 통해서 예언케 하신 모든 것을 말씀하신 대로 다 이루셨다. 이제 우리에게는 한 가지 남은 약속이 있는데, 너희를 영접하러 오리라" 하신 재림의 약속이다.

이처럼 "이루어주신" 신실하신 하나님을 증언한다면 하나 남은 약속도 이루어주실 것을 확신하면서 하나님의 주권 앞에 무릎을 꿇고 감사하며 찬양하며 자랑하게 될 것이 아니겠는가?

유도순 목사

목차

누가복음 파노라마

주제 : 인자의 온 것은 잃어버린 자를 찾아 구
원하려 함이니라(19:10).

누가복음은, "우리 중에 이루어진 사실에 대하여"(1:1), 이렇게 시작하고 있습니다. 그러면 "이루어진 사실"이 무엇인가? 누가가 이제부터 증언하려는 예수 그리스도의 "탄생, 수난, 부활, 승천" 등이 임기응변으로 일어난 사건이 아니라, 구약성경을 통해서 미리 말씀하신 언약, 예언, 예표, 모형 등이 말씀하신 대로 "이루어진 사실"이라는 것입니다.

이렇게 시작한 누가복음은 마지막 장에 이르러 부활하신 주님께서 의심하는 제자들에게 성경을 해석해서 깨닫게 해주시는 장면이 나오는데, "내가 너희와 함께 있을 때에 너희에게 말한바 곧 모세의 율법과 선지자의 글과 시편에 나를 가리켜 기록한 모든 것이 이루어져야 하리라 한 말이 이것이라 하시고 이에 그들의 마음을 열어 성경을 깨닫게"(24:44) 하셨다고 말씀합니다.

"모세의 율법과 선지자의 글과 시편"이라는 표현은 구약성경 전체(全

體)를 가리키는 표현인데 구약성경의 중심주제가, "이 성경이 곧 내게 대하여 증언하는 것이니라" (요 5:39) 하신 그리스도를 증언하는데 초점이 맞춰져 있다는 것입니다. 주님은 성경을 구속사라는 맥락에서 설명을 해주신 것입니다. 이렇게 하였을 때에 제자들의 눈이 밝아지고, "우리에게 성경을 풀어주실 때에 우리 속에서 마음이 뜨겁지 아니 하더냐" (24:31, 32) 했습니다. 그리스도의 증인들도 우리에게 맡겨주신 성경을 성도들에게 이렇게 증언하라고 주신 것입니다.

공관복음서는 공통적으로, "너희는 나를 누구라 하느냐" (마 16:15, 막 8:29, 눅 9:20)고 물으신 주님의 질문을 중간쯤에 배치(配置)하고, 이를 분기점으로 하여 전반부는, "예수가 누구신가"를 증언하는데 초점을 맞추고, 후반부는 그 분이 우리에게 무엇을 행해주셨는가에 초점을 맞추고 있습니다. 이것이 복음서의 두 주제요, 복음서는 이 두 주제를 증언하기 위해서 기록이 된 것입니다.

①누가복음은 1장에서 천사가 마리아에게, "보라 네가 잉태하여 아들을 낳으리니 그 이름을 예수라 하라" (1:31)고 전한 다음에, "그가 큰 자가 되고 지극히 높으신 이의 아들이라 일컬어질 것이요 주 하나님께서 그 조상 다윗의 왕위를 그에게 주시리니 영원히 야곱의 집을 왕으로 다스리실 것이라" (1:32-33)고, 그분이 바로 다윗에게 언약하신 대로(삼하 7:12-16) 다윗의 위에 오르실 영원한 왕이심을 증언하고 있습니다.

㉠ 마리아의 찬가에서도, "우리 조상에게 말씀하신 것과 같이 아브라함과 그 자손에게 영원히 하시리로다"(1:55)고 아브라함에게 세워주신 언약의 성취임을 찬양합니다.

㉡ 사가랴도 성령의 충만함을 입어, "우리를 위하여 구원의 뿔을 그 종 다윗의 집에 일으키셨으니…곧 우리 조상 아브라함에게 맹세하신 맹세라"(1:67-73)고, 아브라함과 다윗에게 언약하신 메시아이심을 거듭 증언하고 있습니다. 이것이 복음서 전반부의 주제입니다.

② 그리고 복음서 후반부의 주제(主題)는 하나님의 아들 그리스도께서 왜 사람의 몸을 입고 이 땅에 오셨는가를 증언하는데 초점을 맞추고 있습니다.

주님은 "주는 그리스도시요 살아 계신 하나님의 아들이시니이다" 라는 베드로의 신앙고백을 들으신 후에, "인자가 많은 고난을 받고 장로들과 대제사장들과 서기관들에게 버린바 되어 죽임을 당하고 제 삼일에 살아나실" (9:22), 즉 왜 오셔야만 했는지 그 사명을 비로소 말씀하셨는데 이를 3차에 걸쳐서 예고하셨던 것입니다. 이것이 복음서 후반부의 주제입니다.

③ 누가복음에는 "인자" (人子)라는 말이 26번이나 등장하는데, 예수 그리스도는 인자로 오셨습니다.

㉠ 그래서 누가복음에 기록된 예수님의 족보는 인류의 시조 아담까지 소급해 올라가고 있음을 봅니다. 뿐만 아니라 누가복음에서는 예수님의 탄생은 물론 다른 복음서에서 찾아볼 수 없는 유년기와 소년기의 기사까지 전해 주고 있습니다. 그리스도가 인자로 오셨음을 철두철미하게 증언하고 있는 것입니다.

㉡ 어찌하여 누가복음은 예수 그리스도를 인자(人子), 즉 사람의 아들로 부각시켜 주고 있을까요? 한마디로 우리의 대표자가 되기 위해 오셨음을 증언하기 위해서입니다. 성경은 "자녀들은 혈과 육에 함께 속하였으매 그도 또한 한 모양으

로 혈과 육(인자)을 함께 지니심은"(히 2:14) 하십니다. 나아가 인자로 오신 것은, "죽음을 통하여 죽음의 세력을 잡은 자 곧 마귀를 없이하기" 위해서였습니다. "사망이 사람으로 말미암았으니 죽은 자의 부활도 사람으로 말미암아"(고전 15:21) 가능하기 때문에 그리스도는 "인자" 곧 사람의 아들로 오신 것입니다.

④ 그러므로 누가복음을 통해 계시된 그리스도는 마음씨 좋은 이웃 아저씨같이 묘사되어 있습니다. 그는 언제나 가난하고 소외되고 억압당한 자의 편이 되어 주셨습니다.

㉠ 선한 사마리아인의 모습으로 자신을 나타내셨고, 부자와 나사로의 비유에서는 거지 나사로의 위로받는 모습을 보여주시고, 비난을 무릅쓰고 소외당한 삭개오의 집에 유하러 들어가셨습니다.

㉡ 또 십자가에는 불법 자와 동류가 되어 함께 못 박히시어 회개한 강도의 친구가 되어 주셨고, 실의에 잠겨 엠마오로 내려가는 두 제자의 길동무가 되어 주시기도 했습니다.

⑤ 그래서 누가복음에는 이방 여인에게, "자녀의 떡을 취하여 개에게 줌이 합당치 않다" 하신 말씀이나, 베드로를 향해 "사탄아 내 뒤로 물러가라"고 책망하신 기록 등은 나타나지 않고 있습니다.

㉠ 그러나 "내 영혼아 여러 해 쓸 물건을 많이 쌓아 두었으니 평안히 쉬고 먹고 마시고 즐거워하자"(12:19)는 부자(富者)를 어리석은 자로 여기셨고,

㉡ 호화로이 연락하던 부자가 음부에 던져졌음을 보여 주고 있습니다. 그러다 보니 예수님은 "보라 먹기를 탐하고 포도주를 즐기는 사람이요 세리와 죄인의 친구로다"(7:34) 하는 비난을 받으셨고 결국에는 기록된바, "그는 불법자의 동류

로 여김을 받았다"(22:37)는 예언이 응하여졌다고 말씀합니다.

ⓒ 실로 "거룩하게 하시는 이와 거룩하게 함을 입은 자들이 다 한 근원에서 난지라 그러므로 형제(兄弟)라 부르시기를 부끄러워 아니"(히 2:11)하셨다는 말씀 그대로 미천한 우리들의 "형제"가 되어 주셨습니다. 그러나 명심해야 할 점은, 예수님은 "모든 일에 우리와 한결같이 시험을 받은 자로되 죄는 없으시다"(히 4:15)는 점입니다.

⑥ 인자(人子)로 오셨다는 것은 우리의 기업 무를 친족으로 오셨다는 뜻과 같은 것입니다.

㉠ 왜냐하면 아담의 후예들은 죄 값으로 하나님께 받은 모든 기업을 상실하고 말았기 때문입니다. 기업 무를 자가 되기 위해서는 가까운 친족이어야 했고, 능력이 있어야 했으며, 자원해야만 했습니다. 주님은 이 모든 조건을 갖추신 분으로 오신 것입니다.

㉡ "나를 보내사 포로 된 자에게 자유를, 눈 먼 자에게 다시 보게 함을 전파하며 눌린 자를 자유롭게 하고 주의 은혜의 해를 전파하게 하려 하심이라"(4:18). 주님은 이 글이 "오늘날 너희 귀에 응하였느니라"고 말씀하십니다. 이는 영적 희년(禧年)이 도래하였음을 선포하는 기쁜 소식이었던 것입니다.

⑦ 그러므로 누가복음의 요절은, "인자의 온 것은 잃어버린 자를 찾아 구원하려 함이니라" 하신 19:10절입니다. 이는 두 마디로 되어 있는데 첫째는 잃어버린 자를 찾아서, 둘째는 구원하시려고 오신 것입니다. 이점이 잃은 양의 비유, 잃어버린 드라크마의 비유, 탕자의 비유 등을 통해서 강조되어 있습니다.

㉠ 그러면 잃어버린 자를 찾기 위해서는 무엇이 필요한가? 첫 창조는 말씀만으로 가능하였으나 재창조는 이미 저질러놓은 죄를 청산해야만 가능했던 것입니다. 하나님께서는 자기 아들을 우리의 죄에 대한 대속제물로 보내주셨던 것입니다. 그러므로 누가는 벌써 9:51절에서, "예수께서 승천하실 기약이 차 가매 예루살렘을 향하여 올라가기로 굳게 결심하시고" 올라가시는 것을 기록하고 있습니다.

㉡ 왜 "굳게 결심"하셨다고 말씀하는가? 우리 죄를 대속하기 위한 십자가를 지시러 올라가시기 때문입니다. 9:51, 53, 13:22, 33-34, 17:11, 18:31, 19:11, 28, 41절 등을 찾아보시기 바랍니다. 누가는 예루살렘을 향하여 올라가시는 주님의 발걸음을 결코 놓치지 않고 있습니다. 그러므로 우리도 예루살렘으로 올라가시면서 하신 주님의 말씀을 상고할 때에 이 발걸음을 놓쳐서는 아니 되는 것입니다. 이를 붙잡고 있어야만 말씀하시는 주님의 심정을 헤아릴 수가 있기 때문입니다.

㉢ 몇 가지 예를 들어 보겠습니다.

㉮ "허리에 띠를 띠고 등불을 켜고 서 있으라 너희는 마치 그 주인이 혼인집에서 돌아와 문을 두드리면 곧 열어 주려고 기다리는 사람과 같이 되라" (12:35-36) 하신 말씀은, 우리의 대속제물이 되시기 위해서, "예루살렘"으로 올라가시면서 하신 말씀입니다. 주님은 죽으시기 위해서 올라가시면서, "이러므로 너희도 예비하고 있으라 생각지 않은 때에 인자가 오리라" (12:40)고 벌써 재림하실 것을 말씀하십니다.

㉯ "주께서 이르시되 지혜 있고 진실한 청지기가 되어 주인에게 그 집 종들을 맡아 때를 따라 양식을 나누어 줄 자가 누구냐 주인이 이를 때에 그 종의 이렇게 하는 것을 보면 그 종이 복이 있으리로다" (12:42-43), 이 목회적인 분부를 대할 때도 주님께서 십자가를 지시기 위해서 "예루살

렘을 향하여 올라가기로 굳게 결심하시고"(9:51), 올라가시면서 하신 말씀이라는 점을 염두에 두고 받을 때에 더욱 심각한 각성이 있게 되는 것입니다.

㉰ "그들이 이 말씀을 듣고 있을 때에 비유를 더하여 말씀하시니 이는 자기가 예루살렘에 가까이 오셨고 그들은 하나님의 나라가 당장에 나타날 줄로 생각함이러라 이르시되 어떤 귀인이 왕위를 받아 가지고 오려고 먼 나라로 갈 때에 그 종 열을 불러 은 열 므나를 주며 이르되 내가 돌아오기까지 장사하라 하니라"(19:11-13). 이 "므나 비유"는 우리의 대속제물이 되시기 위해서 예루살렘에 가까이 오신 시점(時點)에서 하신 말씀임을 염두에 두고 받을 때에 더욱 분발하게 되는 것입니다.

⑧ 이점을 19장에 등장하는 삭개오의 기사를 통해서 좀 더 생각해 보겠습니다. 이 사건의 핵심은 무엇이라고 생각하십니까? 삭개오가 뽕나무에 올라간 것입니까? 아니면 소유의 절반을 가난한 자들에게 나눠준 것입니까? 아닙니다. 그렇게 생각하는 것은 예수님이 누구신가를 망각했기 때문입니다.

㉠ 이 사건의 핵심은, "내가 오늘 네 집에 유하여야 하겠다" 하신 예수님인 것입니다. 그리스도시오 하나님의 아들이신 예수님께서 사람들도 상종하지 않는 세리장 삭개오의 집에 유하러 들어가셨다는 이 사실보다 더 놀라운 일은 달리는 없습니다. 하나님이 시내산에 강림하셨을 때 사방에는 경계가 엄중했습니다. 지성소에 이르는 길은 굳게 닫혀 있었습니다. 그것은 거룩하신 하나님께서 죄인과 상종하실 수가 없으셨기 때문입니다.

㉡ 그런데 성자 하나님께서 죄인의 집에 유하러 들어가신 것입니다. 뭇 사람이 보고 수군거리면서, "저가 죄인의 집에 유하러 들어갔도다"고 비난했습니다. 그

렇습니다. 거룩하시고 의로우신 하나님께서 죄인의 집에 유하러 들어가신 일은 비난받아 마땅한 것입니다.

ⓒ 그렇다면 죄인의 집에 유하러 들어가시는 것이, 그리고 잃어버린 자를 찾아 구원하시는 것이 어떻게 가능하여지는가? "여리고"는 주님이 가시고자 하는 목적지가 아니라, "예수께서 여리고로 들어가 지나가시더라"(19:1) 한 경유지(經由地)라는 점을 인식해야만 합니다.

ⓓ 주님은 지금 삭개오와, 우리들의 죄 값을 대신 담당하시어 잃어버린 자를 찾아 구원하시기 위해서, 그리고 우리와 함께 거하심을 이루기 위해서 예루살렘으로 올라가시는 중임을 놓쳐서는 아니 됩니다. 그런데 형제여, 이는 삭개오의 이야기가 아니라 주님이 나의 마음에, 내 가정에 오심이 어떻게 가능하여졌는가 하는 우리들의 이야기인 것입니다.

ⓔ 이런 맥락에서, "삭개오야 속히 내려오라 내가 오늘 네 집에 유하여야 하겠다" 하심이 가능하여진 것입니다. 그러므로 삭개오 사건 앞에는 "보라 우리가 예루살렘으로 올라가노니…그들은 채찍질하고 죽일 것이니"(18:31-34) 하는 말씀이 나오고, 뒤에는 "예수께서 이 말씀을 하시고 예루살렘 향하여 앞서서 가시더라"(19:28)는 말씀이 놓여 있는 것입니다.

⑨ 예루살렘에 올라가신 주님은 무엇을 하셨는가? "내가 고난을 받기 전에 너희와 함께 이 유월절 먹기를 원하고 원하였노라 하시고, 이것은 너희를 위하여 주는 내 몸이라, 이 잔은 내 피로 세우는 새 언약(言約)이니 곧 너희를 위하여 붓는 것이라" (22:15, 19-20)고, 자신을 주셨던 것입니다.

ⓐ 형제여, "하나님의 영광의 광채시요 그 본체의 형상"(히 1:3)이신 그리스도께서 잃어버린 자를 찾아 구원하시기 위해서 인자(人子)의 몸을 입으시고 이 땅에까

지 오셨다는 것보다 더 경이로운 사건은 달리는 없습니다.

㉡ 그 이름이 "기묘자라 모사라 전능하신 하나님이라 영존하시는 아버지라 평강의 왕"(사 9:6)이신 분이 우리의 죄 값을 담당하기 위하여 십자가에 달려 대신 죽으셨다는 십자가 사건보다 더 놀라운 일은 창세 이전에도 없었고 이후에도 없는 것입니다.

⑩ 이를 믿고 고백하는 자라면 우리는 어떠한 삶을 살아야만 마땅합니까?

㉠ 삭개오는 소유의 절반을 가난한 자들에게 주고 토색한 일이 있으면 사 배나 갚겠다는 변화된 삶을 통해서 하나님의 영광을 돌렸습니다.

㉡ 주님은 "너희는 이 모든 일의 증인이라"(24:48) 하십니다.

㉢ 누가복음은, "이 사람은 의롭고 경건하여 이스라엘의 위로를 기다리는 자라"(2:15)고 그리스도의 초림을 기다리는 것으로 것으로 시작하여, "볼지어다 내가 내 아버지께서 약속하신 것을 너희에게 보내리니 너희는 위로부터 능력으로 입혀질 때까지 이 성에 머물라"(24:49) 하신, 성령을 기다리는 것으로 마치고 있습니다. 속편인 사도행전은, "오직 성령이 너희에게 임하시면 너희가 권능을 받고 예루살렘과 온 유대와 사마리아와 땅 끝까지 이르러 내 증인이 되리라"(행 1:8) 하십니다. 우리 죄를 인하여 죽으시고 부활하심에 대한 증인됨이 구원받은 우리의 사명입니다.

누가복음 1장 개관도표

주제 : 언약을 이루시는 하나님

이루어진	**1-4** 1 **우리 중에 이루어진 사실에 대하여** 3 그 모든 일을 근원부터 자세히 미루어 살핀 나도 데오빌로 각하에게 차례대로 써 보내는 것이 좋은 줄 알았노니 4 이는 각하가 알고 있는 바를 **더 확실하게 하려 함이로라**
하나님의 아들이 나신다	**5-38** 11 주의 사자가 그에게 나타나 향단 우편에 선지라 13 천사가 그에게 이르되 사가랴여 무서워하지 말라 너의 간구함이 들린지라 네 아내 엘리사벳이 네게 아들을 낳아 주리니 **그 이름을 요한이라 하라** 17 그가 또 엘리야의 심령과 능력으로 주 앞에 먼저 와서 아버지의 마음을 자식에게, 거스르는 자를 의인의 슬기에 돌아오게 하고 주를 위하여 세운 백성을 준비하리라 20 네가 내 말을 믿지 아니함이거니와 때가 이르면 내 말이 이루어지리라 하더라 30 천사가 이르되 마리아여 무서워하지 말라 네가 하나님께 은혜를 입었느니라 31 보라 네가 잉태하여 아들을 낳으리니 **그 이름을 예수라 하라** 32 그가 큰 자가 되고 **지극히 높으신 이의 아들이라** 일컬어질 것이요 주 하나님께서 그 조상 **다윗의 왕위를 그에게 주시리니** 33 **영원히 야곱의 집을 왕으로 다스리실 것이며** 그 나라가 무궁하리라 34 마리아가 천사에게 말하되 나는 남자를 알지 못하니 어찌 이 일이 있으리이까 35 천사가 대답하여 이르되 성령이 네게 임하시고 지극히 높으신 이의 능력이 너를 덮으시리니 이러므로 나실 바 거룩한 이는 **하나님의 아들이라 일컬어지리라** 37 대저 하나님의 모든 말씀은 능하지 못하심이 없느니라 38 마리아가 이르되 주의 여종이오니 **말씀대로 내게 이루어지이다** 하매 천사가 떠나가니라
하나님 찬양	**39-56** 41 **엘리사벳이 마리아가 문안함을 들으매** 아이가 복중에서 뛰노는지라 엘리사벳이 성령의 충만함을 받아 42 큰 소리로 불러 이르되 여자 중에 네가 복이 있으며 네 태중의 아이도 복이 있도다 43 내 주의 어머니가 내게 나아오니 이 어찌 된 일인가 44 보라 네 문안하는 소리가 내 귀에 들릴 때에 아이가 내 복중에서 기쁨으로 뛰놀았도다 45 주께서 하신 말씀이 반드시 이루어지리라고 믿은 그 여자에게 복이 있도다 46 **마리아가 이르되 내 영혼이 주를 찬양하며** 47 내 마음이 하나님 내 구주를 기뻐하였음은 49 **능하신 이가 큰 일을 내게 행하셨으니** 그 이름이 거룩하시며 50 긍휼하심이 두려워하는 자에게 대대로 이르는도다 55 **우리 조상에게 말씀하신 것과 같이** 아브라함과 그 자손에게 영원히 하시리로다 하니라
길 예비자	**57-80** 57 엘리사벳이 해산할 기한이 차서 **아들을 낳으니** 67 그 부친 사가랴가 성령의 충만함을 받아 예언하여 이르되 68 찬송하리로다 주 이스라엘의 하나님이여 **그 백성을 돌보사 속량하시며** 69 우리를 위하여 **구원의 뿔**을 그 종 다윗의 집에 일으키셨으니 70 이것은 주께서 예로부터 거룩한 **선지자의 입으로 말씀하신 바와 같이** 71 우리 원수에게서와 우리를 미워하는 모든 자의 손에서 구원하시는 일이라 72 우리 조상을 긍휼히 여기시며 **그 거룩한 언약을 기억하셨으니** 73 곧 **우리 조상 아브라함에게 하신 맹세라** 76 이 아이여 **네가 지극히 높으신 이의 선지자라** 일컬음을 받고 **주 앞에 앞서 가서 그 길을 준비하여** 77 주의 백성에게 **그 죄 사함으로 말미암는 구원을 알게 하리니**

1장

언약을 이루시는 하나님

1장의 내용은 크게 기록목적(1-4), 세례 요한(5-25)과, 그리스도의 탄생 고지(26-38), 이에 따른 엘리사벳과, 마리아의 찬양(39-56)과 요한의 출생(57-80) 등으로 되어 있습니다.

그런데 1장의 핵심은 도표에 표시된 대로 "이루셨다" (1, 20, 38, 45, 73)는 데 있습니다. 이는 세례 요한과 그리스도의 탄생이 우연히 일어난 사건이 아니라 하나님께서 "언약" (72)하시고, "맹세" (73)하신, "구원" (69, 71, 77)을, "말씀하신 것같이" (55, 70) "이루셨다"는 "구원" 행사라는 것입니다. 한마디로 요약하면 이제부터 증언할 복음이, "구약의 성취"라는 말씀입니다. 이점을 네 단원으로 나누어 상고하겠습니다.

첫째 단원(1–4) **우리 중에 이루어진 사실**

둘째 단원(5–38) **세례 요한과 그리스도의 수태고지**

셋째 단원(39–56) **큰일을 행하신 하나님 찬양함**

넷째 단원(57–80) **왕의 길 예비자가 대어나다**

첫째 단원(1-4) 우리 중에 이루어진 사실

"우리 중에 이루어진 사실에 대하여— 그 모든 일을 근원부터 자세히 미루어 살핀 나도 데오빌로 각하에게 차례대로 써 보내는 것이 좋은 줄 알았노니 이는 각하가 알고 있는 바를 더 확실하게 하려 함이로라"(1-4).

1-4절은 흔히 말하는 서론입니다. 서론은 대강 살피고 본론으로 직행하려는 경향이 있습니다만 그렇게 한다면 귀중한 것을 놓치게 될 것입니다. 뿐만 아니라, 본론에 들어갈 준비가 되어있지 않다고 말씀드릴 수가 있습니다.

그런 의미에서 서론이라는 말 대신에 명제(命題)라고 말하겠습니다. 왜냐하면 첫째 단원은 네 절에 불과하지만 누가복음을 통해서 증언하고자 하는 ㉠주제와, ㉡기록목적을 밝히고 있기 때문입니다. 그러므로 이 명제만 잘 이해한다면 누가복음의 절반은 깨달은 것이라 해도 과언이 아닙니다.

이루어진 사실

누가복음은, "우리 중에 이루어진 사실에 대하여"(1:1) 하고 시작이 되는데 이는 1장을 해석하는 열쇠가 되는 말씀입니다. 그러면 "이루어진 사실"이란 무엇인가? 누가는 독자인 데오빌로, 즉 모든 독자들에게, "알고 있는 바를 더 확실하게 하려고"(4) 복음서를 기록하고 있는 것입니다. 그러면 더욱 확신을 주는, "이루어진 사실"이 무엇이겠습니까? 이제부터 증언하려는 복음이 임기응변으로 된 일이 아니라 하나님께서 옛적에 선지자들을 통해서 "언약, 예언, 모형, 예표"로 보여주셨던 구약성경이 말씀하신 대로

"이루어진 사실"이라는 점을 강조하려는 것입니다.

이점을 좀 더 말씀 드려야만 하겠습니다. 이는 그럴만한 가치가 있는 것입니다. 오늘날은 성경을 구속사라는 지평에서 바라보지를 못하고 단편적으로 이해하려는 경향이 있기 때문입니다. 누가는 예수님의 탄생하심으로부터 십자가 고난과 승천하심까지를 기록하려고(행 1:1-2) 붓을 들었습니다. 그렇다면 누가가 이 사실을 기록하려는 목적이 무엇인가? 신문기자처럼 기사화 하려는데 있습니까? 아닙니다. 데오빌로로 하여금 "알고 있는 바를 더 확실하게 하려 함이로라", 즉 믿음에 확신을 주려는데 있다고 밝히고 있습니다. 누구를 믿는 믿음에 대한 확신입니까? 예수가 "그리스도요 구주시라"는 믿음입니다.

예수 그리스도의 "탄생, 십자가, 부활, 승천" 등, "우리 중에 이루어진 사실"이 임기응변(臨機應變)으로 이루어진 것이 아니라 구약성경을 통해서 "언약"하시고 "맹세"로 보증하시고 선지자들을 통하여 예언하신 바를 "말씀하신 대로 이루어진" 사실임을 성경을 들어서 입증(立證)시켜줌으로 의심의 여지가 없도록 확신케 하려는 것입니다. 누가는 이렇게 하기 위해서 "모든 일을 근원부터 자세히 미루어 살폈다"고 말씀합니다.

확실하게 하려함

이점이 본문 내용에 분명히 나타나고 있는데 마리아의 찬가는, "그 종 이스라엘을 도우사 긍휼히 여기시고 기억하시되 우리 조상에게 말씀하신 것과 같이 아브라함과 그 자손에게 영원히 하시리로다"(54-55)고 마치고 있는데 하나님께서 "조상에게 말씀하신 것과 같이", 즉 아브라함에게 언약하신 바를 자신을 통해서 이루심을 찬양하고 있는 것입니다.

또한 사가랴도 성령이 충만하여, "우리를 위하여 구원의 뿔을 그 종 다윗의 집에 일으키셨으니 이것은 주께서 예로부터 거룩한 선지자의 입으로 말씀하신 바와 같이 우리 원수에게서와 우리를 미워하는 모든 자의 손에서 구원하시는 일이라 우리 조상을 긍휼히 여기시며 그 거룩한 언약을 기억하셨으니 곧 우리 조상 아브라함에게 하신 맹세라" (69-73)고, 아브라함과 다윗에게 하신 언약까지 소급해 올라가서 그 언약을 이루심을 찬양하고 있는 것입니다.

누가복음의 시작을 살펴보았으니 마지막을 어떻게 끝맺고 있는가를 살펴봄으로 이점을 더욱 확고히 하려고 합니다. "이르시되 미련하고 선지자들이 말한 모든 것을 마음에 더디 믿는 자들이여 그리스도가 이런 고난을 받고 자기의 영광에 들어가야 할 것이 아니냐 하시고 이에 모세와 모든 선지자의 글로 시작하여 모든 성경에 쓴바 자기에 관한 것을 자세히 설명하시니라" (24:25-27). "또 이르시되 내가 너희와 함께 있을 때에 너희에게 말한바 곧 모세의 율법과 선지자의 글과 시편에 나를 가리켜 기록된 모든 것이 〈이루어져야 하리라〉 한 말이 이것이라" (24:44)고 말씀하십니다. 어떻습니까? 데오빌로가, 그리고 형제가 이 누가복음을 다 읽고는 "그 배운 바의 확실함을 알게" 되리라고 여겨지지 않습니까? 제가 "구속사의 관점에서 바라본 누가복음"을 저술하는 목적도 여기에 있습니다. 본서를 읽는 자마다 "알고 있는 바를 더 확실하게" 하려 함에서입니다.

우리가 믿는 하나님은, "일을 행하는 여호와 그것을 지어 성취하는 여호와" (렘 33:2)이십니다. 성경은 "여호와의 열심이 이를 이루시리라" (사 9:7)고 말씀하십니다. 그러므로 "우리 중에 이루어진 사실"이란 원복음(창

3:15)으로부터 시작하여, 아브라함과 다윗을 거쳐 예수 그리스도에게서 이루어진 사실인 것입니다. 누가는 "모든 일을 근원부터 자세히 살핌"으로 이를 깨닫게 된 것입니다.

누가복음의 후편이라 할 수 있는 사도행전에서도 이점이 명백히 나타납니다. 사도행전 전반부에서 주도적인 역할을 한 베드로는, "형제들아 너희가 알지 못하여서 그리하였으며 너희 관리들도 그리한 줄 아노라" 고 말합니다. 즉 그들이 예수가 그리스도이심을 몰랐기 때문에 십자가에 못 박았다는 것입니다. 그런데 만일 베드로의 설교가 여기서 멈췄다면 예수님은 오살자(誤殺者)가 되고 말았을 것입니다. "그러나 하나님이 모든 선지자의 입을 통하여 자기의 그리스도께서 고난 받으실 일을 미리 알게 하신 것을 이와 같이 〈이루셨느니라〉" (행 3:17-18)고 증언함으로 그리스도의 수난이 하나님의 계획하신 대로 이루어진 사실임을 밝히 드러내고 있는 것입니다.

사도행전의 후반부를 주도한 바울도 어디를 가든지 예수 그리스도의 죽으심과 다시 사심은 구약성경의 성취임을 성경을 들어서 "증명" (행 17:2-3)을 하며 확증하였던 것입니다. 그러므로 누가가, "우리 중에 이루어진 사실에 대하여" 라는 말은 모든 일을 근원부터 자세히 미루어 살핌으로 얻게 된 결론임을 알게 됩니다. 성경은 단편적으로 볼 것이 아니라 이처럼, "근원부터 자세히 미루어 살피는" 구속사라는 맥락으로 보아야만 하는 것입니다.

모든 일을 근원부터 자세히 미루어 살피다

누가는 복음서의 자료를 ㉠ 말씀의 목격자들을 통하여, ㉡ 일꾼 된 자들을 통하여, ㉢ 저술을 통해서 얻게 되었음(2)을 밝히고 있습니다. "말씀의 목격자"란 사도 요한이, "태초부터 있는 생명의 말씀에 관하여는 우리가 들은 바요 눈으로 본 바요 자세히 보고 우리의 손으로 만진 바라" (요일 1:1) 한 이들을 가리키고 있을 것입니다.

"일꾼 된 자란" 사도 바울이, "이 복음을 위하여 그의 능력이 역사하시는 대로 내게 주신 하나님의 은혜의 선물을 따라 내가 일꾼이 되었노라 모든 성도 중에 지극히 작은 자보다 더 작은 나에게 이 은혜를 주신 것은 측량할 수 없는 그리스도의 풍성함을 이방인에게 전하게 하시고" (엡 3:7-8)한 이들을 가리킬 것입니다. 누가는 바울의 전도여행에 동참했고 로마까지도 수행했던 것입니다.

캠벨 몰간은 이점에 대해서 유익한 해석을 제공해주고 있는데, 목격자라는 희랍어는 의학용어로써 시체 부검을 뜻한다고 합니다. 그러므로 목격자란 부검할 때 입회했던 사람, 그렇습니다. 사도들은 주님을 장사했던 무덤에도 들어가 본 자요, 부활하신 주님을 만져본 자들입니다. 일꾼이라는 말도 의학용어로써 주임 의사를 시중드는 인턴쯤 되는 사람을 가리킨다고 말합니다. 그러므로 이들을 통하여 얻은 정보는 믿을만한 것임이 분명합니다.

그러나 누가는 이들을 통해서 얻은 자료를 정리하고 편집한 것만은 아닙니다. 자신도, "그 모든 일을 근원부터 자세히 미루어 살폈다" (3상)고 진술합니다. 선지자들도, "이 구원에 대하여는 너희에게 임할 은혜를 예언하던 선지자들이 연구하고 부지런히 살펴서" (벧전 1:10) 전했다고 말씀합니다. 이렇게 기록된 성경을 연구함에 있어서는 우리도, "모든 일을 근원부터 자세히 미루어 살핌"이 중요합니다. 그렇게 하여야만 바른 해석, 바른 의미를 증언할 수가 있기 때문입니다.

오늘날은 성경을 근원부터 자세히 미루어 살피기보다는 주제별 연구나, 인물연구, 또는 교훈적인 적용 등에 중점을 두는 경향이 있습니다. 그렇게 한다면 성경을 통하여 구속의 은총을 깨닫기보다는 교훈집이나 위인전기식이 되고 맙니다. 현대교회는 성경을 근원적으로 살핌으로 하나님께서 구속사역을 어떻게 이루어 오셨는가 하는 하나님의 구원계획을 알려주기보다는 어떤 방법으로 어떻게 하면 교회를 부흥시킬 수 있는가 하는 성장학(成長學)에 매력을 느끼고 있는 듯합니다. 그렇게 하여 지은 집은, "비가 내리고 창수가 나고 바람이 불어 그 집에 부딪히게" 될 때 무너짐이 심할 수가 있습니다. 또한 그렇게 함으로 자유주의 신학이나 종교 다원주의가 기생할 수 있는 원인을 제공하게 되는 것입니다.

성경의 점진성(漸進性)

또한 누가는 이를 "차례대로 써 보내는 것이 좋은 줄 알았노니" (3중) 합니다. 여기에 설교의 방법론이 있습니다. 성경을 "근원부터 자세히 미루어 살폈다"면, "차례대로" 설교함이 중요합니다. 그렇게 하는 설교에는 하나님께서 어떻게 이루어 오셨는가 하는 "역사성" (歷史性)이 있습니다. 그리고 창세기에서 시작하여 계시록을 향하여 달려가는 "점진성(漸進性)이 있습니다. 이렇게 할 때 성경 66권이 점들의 모임이 아님 통일성(統一性)과 일관성이 있는 구속사가 되는 것입니다.

우리가 구원을 얻었으나 완성된 것은 아닙니다. 그러므로 성경을 구속사의 맥락에서 설교를 함으로만이, "너희 안에서 착한 일을 시작하신 이가 그리스도 예수의 날까지 이루실 줄을 우리는 확신하노라" (빌 1:6)에 이르게 됩니다. 구원의 확신뿐만이 아니라 한 가지 남은 약속, 우리를 영접하러 다시 오신다는 재림의 약속도 반드시 이루어주실 것을 확신하게 되는 것입니다. 그런 성도들이라면 현재의 고난 중에서도 장차 받을 영광을 바라보면서 즐거워하며 승리의 삶을 살아가게 되는 것입니다.

하나님의 주권 앞에 겸손히 무릎을 꿇고 하나님 경외하기를 배우게 됩니다. 하나님의 선수적인 사랑과 무조건적인 은혜를 생각하며 찬양과 감사를 드리게 됩니다. 이것이 누가가 복음서를 기록한 목적이요, 제가 본서를 통해서 기대하는 바이기도 합니다.

둘째 단원(5-38) 세례 요한과 그리스도의 수태고지

둘째 단원의 내용은 세례 요한과, 예수 그리스도의 수태고지입니다. 그런데 이 소식을 전해주기 위해서 "주의 사자가 나타나고" (11, 26), 이를 이루시기 위하여 "성령" (15, 35)이 역사하고 있다는 사실에 주목하게 됩니다.

이는 실로 엄청난 일이요, 사가랴의 찬양대로 "그 백성을 돌아보심" (68)이었던 것입니다. 왜냐하면 주의 사자가 나타나고 성령의 역사하심이 얼마 만입니까? "여호와께서 말라기를 통하여 이스라엘에게 말씀하신 경고라" (말 1:1) 하신 이후로 하나님의 말씀은 약 400년 동안 중단되었던 것입니다. 그 기간을 "침묵의 시대"라 부르는데, "안나스와 가야바가 대제사장으로 있을 때에 하나님의 말씀이 빈들에서 사가랴의 아들 요한에게 임한지라" (눅 3:2) 합니다. 기나긴 침묵을 깨뜨리고 "주의 사자는 보내심을 받아 나타나고(11, 26), 성령"(15)께서는 역사를 다시 시작하신 것입니다. 얼마나 큰 사건입니까? 이는 새로운 시대가 도래(到來)하고 있음을 예고하는 것입니다.

주의 사자가 사가랴에게 나타나, "나는 하나님 앞에 서 있는 가브리엘이라 이 좋은 소식을 전하여 네게 말하라고 보내심을 받았노라"(19)고 말합니다. 또한 "여섯째 달에 천사 가브리엘이 하나님의 보내심을 받아 갈릴리 나사렛이란 동네에 가서 다윗의 자손 요셉이라 하는 사람과 약혼한 처녀에게 이르니 그 처녀의 이름은 마리아라 그에게 들어가 이르되 은혜를 받은 자여"(26-28) 하고 마리아에게 나타납니다. 주의 사자가 "하나님의 보내심을 받아" 찾아왔다는 것은 하나님께서 조상 아브라함에게 하신 언약을 기억(72)하시고 그 백성을 돌아보심(68)을 뜻합니다. 이는 순전히 하나님의 긍휼이 여기심입니다. 그러므로 마리아의 찬가(50, 54, 58)나, 사가랴의 찬가(72, 78)에는 "긍휼"이라는 말이 반복적으로 등장합니다.

또한 성령께서는 세례 요한을, "모태로부터 성령의 충만함"(15)을 입혀 주셨고 예수 그리스도는, "성령이 네게 임하시고 지극히 높으신 능력이 너를 덮으시리니"(35) 한 성령에 의하여 잉태되었던 것입니다. 그렇다면 주의 사자는 무슨 말씀을 전해주라고 사가랴에게 보내심을 받았는가?

길 예비자의 탄생고지(5-25)

주의 사자가 사가랴에게 전해준 소식은 네 아내 엘리사벳이 아들을 낳아 주리니 이름을 요한이라 하라는 것과 그의 사명은 "주 앞에 먼저 와서—주를 위하여 세운 백성을 준비"(17)한 왕의 "길 예비자" 라는 것이었습니다.

이 소식은 "마침 사가랴가 그 반열의 차례대로 하나님 앞에서 제사장의 직무를 행할 새 제사장의 전례를 따라 제비를 뽑아 주의 성전에 들어가 분향하고 모든 백성은 그 분향하는 시간에 밖에서 기도하더니" (8-10) 하는 배경에서 전해집니다.

이점에서 중심점이 "분향과 기도"에 있는 것이 아니라, "기다림"에 있다는 점을 유념해야만 합니다. 그런데 이스라엘의 기다림은 이때 비롯된 것은 아닙니다. 다윗은 시편에서, "이스라엘의 구원이 시온에서 나오기를 원하노라" (시 14:7)고 구약시대는 기다리는 기간이었던 것입니다. 그들은 기도하면서 하나님의 약속의 성취를 기다리고 있었던 것입니다.

이점이 다음 장에서 명백히 나타나고 있는데, "예루살렘에 시므온이라 하는 사람이 있으니 이 사람이 의롭고 경건하여 이스라엘의 위로를 기다리는 자라" (2:25)고 말씀합니다. 안나라고 하는 과부도, "주야에 금식하며 기도함으로 섬기더니 마침 이 때에 나아와서 하나님께 감사하고 예루살렘의 속량함을 바라는 모든 사람에게 그에 대하여 말하니라" (2:37-38) 합니다.

이스라엘의 "경건한 자들"은 언약하신 하나님의 "위로와 구속"을 기다리고 있었습니다. "너도 기뻐하고 즐거워할 것이요 많은 사람도 그의 태어남을 기뻐하리니" (14) 한 이 소식은 위로를 기다리며 구속을 바라는 자들에게 전하여진 것입니다. 그런데 이점에서 기다리는 그들에게 주어진 계시의 초점이 세례 요한에게 맞춰져 있는 것이 아니라, 그는 "주 앞에 앞서 와서, 주를 위하여 세운 백성을 준비하리라" (17)는 길 예비자 일뿐, 계시의 초점은 뒤에 오실 그리스도에게 맞춰져 있음을 주목해야만 합니다.

사가랴는 벙어리가 되어 말을 못하게 되는데, 왜냐하면 주의 사자가 전해 준 "내 말을 네가 믿지 아니함" (20) 때문이었습니다. 그러나 "때가 이르면 내 말이 이루어지리라" (20) 합니다. "이 후에 그 아내 엘리사벳이 수태하여" (24), 말씀하신 대로 이루어진 것입니다.

영원무궁한 왕의 수태고지(26-38)

"여섯째 달에 천사 가브리엘이 하나님의 보내심을 받아 갈릴리 나사렛이란 동네에 가서 다윗의 자손 요셉이라 하는 사람과 약혼한 처녀에게 이르니 그 처녀의 이름은 마리아라" (26-27). 천사 가브리엘은 엘리사벳이 수태한지 여섯 째 달에 하나님의 보내심을 받들어 마리아에게 갑니다.

"보라 네가 잉태하여 아들을 낳으리니 그 이름을 예수라 하라" (31)고 예수님의 수태고지를 합니다. 이점에서 주목해야 할 점은 나실 그 분의 신분(身分)과 지위(地位)에 대한 말씀인데 먼저 신분은, "지극히 높으신 이의 아들" (32), 곧 "나실 바 거룩한 이는 하나님의 아들이라 일컬어지리라" (35)고 그 분의 신분이 "하나님의 아들"임을 말씀합니다.

지위에 대하여는, "주 하나님께서 그 조상 다윗의 왕위를 그에게 주시리니 영원히 야곱의 집을 왕으로 다스리실 것이며 그 나라가 무궁하리라" (32-33)고 그 분의 지위가 "왕"임을 말씀하는데 쇄하고 폐하여질 왕이 아니라, "영원무궁한 왕"이 나시게 된다는 것입니다. 그러므로 앞에서 요한의 사명을 "주 앞에 앞서 가서—주를 위하여 세운 백성을 준비하리라" (17)고 왕이 오시는 길을 "예비"할 자로 말씀했던 것입니다.

이점에서 요한과 예수님의 신분의 결정적인 차이점이 드러나는데, 요한의 탄생고지는 아버지 사가랴에게 전해졌으나 예수님의 수태고지는 요셉이 아닌 처녀 마리아에게 전해졌다는 점입니다. 이는 요한은 아버지에 의

하여 탄생이 되지만 예수님은 성령에 의하여 잉태될 것을 나타내는 것입니다. 이점에서 핵심적인 말씀은, "그 조상 다윗의 왕위를 그에게 주시리니"(32)하신 말씀인데 이는 하나님께서 다윗에게, "내가 네 몸에서 날 네 씨를 네 뒤에 세워 그의 나라를 견고하게 하리라" (삼하 7:12)고 약속하신 언약의 성취임을 뜻하기 때문입니다.

그 약속이 1차적으로는 솔로몬으로 응하였으나 궁극적으로는 메시아 언약임을 다윗 자신도 알았던 것입니다. 그러므로 "또 종의 집에 대하여 먼 장래까지 말씀하셨사오니—주의 뜻대로 이 모든 큰일을 행하사 이 모든 큰 일을 알게 하셨나이다" (대상 17:17-19)고 찬양했던 것입니다.

이점에서 주의 사자가 마리아에게 한 말과 아브라함의 아내 사라에게 나타나 한 말을 결부시켜 보게 되는데 이는 구속사의 동일선상에서 이루어진 사건이기 때문입니다. 사라는, "속으로 웃고 이르되 내가 노쇠하였고 내 주인도 늙었으니 내게 무슨 즐거움이 있으리요" 합니다. 이때 하신 말씀이, "여호와께 능하지 못한 일이 있겠느냐" (창 18:10-14)고 말합니다.

마리아도, "나는 남자를 알지 못하니 어찌 이 일이 있으리이까" 하니, "대저 하나님의 모든 말씀은 능하지 못하심이 없느니라" (눅 1:37) 합니다. "마리아가 이르되 주의 여종이오니 말씀대로 내게 이루어지이다 하매 천사가 떠나니라" (38). 이를 이루시기 위하여 "주의 사자가 나타나고 성령은 역사"하셨던 것입니다. "영원무궁한 왕"이 나시게 되고 왕이 오시는 앞에 길을 예비할 자를 보내셨습니다. 참으로 하나님의 하시는 일은 측량할 수가 없습니다.

그리스도와의 만남

천사가 마리아에게 한 첫 마디가, "은혜를 받은 자여, 네가 하나님께 은혜를 얻었느니라"(30) 한 "은혜를 받은 자"라는 말입니다. 예수 그리스도를 잉태한다는 것 보다 더 큰 은혜가 어디 있겠습니까! 형제여 예수 그리스도의 구속으로 말미암아 이제는 형제가 은혜를 입은 자입니다. 우리는 예수 그리스도를 우리 안에 모신 자입니다. 우리의 신분은 하나님의 자녀가 되었고, 예수 그리스도는 "그로 많은 형제 중에서 맏아들이 되게 하려 하심이니라"(롬 8:29)고 말씀합니다. 또한 우리의 지위는 "왕 같은 제사장"입니다. 그러므로 예수 그리스도는 "왕 중 왕"이신 것입니다. 얼마나 분명합니까! 이보다 더 큰 은혜를 입은 자가 누구이겠습니까?

이점에서 명심해야 할 한 가지가 있습니다. 마리아가 그리스도를 성령으로 잉태할 수 있었던 것은 "주의 여종이오니 말씀대로 내게 이루어지이다"(38) 라고 믿음으로 받아드림으로 이루어졌다는 사실입니다. 그때 천사는 사명을 완수한 고로 떠났던 것입니다. 45절을 보십시오. "주께서 하신 말씀이 반드시 이루어지리라고 믿은 그 여자에게 복이 있도다" 합니다.

형제여, 예수 그리스도를 믿음으로 영접하는 자에게 복이 있습니다. 이 영광스러운 은혜는 아무에게나 주어지는 것이 아니라, "믿는 자"에게만 주어집니다. 그 외에 다른 조건이란 없습니다. 형제가 마음의 문을 여는 순간, "내가 그에게로 들어가 그와 더불어 먹고 그는 나와 더불어 먹으리라"(계 3:20) 말씀하십니다.

셋째 단원(39–56) 큰일을 행하신 하나님을 찬양함

“이 때에 마리아가 일어나 빨리 산골로 가서 유대 한 동네에 이르러”(39), 셋째 단원은 마리아가 엘리사벳을 방문하여 하나님께 은총을 입은 두 여인이 하나님을 찬양하는 내용입니다. 그러나 찬가에는 분명한 구별이 있습니다. 엘리사벳은 성령이 충만하여, “큰 소리로 불러 이르되 여자 중에 네가 복이 있으며 네 태중의 아이도 복이 있도다”(42)고 “네”가 복이 있다고 말합니다.

그러나 마리아는, “보라 이제 후로는 만세에 나를 복이 있다 일컬으리로다”(48)고, “나”를 복이 있다 하리라고 말합니다. 이는 마리아가 엘리사벳보다 위대해서가 아니라, “네 태중의 아이”(42), 즉 예수 그리스도가 “지극히 높으신 이의 아들”이시기 때문입니다. 그러므로 마리아는 “능하신 이가 큰일을 내게 행하셨다”(49)고 증언합니다. “큰일을 행하신 하나님”, 이것이 본 단원의 주제입니다. 이는 본 단원의 주제일 뿐만이 아니라 성경 전체의 주제라 해도 과언이 아닙니다.

“그 모든 일을 근원부터 자세히 미루어 살핀” 누가는 이 “큰 일”을 깨닫고 염두에 두고 기록했음이 분명합니다. 왜냐하면 누가복음의 후편이라 할 수 있는 사도행전 서두에서도, “하나님의 큰일을 말함을 듣는도다”(행 2:11)고 말씀함을 대하기 때문입니다. “하나님의 큰 일”이란 주제는 신약의 성도들만이 바라던 주제는 아닌 것입니다. 시편기자는 “하나님이여 주의 의가 또한 지극히 높으시니이다 하나님이여 주께서 큰일을 행하셨사오니 누가 주와 같으리이까”(시 71:19)고 찬양하고 있음을 봅니다. 시편기자는 하나님께서 행하신 “구원과 구속”(시 71:15,23)을 하나님께서 행하신 대사(大事), 즉 "하나님의 큰 일"이라 찬양하고 있는 것입니다.

이점에서 하나님께서 구약교회에 행해주신 두 큰일과, 신약교회에 행해주신 두 "큰일"이 대칭을 이루고 있다는 점을 깨닫는 점은 중요한 요점입니다. 구약교회에 행해주신 두 가지 "큰 일"은 출애굽과 출 바벨론이요, 신약교회에 행해주신 두 가지 "큰일"은 유월절 어린 양으로 독생자를 보내주신 일과, "주의 성령이 내게 임하였으니, 포로 된 자에게 자유를"(4:18) 하신 성령을 보내주신 일입니다. 이보다 더 큰 대사가 어디 있겠습니까? 지금 그 대사가 언약하시고 맹세로 보증하신 대로 이루어지고 있는 역사적인 순간인 것입니다.

엘리사벳의 찬가(39-45)

엘리사벳의 찬가 중에서 핵심적인 말씀은 마리아를, "내 주의 어머니"(43)라고 부름에 있는데, 이는 예사 칭호가 아닙니다. 왜냐하면 구속사적으로 볼 때에 메시아를 해산할 어머니, 즉 "주의 어머니"라는 주제가 대단히 중요한 의미가 있기 때문입니다. 이를 깨닫기 위해서는 성경의 근원인 창세기로부터 미루어 살펴보아야만 합니다. 창세기 3장은 인간중심으로 보면 타락 장이지만 하나님 중심으로 보면 은혜장이 되는 것입니다. 왜냐하면 아담 하와가 죄를 범함으로 절망적인 상황에 빠졌을 때에, "여자의 후손"이라는 "원복음"을 선언하셨기 때문입니다.

이 말씀을 들은 아담은, "그 아내를 하와라 이름"(창 3:20) 하는데, 하와라는 뜻은 "그는 모든 산 자의 어머니"(창 3:20), 즉 "생명의 어머니"라는 뜻입니다. 아담은 하나님의 말씀을 듣고 아내를 "모든 산 자의 어머니"라

불렀는데 이는 아담이 "여자의 후손", 즉 메시아를 보내셔서 사탄을 정복케 하고 인류를 구원하시겠다는 원복음을 이해했음을 뜻합니다. 그래서 당신은 생명의 어머니요, 다시 말하면 구주가 태어날 어머니라고 "하와"라 불렀던 것입니다.

그런데 놀랍게도 엘리사벳은 마리아의 문안을 듣자 큰 소리로, "여자 중에 네가 복이 있으며 네 태중의 아이도 복이 있도다 〈내 주의 어머니〉가 내게 나아오니 이 어찌 된 일인고" 라고 마리아를 "모든 산 자의 어머니" 곧 "주의 어머니"라 부르고 있으니 어찌 놀라운 일이 아니겠는가! 엘리사벳은 마리아에게서 "생명의 어머니"를 보았던 것입니다.

엘리사벳만이 "주의 어머니"를 알아본 것은 아닙니다. "보라 네 문안하는 소리가 내 귀에 들릴 때에 아이가 내 복중에서 기쁨으로 뛰놀았도다"(44)고 말합니다. 복중의 아이, 즉 세례 요한까지 생명의 어머니의 내방을 알고 뛰놀았던 것입니다. 이것이 가능했던 것은 그는 복중에서부터 성령이 충만했기 때문에 가능한 것입니다. "기쁨으로 뛰놀았다", 이는 요한이 공생애 중에 한 말, "신부를 취하는 자는 신랑이나 서서 신랑의 음성을 듣는 친구가 크게 기뻐하나니 나는 이러한 기쁨으로 충만하였노라" (요 3:29) 한 "기쁨" 곧 우리의 기쁨과 상통하는 기쁨인 것입니다.

엘리사벳이 이러한 통찰력을 가질 수 있었던 것도, "성령의 충만" (41)함을 입음으로 가능했던 것입니다. "주께서 하신 말씀이 반드시 이루어지리라고 믿은 그 여자에게 복이 있도다" (45) 한 말은, "주의 여종이오니 말씀대로 내게 이루어지이다" (38) 한 고백과 결부되는 말씀입니다.

마리아의 찬가(46-56)

마리아의 찬가 중에서 핵심적인 말씀은, "우리 조상에게 말씀하신 것과 같이 아브라함과 그 자손에게 영원히 하시리라" (55)는데 있습니다. 이는 자신에게 "이루어진" 사실, 즉 "지극히 높으신 이의 아들"을 잉태하게 된 것이 우연한 일이 아니라 하나님께서 조상 아브라함에게 언약하신 언약의 성취임을 알고 찬양하고 있기 때문입니다.

시편에서도, "그는 그의 언약 곧 천 대에 걸쳐 명령하신 말씀을 영원히 기억하셨으니 이것은 아브라함과 맺은 언약이고 이삭에게 하신 맹세이며 야곱에게 세우신 율례 곧 이스라엘에게 하신 영원한 언약이라" (시 105:8-10)고 찬양하고 있습니다. 말씀을 맡은 사역자들은 언약을 이루어주신 하나님을 증언하기를 열망해야만 합니다. 그렇게 할 때 성도들은 감사하며 찬양하게 되고 기뻐하게 되기 때문입니다. "언약과 이루심", 이를 증언하여 성도들로 하여금 "그 알고 있는 바를 더 확실하게" 해줄 책임이 설교자에게는 있는 것입니다. 이렇게 하기 위해서는 성경을 구속사의 관점에서 "그 모든 일을 근원부터 자세히 미루어 살피는" 것이 필요합니다.

마리아의 찬가에는 찬양만 있는 것이 아닙니다. 하나님께서는 아브라함에게 언약하시기를, "네 씨가 대적의 문을 얻으리라" (창 22:17하)고 대적을 정복하고 승리할 것도 약속하셨는데 마리아의 찬가에도 이스라엘(믿는 자)은 "도우사 긍휼히 여기시나" (54) 대적에게는, "그의 팔로 힘을 보이사 마음의 생각이 교만한 자들을 흩으셨고 권세 있는 자를 그 위에서 내리치셨으며" (51-52) 합니다. 이는 나실 이가 "이 세상 임금" (요 12:31) 노릇을 하는 사탄의 머리를 상하게 하실 여자의 후손임을 말씀하는 것입니다. 이를 가리켜 "능하신 이가 큰일을 내게 행하셨으니"(49) 라고, "큰 일"이라고 말씀합니다.

그 큰 일을 이루신 하나님께
큰 영광과 존귀를 늘 돌리세
독생자를 주셔서 구하시니
이 죄인들 생명 길 찾았도다
주 찬양 주 찬양 큰 소리로 찬양
주 찬양 주 찬양 기쁨으로 찬양
만백성들 모여서 찬양하세
이 큰 일을 이루신 하나님께

넷째 단원(57-80) 왕의 길 예비자가 태어나다

"엘리사벳이 해산할 기한이 차서 아들을 낳으니"(57), 넷째 단원의 내용은 요한의 탄생과 그에 따른 사가랴의 예언적인 찬양입니다. 그럼에도 불구하고 초점이 요한에게 맞추어져 있는 것이 아니라, "우리를 위하여 구원의 뿔을 그 다윗의 집에 일으키셨으니"(69) 하고 그리스도에게 맞추어져 있다는 점을 놓치지 말아야만 합니다.

그러므로 요한에 대하여는, "이 아이여 네가 지극히 높으신 이의 선지자라 일컬음을 받고 주 앞에 앞서 가서 그 길을 예비"(76)하리라고 어디까지나 "주" 앞에 앞서 보내심을 받은 "주의 길 예비자"임을 강조하고 있음을 봅니다. 그러므로 본 단원의 주제가 "왕의 길 예비자가 태어나다"가 될 수 가 있습니다.

이 아이가 장차 어찌 될꼬(57-66)

엘리사벳이 아들을 낳자 부친의 이름을 따라 사가랴라 하고자 하나 엘리사벳은 요한이라 할 것이라 합니다. 부친 사가랴에게 형용하여 무엇으로 이름하랴고 물으니 그도 서판에 요한이라 쓰매 다 기이히 여기더라합니다. 이에 근 일 년 동안 벙어리가 되었던 혀가 풀리고 말을 하여 하나님을 찬송합니다. 듣는 사람이 다 이 말을 마음에 두며 이르되, "이 아이가 장차 어찌 될까" 했다는 것입니다. 그렇습니다. 사가랴와 엘리사벳이 늙고 나이 많아 수태 불능의 상태에서 특별하신 섭리 중에 태어난 이 아이에게 향하신 하나님의 뜻과 계획하심이 무엇일까? "이 아이가 장차 어찌 될까"를 주목하게 됩니다.

"그 부친 사가랴가 성령의 충만함을 입어 예언하여 이르되" (67) 합니다. 그렇다면 사가랴의 예언은 "이 아이가 장차 어찌 될까" 한 요한의 사명에 대한 예언이 되어야 할 터인데 본문을 관찰해 보면 중심점이 요한에 있지 아니함을 보고 놀라게 됩니다. 사가랴는 요한의 태어남을 찬양하거나 증언하고 있지 아니합니다.

"찬송하리로다 주 이스라엘의 하나님이여 그 백성을 돌아보사 속량하시며 우리를 위하여 구원의 뿔을 그 종 다윗의 집에 일으키셨으니" (68-69) 하고 아들 주심을 찬양하는 것이 아니라, "구원의 뿔"을 일으키심을 찬양하고 있습니다. "구원의 뿔", 이는 결코 요한을 가리키는 말이 아닙니다. 구원의 뿔을 "다윗의 집에 일으키셨다"고 말씀하고 있는데 요한은 제사장의 아들로 레위지파 "아론의 집" 자손인 것입니다.

시편 132편은, "여호와께서 다윗에게 성실히 맹세하셨으니 변치 아니하실지라"(11)고 다윗 언약을 상기시키면서, "내가 거기서 다윗에게 뿔이 나게 할 것이라"(17)고 말씀하고 있습니다. 이는 다윗의 자손으로 오실 그리스도에 대한 명백한 예언인 것입니다. 이를 알았기에 다윗 자신도, "나의 구원의 뿔이시요"(삼하 22:3 시 18:2) 라고 "구원과, 뿔"을 결부시켜 찬양했던 것입니다. 사가랴도 구원의 뿔을 일으키셨으니 한 다음에, "이것은 주께서 예로부터 거룩한 선지자의 입으로 말씀하신 바와 같이 우리 원수에게서와 우리를 미워하는 모든 자의 손에서 구원하시는 일이라"(70-71)고 증거하고 있는 것입니다.

사가랴의 증언은 계속되는데, "우리 조상을 긍휼히 여기시며 그 거룩한 언약을 기억하셨으니 곧 우리 조상 아브라함에게 하신 맹세라"(72-73)고 아브라함에게 하신 언약의 성취임을 증언합니다. 무엇이 아브라함에게 맹세하신 성취입니까? 요한의 태어남입니까? 아닙니다. 그가 길을 예비하게 될 하나님의 아들 그리스도인 것입니다. 사가랴는 아들 요한의 태어남을 찬양하고 있는 것이 아니라 길 예비자 뒤에 오실 그리스도의 탄생으로 말미암아 하나님을 찬양하고 있는 것입니다. 우리가 믿는 하나님은 한 번 언약하신 것은 반드시 지켜주시는 신실하신 하나님이심을 찬양하고 있는 것입니다.

사가랴는 먼저 "구원의 뿔"을 다윗의 집에 일으키심이 "아브라함에게 맹세"하신 언약의 성취임을 증언한 연후에야, "이 아이여 네가 지극히 높으신 이의 선지자라 일컬음을 받고 주 앞에 앞서 가서 그 길을 준비하여 주의 백성에게 그 죄 사함으로 말미암는 구원을 알게 하리니"(76-77) 하고 태어난 요한의 사명을 언급하고 있는 것입니다.

1장에는 엘리사벳의 찬가와, 마리아의 찬가와, 사가랴의 찬양이 있습니다. 이들이 찬양하는 이유는 한마디로 "언약하신 바를 이루어주신 하나님"을 찬양하고 있는 것입니다. 지금 사가랴는 성령의 충만함을 입고 예언적인 찬양을 드리고 있음을 유념해야만 합니다. 이런 맥락에서 그리스도는 2장에서 탄생하시나 1장의 초점도 세례 요한이 아닌 그리스도에게 맞춰져 있다는 점을 놓치지 말아야만 합니다. 이는 1장을 설교할 때도 증언의 중심이 그리스도에게 맞춰져야 한다는 점을 말해줍니다.

구원의 뿔과 돋는 해

요한의 사명을 언급한 사가랴는 결론에서, "이는 우리 하나님의 긍휼을 인함이라 이로써 돋는 해가 위로부터 우리에게 임하여 어둠과 죽음의 그늘에 앉은 자에게 비치고 우리 발을 평강의 길로 인도하시리로다"(78-79) 합니다. "돋는 해"란 말라기 선지자가 "내 이름을 경외하는 너희에게는 의로운 해가 떠올라서 치료하는 광선을 발하리니"(말 4:2) 라고 예언한 그리스도를 가리키는 말입니다. 사가랴는 이 말씀을 인용하여 또다시 그리스도를 증언함으로 끝을 맺고 있습니다.

사가랴의 예언적인 찬양에는 요한이 아니라 "구원의 뿔과, 돋는 해"가 중심에 와 있음을 다시 한 번 강조하는 바입니다. "구원의 뿔"은 우리 원수, 곧 사탄으로부터 구원하시는 "능력"을 상징하고, "돋는 해"는 어두움과 죽음의 그늘에 앉은 자들에게 치료하는 광선을 비춰주실 "구원"을 의미합니다. "이 아이", 즉 요한은 "주의 백성에게 그 죄 사함으로 말미암는 구원을 알게" 하기 위하여 태어났고, 오늘의 설교자들도 "죄 사함으로 말미암는 구원"을 증언하기 위하여 세움 받은 자라는 사명을 다시 한 번 일깨웁시다.

이점에서 말씀을 맡은 사역자들이 비상한 마음으로 다짐해야 할 점은 주님께서 친히, "너희가 성경에서 영생을 얻는 줄 생각하고 성경을 상고하거니와 이 성경이 곧 내게 대하여 증언하는 것이로다" (요 5:39) 말씀하신 대로 성경의 주인공은 예수 그리스도시요, 성경은 그리스도를 증언하기 위하여 기록된 것이라는 각성입니다. 성령께서는 그리스도를 증언하는데 사용하라고 성경을 주셨는데 우리는 성경을 기록한 목적대로 사용하고 있는지 심각하게 물어야 할 것입니다. "어두움과 죽음의 그늘에 앉은 자에게 (79), 그리스도의 영광의 복음의 광채" (고후 4:4)를 비춰게 해주는 것보다 더 긴급하고 중요한 메시지란 달리는 없기 때문입니다. 이것이 "언약을 이루시는 하나님"입니다.

The Book of Luke

누가복음 2장 개관도표

주제 : 너희를 위하여 구주가 나셨다

역사적인 배경	**1-7** 1 그 때에 가이사 아구스도가 영을 내려 **천하로 다 호적하라** 하였으니 4 **요셉도 다윗의 집 족속이므로** 갈릴리 나사렛 동네에서 유대를 향하여 **베들레헴이라 하는 다윗의 동네로** 5 그 약혼한 마리아와 함께 호적하러 올라가니 마리아가 이미 잉태하였더라 6 거기 있을 그 때에 해산할 날이 차서 7 **첫아들을 낳아 강보로 싸서 구유에 뉘었으니** 이는 여관에 있을 곳이 없음이러라
기쁨의 좋은 소식	**8-20** 8 그 지역에 목자들이 밤에 밖에서 자기 양 떼를 지키더니 9 주의 사자가 곁에 서고 주의 영광이 그들을 두루 비추매 크게 무서워하는지라 10 천사가 이르되 무서워하지 말라 **보라 내가 온 백성에게 미칠 큰 기쁨의 좋은 소식을 너희에게 전하노라** 11 **오늘 다윗의 동네에 너희를 위하여 구주가 나셨으니 곧 그리스도 주시니라** 12 너희가 가서 강보에 싸여 구유에 뉘어 있는 아기를 보리니 이것이 너희에게 표적이니라 하더니 20 목자들은 자기들에게 이르던 바와 같이 듣고 본 그 모든 것으로 인하여 하나님께 영광을 돌리고 찬송하며 돌아가니라
위로를 기다리는 사람들	**21-40** 22 모세의 법대로 정결예식의 날이 차매 아기를 데리고 예루살렘에 올라가니 25 예루살렘에 **시므온이라** 하는 사람이 있으니 이 사람은 의롭고 경건하여 **이스라엘의 위로를 기다리는 자라 성령이 그 위에 계시더라** 26 **그가 주의 그리스도를 보기 전에는** 죽지 아니하리라 하는 성령의 지시를 받았더니 27 성령의 감동으로 성전에 들어가매 마침 부모가 율법의 관례대로 행하고자 하여 그 아기 예수를 데리고 오는지라 28 시므온이 아기를 안고 하나님을 찬송하여 이르되 29 **주재여 이제는 말씀하신 대로 종을 평안히 놓아 주시는도다** **30 내 눈이 주의 구원을 보았사오니** 31 이는 만민 앞에 예비하신 것이요 32 이방을 비추는 빛이요 주의 백성 이스라엘의 영광이니이다 하니 33 그의 부모가 그에 대한 말들을 놀랍게 여기더라 34 시므온이 그들에게 축복하고 그의 어머니 마리아에게 말하여 이르되 보라 이는 이스라엘 중 많은 사람을 패하거나 흥하게 하며 비방을 받는 표적이 되기 위하여 세움을 받았고 35 또 칼이 네 마음을 찌르듯 하리니 이는 여러 사람의 마음의 생각을 드러내려 함이니라 하더라
소년 예수	**41-52** 41 그의 부모가 해마다 **유월절이 되면** 예루살렘으로 가더니 42 **예수께서 열두 살 되었을 때에** 그들이 이 절기의 관례를 따라 올라갔다가 43 그 날들을 마치고 돌아갈 때에 아이 예수는 예루살렘에 머무셨더라 그 부모는 이를 알지 못하고 46 사흘 후에 성전에서 만난즉 그가 선생들 중에 앉으사 그들에게 듣기도 하시며 묻기도 하시니 47 듣는 자가 다 그 지혜와 대답을 놀랍게 여기더라 48 그의 부모가 보고 놀라며 그의 어머니는 이르되 아이야 어찌하여 우리에게 이렇게 하였느냐 보라 네 아버지와 내가 근심하여 너를 찾았노라 49 예수께서 이르시되 어찌하여 나를 찾으셨나이까 **내가 내 아버지 집에 있어야 될 줄을 알지 못하셨나이까 하시니**

2장

너희를 위하여 구주가 나셨다

2장의 주제는 도표에 표시된 대로, "다윗의 동네에, 너희를 위하여 구주가 나셨다"는데 있습니다. 1장에서는 주 앞에 앞서 가서 그 길을 예비할, "길 예비자"가 태어났고, 2장에서는 주인공인 왕이 탄생하고 있는 것입니다. 천사는 목자들에게, "너희를 위하여 구주가 나셨으니 곧 그리스도 주시니라"(11)고 전합니다. 이 소식은 "온 백성에게 미칠 큰 기쁨의 좋은 소식"(10)이었던 것입니다.

그런가 하면 "큰 기쁨"만 있는 것은 아닙니다. 시므온은 마리아에게, "칼이 네 마음을 찌르듯 하리라"(35)고 말함으로 태어난 아기 예수님이 장차 받으시게 될 "고난"도 예고하고 있는 것입니다. 이 예고는 열 두 살 난 예수님이 유월절을 지키기 위하여 부모를 좇아서 예루살렘에 올라갔다가 자신을 찾는 부모에게, "내가 내 아버지 집에 있어야 될 줄을 알지 못하셨나이까"(49) 한 언급과 결부가 되는데 예수님은 12살 때 벌써 자신의 정체성과 사명을 알고 계셨다는 점을 암시해줍니다. 이를 네 단원으로 나누어 상고합니다.

첫째 단원(1–7) **역사적인 배경**

둘째 단원(8–20) **기쁨의 좋은 소식을 먼저 들은 사람들**

셋째 단원(21–40) **위로와 구속자가 되시는 그리스도**

넷째 단원(41–52) **자신의 사명을 안 소년 예수**

첫째 단원(1–20) 역사적인 배경

"그 때에 가이사 아구스도가 영을 내려 천하로 다 호적하라 하였으니"(1). 먼저 그리스도가 탄생하신 역사적인 배경을 말씀합니다. 가이사 아구스도는 로마의 황제인데 다윗의 위에 앉으셔서 영원무궁토록 왕 노릇하실 구주가 로마가 통치하고 있는 이러한 "배경"에서 태어나셨다는 구속사적 의미가 무엇인가?

하나님께서는 선지자 다니엘을 통해서 그리스도가 탄생하실 역사적인 시점을 계시해 주셨기 때문입니다. "정금"의 나라, "은"의 나라, "놋"의 나라를 거쳐 "철"의 나라 때에 "하늘의 하나님이 한 나라를 세우시리니"(단 2:44) 라고 예언하고 있습니다. 성경에서 말씀하는 "예언"이란 앞으로 일어날 일을 미리 알아맞히는 그런 의미가 아니라 앞으로 이루시고자 하는 하나님의 "계획"을 알려주시는 계시인 것입니다. 그러므로 예언에는 역사의 주관자가 되시는 하나님의 주권적인 뜻이 나타나 있는 것입니다.

이는 바벨론 다음에 바사가 일어나고, 바사 다음에 헬라가 일어나고, 헬라 다음에 로마가 일어날, "이 열왕의 때에 하늘의 하나님이 한 나라를 세우시리니 이것은 영원히 망하지도 아니할 것이요 그 국권이 다른 백성에게로 돌아가지도 아니할 것이요 도리어 이 모든 나라를 쳐서 멸망시키고 영원히 설 것이라"(단 2:44)고 말씀합니다. 다니엘서에는, "나라"라는 말이 60회 이상 등장하는데 이스라엘이 멸망을 당한 시점에 영원히 멸망하지 아니할 "한 나라를 세우신다"(2:44, 4:3, 34, 6:26, 7:14, 18, 22, 27)는 선언은 놀라운 말씀입니다.

열왕의 때에 한 나라를 세우시려는 하나님의 계획

이점에서 하나님께서는 바벨론, 바사, 헬라, 로마라는 네 나라를 어떻게 사용하셨는가를 생각하게 됩니다. 바벨론은 하나님의 백성을 징계할 채찍(예, 사 10:5)으로 사용하셨고, 바사는 해방자로(스 1:1), 헬라를 통해서는 하나님의 오묘한 말씀을 기록할 언어를 준비하셨으며, 로마를 들어서는 복음을 효과적으로 전파할 기틀을 마련케 하셨다고 말할 수가 있습니다. 복음이 최단시간 내에 그토록 효과적으로 전파될 수가 있었던 것은 로마라는 배경이 있었기 때문임을 사도행전에서 확인할 수가 있습니다. 이것이 하나님께서 설정해 놓으신 그리스도가 탄생할 시대적인 배경이었던 것입니다.

"그 때에 가이사 아구스도가 영을 내려 천하로 다 호적하라" 합니다. 이는 북쪽 나사렛에 살고 있던 마리아가 남쪽 유대 베들레헴에 와서 해산하게 된 연유를 말씀해주는데, "요셉도 다윗의 집 족속이므로 갈릴리 나사렛 동네에서 유대를 향하여 베들레헴이라 하는 다윗의 동네로 그 약혼한 마리아와 함께 호적 하러 올라가니"(4-5) 합니다.

하나님께서는 그리스도가 오시기 약 700년 전에 이사야와 미가 선지자를 통하여 그리스도의 탄생에 대한 "징조"와 장소도 예언하게 하셨는데 먼저 징조로 주시기를, ㉠ "그러므로 주께서 친히 징조를 너희에게 주실 것이라 보라 처녀가 잉태하여 아들을 낳을 것이요 그의 이름을 임마누엘이라 하리라" (사 7:14)고 처녀를 통하여 나실 것을 말씀하셨습니다. ㉡ 또한 장소에 관해서는, "베들레헴 에브라다야 너는 유다 족속 중에 작을지라도 이스라엘을 다스릴 자가 네게서 내게로 나올 것이라 그의 근본은 상고에, 영원에 있느니라" (미 5:2)고 베들레헴에서 나실 것을 말씀하셨던 것입니다.

왜 베들레헴이냐 하면 그리스도는 다윗의 자손으로 다윗의 동네에서 탄생하셔야 하기 때문입니다. 또한 미가와 누가는 베들레헴을 말할 때에, "베들레헴 에브라다야 너는 유다 족속 중에 작을지라도" 또는, "유대를 향하여 베들레헴이라 하는 다윗의 동네로" 하고, "유다"와 결부시키고 있음을 주목하게 되는데 이는 창세기 49:10절에서 야곱이, "규가 유다를 떠나지 아니하며 통치자의 지팡이가 그 발 사이에서 떠나지 아니하기를 실로가 오시기까지 이르리니 그에게 모든 백성이 복종하리로다" 하고, 그리스도가 유다 지파를 통해서 오실 것을 예언한 성취임을 드러내기 위해서인 것입니다.

그러므로 솔로몬의 범죄로 말미암아 나라를 빼앗아 다른 사람에게 주실 때에도 한 지파 유다만은 남겨주셨던 것입니다. 하나님께서는 유다를 가리켜 "한 등불" (왕상 11:36)이라고 말씀하십니다.

주께서 유다로 좇아 나신 것이 분명하도다

한 걸음만 더 나아가야만 하겠습니다. 창세기에서 그리스도가 유다 지파에서 나실 것이 이미 예언되어 있다면 여호수아서에서 가나안을 정복한 후 열 두 지파에게 땅을 분배할 때에 유다 지파가 어느 땅을 분배받게 되느냐 하는 문제에 비상한 관심을 갖게 됩니다. 왜냐하면 그리스도가 나실 땅이 그곳이기 때문입니다.

땅을 분배할 때에 유다 지파의 족장 갈렙은, "그 날에 여호와께서 말씀하신 이 산지를 지금 내게 주소서" (수 14:12) 하고 요구합니다. "그 날"이란 가나안 땅을 정탐한 10명의 족장이 불신앙적인 악평을 하였을 때를 가리키는데 그 날에 하나님께서는, "그러나 내 종 갈렙은 그 마음이 그들과 달라서 나를 온전히 따랐은즉 그가 갔던 땅으로 내가 그를 인도하여 들이리니 그 자손이 그 땅을 차지하리라" (민 14:24)고 약속하신 "그 날"인 것입니다. 갈렙은 그 말씀을 45년 동안이나 마음에 간직하고 있다가 말씀하신 대로 "그 땅" 을 내게 달라고 요구하였던 것입니다. 이는 하나님의 오묘하신 섭리였던 것입니다.

그리하여 헤브론이 갈렙에게 주어졌고 유다 지파가 그 일원을 차지하게 되었는데 유다 지파에게 분배된 곳에는 그리스도의 "탄생, 수난, 부활, 승천" 하실 주 무대가 모두 포함되어 있었던 것입니다. 성경은 말씀합니다. "우리 주께서 유다로 좇아 나신 것이 분명하도다" (히 7:14). 이점에서 감동적인 시 한 편을 소개하고자 합니다.

> 이스라엘이 애굽에서 나오며 야곱의 집안이 언어가 다른 민족에게서 나올 때에
> 유다는 여호와의 성소가 되고 이스라엘은 그의 영토가 되었도다
> 바다가 보고 도망하며 요단은 물러갔으니
> 산들은 숫양들 같이 뛰놀며 작은 산들은 어린 양들 같이 뛰었도다

바다야 네가 도망함은 어찌함이며 요단아 네가 물러감은 어찌함인가
너희 산들아 숫양들 같이 뛰놀며 작은 산들아 어린 양들 같이 뛰놂은 어
찌함인가
(시 114:1-6).

"이스라엘이 애굽에서 나올 때"란 출애굽 때인데 유다를 가리켜, ㉠ "여호와의 성소"(2)라고 말씀함은 그리스도가 그 지파 안에 계셨기 때문입니다. ㉡ 그런데 "바다가 보고 도망하며" 했는데 누구를 보았단 말인가? 하나님께서 선두에 "유다 자손의 진영"이 서라고 명하셨는데(민 10:14) 이 유다 진영을 통해서 왕의 행차를 보았다는 것이 됩니다. 그렇다면 이렇게 말할 수가 있습니다. 출애굽 때에도 그리스도께서 선두에 서셔서 인도하셨다고!

그리스도께서 선두에서 인도하시는 출애굽의 대열을 보고 "바다(홍해)는 이를 보고 도망하며 요단은 물러갔으며" 하는 것은 왕의 행차를 보고 길을 열어드렸다는 뜻이고, "산들은 수양같이 뛰놀며 작은 산들은 어린 양같이 뛰었도다"는 것은 기뻐서 춤을 추는 것을 나타냅니다. 얼마나 감동적인 장면입니까! 시편기자는 "어찜인가" 라고 세 번이나 반복하면서, 왜 그러느냐고 묻고 있는데 이는 몰라서가 아니라 독자들에게 바다와 산은 이를 보고 기뻐서 뛰놀고 있는데 너희에게 이런 감격과 감동이 있느냐고 일깨우기 위해서인 것입니다.

이처럼 계획되고 작정된 말씀을 성취하기 위하여 지금 마리아는 "갈릴리 나사렛 동네에서 유대를 향하여 베들레헴이라 하는 다윗의 동네"(4)로 보냄을 받고 있는 것입니다. "거기 있을 그 때에 해산할 날이 차서 첫아들을 낳아 강보로 싸서 구유에 뉘었으니 이는 여관에 있을 곳이 없음이러라"

(6-7) 합니다. 영광을 비우시고 구주가 오셨는데 여관에 있을 곳이 없으셨다니!

둘째 단원(8-20) 기쁨의 좋은 소식을 먼저 들은 사람들

"그 지역에 목자들이 밤에 밖에서 자기 양 떼를 지키더니" (8), 둘째 단원의 내용은 천사가 "큰 기쁨의 좋은 소식"을 밤에 자기 양떼를 지키고 있던 목자들에게 전해주고 찬송하는 내용입니다. "천사가 이르되 무서워하지 말라 보라 내가 온 백성에게 미칠 큰 기쁨의 좋은 소식을 너희에게 전하노라 오늘 다윗의 동네에 너희를 위하여 구주가 나셨으니 곧 그리스도 주시니라" (10-11) 합니다. 온 백성에게 미칠 큰 기쁨의 좋은 소식"이라 한 것은 복음이 미칠 범위가 "온 백성", 즉 천하 만민임을 가리킵니다. 이는 유대인의 벽을 넘어 온 인류에게 미칠 "큰 기쁨의 좋은 소식"이었던 것입니다. 이 점에서 성경에서 가장 작은 장인 시편 117편을 음미해보는 것도 도움이 될 것입니다.

> 너희 모든 나라들아 여호와를 찬양하며
> 너희 모든 백성들아 그를 찬송할지어다
> 우리에게 향하신 여호와의 인자하심이 크시고
> 여호와의 진실하심이 영원함이로다 할렐루야

이 시에서 어떻게 그리스도를 만날 수가 있는가? "너희 모든 나라, 너희 모든 백성"(1)을 통해서입니다. 이들은, "그 때에 너희는 그리스도 밖에 있었고 이스라엘 나라 밖의 사람이라 약속의 언약들에 대하여는 외인이요 세상에서 소망이 없고 하나님도 없는 자이더니"(엡 2:12) 한 이방인들입니다. 이들이 어떻게 해서 "여호와를 찬양" 하는 것이 가능하게 되는가? 이는 "전에 멀리 있던 너희가 그리스도 예수 안에서 그리스도의 피로 가까워졌기"(13) 때문입니다.

이방인의 사도로 세움을 받은 바울이 이 시편을 몰랐을 리가 있었겠는가? 이를 인용하여, "모든 열방들아 주를 찬양하며 모든 백성들아 그를 찬송하라 하였으며"(롬 15:11) 하고 이방이 구원에 참여하게 될 것이 이미 예언되었음을 증언합니다. 이것이 가능하여진 것은, "여호와의 인자(仁慈)하심이 크시고" 한, 사랑과, "여호와의 진실(眞實)하심", 즉 한 번 언약하신 바는 반드시 지켜주시기 때문에 가능한 것인데 그래서 "여호와의 진실하심이 영원함이로다 할렐루야"(시 117:2) 하는 것입니다. 천사도 "온 백성에게 미칠 큰 기쁨의 좋은 소식"이라고 이를 증언하고 있는 것입니다.

징조와 표적

"너희가 가서 강보에 싸여 구유에 뉘어 있는 아기를 보리니 이것이 너희에게 표적이니라"(12)고 말합니다. 하나님께서는 "징조"로 처녀를 통해서 나게 하시고, "표적"으로 "강보에 싸여 구유에 누인 아기"로 주셨습니다. "구유에 뉘었다"는 말이 세 번(7, 12, 16)이나 강조되어 있는데, "지극히 높으신 하나님의 아들"(1:32)이요 구주 되시는 "그리스도"께서 "강보에 싸여 구유"에 누운바 되었다니, 이는 상징성이 있는 묘사입니다. 이점을 주님께서는, "여우도 굴이 있고 공중의 새도 집이 있으되 인자는 머리 둘 곳이 없도다" (9:58)고 말씀하십니다. "세상은 그로 말미암아 지은 바 되었으되 세상이 그를 알지 못하였고 자기 땅에 오매 자기 백성이 영접하지 아니하였던" (요 1:10-11) 것입니다.

목자들은 "이제 베들레헴으로 가서 주께서 우리에게 알리신 바 이 이루어진 일을 보자" (15) 하고 베들레헴까지 가서 구유에 누인 아기를 찾아 만났습니다(16). 목자들은 천사가 자기들에게 "이르던 바와 같이 (20), 이루어진 일" (15)을 확인할 수가 있었습니다. 목자들은 "듣고 본 그 모든 것을 인하여 하나님께 영광을 돌리고 찬송하며 돌아가니라" (20하) 합니다.

천사가 "큰 기쁨의 좋은 소식"을 밤에 밖에서 자기 양떼를 지키고 있던 "목자들"에게 제일 먼저 전해주었다는 것은 놀라운 사실입니다. 이들은 비천한 신분의 사람들로 여겨지는데, 그럼에도 불구하고 우리의 상상을 풍성케 해주는 것은 "양떼를 지키더니" 라는 묘사 때문입니다. 성경에서 "양"이라 말하면 즉각적으로 하나님께 드려질 제물을 연상하게 됩니다. 그들은 다름이 아닌 상번제, 속죄제, 화목제, 등 제물로 드려질 양을 치던 목자들이었을 것이라는 것은 가능한 추론입니다. 그들에게 제일 먼저 "세상 죄를 지고 가는 하나님의 어린 양"이 탄생하셨다는 점을 전해줌으로, "빨리 가서 마리아와 요셉과 구유에 누인 아기를 찾아서 보고—하나님께 영광을 돌리고 찬송하며 돌아갔다" (16-20)는 것은 의미심장한 일입니다.

또한 성경은 예수 그리스도를 "목자 장" (벧전 5:4)이라고 말씀합니다. 그렇다면 그의 제자들은 작은 목자들이요, "네가 나를 사랑하느냐, 내 양을 치라" (요 21:16) 하신, 양 떼를 지키는 목자들인 것입니다. 목자장이 다시 오시는 재림의 나팔 소리도 묵묵히 제 위치를 지키면서 자기의 임무를 감당하는, "밤에 자기 양떼를 지키는" 목자들에게 전해지게 될 것이라는 믿음입니다.

천군 천사의 찬양

이점에서 천군 천사들이, "지극히 높은 곳에서는 하나님께 영광이요 땅에서는 하나님이 기뻐하신 사람들 중에 평화로다" (14) 한 찬양을 생각해 보아야만 하겠습니다.

㉠ 먼저 "구주"가 나심이 "하나님께 영광이요"가 어떻게 가능해지는 것인가? 이에 대한 해답이 요한복음 12장에 있는데 주님은 십자가를 앞에 놓으시고, "내가 이를 위하여 이때에 왔나이다" 하시면서, "아버지여 아버지의 이름을 영광스럽게 하옵소서"(요 12:27-28) 하고 그가 받으실 "고난과 하나님의 영광"을 결부시켜 말씀하셨던 것입니다.

이점을 로마서에서는, "곧 이때에 자기의 의로우심을 나태내사 자기도 의로우시며" (3:26) 합니다. 곧 이 때란 자기 아들을 대속제물로 내주신 때인데, "자기의 의로우심을 나태내사 자기도 의로우시며" 한 뜻이 무엇인가? 구약시대는 죄를 보시고도 "간과" (看過)하시면서 오래 참으시던 때, 즉 하나님의 의로우심을 나타내시지 못한 때였다는 것입니다. 그런데 이제 비로소 나타내시게 되었으니 이것이 하나님께 "영광"을 돌림이 되는 것입니다.

이에 대한 적절한 예가 구약성경에 있는데 여호수아는 범죄한 아간에게, "청하노라 이스라엘의 하나님 여호와께 영광을 돌리라" (수 7:19)고 말합니다. 그런 후에 그를 죽였습니다. 그의 죽음은 죄 값은 사망이라는 하나님의 공의(公義)를 들어낸 영광을 돌림이 되었던 것입니다. 아간은 자신의 죄로 말미암아 죽임을 당했으나 그리스도의 죽으심은 우리의 죄에 대한 하나님의 의로우심을 나타낸 "하나님께 영광"을 돌리신 최대의 사건이었던 것입니다.

㉡ 그러므로 둘째는, "땅에서는 기뻐하심을 입은 사람들 중에 평화로다" 합니다. "죽기를 무서워하므로 일생에 매여 종노릇하는 모든 자들"(히 2:15)에게 "평화"란 없었던 것입니다. 그들이 놓임을 받게 되었을 때에 비로소 평화는 임하게 되었던 것입니다. 평화란 "구원"에 머무는 것이 아니라, "좋은 소식을 전하며 평화를 공포하며 복된 좋은 소식을 가져오며 구원을 공포하며 시온을 향하여 이르기를 네 하나님이 통치하신다 하는 자의 산을 넘는 발이 어찌 그리 아름다운가"(사 52:7) 한 "통치(統治)하심"까지 나아가는 것입니다. 궁극적인 평화란 그리스도께서 통치하시는 메시아 왕국이 도래하였을 때에 완성되는 것입니다. 지금은 평화가 아니라 전쟁 중입니다.

평화 없는 세상 고통과 싸움뿐
사람들은 무서워 떠네
평화의 왕이 다시 오시기까지
죄와 전쟁은 끝이 없네
오 주 없이 살 수 없네
오직 주께만 구원 있네
주님 없는 세상 평화 없네
오 주 없이 살 수 없네

"할례 할 팔 일이 되매 그 이름을 예수라 하니 곧 잉태하기 전에 천사의 일컬은 바러라"(21). 21-24절 안에는 "할례 할 팔 일이 되매(21), 모세의 법대로 정결예식의 날이 차매(22), 이는 주의 율법에 쓴바(23), 또 주의 율법에 말씀하신 대로"(24) 라는 의문(儀文)에 관한 말씀들이 자주 등장하는데 이는 그리스도께서 "율법 하에 나심"을 말씀해주는 묘사입니다.

율법 하에 나심(21:24)

왜 그리스도가 율법 아래 나셔야만 했는가? 성경은, "때가 차매 하나님이 그 아들을 보내사 여자에게서 나게 하시고 율법 아래에 나게 하신 것은 율법 아래에 있는 자들을 속량하시고 우리로 아들의 명분을 얻게 하려 하심"(갈 4:4-5)에서였다고 말씀합니다. 즉 이런 뜻입니다. 그리스도께서는 우리의 대표자가 되시기 위해서 우리와 같은 율법 하에 나셨다는 것입니다. 그리스도는 율법을 제정하시고 수여하신 분이십니다. 그럼에도 불구하고 율법 하에 나셨습니다. 만일 그렇게 하시지 않으셨다면 우리의 대표자로써 적법하지 못하였을 것이요, 따라서 우리의 죄를 대속하신다는 것이 불가능한 일이었기 때문입니다.

주님께서 요한에게 세례를 받으실 때에 이렇게 말씀하셨습니다. "이제 허락하라 우리가 이와 같이 하여 모든 의를 이루는 것이 합당하니라"(마 3:15). 그리스도께서는 "모든 의를 이루시기" 위하여 할례도, 세례도 받으셨으며, 한 마디로 율법을 다 준행하셨던 것입니다. 다시 말씀드립니다만 율법 하에 있는 자들을 속량하시기 위하여 친히 율법 하에 나서서, 율법을 온전히 준행하셨던 것입니다.

율법 하에 있다는 말은 "율법 아래 매인 바 되고—갇힌" (갈 3:23) 상태를 뜻합니다. 마치 처형을 기다리는 사형수와도 같은 상태가 율법 아래 있는 상태입니다. 그런 상태에 있는 우리의 죄 값을 대신 담당하시기 위하여 하나님의 아들이 "율법 하에 나시어" 율법이 정죄하는 대로 죄 값인 사망을 담당하셨던 것입니다. 그러므로 "그리스도는 모든 믿는 자에게 의를 이루기 위하여 율법의 마침이 되시니라" (롬 10:4)고 말씀하는 것입니다.

이스라엘의 위로자(25-35)

"예루살렘에 시므온이라 하는 사람이 있으니 이 사람이 의롭고 경건하여 이스라엘의 위로를 기다리는 자라 성령이 그 위에 계시더라" (25). "위로를 기다린다"는 의미가 무엇인가? 이는 하나님께서 언약하신 그리스도를 기다리고 있다는 뜻입니다. 엠마오로 낙향하던 두 제자는, "우리는 이 사람이 이스라엘을 속량할 자라고 바랐노라" (24:21)고 말하는데 이것이 "위로할 자"라는 뜻입니다. 구속사의 맥락에서 보면 구약시대란 위로를 기다린 기간이었던 것입니다. 노아의 아버지 라멕은, "죄악이 세상에 가득"하던 시대에 아들이 태어나자 이름을 "노아"라고 하였는데 그 뜻은, "수고로이 일하는 우리를 이 아들이 안위(安慰)하리라" (창 5:29), 즉 위로하리라는 기대에서였습니다. 다윗도 "이스라엘의 구원이 시온에서 나오기를 원하도다" (시 14:7)고 이스라엘의 구속을 바랐던 것입니다. 그처럼 바라고 기다리던 "위로자와 구속자"가 오신 것입니다.

위로와 구속을 기다린 것은 바벨론에 포로 된 자들도 마찬가지였습니다. 그런데 하나님께서는 이사야 선지자를 통하여, "너희는 위로하라 내 백성을 위로하라 너희는 예루살렘의 마음에 닿도록 말하며 그것에게 외치라 그 노역의 때가 끝났고 그 죄악이 사함을 받았느니라" (사 40:1-2)고 말씀하셨습니다. 그들은 70년의 징역형을 선고받고 바벨론이라는 감옥에 갇힌바 되었는데 "그 복역의 때가 끝났다"는 것입니다. 그런데 이어지는 말씀은, "외치는 자의 소리여 이르되 너희는 광야에서 여호와의 길을 예비하라 사막에서 우리 하나님의 대로를 평탄하게 하라" (사 40:3)는 메시아의 길을 예비하라는 말씀으로 이어지고 있는 것을 보게 됩니다. 왜냐하면 바벨론 포로귀환을 예표로 하여 사탄의 포로가 돌아오게 될 것을 계시하시기 때문입니다. 그러므로 그리스도가 오심이 곧 "내 백성을 위로하심"이었던 것입니다.

시므온은 "그리스도를 보기 전에는 죽지 아니하리라" (26) 하는 성령의 지시를 받았는데, "성령의 감동으로 성전에 들어가매 마침 부모가 율법의 관례대로 행하고자 하여 그 아기 예수를 데리고 오는지라 시므온이 아기를 안고 하나님을 찬송하여 이르되" (27-28),

㉠ "주재여 이제는 말씀하신 대로 종을 평안히 놓아 주시는도다 내 눈이 주의 구원을 보았사오니"(29)합니다. 그리스도를 보기 전에 죽지 아니하리라는 성령의 지시대로 이제는 그리스도를 보았으니 이제 죽어도 여한이 없다는 뜻입니다. "평안히 놓아 주시는도다". 시므온은 죽음을 이렇게 표현하고 있습니다. 그야말로 얼마나 평안한 말씀입니까? 불신자의 죽음도 이와 같겠습니까? 아닙니다. 이 평안함은 그리스도를 만난 사람만이 맞이하게 되는 죽음의 의미입니다. 사람이 세상에 태어났다가 "그리스도를 보기 전에는" 죽어서는 아니 됩니다. 그리스도를 만나지 못하고 죽는다면 "그 사람은 차라리 나지 아니 하였더

면 좋을 뻔한"(마 26:24) 사람이 되고 마는 것입니다.

㉡ "이는 만민 앞에 예비하신 것이요"(31) 합니다. 그리스도는 이스라엘만을 위하여 오신 것이 아닙니다. 그리스도는 "만민"(萬民)의 위로자로 오신 것입니다. 또한 "예비하신 것"이라 하는데, 하나님께서는 아브라함에게 "네 씨로 말미암아 천하 만민(天下萬民)이 복을 얻으리라"(창 22:18)고 약속하셨던 것입니다. 이 "예비"(豫備)하심에 대하여 깊은 통찰이 있어야만 합니다. 그리스도의 오심은 임기응변으로 이루어진 일이 아니기 때문입니다. 모리아 산에서 이삭이, "번제할 어린 양은 어디 있나이까" 라고 물었을 때 아브라함은, "번제할 어린 양은 하나님이 자기를 위하여 친히 준비하시리라"(창 22:7-8)고 말했는데 그리스도가 나심은 "만민 앞에 예비하신" 구주로 오신 것입니다.

웃기는 이야기를 하는 사람이 있었습니다. 예수는 석가모니의 제자라고 주장한 어느 교수가 있었는데, 탄생 연대로만 본다면 예수님이 후에 태어나신 것만은 사실입니다. 그러나 우리 주님은 하나님께서 창세전부터 예비하시고 이루어 오신 구원계획 하에서 나셨음을 모르고 하는 말입니다.

㉢ "이방을 비추는 빛이요"(32) 합니다. 이방을 비추는 빛이요 했는데 비추기 전에는 어떠한 상태에 있었을까요? 그렇습니다. "어두움과 죽음의 그늘에 앉은"(1:79) 상태였던 것입니다. 그러므로 이사야 선지자는 메시아의 나심을 가리켜, "흑암에 행하던 백성이 큰 빛을 보고 사망의 그늘진 땅에 거하던 자에게 빛이 비취도다"(사 9:20고 예언했던 것입니다.

이방을 비추는 빛

"비추는 빛"에 대해서도 깊은 통찰이 있기를 바랍니다. 구약시대란 엄밀한 의미에서 "빛을 가리신" 시대였던 것입니다. 이를 단적으로 보여주는 것이 성막의 구조(構造)입니다. 하나님은 성막의 중간을 막으라 명하셨습니다. 이는 "너희 죄가 그의 얼굴을 가리어서 너희에게서 듣지 않으시게 함이니라" (사 59:2) 하신 대로 하나님께서 그 얼굴을 가리신 시대였음을 말해줍니다. 그러므로 하나님께서는 제사장들에게 이렇게 축복하라고 지시하셨습니다.

㉠ 여호와는 네게 복을 주시고 너를 지키시기를 원하며,
㉡ 여호와는 그 얼굴을 네게 비추사 은혜 베푸시기를 원하며,
㉢ 여호와는 그 얼굴을 네게로 향하여 드사 평강 주시기를 원하노라 할지니라(민 9:22-26).

하나님께서 명하신 축복의 핵심은 "여호와는 그 얼굴을 네게 비추사"에 있는데, 비춰주시는 것이 언제 어떻게 해서 가능해졌는가? 주님께서 십자가상에서 "다 이루었다"고 선언하시자 1500년 동안이나 막혔던 휘장이 찢어짐으로 가능해진 것입니다. 하나님의 얼굴을 비춰주시는 이것이 "은혜"이며, 하나님께서 그 얼굴을 향하여 드시는 곳에 "평강"이 있게 되는 것입니다. 제사장들은 구약시대 내내 이 축복기도를 했던 것입니다. 그런데 드디어 "내 눈이 주의 구원을 보았사오니 이는 만민 앞에 예비하신 것이요 이방을 비추는 빛이요 주의 백성 이스라엘의 영광" (30-32)이 나타났다고 찬양하고 있는 것입니다.

하나님을 찬미한 후에 시므온은 마리아에게 말합니다.

㉠ "보라 이는 이스라엘 중 많은 사람을 패하거나 흥하게 하며"(34상) 합니다. 복

음이란 불가피하게 "흥함과, 패하게" 하는 심판하는 기능이 있게 마련입니다. 믿는 자에게는 "흥함"을 주지만 믿지 않는 자에게는 "패함"을 주기 때문입니다. 이런 의미에서 모든 사람에게 만족을 주고 환영을 받는 설교란 교양강좌나 철학 강의는 될지언정 엄밀한 의미에서 십자가복음은 아닌 것입니다. 현대교회는 이러한 설교가 인기를 끌고 있습니다.

ⓛ "비방을 받는 표적이 되기 위하여 세움을 받았고 또 칼이 네 마음을 찌르듯 하리니 "(34-35) 합니다. 이는 그리스도께서 위로자가 되시며 구원자가 되시며 이방을 비추는 빛이 되심이 이 땅에 오시는 것만으로 가능해지는 것이 아니라 배척을 당하시고 십자가의 고난을 통하여 이루어질 것을 예고하는 말씀입니다. 주님께서 십자가상에서, "여자여 보소서 아들이니이다"(요 19:26) 하셨을 때에 마리아는 "칼이 마음을 찌르듯"하였을 것입니다. 시므온은 이스라엘의 위로를 기다리다가 "구원을 보았고(30), 이방을 비취는 빛"(32)을 보았던 것입니다.

이스라엘의 구속자(36-40)

안나라는 여 선지자가 있었습니다. "과부가 되고 팔십 사세가 되었더라 이 사람이 성전을 떠나지 아니하고 주야로 금식하며 기도함으로 섬기더니"(37) 합니다. 이는 시므온이 이스라엘의 위로를 기다림과 같이 안나도 그리스도를 기다리고 있었음을 나타냅니다. 시므온이 그리스도를 만난 그 성전에서 안나도 그리스도를 만나, "마침 이 때에 나아와서 하나님께 감사하고 예루살렘의 속량을 바라는 모든 사람에게 그에 대하여 말하니라"(38) 합니다. 안나는 바라고 기다리다가 "구속자"를 만난 것입니다. 만난 후에

"속량을 바라는 모든 자에게" 자신이 만난 아기 예수님의 소식을 전해주었습니다.

시므온 ,안나, 그리고 구속됨을 바라는 모든 사람들은 하나님의 언약을 믿고 그리스도를 기다리다가 만난 사람들입니다. 누가는 복음서 앞부분에서 그리스도를 기다리다가 만난 사람들의 이야기를 들려줌으로 시작하고 있는데, 후편이라 할 수 있는 사도행전은 주님의 약속을 믿고 예루살렘을 떠나지 않고 기다리다가 약속하신 성령님의 오심을 맞이하는 것으로 시작합니다.

이제 우리에게도 한 가지 남은 약속이 있는데 그것은 "내가 진실로 속히 오리라"(계 22:20) 하신 재림의 약속입니다. 우리도 "신중함과 의로움과 경건함으로 이 세상에 살고 복스러운 소망과 우리의 크신 하나님 구주 예수 그리스도의 영광이 나타나심을 기다림"(딛 2:12-13)이 마땅하지 않겠습니까!

넷째 단원(41–52) 아버지 집에 있어야 될 줄을 아신 소년 예수

"그의 부모가 해마다 유월절이 되면 예루살렘으로 가더니"(41), 본문은 아기 예수님이 12살 때를 배경으로 하고 있습니다. 예수님의 소년시절을 말해주고 있는 유일한 기록입니다. 40절의 "아기가 자라며"라는 말은 "예수께서 열 두 살 될 때"(42)로 연결해 줍니다. 그러니까 아기 예수가 12세 소년으로 자란 것입니다. 그리고 52절의 "예수는 그 지혜와 그 키가 자라가며"는 3:23절의 "예수께서 가르치심을 시작하실 때에 삼십 세쯤 되니라"와

연결되고 있는데, 12세 소년이 30세 장년으로 성장한 것입니다. 이처럼 누가는 다른 복음서와는 달리 예수님의 소년기를 간략하지만 언급하고 있습니다. 그 의도가 무엇일까? 누가는 단순한 호기심으로 이렇게 하고 있는 것이 아니라, 이는 기록목적인 그리스도가 "예수"로 성육신하셨다는 점을 "확신"시켜주기 위해서인 것입니다.

본 단원의 핵심은 "내가 내 아버지 집에 있어야 될 줄을 알지 못하셨나이까"(49)에 있습니다. 이는 자신의 정체성(正體性)과 사명을 소년기에 이미 알고 계셨다는 증거입니다. 천사는 마리아에게, "나실 바 거룩한 이는 하나님의 아들이라 일컬어지리라"(1:35)고 말해주었음에도 이를 기억하지 못하고 있으나 소년 예수는 자신의 정체성을 알고 계셨던 것입니다. 그러므로 본 단원의 주제는 "아버지 집에 있어야 될 줄을 아신 소년 예수"가 될 수가 있습니다.

유월절에 예루살렘에 올라간 소년 예수(41-50)

유월절을 맞이하여 예수님도 요셉과 마리아를 따라 예루살렘으로 올라가셨습니다. 절기를 마치고 돌아갈 때에 소년 예수는 예루살렘에 머무셨는데 부모는 하룻길을 간 후에야 동행중에 없는 것을 알게 되었습니다. "사흘 후에 성전에서 만난즉 그가 선생들 중에 앉으사 그들에게 듣기도 하시며 묻기도 하시니 듣는 자가 다 그 지혜와 대답을 기이히 여기더라"(46-47) 합니다.

이를 간추려보면 주님은 ㉠듣기도 하시며, ㉡묻기도 하시고, ㉢묻는 말에 대답도 하신 것입니다. 그리하여 "듣는 자가 다 그 지혜와 대답을 놀랍게 여기더라" 합니다. 그러면 "지혜와 대답"의 내용들이 무엇이었기에 그토록 놀랍게 여겼을 것인가? 이 사건의 배경인 "유월절"과 연관이 있다 하겠습니다. 주님은 분명서 유월절 양이 죽임을 당하는 것과 피를 흘리는 광경을 목격하셨을 것입니다. 이를 바라보시면서 그 때에 이미 자신이 무엇을 위하여 이때에 오셨는지 자신의 사명을 알고 계셨다는 것입니다. 즉 장차 이곳 예루살렘에서 저 유월절 양이 죽임을 당하며 피를 흘림과 같이 죽임을 당하고 피를 흘려야 할 것을 알고 계셨다는 말씀입니다.

그 점이 요셉과 마리아가, "아이야 어찌하여 우리에게 이렇게 하였느냐 보라 네 아버지와 내가 근심하여 너를 찾았노라" 하자, "예수께서 이르시되 어찌하여 나를 찾으셨나이까 내가 내 아버지 집에 있어야 될 줄을 알지 못하셨나이까"(48-49) 한 언급에 암시적으로 나타납니다. 이는 12살 때 하신 말씀이니까 복음서에 기록된 예수님의 최초의 말씀이 되는 것입니다. 그리고 복음서는 마지막 부분에서, "이르시되 내가 고난을 받기 전에 너희와 함께 이 유월절 먹기를 원하고 원하였노라"(22:15)고 말씀하심을 대하게 됩니다.

그러므로 듣는 자가 다 그 지혜와 대답을 놀랍게 여길 수밖에 없었을 것입니다. 그러나 그 부모는, "그 하신 말씀을 깨닫지 못하더라"(50) 합니다. 그러나 그 모친 마리아는 "이 모든 말을 마음에 두니라"(51) 합니다. 무슨 뜻인지 분명히 깨닫지는 못하면서도 의미심장한 말씀임을 직감했기 때문일 것입니다.

나사렛에서 순종하여 받드심(51-52)

"예수께서 함께 내려가사 나사렛에 이르러 순종하여 받드시더라"(51). 앞 단락(43-49)의 기사만을 인용하게 되면 오용(誤用)될 소지도 있는 것입니다. 주의 일을 빙자하여 부모를 거역하는 것을 정당화하려는 잘못된 가르침이 있기 때문입니다. 그들은 에베소 6:1절에 나오는 "자녀들아 주 안에서 너희 부모에게 순종하라"는 말씀을 곡해합니다. "주 안에서 순종하라고 하셨어" 하고 부모를 거역하는 것을 정당화하려 합니다. 사도 바울은 아내들에게 "자기 남편에게 복종하기를 주께 하듯 하라" 했습니다. 종들에게도 "상전에게 순종하기를 그리스도께 하듯 하라"(엡 5:22 6:5)고 명합니다. 그런 사도가 "주 안에서 순종하라" 한 뜻이 부모에게는 까다롭게 대하라는 뜻으로 여겨집니까? 아닙니다. 부모를 주신 하나님의 순리(順理)는, 볼 수 없는 하나님의 대리자로 부모를 주신 것입니다. 범죄로 인하여 이 순리가 역리(逆理)가 되었다는데 문제가 있는 것입니다. 이를 회복하기 위해서는 할 수 있는 최대한의 순종을 받쳐야만 하는 것입니다. 이것이 "순종하여 받드시더라"(51)의 뜻입니다.

우리 주님은 하나님과의 관계에서, ㉠"내가 내 아버지 집에 있어야 될 줄을 알지 못하셨나이까" 하고 순종하셨습니다. 뿐만 아니라 사람과의 관계에 있어서도, ㉡"순종하여 받드신" 것입니다. 우리 주님은 자신이 누구인가 하는 자기의 정체성을 소년기에 확고히 알고 계셨습니다. 그럼에도 불구하고 나사렛에 이르러 순종하여 받드셨습니다. 30세가 될 때까지 18년 동안을!

이것이 "하나님과 사람에게 더욱 사랑스러워 가시더라"(52)의 의미입니다. 본문이 주는 교훈은 명백합니다. 교회는 청소년 때부터 자신의 정체성, 즉 자신의 변화된 신분과 그에 따른 인생관과 세계관을 정립시켜줌과 동시에, 대인관계에 있어서도 조화와 균형 잡힌 인격체로 세워줌으로, "하나님과 사람에게 사랑스러워 가는" 신앙인격자로 양육하라는 말씀인 것입니다. 이것이 "유월절에 예루살렘에 올라간 소년 예수"입니다.

The Book of Luke

누가복음 3장 개관도표

주제 : 아버지 하나님의 인치신 자

<table>
<tr><td>광야의 외치는 자의 소리</td><td>

1-20

2 안나스와 가야바가 대제사장으로 있을 때에 하나님의 말씀이 빈 들에서 사가랴의 아들
요한에게 임한지라
3 요한이 요단 강 부근 각처에 와서 죄 사함을 받게 하는 **회개의 세례를 전파하니**
4 **선지자 이사야의 책에 쓴 바** **광야에서 외치는 자의 소리가 있어** 이르되 너희는
주의 길을 준비하라 그의 오실 길을 곧게 하라
5 모든 골짜기가 메워지고 모든 산과 작은 산이 낮아지고 굽은 것이 곧아지고
험한 길이 평탄하여질 것이요
6 모든 육체가 하나님의 구원하심을 보리라 함과 같으니라
7 요한이 세례 받으러 나아오는 무리에게 이르되 **독사의 자식들아** 누가 너희에게 일러 장차 올
진노를 피하라 하더냐
8 그러므로 **회개에 합당한 열매를 맺고** 속으로 아브라함이 우리 조상이라 말하지 말라
내가 너희에게 이르노니 하나님이 능히 이 돌들로도 아브라함의 자손이 되게 하시리라
9 이미 도끼가 나무뿌리에 놓였으니 좋은 열매 맺지 아니하는 나무마다 찍혀 불에 던져지리라
10 무리가 물어 이르되 **그러면 우리가 무엇을 하리이까**
11 대답하여 이르되 **옷 두 벌 있는 자는 옷 없는 자에게 나눠 줄 것이요**
먹을 것이 있는 자도 그렇게 할 것이니라 하고
12 **세리들도** 세례를 받고자 하여 와서 이르되 선생이여 **우리는 무엇을 하리이까** 하매
13 이르되 **부과된 것 외에는 거두지 말라** 하고
14 **군인들도** 물어 이르되 **우리는 무엇을 하리이까** 하매
15 **백성들이 바라고 기다리므로** 모든 사람들이 요한을 **혹 그리스도신가 심중에 생각하니**
16 요한이 모든 사람에게 대답하여 이르되 나는 물로 너희에게 세례를 베풀거니와
나보다 능력이 많으신 이가 오시나니 나는 그의 신발끈을 풀기도 감당하지 못하겠노라
그는 성령과 불로 너희에게 세례를 베푸실 것이요
17 손에 키를 들고 자기의 타작 마당을 정하게 하사 알곡은 모아 곳간에 들이고
쭉정이는 꺼지지 않는 불에 태우시리라
18 또 그밖에 여러 가지로 권하여 백성에게 좋은 소식을 전하였으나
19 분봉 왕 헤롯은 그의 동생의 아내 헤로디아의 일과 또 자기가 행한 모든 악한 일로 말미암아
요한에게 책망을 받고
20 그 위에 한 가지 악을 더하여 **요한을 옥에 가두니라**

</td></tr>
<tr><td>인치신 자</td><td>

21-22

21 백성이 다 세례를 받을새 **예수도 세례를 받으시고** 기도하실 때에 하늘이 열리며
22 **성령이** **비둘기 같은 형체로** 그의 위에 강림하시더니 하늘로부터 소리가 나기를
너는 내 사랑하는 아들이라 내가 너를 기뻐하노라 **하시니라**

</td></tr>
<tr><td>족보</td><td>

23-38

23 예수께서 가르치심을 시작하실 때에 삼십 세쯤 되시니라 **사람들이 아는 대로는 요셉의 아들이니**
요셉의 위는 헬리요
38 그 위는 에노스요 그 위는 셋이요 **그 위는 아담이요 그 위는 하나님이시니라**

</td></tr>
</table>

3장
아버지 하나님의 인치신 자

3장의 중심점은, "너는 내 사랑하는 아들이라"(22)는 말씀에 있습니다. 이 말씀을 중심으로 앞에는 사랑하는 아들의 길을 예비하러 온 요한의 사역(1-20)이 있고, 뒤에는 사랑하는 아들의 족보(23-38)를 제시하는 구조입니다.

예수님께서 세례를 받으시고 기도하실 때에 성령이 임하고 너는 내 사랑하는 아들이라는 하늘 음성이 들려왔다는 것은 하나님께서 예수님을 사랑하는 아들이요, 그리스도임을 인(印) 치심, 즉 보증하심을 뜻합니다. 주님은 이렇게 말씀하십니다. "인자는 아버지 하나님께서 인치신 자니라"(요 6:27).

여기 성부, 성자, 성령 삼위 하나님이 등장하는데, 이는 공생애를 시작하기 위한 일종의 위임식(委任式)이라고 말씀드릴 수가 있습니다. 그러므로 3장의 주제가 "아버지 하나님의 인치신 자"가 될 수가 있습니다. 이를 세 단원으로 나누어 상고합니다.

첫째 단원(1–20) **광야의 외치는 자의 소리**

둘째 단원(21–22) **너는 내 사랑하는 아들이라**

셋째 단원(23–38) **마지막 아담 새로운 시조 예수 그리스도**

첫째 단원(1–20) 광야의 외치는 자의 소리

"안나스와 가야바가 대제사장으로 있을 때에 하나님의 말씀이 빈들에서 사가랴의 아들 요한에게 임한지라" (2). 이는 구속사의 맥락에서 볼 때 엄청난 사건이 아닐 수가 없습니다. 왜냐하면 이는 "여호와께서 말라기를 통하여 이스라엘에게 말씀하신 경고라" (말 1:1) 한 이후로 실로 400년의 침묵 끝에 임한 하나님의 말씀이기 때문입니다.

언제 임했는가? 첫 절에서 로마 황제, 총독, 세 명의 분봉 왕, 두 명의 대제사장을 거명하면서 그 "때에" 임한지라 합니다. 이와 같이 누가는 역사성을 중시하고 있는데, 이는 하나님의 계시의 확실성을 입증하기 위해서인 것입니다. 그런데 하나님의 말씀이 황제나, 총독이나, 헤롯왕에게 임한 것이 아닙니다. 그렇다고 대제사장에게 임한 것도 아닙니다. 그러므로 왕궁에 임한 것도, 성전에 임한 것도 아닙니다. "빈들에서 사가랴의 아들 요한에게 임했다"고 말씀합니다.

이는 "선지자 이사야의 책에 쓴 바 광야에서 외치는 자의 소리가 있어 이르되 너희는 주의 길을 준비하라 그의 오실 길을 곧게 하라 모든 골짜기가 메워지고 모든 산과 작은 산이 낮아지고 굽은 것이 곧아지고 험한 길이 평탄하여질 것이요 모든 육체가 하나님의 구원하심을 보리라 함과 같으니라" (4-6)고, 그리스도의 오심이 약속과 예언의 성취임은 물론이요, 그의 길 예비자도 예언의 성취자로 왔다는 점을 드러내는 말씀입니다.

그런데 요한은 도시 한복판에서가 아니라 광야에서 그의 길을 예비하고 있었다는 것입니다. "광야"라는 말이 우리에게 주는 성경적인 이미지는 시사해 주는 바가 많습니다. 하나님의 말씀이 모세에게 임한 것도 시내광야에서였으며, 출애굽 때에도 하나님께서는, "여호와께서 그를 황무지에서, 짐승이 부르짖는 광야에서 만나시고 호위하시며 보호하시며 자기의 눈동자 같이 지키셨도다" (신 32:10)고 말씀합니다.

"백성들이 바라고 기다리므로 모든 사람들이 요한을 혹 그리스도신가 심중에 생각" (15)했다합니다. 요한은 대답하기를, "나는 물로 너희에게 세례를 베풀거니와 나보다 능력이 많으신 이가 오시나니 나는 그의 신발 끈을 풀기도 감당치 못하겠노라 그는 성령과 불로 너희에게 세례를 베푸실 것이요" (16) 합니다. 자신은 그리스도가 아니요, 백성들을 그리스도에게로 인도하는 길 예비자라는 뜻입니다.

"백성들이 바라고 기다렸다"는 말은 백성들은 하나님께서 "아브라함과 다윗"에게 세워주신 메시아 언약을 믿고 기다리고 있었음을 알 수가 있습니다. 그런데 요한은 세례 받으러 나아오는 무리에게, "독사의 자식들아 누가 너희에게 일러 장차 올 진노를 피하라 하더냐" (7)고 책망하는 것이 아닌가? 그러면 메시아를 바라고 기다리던 그들을 누가 "독사의 자식들"로 만들었단 말인가? 그 원인과 책임을 주님은, "화 있을진저 너희 율법교사여 너희가 지식의 열쇠를 가져가서 너희도 들어가지 않고 또 들어가고자 하는 자도 막았느니라" (11:52)고 지적하십니다.

"지식의 열쇠를 가져갔다"는 뜻은 설교자를 가리키는 말씀인데 성경을 열어, "내가 문이다, 내가 길이다" 하신 그리스도에게로 인도해야 할 책임이 있음을 나타냅니다. 그런데 성경을 곡해함으로 고대하던 그리스도가 오셨건만 배척하여 십자가에 못을 박는 "독사의 자식", 즉 사탄의 추종자로 전락시킨 엄청난 비극이 발생하게 된 것입니다. 그래서 주님은 당시의 종교 지도자들을 향해서, "뱀들아 독사의 새끼들아 너희가 어떻게 지옥의 판결을 피하겠느냐" (마 23:33)고 질타하셨던 것입니다.

"무리가 물어 이르되 그러면 우리가 무엇을 하리이까 대답하여 이르되 옷 두 벌 있는 자는 옷 없는 자에게 나눠 줄 것이요 먹을 것이 있는 자도 그렇게 할 것이니라" 합니다. 세리들이 선생이여 우리는 무엇을 하리이까 하자, "부과된 것 외에는 거두지 말라" 합니다. 군인들도 우리는 무엇을 하리이까 라고 묻자, "사람에게서 강탈하지 말며 거짓으로 고발하지 말고 받는 급료를 족한 줄로 알라" (10-14) 합니다.

그렇다면 우리도, "나는 무엇을 하리이까" 하고 물어야 마땅한 것입니다. 요한의 메시지를 한마디로 요약하면, "회개에 합당한 열매를 맺으라" (8)는 말씀입니다. 이점이 중요합니다. 회개는 말로만 하는 것이 아니라 열매로 나타나야하기 때문입니다. 그런데 헤롯은 그의 동생의 아내 헤로디아를 취한 일과 또 자기가 행한 모든 악한 일로 말미암아 요한에게 책망을 받자, "그 위에 한 가지 악을 더하여 요한을 옥에 가두니라" (20) 합니다.

둘째 단원(21-22) 너는 내 사랑하는 아들이라

"백성이 다 세례를 받을 새 예수도 세례를 받으시고 기도하실 때에 하늘이 열리며 성령이 비둘기 같은 형체로 그의 위에 강림하시더니 하늘로부터 소리가 나기를 너는 내 사랑하는 아들이라 내가 너를 기뻐하노라 하시니라”(21-22). 예수님도 세례를 받으시되, 즉 “무리, 세리, 군인”들 처럼 요한에게 세례를 받으신 것입니다. 그러나 누가는 이를 묵살하듯 누구에게 받았다는 언급이 없습니다. 언급하기는커녕 세례 기사 이전에 “요한을 옥에 가두니라”(20)고 퇴장시켜버립니다. 이는 철두철미 독자들의 시선을 예수 그리스도에게로만 집중시키려는 의도로 여겨집니다.

그렇다면 예수님은 왜 세례를 받으셔야 했는가? 이점을 “할례 할 팔일이 되매” 한 2:21절에서 상고한 바 있습니다. “때가 차매 하나님이 그 아들을 보내사 여자에게서 나게 하시고 율법 아래에 나게 하신 것은”(갈 4:4-5) 합니다. “율법 아래 나게 하셨다”는 것은 주님께서 할례도, 세례도 받으셔야 한다는 당위성을 말해주고 있습니다. 그렇다면 왜 율법 아래 나게 하셨는가? “율법 아래 있는 자들을 속량하시기 위해서”라고 말씀합니다. 성경은 이를 달리 표현하기를, “그러므로 그가 범사에 형제들과 같이 되심이 마땅하도다 이는 하나님의 일에 자비하고 신실한 대제사장이 되어 백성의 죄를 속량하려 하심이라”(히 2:17)고 말씀합니다. 우리의 형제가 되셔서 우리의 죄를 대신 담당하시기 위해서는 범사에 우리와 같이 되셔야만 했기 때문입니다. 이를 위해서가 아니라면 하나님의 아들 예수 그리스도께서 회개의 세례를 받으셔야 할 이유가 없으신 것입니다.

“성령이 비둘기 같은 형체로 그의 위에 강림하시더니 하늘로부터 소리가 나기를 너는 내 사랑하는 아들이라 내가 너를 기뻐하노라”(22) 하십니다. 이점에서 간과해서는 아니 될 그러나 많은 이들이 보지 못하고 있는 중대한 장면이 있는데 그것은, “성부 성자 성령” 삼위일체 하나님이 회우(會遇)하고 계시다는 점입니다. 이보다 장엄하고 중대한 장면이란 달리는 없습니다.

성자는 세례 받으시고, 성령은 그 위에 임하시고, 성부는 인을 치십니다. 왜 삼위일체 하나님이 만나셔야만 했습니까? 하나님의 나라건설 곧 구속사역은 성부, 성자, 성령, 삼위 하나님의 사역이기 때문입니다. 성부께서는 계획하시고, 성자께서는 이루셨으며, 성령께서는 이를 증언하셔서 적용을 시키시는 것입니다. 그러므로 이 장면은 성자 예수 그리스도께서 구속사역을 이루시기 위한 공생애를 시작하시는 일종의 위임식 장면이라 할 수가 있는 것입니다.

첫 창조 때에도 삼위 하나님의 의논이 있으셨습니다. "하나님이 이르시되 우리의 형상을 따라 우리의 모양대로 우리가 사람을 만들자"(창 1:26)고 말씀합니다. "우리"라는 말이 세 번이나 나오고 있는데 이는 성 삼위 하나님의 의논이 있으셨음을 나타내는 표현입니다. 그러므로 재창조함을 받은 성도들 속에 거하시는 영을, "하나님의 영, (성)영, 그리스도의 영"(롬 8:9)이라고 말씀합니다. 형제 한 사람을 구원하시기 위하여 "성부, 성자, 성령"께서 역사하셨다는 점을 알게 된 형제의 심정은 어떠합니까!

성부 성자 성령께 찬송과 영광 돌려보내세
태초로 지금까지 또 영원무궁토록 성 삼위께 영광 영광 아멘

셋째 단원(23-38) 마지막 아담 새로운 시조 예수 그리스도

"예수께서 가르치심을 시작하실 때에 삼십 세쯤 되시니라 사람들이 아

는 대로는 요셉의 아들이니 요셉의 위는 헬리요" (23). 성경을 구속사의 관점에서 관찰하다 보면 엉뚱하다싶은 제목들이 나오기 마련입니다. 그것은 전에는 상상도 못했던 깨달음을 얻게 되었다는 증거이기도 합니다. 본 단원은 예수님의 족보입니다. 그러면 성령께서는 그리스도의 족보를 수록하게 하신 의도가 무엇인가? 그것은 분명합니다. 예수가 누구이신가를 입증하기 위해서인 것입니다.

마태복음은, "아브라함과 다윗의 자손 예수 그리스도의 계보라" (마 1:1) 고 시작합니다. 이 계보가 의미하는 바는 "예수"는 하나님께서 아브라함과 다윗에게 언약하신 "그리스도"시다라는 뜻입니다. 그래서 "예수의 계보라" 하지 않고 "예수 그리스도의 계보라"고 말씀하는 것입니다. 이렇게 말씀한 후에 예수님이 아브라함과 다윗의 자손으로 오셨다는 증거로 족보를 제시하고 있는 것입니다. 이것이 마태복음 1장에 수록된 족보의 의미입니다.

누가가 주님의 족보를 수록하고 있는 의도도 목적은 같은 것입니다. 그런데 누가는 마태와는 달리 아래에서부터 위로 소급해 올라가서, "그 위는 아담이요 그 위는 하나님이시니라" (38)고 끝을 맺고 있다는 점이 다릅니다. 이렇게 하는 의도는 첫째로, ㉠ "하나님은 다만 유대인의 하나님이시냐 또한 이방인의 하나님은 아니시냐 진실로 이방인의 하나님도 되시느니라" (롬 3:29), 즉 그리스도는 만민의 구주로 오셨다는 점을 증언하기 위해서요, 둘째는 예수님은 ㉡ "마지막 아담이요, 새로운 시조"라는 점을 드러내기 위해서인 것입니다.

누가는 사도 바울과 약 10년 간 동역을 했고 바울이 로마로 호송될 때에도 동행(행 27:1)했습니다. 그러므로 누가가 복음서를 기록하는데 바울의 영향이 컸을 것이 분명합니다. 그런 바울은 예수님을, "마지막 아담이요, 둘째 사람"(고전 15:45, 47)이라고 증언합니다. 마지막 아담이란, 아담 한 사람으로 말미암아 들어온 죄를 예수님이 한 몸에 담당하시고 마침표를 찍기 위해서 오신 분이기 때문에 마지막 아담이라 하는 것이고, 둘째 사람이란 인류의 새로운 대표자, 거듭난 자의 새로운 시조가 되셨기 때문입니다.

그러므로 "아담 안에서 모든 사람이 죽은 것 같이 그리스도 안에서 모든 사람이 삶을 얻으리라"(고전 15:22)고 말씀하는 것입니다. 누가가 예수님의 족보를 믿음의 조상 아브라함까지만이 아니라 인류의 시조 아담까지 소급해 올라가고, 더 나아가 "그 위는 하나님이시니라"고 창조주이신 하나님까지 소급해 올라가고 있는 것은 이를 염두에 두고 있기 때문인 것입니다.

누가가 제시한 족보에서 한 가지 더 유념할 점은 요셉의 아버지가 야곱(마 1:16)이 아니라 "헬리"(23)로 되어 있다는 점과, 다윗에서 솔로몬으로 이어지지 않고(31) 다윗의 셋째 아들인 나단으로(삼하 5:14) 이어지고 있다는 점입니다. 이를 학자들은 마리아의 족보를 따랐기 때문으로 여기고 있는데, 이것이 맞는다면 누가가 요셉의 족보를 버리고 마리아의 족보를 좇은 데는 의도하는 바가 있었기 때문일 것입니다. 그것은 아담이 하나님으로부터 원복음을 듣고 그 아내를 가리켜, "당신은 생명의 어머니"(하와)요 한 "여자의 후손"으로 오셨음을 염두에 두었기 때문으로 여겨집니다.

그러니까 마태는 예수님의 법률적인 족보를 증언하는 반면, 누가는 구속사의 족보를 증언하고 있다 하겠습니다. 이제 한 가지 분명한 점은 예수 그리스도의 구속으로 말미암아 형제의 이름이 예수 그리스도의 족보, 즉 생명책(계 20:15)에 올라있다는 깨달음입니다. 이것이 "아버지 하나님의 인치신 자"요, "마지막 아담 새로운 시조 예수 그리스도"입니다.

The Book of Luke

누가복음 4장 개관도표

주제 : 하나님 나라 복음을 전파하기 시작함

시험을 이기신 그리스도	**1-13** 1 예수께서 **성령의 충만함을 입어 요단강에서 돌아오사** 광야에서 사십 일 동안 성령에게 이끌리시며 2 **마귀에게 시험을 받으시더라** 이 모든 날에 아무 것도 잡수시지 아니하시니 날 수가 다하매 주리신지라 3 마귀가 이르되 **네가 만일 하나님의 아들이어든 이 돌들에게 명하여 떡이 되게 하라** 4 예수께서 대답하시되 기록된 바 **사람이 떡으로만 살 것이 아니라** 하였느니라 5 마귀가 또 예수를 이끌고 올라가서 순식간에 천하 만국을 보이며 6 이르되 **이 모든 권위와 그 영광을 내가 네게 주리라** 7 그러므로 네가 만일 내게 절하면 다 네 것이 되리라 8 예수께서 대답하여 이르시되 **기록된 바 주 너의 하나님께 경배하고 다만 그를 섬기라 하였느니라** 9 또 이끌고 예루살렘으로 가서 성전 꼭대기에 세우고 이르되 **네가 만일 하나님의 아들이어든 여기서 뛰어내리라** 10 기록되었으되 하나님이 너를 위하여 그 사자들을 명하사 너를 지키게 하시리라 하였고 12 예수께서 대답하여 이르시되 **주 너의 하나님을 시험하지 말라 하였느니라** 13 **마귀가 모든 시험을 다 한 후에 얼마 동안 떠나니라**
나사렛회당에서의 첫 설교	**14-30** 14 **예수께서 성령의 능력으로 갈릴리에 돌아가시니** 그 소문이 사방에 퍼졌고 16 **나사렛에 이르사** 안식일에 늘 하시던 대로 회당에 들어가사 성경을 읽으려고 서시매 18 **주의 성령이 내게 임하셨으니 이는 가난한 자에게 복음을 전하게 하시려고 내게 기름을 부으시고** **나를 보내사 포로 된 자에게 자유를, 눈 먼 자에게 다시 보게 함을 전파하며** **눌린 자를 자유롭게 하고** 19 **주의 은혜의 해를 전파하게 하려 하심이라 하였더라** 21 이에 예수께서 그들에게 말씀하시되 **이 글이 오늘 너희 귀에 응하였느니라** 하시니 24 **선지자가 고향에서는** 환영을 받는 자가 없느니라 25 내가 참으로 너희에게 이르노니 엘리야 시대에 하늘이 삼 년 육 개월간 닫히어 온 땅에 큰 흉년이 들었을 때에 이스라엘에 많은 과부가 있었으되 26 엘리야가 그 중 한 사람에게도 보내심을 받지 않고 오직 시돈 땅에 있는 사렙다의 한 과부에게 뿐이었으며 27 또 선지자 엘리사 때에 이스라엘에 많은 나병환자가 있었으되 그 중의 한 사람도 깨끗함을 얻지 못하고 오직 수리아 사람 나아만뿐이었느니라
귀신을 쫓아 내심	**31-44** 31 갈릴리의 **가버나움 동네에 내려오사** 안식일에 가르치시매 32 그들이 **그 가르치심에 놀라니** 이는 그 말씀이 권위가 있음이러라 36 다 놀라 서로 말하여 이르되 이 어떠한 말씀인고 권위와 능력으로 **더러운 귀신을 명하매 나가는도다 하더라** 41 여러 사람에게서 귀신들이 나가며 소리 질러 이르되 **당신은 하나님의 아들이니이다** 예수께서 꾸짖으사 그들이 말함을 허락하지 아니하시니 이는 자기를 그리스도인 줄 앎이러라 43 예수께서 이르시되 **내가 다른 동네들에서도 하나님의 나라 복음을 전하여야 하리니** 나는 이 일을 위해 보내심을 받았노라 하시고 44 갈릴리 여러 회당에서 전도하시더라

4장

하나님 나라 복음을 전파하기 시작함

3장에서 위임을 받으신 주님은 4장에서부터 공생애가 시작되고 있습니다. 4장의 중심점은, "하나님의 나라 복음을 전하여야 하리니"(43) 하신 복음을 전파하기 시작하심에 있습니다. 4장에는 주님의 첫 설교가 등장하는데 첫 설교의 주제는, "주의 은혜의 해"(19)가 도래(到來)하였다는 것입니다. 그러므로 4장의 주제가 "하나님 나라 복음을 전파하기 시작함"이 될 수가 있습니다.

그런데 주님께서 복음을 전파하기 시작하시기 전에는 마귀에게 시험을 당하시는 기사가 나옵니다. 이를 공생애 준비로 보는 견해도 있으나, "예수께서 성령의 충만함을 입어 요단강에서 돌아오사" 라고 시작되는 4:1절은 공생애가 이미 시작되었다는 분명한 시사인 것입니다. 세례를 받으실 때에 성령이 강림하심으로 기름부음을 받으시고, "너는 내 사랑하는 아들이라"는 아버지의 인침을 받고, 그리하여 성령이 충만하여 요단에서 돌아오셨다면 더 이상 무슨 준비가 필요하단 말인가?

그렇다면 어찌하여 마귀에게 시험을 받아 물리치시는 것으로 공생애의 첫 사역을 시작하셨으며 이에 대한 구속사적인 의미가 무엇인가? 이를 세 단원으로 나누어 상고하겠습니다.

첫째 단원(1–13) **시험을 이기신 그리스도**

둘째 단원(14–30) **나사렛 회당에서의 첫 설교**

셋째 단원(31–44) **귀신을 쫓아내심**

첫째 단원(1–13) 시험을 이기신 그리스도

"예수께서 성령의 충만함을 입어 요단강에서 돌아오사 광야에서 사십일 동안 성령에게 이끌리시며 마귀에게 시험을 받으시더라"(1-2). 어찌하여 예수님께서 마귀에게 시험을 받으셔야만 했는가? 그것도 "성령에게 이끌리시어"! 이를 이해하기 위해서는 주님의 사역이 "회복의 사역"(행 3:21)이라는 점을 깨달아야만 합니다. 회복의 역사는 인류의 첫 시조 아담이 사탄의 시험에 패배한 지점으로부터 시작되는 것입니다. 인류의 시조가 패배했던 사탄의 시험을 누군가가 승리하여 역전(逆轉)시킴으로 회복의 역사는 시작이 되기 때문입니다. 그러나 지금까지 이를 감당할 자가 인간 중에는 없었던 것입니다.

우리는 욥에게서 그의 예표를 보게 되는데 하나님께서 사탄에게 욥에 대하여, "네가 내 종 욥을 주의하여 보았느냐 그와 같이 온전하고 정직하여 하나님을 경외하며 악에서 떠난 자는 세상에 없느니라" (욥 1:8)고 자랑하심을 봅니다. 사탄은, "욥이 어찌 까닭 없이 하나님을 경외하리이까" 하고 이의를 제기하기를, "주께서 그와 그의 집과 그의 모든 소유물을 울타리로 두르심 때문이 아니니이까 이제 주의 손을 펴서 그의 모든 소유물을 치소서 그리하시면 틀림없이 주를 향하여 욕하지 않겠나이까" (욥 1:9-11)고 도발을 합니다.

그래서 욥이 시험을 당하게 된 것입니다. 그때 만일 욥이 시험을 감당하지 못하고 마귀의 말대로, "대면하여 주를 욕했다면" 하나님이 얼마나 무참하셨을 가를 생각해보시기를 바랍니다. 그런데 이런 일이 에덴에서 있었던 것입니다. 하나님의 형상대로 지음 받은 인간이 마귀의 시험에 무참하게 패배했기 때문입니다. 하나님은 선언하십니다. "나는 나를 위하며 나를 위하여 이를 이룰 것이라 어찌 내 이름을 욕되게 하리요 내 영광을 다른 자에게 주지 아니하리라" (사 48:11). 구원계획에는 하나님의 이름과 영예가 걸려 있다는 점을 인식한다는 것은 중요한 요점이 됩니다.

세 가지 시험의 구속사적 의미

주님께서 받으신 세 가지 시험에 관한 의미와 바른 해석은 무엇인가? 이에 대하여 여러 가지 시도가 있었습니다. 그런데 구속사라는 맥락에서 의미를 구하게 될 때 3장 마지막 절의, "그 이상은 아담이요" 한 것과, 4장 첫 절의 "예수께서" 한, "아담과, 예수"를 대비시키듯 하고 있다는 점을 주목하게 됩니다. 왜냐하면 "아담과, 예수"라는 두 대표성을 인식한다는 것은 구속사를 이해하는데 결정적으로 중요한 요점이기 때문입니다. 이를 누구보다도 잘 간파한 사람은 바울이었습니다.

"한 사람이 순종하지 아니함으로 많은 사람이 죄인 된 것같이 한 사람의 순종하심으로 많은 사람이 의인이 되리라" (롬 5:19)고, 불순종한 아담과 순종하신 예수님을 대조해서 말씀합니다. 그리하여 "아담 안에서 모든 사람이 죽은 것같이 그리스도 안에서 모든 사람이 삶을 얻으리라" (고전 15:22)고 선언합니다.

이점이 예수님의 시험받으신 기사를 마태와는 다르게 족보를 언급한 뒤에 배열(配列)하고 있다는 점에서도 나타나는데 이는 인류의 첫 대표자인 아담은 마귀의 시험에 넘어갔으나 새로운 대표자인 예수님은 승리하시고 첫 대표자의 실패를 회복하셨다는 점을 드러내기 위한 의도로 여겨집니다.

다시 주목하게 되는 것은, "성령에게 이끌리시며" 라는 표현입니다. 통상적으로 성령께서는 사탄의 시험을 막아주시는 분으로 등장하는데 그러나 예수님의 경우는 성령께서 사탄과 겨루도록 결투의 장으로 이끌고 있는 것입니다. 이점을 마가복음에서는, "성령이 곧 예수를 광야로 몰아내신지라" (막 1:12)고 표현합니다. 이는 무엇을 의미하느냐 하면 첫 사람이 실패한 것을 둘째 사람인 예수께서 승리함으로 회복시켜주시기를 원하셨음을 나타냅니다.

첫째 시험

그러므로 주님께서 당하신 세 가지 시험은 아담이 당한 시험과의 유추(類推)에서 해석되어져야 하는 것입니다. 주님이 당하신 첫 시험을 보십시오.

㉠ "네가 만일 하나님의 아들이어든 이 돌들에게 명하여 떡이 되게 하라"(3) 합니다. 이는 인류의 시조에게, "너희가 그것을 먹는 날에는"(창 3:5) 한 것과 동일하게 먹는 문제로 시험했던 것입니다. 다른 점이 있다면 두 대표자가 처했던 환경이 극렬하게 대조되어 있다는 점입니다. 첫 사람은 부족함이 없는 낙원이요, 둘째 사람은 광야에서 "모든 날에 아무 것도 잡수시지 아니하시니 날 수가 다하매 주리신지라"(2) 한 극한상황이라는 상반된 여건에서 넉넉히 이기심을 보여주기를 원하시는 것입니다.

이제도 아담 안에 있는 자들(고전 15:22)은, "무엇을 먹을까 무엇을 마실까 무엇을 입을까" 하고 이 시험에 코가 꿰어서 놓임을 받지 못하고 있는 상태라고 말할 수가 있습니다. 이점을 사도 바울은 "그들의 마침은 멸망이요 그들의 신은 배요 그 영광은 그들의 부끄러움에 있고 땅의 일을 생각하는 자라" (빌 3:19) 합니다.

둘째 시험

㉡ 둘째 시험은, "마귀가 또 예수를 이끌고 올라가서 순식간에 천하만국을 보이며 이르되 이 모든 권위와 그 영광을 내가 네게 주리라 이것은 내게 넘겨 준 것이므로 내가 원하는 자에게 주노라 그러므로 네가 만일 내게 절하면 다 네 것이 되리라"(5-7)고 시험합니다. 먼저 유념하게 되는 것은, "이것은 내게 넘겨준 것이므로"라는 말인데 이는 첫 사람 아담을 지으실 때의 의도(意圖)하심, 즉 "우리의 형상을 따라 우리의 모양대로 우리가 사람을 만들고 그들로 바다의 물고기와 하늘의 새와 가축과 온 땅과 땅에 기는 모든 것을 다스리게 하자"(창 1:26) 하신, 만물을 〈다스릴〉 권세와 관련이 있다 하겠습니다.

첫 사람 아담은 사탄의 시험에 패함으로 하나님께 부여받았던 다스리는 왕적인 사명을 상실하고 말았던 것입니다. 좀 더 정확히 말하면 사탄의 말대로 넘겨주고 말았던 것입니다. 그리하여 사탄을, "이 세상 임금"(요 12:31)이라고 부르게 이른 것입니다. 주님은 이를 회복시켜주시려 오신 것입니다. 그런데 사탄은, "네가 만일 내게 절하면 다 네 것이 되리라"(7)고 시험하는 것입니다.

예수님은 "기록된 바 주 너의 하나님께 경배하고 다만 그를 섬기라 하였느니라"(8)고 단칼에 물리치십니다. "다스림"의 권세는 너에게 절하므로 네게서 받을 것이 아니라 하나님만을 섬김으로 하나님께 받을(회복) 것임을 말씀함으로 물리치셨던 것입니다. 아담 안에 있는 자들은 자기중심적(사탄을 추종)인 삶을 살아가면서, "모든 권세와 영광"을 받기를 원하므로 사탄의 둘째 시험에도 매여 있는 상태입니다. 성경은 말씀합니다. "그들은 사람의 영광을 하나님의 영광보다 더 사랑하였더라"(요 12:43).

셋째 시험

ⓒ 셋째 시험은, "또 이끌고 예루살렘으로 가서 성전 꼭대기에 세우고 이르되 네가 만일 하나님의 아들이어든 여기서 뛰어내리라 기록되었으되 하나님이 너를 위하여 그 사자들을 명하사 너를 지키게 하시리라 하였고 또한 그들이 손으로 너를 받들어 네 발이 돌에 부딪치지 않게 하시리라 하였느니라"(9–11)고, 놀랍게도 하나님의 말씀을 인용하여 시험을 합니다.

이는 첫 사람 아담에게, "네가 먹는 날에는 반드시 죽으리라"하신 하나님의 말씀을 인용하여 "너희가 결코 죽지 아니하리라"(창 3:4)고 유혹한 것과 대칭(對稱)을 이룬다 하겠습니다. 만일 사탄이 주님을 성전 꼭대기에서 밀쳐 떨어뜨리려 했다면 하나님께서는 사자를 명하사 발이 돌에 부딪치지 않게 지켜주셨을 것입니다. 그러나 시험한다는 것은 의뢰하지 못하는 불신앙에서 기인한 것입니다. 아담 안에 있는 자들의 치명적인 죄는 하나님의 말씀에 대한 불신입니다.

이점에서 사탄이 많은 성경말씀 중에서 하필 이 말씀을 인용하여 시험을 했을까 하는 점입니다. 사탄이 인용한 구절은 시편 91:11-12절인데 바로 이어지는 말씀 때문으로 여겨집니다. 이어지는 말씀은, "네가 사자와 독사를 밟으며 젊은 사자와 뱀을 발로 누르리로다"(13)고 말씀하고 있는데, 사탄은 이 구절을 증오하고 있었다는 증거입니다. 즉 사탄은 자신이 그리스도에 의하여 머리가 상하고 밟히게(발등상) 될 것을 알고 증오하고 있었기 때문일 것입니다. 그리하여 그리스도를 넘어지게 하려고 시도했을 것입니다.

이점에서 누가가 마태복음과는 달리 둘째와 셋째 시험의 순서를 바꿔서 기록하고 있는 의도가 무엇인가 하는 점인데, "독사를 밟으며, 뱀을 발로 누르리로다", 즉 주님을 시험하는 사탄이 도리어 그리스도에 의하여 멸망당할 것을 드러내기 위해서 마지막으로 취급한 것으로 여겨집니다.

얼마 동안 떠난 사탄

성경은 "마귀가 모든 시험을 다한 후에 얼마동안 떠나니라"(13) 합니다. 명심할 점은 사탄이 이 시험에 패함으로 발등상이 된 것이 아니라는 점입니다. 문자 그대로 얼마동안만 떠난 것입니다. 사탄은 틀림없이 결정적인 기회를 노리고 있었음이 분명합니다 그 마귀는 주님께서 잡히시는 22장에서 다시 등장하고 있는 것을 대하게 되는데, "열 둘 중의 하나인 가룟인이라 부르는 유다에게 사탄이 들어가니"(22:3) 합니다. 사탄은 예수 그리스도를 죽이려는 음모를 꾸미고 있는 것입니다. 그러나 세 가지 시험을 물리치신 주님은 이 음모는 물리치시지를 않고, "이제는 너희의 때요 어두움의 권세로다"(22:53) 하고 받아드리시고 다음날 십자가에 달려 죽으셨습니다. 이때 주님은 승리하신 것이 아니라 "사망의 권세"에 결박을 당하신 셈입니다. 그렇습니다. "얼마동안 떠나있던" 사탄, 즉 "너희의 때요 어두움의 권세"가 승리하는 듯한 순간이었습니다.

그렇다면 어찌하여 주님은 죽음을 자초하셨는가? 성경은 말씀하기를, "죽음을 통하여 죽음의 세력을 잡은 자 곧 마귀를 멸하시며 또 죽기를 무서워하므로 한평생 매여 종노릇 하는 모든 자들을 놓아 주려 하심이니"(히 2:14) 합니다. 이것이 하나님의 감추었던 지혜였던 것입니다. 사망의 결박을 끊고 무덤을 깨치시고 부활하심으로 그리스도께서는 결정적인 승리를 얻으신 것입니다. 그 때 부활하신 주님의 품안에는 죄 값에 팔려, "죽기를 무서워하므로 매여 종노릇 하던" 형제가 있었다는 점을 잊지 마시기 바랍니다. "하나님의 아들이 나타나신 것은 마귀의 일을 멸하려 하심이라"(요일 3:8).

둘째 단원(14-30) 나사렛 회당에서의 첫 설교

"예수께서 성령의 능력으로 갈릴리에 돌아가시니 그 소문이 사방에 퍼졌고"(14). 여기 차이점이 있는데 요단강에서 세례를 받으시고 돌아오실 때에는 "성령의 충만함"(4:1)으로 돌아왔다고 말씀했는데, 광야에서 사탄의 시험을 이기시고 돌아오실 때에는 "성령의 능력"으로 돌아왔다고 말씀하고 있는 것입니다. 이는 사탄의 시험을 이기심으로 이제부터 주님은 "성령 충만+능력충만+역사"하시게 된 것입니다. 그 점을 셋째 단원에서 보게 될 것입니다.

"예수께서 그 자라나신 곳 나사렛에 이르사 안식일에 늘 하시던 대로 회당에 들어가사 성경을 읽으려고 서시매 선지자 이사야의 글을 드리거늘 책을 펴서 이렇게 기록된 데를"(16-17) 찾으셨습니다. "주의 성령이 내게 임하셨으니 이는 가난한 자에게 복음을 전하게 하시려고 내게 기름을 부으시고 나를 보내사 포로 된 자에게 자유를, 눈 먼 자에게 다시 보게 함을 전파하며 눌린 자를 자유롭게 하고 주의 은혜의 해를 전파하게 하려 하심이라 하였더라"(18-19). 이는 이사야 61:1-2절의 인용으로 메시아에 대한 명백한 예언입니다. 주님은 엄숙히 선언하십니다. "이 글이 오늘 너희 귀에 응하였느니라"(21).

복음을 전하심

이 말씀은 누가복음에 기록된 주님의 최초의 설교입니다. 그리고 그 최초의 설교는 포로 된 자에게 자유를, 눌린 자를 자유케 하러 오셨다는, "하나님의 나라 복음"(43)이었습니다. 이는 "해방 자"로 오셨음을 의미합니다. 포로 된 자를 해방하여 자유를 준다는 것은 말로만 되는 것은 아닙니다. 그들을 포로로 사로잡고 있는 사탄을 정복하고서야 가능하기 때문에 주님은 사탄의 시험을 이기시고 "성령의 능력"으로 돌아오셨던 것입니다. 시편에는 이에 대한 예언적인 시가 수록되어 있습니다.

> 사람이 흑암과 사망의 그늘에 앉으며 곤고와 쇠사슬에 매임은
> 하나님의 말씀을 거역하며 지존자의 뜻을 멸시함이라
> 그러므로 그가 고통을 주어 그들의 마음을 겸손하게 하셨으니
> 그들이 엎드러져도 돕는 자가 없었도다
> 이에 그들이 그 환난 중에 여호와께 부르짖으매
> 그들의 고통에서 구원하시되
> 흑암과 사망의 그늘에서 인도하여 내시고
> 그들의 얽어 맨 줄을 끊으셨도다
> 여호와의 인자하심과 인생에게 행하신 기적으로 말미암아
> 그를 찬송할지로다
> 그가 놋문을 깨뜨리시며 쇠빗장을 꺾으셨음이로다
>
> (시 107:10-16).

여기 등장하는 해방 자를 보십시오! 하나님의 말씀을 거역(불순종)한 죄값으로 쇠사슬에 매여 어두운 지하 감방에 갇혀 사형집행만을 기다리고 있는 자를 구출하기 위하여 놋문을 깨뜨리시며 쇠 빗장을 꺾으시고 얽은 줄을 끊으시고 흑암과 사망의 그늘에서 인도하여 내신 해방 자를! 그 죄수가 누구인가? 바로 나 자신이요, 그 해방 자가 곧 그리스도 예수이신 것입니다.

"주의 은혜의 해"란, "너희는 오십 년째 해를 거룩하게 하여 그 땅에 있는 모든 주민을 위하여 자유를 공포하라 이 해는 너희에게 희년이니 너희는

각각 자기의 소유지로 돌아가며 각각 자기의 가족에게로 돌아 갈지며" (레 25:10) 하신 대 회복의 날, 곧 "희년"입니다. 이는 "온 백성에게 미칠 큰 기쁨의 좋은 소식" (2:10)이 있는 날인 것입니다. 빚도 탕감 받고, 빚에 넘어갔던 땅도 되찾게 되고, 종으로 팔렸던 자식들도 가족 품으로 돌아오는 해가 희년인 것입니다. 이때는 "너는 나팔 소리를 내되 전국에서 나팔을 크게 불지며" 하십니다. 참으로 선하신 하나님께서는 그리스도로 말미암아 주어질 은혜를 희년이라는 예표를 통해서 계시하셨던 것입니다.

주님은 이사야서 61:1-2절을 낭독하셨는데 엄밀히 말하면 2절 중간에서 중단하신 것입니다. 2절은, "여호와의 은혜의 해와 우리 하나님의 보복의 날을 선포하여 모든 슬픈 자를 위로하되" 하고 계속되고 있었으나 "은혜의 해"에서 중단하시고, "하나님의 보복의 날"은 낭독하지 않으신 것입니다. 이는 의도적으로 그리하신 듯이 여겨지는데, 왜냐하면 주님의 초림 사역은 "여호와의 은혜의 해"를 전파하러 오신 것이었지 "하나님의 보복의 날"을 위해서 오신 것은 아니기 때문입니다. 보복 곧 심판은 재림의 날에 응하여질 말씀인 것입니다.

나세렛 사람들은, "그 입으로 나오는바 은혜로운 말을 놀랍게" 여기면서도, "이 사람이 요셉의 아들이 아니냐" 하고 배척을 했다는 것입니다. "사람들이 아는 대로는 요셉의 아들이니" (3:23)한 대로 요셉의 아들인 줄로만 알았지 그리스도인 줄은 몰랐던 것입니다. 그들을 향하여, "선지자가 고향에서는 환영을 받는 자가 없느니라" (24) 하시고는 그들의 조상들이 선지자들에게 어떤 대우를 하였는가를 들어서 그들을 책망하십니다.

"엘리야가 그 중 한 사람에게도 보내심을 받지 않고 오직 시돈 땅에 있는 사렙다의 한 과부에게 뿐이었으며 또 선지자 엘리사 때에 이스라엘에 많은 나병환자가 있었으되 그 중의 한 사람도 깨끗함을 얻지 못하고 오직 수리아 사람 나아만뿐이었다"(26-27)는 말씀은 그들을 화나게 만들었습니다. 왜냐하면 이방인들은 하나님께 은혜를 입었는데 유대인들은 버림을 당했다는 점을 드러내셨기 때문입니다. 틀림없이 그들은 속으로, "만일 우리가 조상 때에 있었더면"(마 23:30) 우리는 그렇게 하지는 않았을 것이라고 생각했을 것입니다. 그러면서 그들은 주님을 동리 밖으로 쫓아내어 낭떠러지까지 끌고 가서 밀쳐 내리치고자 했습니다. 그러나 "예수께서 그들 가운데로 지나서 가시니라"(30).

셋째 단원(31-43) 귀신을 쫓아내심

"회당에 더러운 귀신 들린 사람이 있어 크게 소리 질러 이르되 아 나사렛 예수여 우리가 당신과 무슨 상관이 있나이까 우리를 멸하러 왔나이까 나는 당신이 누구인 줄 아노니 하나님의 거룩한 자니이다"(33-34). 주님의 첫 가르치심으로, "주의 은혜의 해"를 전파하심을 기록한 누가는 주님의 첫 기사로, "귀신을 쫓아내신" 능력을 기록하고 있습니다. 본 단원에는 "귀신"이란 말이 4번(33, 35, 36, 41)이나 등장하는데 이와 결부하여 주목하게 되는 것은 "꾸짖으셨다"는 말씀입니다. "명하셨다"는 말까지 포함하면 역시 4번(35, 36, 39, 41) 나옵니다. 이는 주님의 사역, 즉 "포로 된 자에게 자유를, 눌린 자를 자유하게" 하는 해방 자로써의 사역이 영적 전투임을 나타내는 것입니다. 그러므로 주님은 이 사역을 감당하시기 위하여 마귀의 시험을 이기시고 "성령의 능력으로 돌아오셨던"(14) 것입니다.

이점은 뒤에 가서 더욱 뚜렷이 드러나는데, "칠십 인이 기뻐하며 돌아와 이르되 주여 주의 이름이면 귀신들도 우리에게 항복하더이다"라고 보고하는 것을 대하기 때문입니다. 이는 주님만이 "성령의 능력"으로 역사하신 것이 아니라 제자들에게도 "성령의 능력"을 주셔서 역사하게 하셨던 것입니다.

주님은 "사탄이 하늘로부터 번개 같이 떨어지는 것을 내가 보았노라 내가 너희에게 뱀과 전갈을 밟으며 원수의 모든 능력을 제어할 권능을 주었으니 너희를 해칠 자가 결코 없으리라" 하시면서, "그러나 귀신들이 너희에게 항복하는 것으로 기뻐하지 말고 너희 이름이 하늘에 기록된 것으로 기뻐하라"(10:17-20) 하심으로 영적 전투가 더욱 치열하게 전개될 것을 말씀하십니다.

귀신들린 자는, ㉠"아 나사렛 예수여 우리가 당신과 무슨 상관이 있나이까 우리를 멸하러 왔나이까? ㉡나는 당신이 누구인 줄 아노니 하나님의 거룩한 자니이다"(34) 라고 말합니다. 이는 주님이 누구신지, 그 분이 왜 오셨는지를 정확히 알고 있음을 나타냅니다. 쫓겨나가면서도, "당신은 하나님의 아들이니이다"(41)고 말합니다. 이는 여자의 후손으로 사탄의 머리를 상하게 하기 위해서 오셨다는 점을 알고 있음을 나타냅니다. 우리를 안타깝게 하는 것은 귀신들은 믿고 떠는데 제사장, 서기관들은 이를 모르고 해방시키려 오신 주님을 배척하고 있다는 점입니다.

4장은, "예수께서 이르시되 내가 다른 동네들에서도 하나님의 나라 복음을 전하여야 하리니 나는 이 일을 위해 보내심을 받았노라 하시고 갈릴리 여러 회당에서 전도하시더라"(43-44)고 마치고 있습니다. 형제여! 이제도 복음을 전해야 할, "다른 동네"는 많이 있습니다. 주님은 형제를 통하여 그

곳에서도 하나님의 나라 복음을 전하시기를 원하십니다. 그렇다면 형제가 귀신을 꾸짖어도 쫓겨날까요? 어림없습니다. 그러나 예수 그리스도의 이름으로 명한다면 귀신들도 항복할 것입니다. 귀신이 나간 그곳에 하나님의 나라는 임하게 될 것입니다. 이것이 "하나님 나라 복음을 전파하기 시작함"입니다.

The Book of Luke

누가복음 5장 개관도표

주제 : 죄인을 불으러 오신 그리스도

사람 낚는 어부가 되리라	**1-11** 2 호숫가에 배 두 척이 있는 것을 보시니 어부들은 배에서 나와서 그물을 씻는지라 3 예수께서 한 배에 오르시니 그 배는 시몬의 배라 육지에서 조금 떼기를 청하시고 앉으사 배에서 무리를 가르치시더니 4 말씀을 마치시고 시몬에게 이르시되 **깊은 데로 가서 그물을 내려 고기를 잡으라** 5 시몬이 대답하여 이르되 선생님 우리들이 밤이 새도록 수고하였으되 잡은 것이 없지마는 **말씀에 의지하여 내가 그물을 내리리이다** 하고 6 그렇게 하니 고기를 잡은 것이 심히 많아 그물이 찢어지는지라 8 시몬 베드로가 이를 보고 예수의 무릎 아래에 엎드려 이르되 주여 **나를 떠나소서 나는 죄인이로소이다** 하니 10 예수께서 시몬에게 이르시되 무서워하지 말라 **이제 후로는 네가 사람을 취하리라** 하시니 11 그들이 배들을 육지에 대고 모든 것을 버려 두고 예수를 따르니라
나병환자 치유	**12-16** 13 예수께서 손을 내밀어 그에게 대시며 이르시되 **내가 원하노니 깨끗함을 받으라** 하신대 나병이 곧 떠나니라 14 예수께서 그를 경고하시되 아무에게도 이르지 말고 가서 **제사장에게 네 몸을 보이고** 또 네가 깨끗하게 됨으로 인하여 모세가 명한 대로 예물을 드려 그들에게 입증하라 하셨더니 15 예수의 소문이 더욱 퍼지매 수많은 무리가 말씀도 듣고 자기 병도 고침을 받고자 하여 모여 오되 16 예수는 **물러가사 한적한 곳에서 기도하시니라**
네 죄 사함을 받았느니라	**17-26** 18 한 **중풍병자를** 사람들이 침상에 메고 와서 예수 앞에 들여놓고자 하였으나 19 무리 때문에 메고 들어갈 길을 얻지 못한지라 지붕에 올라가 기와를 벗기고 병자를 침상 째 무리 가운데로 예수 앞에 달아 내리니 20 예수께서 그들의 믿음을 보시고 이르시되 이 사람아 **네 죄 사함을 받았느니라** 하시니 21 서기관과 바리새인들이 생각하여 이르되 이 신성모독 하는 자가 누구냐 오직 하나님 외에 **누가 능히 죄를 사하겠느냐** 22 예수께서 그 생각을 아시고 대답하여 이르시되 너희 마음에 무슨 생각을 하느냐 23 **네 죄 사함을 받았느니라 하는 말과 일어나 걸어가라 하는 말이 어느 것이 쉽겠느냐** 24 그러나 인자가 땅에서 죄를 사하는 권세가 있는 줄을 너희로 알게 하리라 하시고 중풍병자에게 말씀하시되 내가 네게 이르노니 **일어나 네 침상을 가지고 집으로 가라** 하시매 25 그 사람이 그들 앞에서 곧 일어나 그 누웠던 것을 가지고 하나님께 영광을 돌리며 자기 집으로 돌아가니
죄인의 친구	**27-39** 27 그 후에 예수께서 나가사 **레위라 하는 세리가** 세관에 앉아 있는 것을 보시고 나를 따르라 하시니 28 그가 **모든 것을 버리고 일어나 따르니라** 30 바리새인과 그들의 서기관들이 그 제자들을 비방하여 이르되 너희가 어찌하여 **세리와 죄인과 함께 먹고 마시느냐** 31 예수께서 대답하여 이르시되 건강한 자에게는 의사가 쓸 데 없고 **병든 자에게라야 쓸 데 있나니** 32 내가 의인을 부르러 온 것이 아니요 **죄인을 불러 회개시키러 왔노라**

5장

죄인을 불으러 오신 그리스도

주님은 4장에서부터, "하나님의 나라 복음을 전파"하기 시작하셨습니다. 5장에서는 복음전파를 위하여 "시몬 베드로, 야고보, 요한"(10)을 부르시고 세리 레위에게도, "나를 따르라"(27) 하십니다. 그러니까 4장에서는 단독 사역을 하셨으나, 5장에서는 동역할 제자를 부르고 계시는 것입니다.

4-5장을 통해서 우리가 주목해야 할 말씀이 있는데 그것은 주님 자신이 보내심을 받은(또는 오신) 목적을 언급하시는 대목입니다. 4:18절에서는, "가난한 자에게 복음을 전하게 하시려고 내게 기름을 부으시고 나를 보내셨다"고 말씀합니다. 4:43절에서는 "다른 동네들에서도 하나님의 나라 복음을 전하여야 하리니 나는 이 일을 위하여 보내심을 받았노라"고 말씀하십니다.

그리고 5:32절에서는, "내가 의인을 부르러 온 것이 아니요 죄인을 불러 회개시키러 왔노라"고 말씀하십니다. 19:10절 한 곳을 더 인용을 한다면, "인자의 온 것은 잃어버린 자를 찾아 구원하려 함이니라"고 오신 목적을 밝히십니다. 이점은 누가복음뿐만이 아니라 복음서를 이해하는데 대단히 중요한 선언입니다. 왜냐하면 복음서는 주님이 오신 목적에 의하여 해석되어져야 마땅하기 때문입니다. 그러므로 5장의 주제가, "죄인을 불러 회개시키러 오신 그리스도"가 될 수가 있습니다. 네 단원으로 나누어 상고합니다.

첫째 단원(1-11) **사람 낚는 어부가 되게 하리라**

둘째 단원(12-16) **원하노니 깨끗함을 받으라**

셋째 단원(17-26) **네 죄 사함을 받았느니라**

넷째 단원(27-39) **죄인들과 함께 먹고 마시는 그리스도**

첫째 단원(1-11) 사람 낚는 어부가 되게 하리라

"무리가 몰려와서 하나님의 말씀을 들을 새 예수는 게네사렛 호숫가에 서서 호숫가에 배 두 척이 있는 것을 보시니 어부들은 배에서 나와서 그물을 씻는지라"(1-2). 예수님은 그 중 시몬의 배라 오르셔서 육지에서 조금 떼기를 청하시고, "앉으사 배에서 무리를 가르치시더니"(3) 합니다.

말씀을 마치시고 시몬에게, "깊은 데로 가서 그물을 내려 고기를 잡으라"(5) 하십니다. 그러자 시몬은, "선생님 우리들이 밤이 새도록 수고하였으되 잡은 것이 없지마는 말씀에 의지하여 내가 그물을 내리리이다"(5) 하고 그물을 내리니 잡은 것이 심히 많아 그물이 찢어질 정도로 잡히는 것이 아닌가? 시몬 베드로가 이를 보고 예수의 무릎 아래 엎드려, "주여 나를 떠나소서 나는 죄인이로소이다"(8) 했다는 것입니다.

주님께서 배에 오르사 육지에서 조금 띄기를 청하셨을 때에 시몬의 심기는 불편했을 수가 있습니다. 밤이 새도록 허탕을 치고 그물을 씻는 피곤한 상황이 더욱 그럴 수가 있었을 것입니다. 그렇다면 순식간에 두 배에 가득 채우도록 고기를 잡은 이 마당에 그는 신바람이 났을 만도 합니다. 그러나 베드로의 마음은 그러하지가 않았습니다. 여기에 본 단원이 우리에게 하시고자 하는 말씀이 있는 것입니다. 그러므로 이 기사를 대할 때에 두 배 가득히 채웠다는 "153"의 물고기에 시선을 빼앗겨서는 아니 됩니다.

누가는 주님께서 배에 앉으셔서 무리에게 가르치신 내용에 대해서는 침묵하고 있습니다. 이는 본 단원을 통해서 드러내려는 중심점이 거기에 있지 아니함을 나타냅니다. 대신 "주여 나를 떠나소서 나는 죄인이로소이다"라고 말한 베드로의 고백을 기록하고 있습니다. 이것은 무엇을 말씀해주고 있는가?

배에 오르셔서 무리를 가르치시던 이 분, 곧 "예수"가 누구신가? 그리고 그 앞에 "나"는 누구인가를 알기를 원하고 있는 것입니다. 이는 호칭(呼稱)에서도 분명히 드러나고 있는데, "깊은 데로 가서 그물을 내려 고기를 잡으라"고 말씀하시는 분이 누구인지를 모르고 있을 때는 "선생님"이라고 불렀으나 깨달은 후에는 무릎 아래에 엎드려서는 "주여!"(8)라고 부르고 있습니다. 그리고 주님 앞에 "나는 죄인이로소이다"고 고백하기에 이른 것입니다.

이점을 "내가 의인을 부르러 온 것이 아니요 죄인을 불러 회개시키러 왔노라"(32)하신 5장의 주제와 결부시켜 생각해 보십시오. 시몬 베드로(죄인)는 지금 회개하고 있고, "부름"(召命)을 받고 있는 것입니다. 그리고 갈릴리 어부가 사람의 낚는 어부가 되는 터닝 포인트인 것입니다.

왜냐하면 주님께서 "무서워하지 말라 이제 후로는 네가 사람을 취하리라"(10)고 말씀하시기 때문입니다. 말씀 한마디로 두 배에 가득한 물고기를 잡음 같이 네가 복음을 통하여 수많은 영혼을 구원하게 되리라는 말씀입니다. 주님께서 이 땅에 오신 목적은, "죄인을 불러 회개"시키러 오셨습니다. 이 일에 베드로, "너를" 사용하시겠다는 말씀입니다. 그러므로 이는 또한 베드로에게 사명(使命)이 주어지는 엄숙한 장면인 것입니다. "이제 후로는 네가 사람을 취하리라 하시니 그들이 배들을 육지에 대고 모든 것을 버려두고 예수를 따르니라"(11) 합니다.

주님께서는 "죄인을 불러 회개"시키시는 일에 베드로의 배도 사용하셨습니다. 그물도 사용하셨습니다. 심지어 물고기도 사용하셨습니다. 그러나 이런 것들은 부수적인 것들입니다. 주님이 쓰시기를 원하시는 것은 회개한 죄인, 바로 당신입니다.

둘째 단원(12-16) 원하노니 깨끗함을 받으라

"예수께서 한 동네에 계실 때에 온 몸에 나병 들린 사람이 있어 예수를 보고 엎드려 구하여 이르되 주여 원하시면 나를 깨끗하게 하실 수 있나이다 하니"(12). 이 대목에서 주목해야 할 점은, "깨끗하게" 라는 말씀입니다. 3번(12, 13, 14) 등장합니다. 복음서에는 나병을 치료하시는 기사가 여러 번 등장하는데 "고쳤다" 하지 않고 "깨끗하게 하셨다"라고 말씀합니다. "깨끗하게 하실 수 있나이다"고 믿으니 "깨끗함을 받으라" 하신대 나병이 곧 떠나니라고 말씀합니다. "깨끗하게 됨으로 인하여" 제사장에게 네 몸을 보이라 하십니다. 17:11절 이하에 등장하는 열 명의 나병환자를 치유하신 기사에서도 "그들이 가다가 깨끗함을 받은지라, 열 사람이 다 깨끗함을 받지 아니하였느냐"고 말씀함을 보게 됩니다.

이처럼 "깨끗함을 받는 것"으로 말씀하심은 나병을 깨끗함을 받아야 할 죄로 상징화하여 우리 자신의 모습을 보기를 원하고 있기 때문인 것입니다. 사실 나병은 "죄"와 유사한 특성을 지니고 있습니다. 첫째로, 잠복기간이 오랜 것이 유사합니다. 인간은 죄로 감염되어 있으면서도 표면적으로 그것을 모르고 지냅니다. 둘째로, 드러나게 될 때의 비참함이 유사합니다. 셋째로, 가족과 이웃으로부터 분리시킴이 또한 유사합니다.

"예수께서 손을 내밀어 그에게 대시며 이르시되 내가 원하노니 깨끗함을 받으라 하신대 나병이 곧 떠나니라"(13). 이점에서 논란이 되는 것은 어찌하여 율법이 금하고 있는 것을 어기고 부정한 나병환자에게 손을 대셨느냐는 점입니다. 그것은 주님이 누구신가? 왜 오셨는가를 놓쳤기 때문에 제기되는 오해입니다. 연약한 인간은 나병환자(죄인)와 접촉해서는 아니 됩니다. 그것은 적은 누룩이 온 덩어리에 퍼지듯 하는 죄의 전염을 방지하는 차원에서 그러합니다. 그러나 주님은 이를 깨끗하게 하실 수 있는 "성령의 능력"(4:14)으로 오신 것입니다. "가난한 자에게 복음을 전하게 하시려고" 보냄을 받은 분이십니다. "눈먼 자에게 다시 보게 할" 치료자로 오신 것입니다.

하나님의 아들 그리스도께서 부정한 나병환자에게 손을 대셨다는 데는 말로 다할 수 없는 복음의 영광스러움이 있는 것입니다. 주님께서, "온 몸에 나병"이 퍼진 이 사람에게 손을 대신 것은 연민의 정으로만 여겨서는 아니 됩니다. 왜냐하면 그것은 일체(一體)화요, "너의 나병을 나에게 전가시키라, 내가 담당하겠다"는 대속적인 의미가 있기 때문입니다. 이점이 "그 속죄제물의 머리에 안수하고 그 제물을 번제물을 잡는 곳에서 잡을 것이요"(레 4:29) 하신 "안수"라는 제의(祭儀)의 의미이기도 합니다. 이점이 "제사장에게 네 몸을 보이라"(14)하신 말씀이 뒷받침해줍니다. 성경은 말씀합니다. "이는 선지자 이사야를 통하여 하신 말씀에 우리의 연약한 것을 친히 담당하시고 병을 짊어지셨도다 함을 이루려 하심이더라"(마 8:17).

그는 "주여 원하시면" 했는데, 주님은 "내가 원하노니 깨끗함을 받으라"(13) 하십니다. "건강한 자에게는 의사가 쓸데없고 병든 자에게 라야 쓸데 있는 것"(31) 같이 주님은 이를 위하여 오셨던 것입니다.

셋째 단원(17-26) 네 죄 사함을 받았느니라

"하루는 가르치실 때에 갈릴리의 각 마을과 유대와 예루살렘에서 온 바리새인과 율법교사들이 앉았는데 병을 고치는 주의 능력이 예수와 함께 하더라 한 중풍병자를 사람들이 침상에 메고 와서 예수 앞에 들여놓고자 하였으나"(17-18), 사람들로 인하여 접근할 수 없게 되자 지붕에 올라가 뜯고 침상 채 달아 내림으로 고침을 받았다 합니다. 그렇다면 이 사건을 통하여 증언하고자 하는 바가 무엇일까요?

"예수께서 그들의 믿음을 보시고 이르시되 이 사람아 네 죄 사함을 받았느니라 하시니"(20), 서기관과 바리새인들은, "이 신성모독 하는 자가 누구냐 오직 하나님 외에 누가 능히 죄를 사하겠느냐"(21)고 힐난했습니다. 바로 이것입니다. 이렇게 말하는 이 사람이 "누구냐?" 여기에 핵심이 있는 것입니다. 그 분이 누구인가만 알게 된다면 문제에 대한 해답이 있는 것입니다. 성령께서는 이 사건을 통하여 바로 이점을 증언하고자 하시는 것입니다.

주님은 물으십니다. "네 죄 사함을 받았느니라 하는 말과 일어나 걸어가라 하는 말이 어느 것이 쉽겠느냐" (23). 형제는 어느 말이 쉽다고 생각하십니까? 먼저 생각하게 되는 것은 주님께서 어찌하여 이렇게 물으셨을까 하는 점입니다. 지금 지붕을 뜯고 중풍병자를 달아 내리고 있는 장면인데 이럴 경우 거기 모여 있던 모든 사람들의 관심은 "예수"가 과연 이 중풍병자를 고칠 수 있을 것인가에 집중되어 있었을 것입니다. 그런데 의외의 말씀을 하신 것입니다. "이 사람아 네 죄 사함을 받았느니라".

신성모독이라고 비난하는 자들은 속으로, "그러면 그렇지, 그런 말은 나도 할 수 있다", 즉 중풍병을 고칠 수가 없으니까 하는 말로 여겼던 것입니다. 그들을 향하여 "어느 것이 쉽겠느냐"고 다그치신 것입니다. 정답은 말할 것도 없이 죄를 사하는 일보다 "일어나 걸어가라" 하는 말이 쉬운 것입니다. 그러나 사람들은 죄 사함보다 "일어나 걸어가라" 하는 말이 더 어려운 것으로 여기고 있다는데 문제가 있는 것입니다. 어렵기 때문에, 할 능력이 없으니까 "이 사람아 네 죄 사함을 받았느니라"는 시시한 말을 하고 있다고 생각하고 있는 것을 꿰뚫어 보셨던 것입니다.

어느 것이 쉽겠느냐

"오직 하나님 외에 누가 능히 죄를 사하겠느냐" (21하)고 비난을 했습니다. 그렇습니다. 이렇게 말할 수 있는 그 분은 하나님의 아들 그리스도이든지, 아니면 신성을 모독하는 자이든지 둘 중 하나 일 수밖에 없습니다. 그리고 그에 대한 판단은 중풍병자를 통해서 곧 나타나게 될 것입니다. 주님은 "그러나 인자가 땅에서 죄를 사하는 권세가 있는 줄을 너희로 알게 하리라" 하시고, "중풍병자에게 말씀하시되 내가 네게 이르노니 일어나 네 침상을 가지고 집으로 가라 하시매 그 사람이 그들 앞에서 곧 일어나 그 누웠던 것을 가지고 하나님께 영광을 돌리며 자기 집으로 돌아가니" (24-26), 무엇이 입증이 되었는가? "예수"가 그리스도시오, "죄를 사하는 권세가 있으시다"는 점이 저들의 눈앞에서 명백하게 입증이 된 것입니다.

여기에 하나님의 지혜가 있는 것입니다. 주님께서 대번에 중풍병을 치료하셨다면 "죄를 사하는 권세가 있으심"을 그들에게 드러낼 기회를 얻지 못하셨을 것이기 때문입니다. 이를 위하여 육신의 병보다 근원적인 병인 죄를 먼저 사하여주셨던 것입니다. 아직 끝난 것이 아닙니다. 왜냐하면 "네 죄 사함을 받았느니라 하는 말과 일어나 걸어가라 하는 말이 어느 것이 쉽겠느냐"는 물음에 우리의 대답이 아직 남아있기 때문입니다. 이럴 경우 형제는 무엇이라 대답하시겠습니까? 그리고 무엇이라 간구 하겠습니까? 죄 사함입니까? 병 고침입니까?

형제가 진정 죄 사함 받는 것이 더 어렵고 중요함을 인식했다면 그 보다 쉽고 덜 중요한 모든 문제는, "자기 아들을 아끼지 아니하시고 우리 모든 사람을 위하여 내주신 이가 어찌 그 아들과 함께 모든 것을 우리에게 주시지 아니하겠느냐" (롬 8:32)는, 하나님께 맡길 수 있어야 하지 않겠습니까? 주님이 누구신가? 왜 오셔야만 했는가를 아는 그리스도인이라면 죄 문제를 해결함을 받고 하나님과의 관계가 회복되는 것이 먼저라는 확고한 믿음이 있어야만 하는 것입니다.

"그 사람이 그들 앞에서 곧 일어나 그 누웠던 것을 가지고 하나님께 영광을 돌리며 자기 집으로 돌아가니 모든 사람이 놀라 하나님께 영광을 돌리며 심히 두려워하여 이르되 오늘 우리가 놀라운 일을 보았다 하니라"(25-26). 결과가 어찌되었는가? 비난하던 자들은 벙어리가 되고 예수님은 "하나님의 아들 그리스도"(4:41)이심이 명명백백하게 입증이 되었고, "모든 사람은 하나님의 영광을 보고"(26), 하나님은 영광을 받으셨던 것입니다.

넷째 단원(27-39) 죄인들과 함께 먹고 마시는 그리스도

"그 후에 예수께서 나가사 레위라 하는 세리가 세관에 앉아 있는 것을 보시고 나를 따르라 하시니"(27). 첫 단원에서 베드로에게, "이제 후로는 사람을 취하리라"(10)고 말씀하신 주님께서는 본 단원에서는 레위 곧 마태를 부르고 계십니다. "하나님의 나라 복음"(4:43)을 증언하는 일에 마태를 쓰시겠다는 것입니다. "그가 모든 것을 버리고 일어나 따르니라"(28) 합니다.

그런데 본 단원의 중심점은 레위의 소명에 머물지 아니하고, "바리새인과 그들의 서기관들이 그 제자들을 비방하여 이르되 너희가 어찌하여 세리와 죄인과 함께 먹고 마시느냐"(30)고 비난한데 초점을 맞추고 있음을 봅니다. 마태는 부름을 받은 후에 "예수를 위하여 자기 집에서 큰 잔치"(29)를 배설했습니다. 그 잔치 자리에는 주님을 중심하여, "세리와 다른 사람이 많이 앉았는지라" 합니다. 이 장면을 영상으로 그려보시기를 바랍니다. 그렇게 한다면 외식하는 당시의 종교지도자들이 어찌하여 비난했는가를 짐

작할 수가 있을 것입니다.

앞 단원에서는, "이 신성모독 하는 자가 누구냐" (21)고 비난했던 그들이 이번에는, "어찌하여 세리와 죄인과 함께 먹고 마시느냐" (30)고 비난하고 있는 것을 대하게 됩니다. "함께 먹고 마신다"는 성경적인 의미는 아주 특별한 것입니다. "함께"란 영접함을 뜻하고 "먹고 마심"은 교제를 의미합니다. 그러므로 주님께서는 "누구든지 내 음성을 듣고 문을 열면 내가 그에게로 들어가 그와 더불어 먹고 그는 나와 더불어 먹으리라" (계 3:20)고 말씀하셨던 것입니다.

생각해 보십시오. 하나님의 아들 그리스도께서 자기 땅에 오셨는데 영접하지 않고 간데 마다 배척을 받으셨는데 "영접과, 교제"가 세리 마태의 집에서 "큰 잔치"로 벌어지고 있는 것입니다. 이 큰 잔치는 비유(14:16)가 아니라 실제로 베풀어지고 있는 실황입니다. 이는 "주의 은혜의 해" (4:19), 하나님의 나라가 임했다는 증거인 것입니다. 그렇다면 저들도 비방하고 있을 것이 아니라 외식의 가면들을 벗어 던지고 기쁨으로 참여했어야 마땅하지 않겠는가?

그런데 저들은, "요한의 제자는 자주 금식하며 기도하고 바리새인의 제자들도 또한 그리하되 당신의 제자들은 먹고 마시나이다" (33)고 의문의 수건이 벗어지지 않은 채 비난을 하고 있는 것입니다. 그들은 금식을 공로나 자랑으로 여기고 있었던 것입니다. 성경은 말씀합니다. "내가 기뻐하는 금식은 흉악의 결박을 풀어 주며 멍에의 줄을 끌러 주며 압제 당하는 자를 자유하게 하며 모든 멍에를 꺾는 것이 아니겠느냐" (사 58:6). 주님은 바로 이 사역을 하고 계시는 것입니다.

그러므로 주님은, "새 옷에서 한 조각을 찢어 낡은 옷에 붙이려는, 새 포도주를 낡은 가죽 부대에 넣으려는" (36-37) 어리석음을 범하고 있다고 지적하십니다. 여기서 "낡은 옷, 낡은 가죽 부대"는 구약적인 "의문"을 가리키는 말이요, "새 옷과 새 포도주"는 신약적인 복음을 의미합니다. 그들은 의문의 잣대로 복음을 재단하려하나 성경은 말씀합니다. "새 언약이라 말씀하셨으매 첫 것은 낡아지게 하신 것이니 낡아지고 쇠하는 것은 없어져 가는 것이니라" (히8:13).

"예수께서 그들에게 이르시되 혼인 집 손님들이 신랑과 함께 있을 때에 너희가 그 손님으로 금식하게 할 수 있느냐" (34). 무슨 뜻입니까? 지금은 "아들을 위하여 혼인 잔치를 베푼" (마22:2) 어떤 임금과 같은 잔치 날이라는 것입니다. 이것이 "죄인을 불으러 오신 그리스도요, 죄인들과 함께 먹고 마시는 그리스도"입니다.

누가복음 6장 개관도표

주제 : 그리스도의 제자 된 자의 삶

안식일의 주인 그리스도

1-11

1 안식일에 예수께서 밀밭 사이로 지나가실 새 제자들이 **이삭을 잘라 손으로 비비어 먹으니**
2 어떤 바리새인들이 말하되 어찌하여 **안식일에 하지 못할 일을 하느냐**
3 예수께서 대답하여 이르시되 다윗이 자기 및 자기와 함께 한 자들이 시장할 때에 한 일을 읽
지 못하였느냐
4 그가 하나님의 전에 들어가서 다만 제사장 외에는 먹어서는 안 되는 진설병을 먹고 함께 한
자들에게도 주지 아니하였느냐
5 또 이르시되 **인자는 안식일의 주인이니라 하시더라**
6 또 다른 안식일에 예수께서 회당에 들어가사 가르치실 새 거기 오른손 마른 사람이 있는지라
10 무리를 둘러보시고 그 사람에게 이르시되 **네 손을 내밀라 하시니** 그가 그리하매 그 손이 회
복된지라

열두 사도

12-16

12 이 때에 예수께서 기도하시러 산으로 가사 밤이 새도록 하나님께 기도하시고
13 밝으매 그 제자들을 부르사 그 중에서 **열둘을 택하여 사도라 칭하셨으니**
14 곧 베드로라고도 이름을 주신 시몬과 그의 동생 안드레와 야고보와 요한과 빌립과 바돌로매와
15 마태와 도마와 알패오의 아들 야고보와 셀롯이라는 시몬과 열심당원
16 야고보의 아들 유다와 예수를 파는 자 될 가룟 유다라

복 있는 자와 화 있는 자

17-49

20 예수께서 눈을 들어 제자들을 보시고 이르시되 **너희 가난한 자는 복이 있나니** 하나님의 나라가
너희 것임이요
21 **지금 주린 자는 복이 있나니** 너희가 배부름을 얻을 것임이요
지금 우는 자는 복이 있나니 너희가 웃을 것임이요
22 인자로 말미암아 사람들이 너희를 미워하며 멀리하고 욕하고
너희 이름을 악하다 하여 버릴 때에는 너희에게 복이 있도다
23 그 날에 기뻐하고 뛰놀라 하늘에서 너희 상이 큼이라 **그들의 조상들이 선지자들에게
이와 같이 하였느니라**
24 그러나 **화 있을진저 너희 부요한 자여** 너희는 너희의 위로를 이미 받았도다
25 **화 있을진저** 너희 지금 배부른 자여 너희는 주리리로다
화 있을진저 너희 지금 웃는 자여 너희가 애통하며 울리로다
26 모든 사람이 너희를 칭찬하면 **화가 있도다** 그들의 조상들이 **거짓선지자들에게 이와 같이 하
였느니라**
31 **남에게 대접을 받고자 하는 대로 너희도 남을 대접하라**
32 너희가 만일 너희를 사랑하는 자만을 사랑하면 칭찬 받을 것이 무엇이냐 죄인들도 사랑하는 자는
사랑하느니라
35 오직 너희는 원수를 사랑하고 선대하며 3)아무 것도 바라지 말고 꾸어 주라 그리하면 너희
상이 클것이요 또 **지극히 높으신 이의 아들이 되리니** 그는 은혜를 모르는 자와 악한 자에
게도 인자하시니라
36 **너희 아버지의 자비로우심 같이 너희도 자비로운 자가 되라**
39 또 비유로 말씀하시되 **맹인이 맹인을 인도할 수 있느냐** 둘이 다 구덩이에 빠지지 아니하겠느냐
40 제자가 그 선생보다 높지 못하나 무릇 **온전하게 된 자는 그 선생과 같으리라**
46 **너희는 나를 불러 주여 주여 하면서도 어찌하여 내가 말하는 것을 행하지 아니하느냐**
47 내게 나아와 내 말을 듣고 행하는 자마다 누구와 같은 것을 너희에게 보이리라
48 집을 짓되 깊이 파고 **주추를 반석 위에 놓은 사람과 같으니** 큰 물이 나서 탁류가 그 집에
부딪치되 잘 지었기 때문에 능히 요동하지 못하게 하였거니와
49 듣고 행하지 아니하는 자는 **주추 없이 흙 위에 집 지은 사람과 같으니** 탁류가 부딪치매 집이
곧 무너져 파괴됨이 심하니라 하시니라

6장

그리스도의 제자 된 자의 삶

6장은 안식일 준수에 관한 논쟁과, 열 두 사도를 택하심과, 평지 보훈으로 불리는 내용 등으로 되어있습니다. 그런데 본문을 유의해 보면 모두가 주님을 따르는 제자들과 관련이 있다는 점을 발견하게 됩니다. 안식일을 범한다고 비난을 받게 된 것은 제자들이 밀 이삭을 비비어 먹은 것이 계기가 되었고, 열 두 사도는 제자들 중에서 택하신 것이며, 평지 보훈은 "예수께서 눈을 들어 제자들을 보시고"(20) 하신 교훈입니다. 그러므로 6장의 주제가 "그리스도의 제자 된 자의 삶"이 될 수가 있습니다. 핵심은, "너희 아버지의 자비로우심 같이 너희도 자비로운 자가 되라"(36), 즉 아버지와 자녀는 닮음의 관계라는데 있습니다. 이를 세 단원으로 나누어 상고하겠습니다.

첫째 단원(1–11) **안식일의 주인이신 그리스도**

둘째 단원(12–16) **열 두 사도를 택하심**

셋째 단원(17–49) **복 있는 자와 화가 있는 자**

첫째 단원(1-11) 안식일의 주인이신 그리스도

"안식일에 예수께서 밀밭 사이로 지나가실 새 제자들이 이삭을 잘라 손으로 비비어 먹으니"(1). 이 장면이 바리새인들의 눈에 띈 것입니다. "어찌하여 안식일에 하지 못할 일을 하느냐"(2)고 비난합니다. 누가복음에서는 바리새인과 서기관이 5:17절에서 처음으로 등장하는데 사사건건 책을 잡고 있다는 점을 주목하게 됩니다. 5:21절에서는, "이 신성 모독하는 자가 누구냐"고 비난을 하고, 5:30절에서는 "너희가 어찌하여 세리와 죄인과 함께 먹고 마시느냐"고 비난합니다. 또 5:33절에서는 "당신의 제자는 먹고 마시나이다", 즉 왜 금식하지 않느냐고 책을 잡습니다. 그리고 본문에서도, "어찌하여 안식일에 하지 못할 일을 하느냐"(2)고 비난을 합니다. 남의 곡식을 비벼먹었다는 비난이 아니고 그것은 율법이 허용하고 있는 바이나(신 23:25), 어찌하여 안식일에 일(비비는)을 하느냐는 것입니다.

이는 무엇을 말해주고 있느냐 하면 복음이 율법주의자들과 충돌하고 있음을 보여줍니다. 다시 말씀드립니다만, "율법"과 충돌하고 있는 것이 아니라 율법의 정신을 곡해한, "율법주의자들"과 충돌하고 있다는 말씀입니다. 율법주의자들은 율법의 문자만을 보았을 뿐 "너희는 가서 내가 긍휼을 원하고 제사를 원하지 아니하노라 하신 뜻이 무엇인지 배우라"(마 9:13) 하신 하나님의 마음, 즉 율법을 주신 의도를 모르고 있었던 것입니다. 다시 말씀드리면 그들은 "새 포도주를 낡은 가죽 부대에 넣으려는"(5:36-37) 어리석음을 범하고 있었던 것입니다.

주님은 "인자는 안식일의 주인이니라"(5)고 폭탄적인 선언을 하십니다. 이렇게 말씀하심은, 나는 안식일을 제정한 주인인고로 내 마음대로 할 수 있다는 뜻이 아닙니다. 그러면 이에 대한 구속사적인 의미가 무엇인가?

안식일 준수의 구속사적 의미

"안식일을 기억하여 거룩히 지키라"(출 20:8)는 계명이 주어진 시점을 생각해 보십시오. 출애굽 당시 시내 산에서입니다. 즉 출애굽과 함께 주어졌습니다. 창세기 2:3절에서, "하나님이 그 일곱째 날을 복되게 하사 거룩하게 하셨다"는 말씀은 계명으로 주어진 것이 아니라 누리라는, "복"으로 주신 것이었습니다. 그런데 3장에서 "한 사람으로 말미암아 죄가 세상에 들어오고 죄로 말미암아 사망"(롬 5:12)이 들어옴으로 창세기 1-2장에서 하나님께 받은 모든 복을 상실할 때에 "안식"의 복도 빼앗기고 사탄의 노예로 전락하고 말았다는 점을 인식해야만 합니다.

이런 맥락에서 출애굽과 함께, "안식일을 기억하여 거룩히 지키라"는 계명이 주어졌는데, 무슨 뜻이냐 하면 "안식"을 회복시켜주실 그리스도를 대망(待望)하게 하기 위해서 주어진 것입니다. 이점이 모세가, "너는 기억하라 네가 애굽 땅에서 종이 되었더니 네 하나님 여호와가 강한 손과 편 팔로 거기서 너를 인도하여 내었나니 그러므로 네 하나님 여호와가 네게 명령하여 안식일을 지키라 하느니라"(신 5:15)고 해설해주는 말씀에 분명히 나타납니다. 모세는 안식일 준수의 이유를 종이 되었다가 자유함을 얻게 된 〈구속〉과 결부시키고 있는 것입니다. 그러므로 가나안에 정착하게 된 것을 성경은 "안식을 주셨다"(수 21:44, 22:4)고 말씀합니다.

그런데 신약성경은, "만일 여호수아가 그들에게 안식을 주었더라면 그 후에 다른 날을 말씀하지 아니하셨으리라"(히 4:8) 합니다. 무슨 뜻인가?

그것은 예표요 그림자에 불과했다는 것입니다. 생각해 보십시오. 그들이 애굽에서 "고역으로 인하여 탄식하며 부르짖을 때"(출 2:23)에 그들에게 안식이 있었습니까? 그렇다고 가나안에 정착한 후에도 사사기로 이어지는 역사를 볼 때에 진정한 안식은 없었던 것입니다. 하나님께서 "안식을 준수하라"고 계명으로 주신 의도가 주님께서, "안식일이 사람을 위하여 있는 것이요 사람이 안식일을 위하여 있는 것이 아니니 이러므로 인자는 안식일에도 주인이니라"(막 2:27-28) 하신 폭탄적인 선언에 분명히 나타나고 있습니다. 그리하여 "수고하고 무거운 짐 진 자들아 다 내게로 오라 내가 너희를 쉬게(안식)하리라"(마 11:28)고 말씀하셨던 것입니다.

출애굽과 안식일 계명

율법주의자들은 "안식일에 왜 일을 하느냐"고 비난했으나 주님은, "내 아버지께서 이제까지 일하시니 나도 일한다"(요 5:16-17)고 응수하셨습니다. 하나님 아버지는 안식하고 계시는 것이 아니라 일을 하고 계신다는 것입니다. 그런데 백성들은 "안식일을 지킴으로" 안식하고 있단 말인가? 이 점에서 하나님께서 이제까지 하시는 일이 무엇인가를 생각하게 합니다. 여자의 후손을 보내셔서 사탄을 정복하고 하나님의 나라를 회복하시어 우리에게 안식을 주시려는 일을 하고 계시는 것입니다. 그러므로 "인자는 안식일의 주인이니라"는 뜻은 그리스도는 안식을 회복시켜주실, 안식일 계명의 성취자로 오셨다는 뜻입니다. 그렇습니다. "안식일"에 생명이 있는 것도 아니요, 이를 준수함으로 "구원"을 얻는 것도 아닙니다. 오직 안식일의 주인이신 그리스도에게 안식과 구원이 있는 것입니다.

그러므로 주님은, "안식일은 사람을 위하여 있는 것이요 사람이 안식일을 위하여 있는 것이 아니니라" (막 2:27)고 바르게 해석해주셨던 것입니다. 사람이 안식일을 위하여 있는 것으로 여기고 이를 범하면 돌로 쳐 죽였던 율법주의자들에게 이 말씀은 가히 혁명적인 선언이었던 것입니다. 안식일을 범하면 죽이라 하신 그 영적인 의미는, "안식일의 주인이신 그리스도"를 배척한다면 멸망임을 보여주고 있는 것입니다.

이를 알았기에 초대교회 성도들이 주님께서, "죽음을 통하여 죽음의 세력을 잡은 자 곧 마귀를 멸하시며 또 죽기를 무서워하므로 한평생 매여 종노릇 하는 모든 자들을 놓아 주려" (히 2:14-15) 죽으시고 부활하신 "안식 후 첫날인, 주의 날"에 모여서 예배를 드리는 전통을 수립했다는 것은 옳았던 것입니다. 만일 이러한 구속사적인 의미가 아니라면 신약교회는 안식일을 범하고 있는 것이 되고 말 것입니다. 그렇게 주장하는 자들도 있는 것입니다. 이제 그리스도인들에게는 영적 안식이 주어졌으며, "영광의 안식" (롬 8:21)은 주님께서 재림하시는 날 영화될 때에 완성 될 것입니다. 그러므로 이 소망을 가지고 주일(主日)에 모여 하나님께 예배로 섬기는 것은 합당한 것입니다.

생명을 구하는 것과 죽이는 것

"또 다른 안식일에 예수께서 회당에 들어가사 가르치실 새 거기 오른손 마른 사람이 있는지라 서기관과 바리새인들이 예수를 고발할 증거를 찾으려 하여 안식일에 병을 고치시는가 엿보니" (6-7). 주님께서 저들의 생각을 아시고, "내가 너희에게 묻노니 안식일에 선을 행하는 것과 악을 행하는 것, 생명을 구하는 것과 죽이는 것, 어느 것이 옳으냐" (9)고 저들의 잘못을 지적하십니다.

질문하신 내용이, "선을 행하는 것과, 하지 않는 것"이라고 물으신 것이 아니라, "선을 행하는 것과 악을 행하는 것"이라고 묻고 계심을 유념할 필요가 있습니다. 악을 행하지 않는 것만으로는 부족합니다. 선을 행해야 함에도 불구하고 행하지 않는다면 그것이 "악"이라는 뜻이 함의되어 있는 질문이었던 것입니다. 안식일을 지키기 위해서 물에 빠진 사람을 구원하지 않는다면 어떻게 되는가를 생각해보시기 바랍니다. 성경은 말씀합니다. "그러므로 사람이 선을 행할 줄 알고도 행하지 아니하면 죄니라" (약 4:17). 율법은 "죽이는 것이요, 복음은 살리는 것입니다(고후 3:6).

"무리를 둘러보시고 그 사람에게 이르시되 네 손을 내밀라 하시니 그가 그리하매 그 손이 회복된지라" (10), 그렇습니다. "회복"하시는 것, 이것이 주님의 구속사역인 것입니다.

둘째 단원(12-16) 열 두 사도를 택하심

"이때에 예수께서 기도하시러 산으로 가사 밤이 새도록 하나님께 기도하시고 밝으매 그 제자들을 부르사 그 중에서 열둘을 택하여 사도라 칭하셨으니" (12-13). 어찌하여 열 두 사도인가? 열둘을 택하심은 구속사의 동일 선상에서 구약교회와의 일관성(一貫性)과 통일성과, 점진성(漸進性)을 의중에 두셨던 것으로 여겨집니다. 계시록 4장에서는, "또 보좌에 둘려 이십사 보좌들이 있고 그 보좌들 위에 이십사 장로들이 흰 옷을 입고 머리에 금관을 쓰고 앉았더라" (계 4:4) 합니다. 어찌하여 "24장로"인가?

21장에 보면, 하늘에서 내려오는 거룩한 성 예루살렘의 "12 문에는 이스라엘 자손 열두 지파의 이름들이 있고, 12 기초석에는 어린 양의 열두 사도의 열두 이름이 있더라" (계 21:12, 14)는 말씀을 대하게 됩니다. 24장로는, 하나님의 나라는 구약교회의 남은 자와, 신약교회의 남은 자로 이루어진다는 점을 상징적으로 나타내고 있는 수인 것입니다.

제자와 사도

이점에서 유념할 점은 "제자(弟子)와, 사도" (使徒)는 구별이 된다는 점입니다. 12족장들이 구약교회의 터를 놓았듯이 12사도는 신약교회의 터를 놓은 특별한 임무를 맡은 자들입니다. 이점이 바울 서신에 잘 나타나고 있는데, "하나님의 뜻으로 말미암아 그리스도 예수의 사도 된 바울과 형제 디모데는" (골 1:1) 합니다. 바울과 디모데는 아버지와 아들과 같은 관계였으나 임무는 구분이 되어 바울은 사도였고, 디모데는 아니었습니다. 그래서 "사도 된 바울과 디모데는" 하지 않고, "사도 된 바울과 형제 디모데는" 하고 구별하여 언급했던 것입니다. 모든 그리스도인들은 다 주의 제자들입니다. 그러나 그 중에서 열둘을 사도로 택하셨던 것입니다. 우리는 그리스도 안에서 다 주의 종들입니다. 그러나 사도는 아닙니다.

그렇다면 어찌하여 사도를 택하셨을까? 그들에게 특별한 사명을 위임하시기 위해서였는데, 첫째는, 주께서 승천하신 후에 성령이 임하시게 되면 교회의 터(창설)를 놓는 임무입니다. 둘째는, 신약성경을 기록하여 신구약 성경을 충족된 계시로 완성하는 임무입니다. 그래서 성경은, "너희는 사도들과 신지자들의 터 위에 세우심을 입은 자라" (엡 2:20)고 말씀합니다. 신약 교회는 사도들이 고백한 신앙의 터 위에와 기록한 말씀의 토대 위에 세워진 것입니다. 그러므로 사도 바울은, "이 집은 살아 계신 하나님의 교회요 진리의 기둥과 터이니라"(딤전 3:15)고 말씀했던 것입니다. 이런 의미에서 그리스도인들은 다 주의 제자나 사도는 아닌 것입니다.

셋째 단원(17-49) 복 있는 자와 화가 있는 자

"예수께서 그들과 함께 내려오사 평지에 서시니 그 제자의 많은 무리와 예수의 말씀도 듣고 병 고침을 받으려고 유대 사방과 예루살렘과 두로와 시돈의 해안으로부터 온 많은 백성도 있더라"(17). "예수께서 눈을 들어 제자들을 보시고 이르시되 너희 가난한 자는 복이 있나니 하나님의 나라가 너희 것임이요"(20) 하고, 평지보훈이라 말하는 교훈을 하십니다.

평지보훈의 핵심은 변함없이 "하나님의 나라"(20)에 있는데, "너희 가난한 자는 복이 있나니 하나님의 나라가 너희 것임이요"로 시작하여, 결론부분에서 "내게 나아와 내 말을 듣고 행하는 자마다 누구와 같은 것을 너희에게 보이리라"(47)는 구조로 되어 있습니다. 그러니까 평지복음은 하나님의 나라 백성들이 행해야 하는 하나님의 나라 윤리라고 말씀드릴 수가 있는 것입니다.

하나님의 나라 윤리

육적 출애굽 때에도 하나님의 배성들이 지켜야 할 계명이 주어졌는데 십계명의 서문은, "나는 너를 애굽 땅, 종 되었던 집에서 인도하여 낸 네 하나님 여호와니라"(출 20:2)고 시작이 됩니다. 여기에는 대단히 중요한 의미가 있습니다. 이는 십계명을 지킴으로 하나님의 백성이 된다는 뜻이 아니라, "애굽 땅 종 되었던 집에서 인도하여 낸", 즉 이미 "구속하여"(출 6:6-7) 하나님의 백성을 삼으셨기 때문에 하나님의 백성다운 삶을 살아가게 하기 위해서 계명을 주신다는 말씀입니다.

그러므로 모세는, "너희는 지켜 행하라 이것이 여러 민족 앞에서 너희의 지혜요 너희의 지식이라 그들이 이 모든 규례를 듣고 이르기를 이 큰 나라 사람은 과연 지혜와 지식이 있는 백성이로다 하리라"(신 4:6), 즉 "과연 하나님의 백성은 다르구나, 과연 예수 믿는 사람들은 다르구나" 라고 말하게 되리라는 것입니다. 그렇게 될 때에 하나님의 이름이 거룩히 여기심을 받으시게 되는 것입니다.

그러므로 보훈의 중심점은, "너희 아버지의 자비로우심 같이 너희도 자비로운 자가 되라"는 36절인 것입니다. 아버지와 자녀의 관계는 닮음의 관계입니다. 그러므로 평지보훈(또는 산상보훈)이 지향하는 바도 이를 지키면 구원을 얻으리라는 말씀이 아니라, 하나님의 자녀 된 자들의 삶이 불신자들과 어떻게 달라야만 하는가를 말씀하고 있다는 점을 유념해야만 합니다.

네 가지 복과 네 가지 화

평지보훈은 내용 상 크게 두 부분으로 나눌 수가 있는데 첫째는, 지도자들을 염두에 두고 하신 말씀이요, 둘째는 모든 그리스도인들에게 하신 말씀으로 구분될 수가 있는데 절대적인 것은 아닙니다. 먼저 지도자들을 염두에 네 가지 복(20-23)과 네 가지 화(24-26)를 말씀하시는데, "가난한 자, 주린 자, 우는 자는 복이 있다" (20-21) 하십니다. 이들이 누구들을 가리키는 것일까요? 복음을 증언할 때에, "인자로 말미암아 사람들이 너희를 미워하며 멀리하고 욕하고 너희 이름을 악하다 하여 버릴 때에는 너희에게 복이 있도다" 하십니다.

성경은 하나님을 경외하는 자들을 "가난한 자, 주린 자, 우는 자", 등으로 묘사하고 있습니다. 왜냐하면 이들의 시민권은 하늘에 있기 때문에 땅에서는 나그네와 같은 자들이기 때문입니다. 이러한 사람들은 세상에 살고 있으나 세상에 속하여 있는 자들이 아닌 것입니다. 주님은 말씀합니다. "너희가 세상에 속하였으면 세상이 자기의 것을 사랑할 것이나 너희는 세상에 속한 자가 아니요 도리어 내가 너희를 세상에서 택하였기 때문에 세상이 너희를 미워하느니라" (요 15:19). 이러한 사람은 복이 있는데, "하나님의 나라가 너희 것이요, 배부름을 얻을 것임이요, 웃을 것임이요, 하늘에서 너희 상이 큼이라" 하십니다.

다음은 4가지 화인데, "부요한 자, 배부른 자, 웃는 자"에게 화가 있을 것이라고 말씀합니다. 또한, "모든 사람이 너희를 칭찬하면 화가 있도다" (24-26) 하십니다. 이들이 누구를 가리키는 것일까요? 이점에서 주목하게 되는 것은 "복과, 화"를 말씀하는 결론에서,

㉠ "인자로 말미암아 사람들이 너희를 미워하며 멀리하고 욕하고 너희 이름을 악하다 하여 버릴 때에는 너희에게 복이 있도다 그 날에 기뻐하고 뛰놀라 하늘에서 너희 상이 큼이라 그들의 조상들이 선지자들에게 이와 같이 하였느니라" (22-23),

㉡ "모든 사람이 너희를 칭찬하면 화가 있도다 그들의 조상들이 거짓 선지자들에

게 이와 같이 하였느니라"(26)고, "(참)선지자와, 거짓 선지자"를 대비시키고 있다는 점입니다. 이런 맥락에서 4가지 복과, 4가지 화는 1차적으로는 모든 시대에 세움 받을 목회자들을 염두에 두고 하신 말씀으로 받아야 마땅할 것입니다. 목회자가 바로 서면 교회가 바로 서기 때문입니다.

참 선지자와 거짓 선지자

이점이 "또 비유로 말씀하시되 맹인이 맹인을 인도할 수 있느냐 둘이 다 구덩이에 빠지지 아니하겠느냐" (39)는 말씀에서 확인하게 됩니다. 목회자의 치명적인 결함은 "맹인" 됨이라는 점을 명심해야만 합니다. "화 있을진저"를 7번이나 발하시는 마태복음 23장에는 "맹인"이라는 말이 5번이나 등장합니다. 이점에서 거짓 선지자 발람의 말이 도전이 됩니다. "예언하여 이르기를 브올의 아들 발람이 말하며 눈을 감았던 자가 말하며 하나님의 말씀을 듣는 자가 말하며 지극히 높으신 자의 지식을 아는 자, 전능자의 환상을 보는 자, 엎드려서 눈을 뜬 자가 말하기를" (민 24:15-16) 합니다.

발람은 자신이 전에는 눈을 감았던 자라고 말합니다. 그러나 이제 뜬 자가 되어서 말한다는 것입니다. 발람은 발락의 초청으로 이스라엘을 저주하기 위해서 브올산 꼭대기에 올라갔습니다. 그가 눈을 들어 이스라엘이 그 지파대로 광야에 진을 치고 있는 것을 보는 동시에 하나님이 그 눈을 여시매 무엇을 보았습니까? "내가 그를 보아도 이때의 일이 아니며 내가 그를 바라보아도 가까운 일이 아니로다 한 별이 야곱에게서 나오며 한 규가 이스라엘에게서 일어나서" (민 24:17) 하고, 그는 놀랍게도 이스라엘 진영을 통하여 "한 별과, 한 규", 즉 그리스도를 바라보았던 것입니다.

이것입니다. "이 성경(구약)이 곧 내게 대하여 증언하는 것이로다"(요 5:39) 하신 구약성경에서 다른 것은 다 보면서도 "그리스도"를 만나고 증언하지 못한다면 그가 맹인인 것입니다. 바울은 이점을 모세가 광채(光彩) 나는 얼굴을 수건으로 가리듯이, "그러나 그들의 마음이 완고하여 오늘까지도 구약을 읽을 때에 그 수건이 벗겨지지 아니하고 있으니 그 수건은 그리스도 안에서 없어질 것이라 오늘까지 모세의 글을 읽을 때에 수건이 그 마음을 덮었도다"(고후 3:14-15)고, 복음의 빛을 가리고 있는 자들이 있다고 탄식합니다. "오늘까지"가 언제인가? 주님께서 십자가상에서 "다 이루었다"고 선언하심으로 1500년 동안이나 막혔던 휘장을 열어놓으신 오늘까지입니다. 그로부터 2000년이 지난 "오늘"은 우리 중에 "맹인, 수건이 벗어지지 않은 자"가 없다고 말할 수가 있을 것인가?

남보다 더 하는 삶

다음은 모든 제자들을 염두에 두고 말씀하시기를, "너희가 만일 너희를 사랑하는 자만을 사랑하면 칭찬 받을 것이 무엇이냐 죄인(불신자)들도 사랑하는 자는 사랑하느니라 너희가 만일 선대하는 자만을 선대하면 칭찬 받을 것이 무엇이냐 죄인들도 이렇게 하느니라"(32-33) 하십니다. 성경은 하나님과 성도와의 관계를 여러 가지로 비유하고 있는데, "목자와 양, 남편과 아내, 왕과 백성, 아버지와 자녀" 등입니다. 이렇게 다양하게 말씀함은 하나님과의 관계의 특성을 다방면으로 나타내기 위해서인데, 목자와 양의 관계는 인도하시는 대로 따름에 있고, 남편과 아내는 한 몸 된 연합을 나타내며, 왕과 백성은 하나님의 통치하심에 복종해야 할 것을 나타내고 있습니다.

그 중에서 아버지와 아들의 관계는 "닮음"의 관계인 것입니다. 그러므로 평지보훈을 한마디로 요약하면, "너희 아버지의 자비로우심 같이 너희도 자비로운 자가 되라" (36)는 말씀 안에 다 들어 있는 것입니다. 이점을 사도 바울은, "그러므로 사랑을 받는 자녀 같이 너희는 하나님을 본받는 자가 되라" (엡 5:1) 합니다. 즉 "아버지를 닮은 자녀들이 되라"는 말씀입니다. 그리스도의 제자 된 자의 삶이란 구별 된 삶이요, "남 보다 더 하는 것이 무엇이냐" (마 5:47) 하신, 불신자보다 "더 하는" 삶입니다.

주인님, 주인님

"너희는 나를 불러 주여 주여 하면서도 어찌하여 내가 말하는 것을 행하지 아니하느냐" (46) 하십니다. 사도 바울은 로마 성도들을 향해서, "하나님께 감사하리로다 너희가 본래 죄의 종이더니" (롬 6:17) 합니다. 그렇습니다. 우리는 죄 값에 팔려 사탄의 종이 되었던 자들입니다. 그런데 이제는, "너희는 너희 자신의 것이 아니라 값으로 산 것이 되었으니" (고전 6:19-20) 하고, "주인"이 바뀌었다는 것입니다.

그런데 "나를 주인님, 주인님 하면서도 어찌하여 내가 말하는 것을 행하지 아니하느냐? 그러고도 내 종이라 할 수 있느냐" 하십니다. 이점을 바울은, "너희 자신을 종으로 내주어 누구에게 순종하든지 그 순종함을 받는 자의 종이 되는 줄을 너희가 알지 못하느냐" (롬 6:16)고 묻고 있습니다. 그렇다면 입으로는 주여 주여 하면서 행동은 세상적으로 행하는 우리는 누구의 종이란 말인가?

예레미야 35장에는 참으로 참담한 말씀이 있습니다. 하나님께서 예레미야에게 레갑 족속을 데려다가 포도주를 마시게 하라고 말씀하십니다. "내가 레갑 사람들의 후손들 앞에 포도주가 가득한 종지와 술잔을 놓고 마시라 권하매 그들이 이르되 우리는 포도주를 마시지 아니하겠노라 레갑의 아들 우리 선조 요나답이 우리에게 명령하여 이르기를 너희와 너희 자손은 영원히 포도주를 마시지 말며"(렘 35:5-6), 그래서 마실 수 없다고 거부합니다. 그런 후에 하나님은, "레갑의 아들 요나답이 그의 자손에게 포도주를 마시지 말라 한 그 명령은 실행되도다 그들은 그 선조의 명령을 순종하여 오늘까지 마시지 아니하거늘 내가 너희에게 말하고 끊임없이 말하여도 너희는 내게 순종하지 아니하도다"(14) 하십니다. 이것이 어찌 구약의 성도들뿐이겠습니까?

평지 보훈은, "듣고 행하지 아니하는 자는 주추 없이 흙 위에 집 지은 사람과 같으니 탁류가 부딪치매 집이 곧 무너져 파괴됨이 심하니라"(49)는 말씀으로 끝을 맺고 있습니다. "가난한 자는 복이 있나니 하나님의 나라가 너희 것임이요"(20) 하고 시작된 평지보훈이, "무너져 파괴됨이 심하니라"(49)로 끝나고 있다는 것은 "주여, 주여" 하는 자가 다 하나님의 나라에 들어갈 수 있는 것은 아니라는 점을 나타냅니다. 이것이 "그리스도의 제자된 자의 삶"입니다.

The Book of Luke

누가복음 7장 개관도표

주제 : 오실 그이가 당신이오니이까

나는 감당치 못하겠나이다	**1-10** 2 **어떤 백부장의 사랑하는 종이 병들어 죽게 되었더니** 6 예수께서 함께 가실새 이에 그 집이 멀지 아니하여 백부장이 벗들을 보내어 이르되 주여 수고하시지 마옵소서 **내 집에 들어오심을 나는 감당하지 못하겠나이다** 7 그러므로 **내가 주께 나아가기도 감당하지 못할 줄을 알았나이다 말씀만 하사** 내 하인을 낫게 하소서 8 나도 남의 수하에 든 사람이요 내 아래에도 병사가 있으니 이더러 **가라 하면 가고 저더러 오라 하면 오고** 내 종더러 **이것을 하라 하면 하나이다** 9 예수께서 들으시고 그를 놀랍게 여겨 돌이키사 따르는 무리에게 이르시되 내가 너희에게 이 르노니 이스라엘 중에서도 **이만한 믿음은 만나보지 못하였노라** 하시더라 10 보내었던 사람들이 집으로 돌아가 보매 종이 이미 나아 있었더라
죽은자를 살리심	**11-17** 12 성문에 가까이 이르실 때에 사람들이 **한 죽은 자를 메고 나오니** 이는 한 어머니의 독자요 그의 어머니는 과부라 그 성의 많은 사람도 그와 함께 나오거늘 13 주께서 과부를 보시고 **불쌍히 여기사 울지 말라** 하시고 14 가까이 가서 그 관에 손을 대시니 멘 자들이 서는지라 예수께서 이르시되 **청년아 내가 네게 말하노니 일어나라** 하시매 15 **죽었던 자가 일어나 앉고** 말도 하거늘 예수께서 그를 어머니에게 주시니 16 모든 사람이 두려워하며 하나님께 영광을 돌려 이르되 **큰 선지자가 우리 가운데 일어나셨다** 하고 또 하나님께서 자기 백성을 돌보셨다 하더라
복음이 전파된다하라	**18-35** 19 요한이 그 제자 중 둘을 불러 주께 보내어 이르되 **오실 그이가 당신이오니이까** **우리가 다른 이를 기다리오리이까 하라** 하매 22 예수께서 대답하여 이르시되 너희가 가서 보고 들은 것을 요한에게 알리되 맹인이 보며 못 걷는 사람이 걸으며 나병환자가 깨끗함을 받으며 귀먹은 사람이 들으며 죽은 자가 살아나며 **가난한 자에게 복음이 전파된다** 하라 23 누구든지 나로 말미암아 **실족하지 아니하는 자는 복이 있도다** 하시니라 27 기록된 바 보라 내가 내 사자를 네 앞에 보내노니 **그가 네 앞에서 네 길을 준비하리라 한 것이** 이 사람에 대한 말씀이라 32 비유하건대 아이들이 장터에 앉아 서로 불러 이르되 우리가 너희를 향하여 **피리를 불어도** 너희가 춤추지 않고 **우리가 곡하여도** 너희가 울지 아니하였다 함과 같도다
네 죄사함을 얻었느니라	**36-50** 36 한 바리새인이 예수께 자기와 함께 잡수시기를 청하니 이에 **바리새인의 집에 들어가 앉으셨을 때에** 37 그 동네에 **죄를 지은 한 여자가 있어** 예수께서 바리새인의 집에 앉아 계심을 알고 향유 담은 옥합을 가지고 와서 38 예수의 뒤로 그 발 곁에 서서 울며 눈물로 그 발을 적시고 자기 머리털로 닦고 그 발에 입맞추고 향유를 부으니 39 예수를 청한 바리새인이 그것을 보고 마음에 이르되 **이 사람이 만일 선지자라면** 자기를 만지는 이 여자가 누구며 어떠한 자 곧 죄인인 줄을 알았으리라 하거늘 47 이러므로 내가 네게 말하노니 **그의 많은 죄가 사하여졌도다** 이는 그의 사랑함이 많음이라 **사함을 받은 일이 적은 자는 적게 사랑하느니라** 48 이에 여자에게 이르시되 **네 죄 사함을 받았느니라** 하시니 49 함께 앉아 있는 자들이 속으로 말하되 **이가 누구이기에 죄도 사하는가** 하더라 50 예수께서 여자에게 이르시되 네 믿음이 너를 구원하였으니 평안히 가라 하시니라

7장

오실 그이가 당신이오니이까

복음서를 기록한 첫째 목적은 예수가 누구신가? 다시 말하면 예수는 그리스도시오 하나님의 아들이심을 증언하는데 있습니다. 이점은 너무나 당연하면서도 복음서를 해석할 때에 자주 놓치는 주제이기도 합니다. 누가복음을 기록한 목적도 예외는 아닙니다. 본문을 관찰해 보면 세례 요한이 제자 둘을 보내어 예수님에게, "오실 그이가 당신이오니이까 우리가 다른 이를 기다리오리까"(20), 달리 표현하면 "당신은 그리스도요? 아니요?" 라고 질문하는 기사가 나옵니다. 이는 대단히 중요한 물음으로 예수님의 정체성(正體性)에 관한 질문이었던 것입니다.

이 질문을 중심으로 앞부분에는 백부장의 종의 병을 치유하신 기적과, 나인성 과부의 죽은 아들을 살리신 기적이 있고, 뒷부분에는 눈물로 주님의 발을 적시고 머리털로 씻긴 죄인 여자가 등장합니다. 행하신 기적과 표적은 중요하나 보다 중요한 것은 이런 일을 행하시는 "예수가 누구신가"를 증언하는 표적이라는 점입니다. 그러므로 7장의 주제는 요한이 제기한 질문인, "오실 그이가 당신이오니이까"가 될 수가 있습니다. 네 단원으로 나누어 상고하겠습니다.

첫째 단원(1–10) **나는 감당치 못하겠나이다**

둘째 단원(11–17) **큰 선지자가 일어나셨다**

셋째 단원(18–35) **가난한 자에게 복음이 전파된다 하라**

넷째 단원(36–50) **네 죄 사함을 얻었느니라**

첫째 단원(1–10) 나는 감당치 못하겠나이다

"어떤 백부장의 사랑하는 종이 병들어 죽게 되었더니 예수의 소문을 듣고 유대인의 장로 몇을 예수께 보내어 오셔서 그 종을 구해주시기를 청한지라" (2-3). 첫째 단원은 죽게 된 백부장의 종을 치유하신 내용입니다. 그러나 본문을 접근할 때에 백부장이나 심지어 병을 고치신 그 자체에 한눈을 팔아서는 아니 됩니다.

그렇다면 본문을 통하여 말씀하고자 하는 중심점이 어디에 있는가? "예수께서 함께 가실새 이에 그 집이 멀지 아니하여 백부장이 벗들을 보내어 가로되 주여 수고하시지 마옵소서 내 집에 들어오심을 나는 감당치 못하겠나이다" (6)고 말하는 것이 아닌가? 백부장의 말은 세례 요한이 제자 둘을 보내어, "오실 그 이가 당신이오니이까" (19) 라고 물은 것과 날카롭게 대조가 되는 말로 "예수가 누구신가" 하는 정체성과 결부가 되고 있다는 점을 놓치지 마시기를 바랍니다.

어찌하여 백부장은 사랑하는 종이 죽어 가는 판국에 예수님을 강권하지는 못할망정 오시는 예수님에게, "내 집에 들어오심을 나는 감당치 못하겠나이다"라고 거절하고 있단 말인가? 이는 예수님이 누구신가를 알고 있었다는 점을 말해줍니다. 반면 자신은 죄인이요, 더욱이나 이방인임을 인식하고 한 말인 것입니다. 그래서 처음에도 자신이 나서지를 못하고 "유대인의 장로" 몇을 보내었고, 나중에 벗들을 보내어 "내 집에 들어오심을 나는 감당치 못하겠나이다"(6) 했는데, "벗들"도 유대인 친구로 여겨집니다. 말하자면 유대인은 하나님의 선민이요, 자신은 "개 같은" 이방인이라는 인식이 백부장에게는 있었던 것으로 여겨진다는 말씀입니다.

그러므로 주님께서 "내 집에 들어오심을 감당치 못할" 뿐만이 아니라, "내가 주께 나아가기도 감당치 못할 줄"(7)을 알고 있다고 말합니다. 백부장의 말은 유대가 로마의 속국이었다는 당시의 정황으로 볼 때에 놀라운 깨달음이요 겸비가 아닐 수가 없습니다. 여기서 머문 것이 아니라 "말씀만 하사 내 하인을 낫게 하소서"(7) 하는 것이 아닌가? "말씀만 하사", 이 말은 예수님이 누구신가를 알고 믿고 있었다는 뜻이 됩니다. 그러므로 명령 한 말씀만 하시라는 것입니다. "나도 남의 수하에 든 사람이요 제 아래도 병사가 있으니 이더러 가라 하면 가고 저더러 오라 하면 오고 내 종더러 이것을 하라 하면 하나이다"(8) 합니다. 이 말은 주님께서 6:46절에서, "너희는 나를 불러 주여 주여 하면서도 어찌하여 내가 말하는 것을 행하지 아니하느냐" 하신 말씀과 대조를 이루어 우리의 가슴을 찌르는 비수로 작용합니다.

이방인 백부장의 믿음

예수께서 들으시고 그를 놀랍게 여겨 돌이키사 따르는 무리에게, "내가 너희에게 이르노니 이스라엘 중에서도 이만한 믿음은 만나보지 못하였노라"(9) 하십니다. 여기에 첫째 단원의 핵심이 있습니다. 백부장의 믿음은 종의 병이 나을 것이라는 믿음에 머물고 있지 아니합니다. 만일 그 믿음 만이었다면 예수님을 강권하여서라도 자기 집에 모시려했을 것입니다. 지금 우리들이 그렇게 하고 있지 아니합니까? 백부장의 믿음은 예수님이 누구이신가를 깨닫는 것이 선행 된데서 온 믿음이었습니다. 이방인 백부장은 예수님이 누구신가를 알고 믿고 있는데 이스라엘은 모르고 배척하고 있다는 것입니다. 이점은 구약시대에도 마찬가지였습니다. 주님은, "선지자 엘리사 때에 이스라엘에 많은 나병환자가 있었으되 그 중의 한 사람도 깨끗함을 얻지 못하고 오직 수리아 사람 나아만뿐이었느니라"(4:27)고 말씀하셨습니다. 이제도 그러하다는 것입니다.

이 백부장의 믿음과, 7장의 주제로 설정한 세례 요한이 제자들을 보내어, "오실 그이가 당신이오니이까 우리가 다른 이를 기다리오리이까" 한 질문과 대조를 해보십시오. 그러므로 본문이 드러내고자 하는 증거는 예수님의 정체성과 유대인의 불신앙입니다. "보내었던 사람들이 집으로 돌아가 보매 종이 이미 나아 있었더라"(10).

둘째 단원(11-17) 큰 선지자가 일어나셨다

"그 후에 예수께서 나인이란 성으로 가실새 제자와 많은 무리가 동행하더니 성문에 가까이 이르실 때에 사람들이 한 죽은 자를 메고 나오니 이는 한 어머니의 독자요 그의 어머니는 과부라"(11-12). 우리는 항용 "믿기만 하라", 또는 "네 믿음대로 될지어다"라고 말합니다. 이는 성경이 말씀하고 있는 바요 옳은 말이기도 합니다. 그러므로 우리는 앞 단원에서는, "이스라엘 중에서도 이만한 믿음을 만나보지 못하였노라" 하신 "믿음"을 만나 보았던 것입니다.

그런데 본 단원에서는 전연 다른 상황을 만나게 되고 그리하여 우리로 어리둥절하게 합니다. 주님께서 나인 성문에 가까이 가셨을 때에 한 장례 행렬을 만나게 된 것입니다. "가까이 가서 그 관에 손을 대시니 멘 자들이 서는지라 예수께서 이르시되 청년아 내가 네게 말하노니 일어나라 하시매 죽었던 자가 일어나 앉고 말도 하거늘"(14-15). 이 사건에는 "네 믿음대로 될지어다" 하는 "믿음"이 개입할 여지가 없는 것입니다.

지금 장례행렬이 자나가고 있습니다. 백부장의 종처럼 죽을병이 든 것이 아니라 이미 끝장이 난 상태입니다. "살려주실 것을 믿습니다" 하는 것도 아닙니다. 그런데 과부를 보시고 불쌍히 여기사 울지 말라 하시면서, 그 행렬을 세우고 관에 손을 얹으시고, "청년아 내가 네게 말하노니" 하는 "나"란 분은 누구신가? "일어나라"는 명령 한마디에 죽은 자가 일어나 앉게 하는 이분이 누구란 말인가? 여기에 이 사건을 통해서 증언하고자 하는 핵심이 있는 것입니다.

우리는 "믿음"을 만능인양 앞세우려 하지만 구원은 믿음 자체에 있는 것이 아닙니다. 오직 구원은 예수 그리스도에게 있습니다. 그러므로 중요하고도 우선할 요점은, "너는 나를 누구라 하느냐"에 대한 바른 고백인 것입니다. 믿음에는 누구를 믿느냐 하는 대상과, 무엇을 믿느냐는 내용이 중요합니다. 이 대상이 분명치 하니 하게 되면 "믿음과, 신념"을 혼동하게 됩니다. "믿습니다, 믿습니다" 하고 자신에게 암시를 줍니다. "신념의 마력"이니

"긍정적인 사고"니 하는 이런 것이 인기를 얻고 있는 것을 봅니다. 그러나 이것은 심리학에서나 하는 말이지 성경적인 믿음은 아닌 것입니다. 그러므로 "믿음" 자체만을 강조하다보면 인간중심이 될 위험이 있는 것입니다.

성도들로 하여금 우선적으로 바른 신앙고백을 하게 하기 위해서는 신구약성경을 들어서 축복이 아니라 그리스도를 증언해주어야만 합니다. 기사이적이 아니라 복음을 전해주어야만 합니다. 백부장은 "말씀만 하사"라고 고백했습니다. 그 말 그대로 말씀 한마디로 죽은 자를 살리셨습니다. 핵심은 죽은 자가 살아났다는데 있는 것이 아니라 이분이 누구냐에 있습니다. "모든 사람이 두려워하며 하나님께 영광을 돌려 이르되 큰 선지자가 우리 가운데 일어나셨다 하고 또 하나님께서 자기 백성을 돌보셨다 하더라" (16).

자기 백성을 돌아보신 하나님

㉠ 두 마디를 했습니다. 첫째는, "큰 선지자가 우리 가운데 일어나셨다"고 말합니다. 이는 예수님이 누구신가를 증언하는 말입니다. 그 분은 "큰 선지자"라는 것입니다. 어찌하여 그냥 선지자라 하지 않고 "큰 선지자"라 했을까요. 이는 나인성이 수넴성과 인접해 있다는 데서 빛을 받을 수가 있는데, 옛적에 선지자 엘리사가 수넴 여인의 죽은 아들을 살렸다는 성경 말씀을 그들은 알고 있었을 것입니다. 그렇다면 주님께서 과부의 죽었던 독자를 살리시는 것을 보면서 감격해서, "큰 선지자가 우리 가운데 일어나셨다"고 말한 것은 당연한 것입니다.

㉡ 둘째는, "하나님께서 자기 백성을 돌아보셨다"고 말했습니다. 여기 구속사의 맥락에 끊임없이 이어지고 있는 중요한 의미가 있는데 그것은, "하나님께서 자

기 백성을 돌아보셨다"는 점입니다. 수태 못하던 엘리사벳이 요한을 잉태한 후에, "주께서 나를 돌아보셨다"(1:25)고 말합니다. 마리아도, "내 마음이 하나님 내 구주를 기뻐하였음은 그 여종의 비천함을 돌아보셨음이라"(1:47-48)고 찬양했습니다. 사가랴는 성령의 충만함을 입어 "찬송하리로다 주 이스라엘의 하나님이여 그 백성을 돌아보사 속량하시며"(1:68) 라고 찬양을 합니다. 누가복음은 처음부터 하나님께서 자기 백성을 돌아보심으로 시작하고 있습니다.

복음서만이 아니라 구약시대에도 하나님께서 자기 백성을 "돌아보심"을 증언하고 있습니다. "하나님이 그들의 고통 소리를 들으시고 하나님이 아브라함과 이삭과 야곱에게 세운 그의 언약을 기억하사 하나님이 이스라엘 자손을 돌보셨고 하나님이 그들을 기억하셨더라" (출 2:24-25) 합니다.

인간이 먼저 "믿었기" 때문에 "여자의 후손"에 대한 약속을 하신 것이 아닙니다. 하나님께서 자기 백성을 돌아보셨기 때문입니다. 인간이 믿고 간구하므로 그리스도께서 영광을 버리시고 인간을 찾아오신 것도 아닙니다. 사가랴의 찬양대로 주 하나님께서 "자기 백성을 돌아보사" 속량하시려고 자기 아들을 대속제물로 보내주신 것입니다. "믿음"은 하나님께서 주시는 선물을 받는 통로일 뿐입니다.

"하나님께서 자기 백성을 돌아보심(16)은, 불쌍히" (13)여기심과 관련이 있습니다. 그러므로 첫째 단원이 예수님이 누구신가와, 그 분에 대한 "믿음"이 강조되었다면, 둘째 단원에서는 예수님이 누구신가와 그런 분이 우리를 돌아보심, 즉 불쌍히 여기셨음에 초점을 맞추고 있습니다. 과부가 간청을 하지도 않았는데 어찌하여 관에 손을 대시고, "청년아 내가 네게 말하노니 일어나라" 하셨는가? 애원을 하지도 않았건만 왜 십자가를 대신 담당하여주셨는가? "주께서 과부를 불쌍히 여기셨듯이" (13) 우리를 불쌍히 여기셨기 때문입니다. 우리를 "불쌍히 여기사, 돌아보심", 이것이 사랑인 것입니다. 그러므로 믿음보다도 우선하는 것은 하나님의 주권과, 선수적인 사랑이라는 점을 인식해야만 "믿음"을 자랑으로 여기지 않게 됩니다.

한 가지 부언할 것은 이를 깨닫게 된 자들의 반응입니다. ㉠ "모든 사람이 두려워하며 하나님께 영광을 돌렸다"(16)고 말씀합니다. 첫 반응이 두려움, 즉 경외심입니다. 베드로의 반응도 그러했습니다. "주여 나를 떠나소서 나는 죄인이로소이다"(5:8). 백부장의 반응도 그러했습니다. "주여 내 집에 들어오심을 나는 감당치 못하겠나이다"(6). 우리들의 시대는 큰 믿음을 가진 사람들은 많이 봅니다. 그래서 "떠나지 마옵소서, 우리 집에 오시옵소서" 하고 결사적으로 간청을 합니다. 그러나 하나님을 경외하는 이들을 만나기란 쉽지가 않습니다. 현대교회의 가장 큰 결함 중 하나가 하나님께 대한 경외심의 결핍이 아닐까 싶습니다. 그 원인이 어디에 있는 것일까요? 하나님의 주권과 선수적인 사랑보다는 믿음과 축복만을 강조했기 때문은 아닐까요? ㉡ 그런 상태에서는 하나님께 합당한 "영광"(16상)을 돌림도 부족할 수밖에 없는 것입니다.

셋째 단원(18-35) 가난한 자에게 복음이 전파된다 하라

"요한의 제자들이 이 모든 일을 그에게 알리니 요한이 그 제자 중 둘을 불러 주께 보내어 이르되 오실 그이가 당신이오니이까 우리가 다른 이를 기다리오리이까 하라 하매"(18-19). 세례 요한의 질문은 우리를 당황케 하기에 충분합니다. "오실 그 이"란 언약의 사자인 그리스도를 가리키고 있음이 분명한데, 그렇다면 요한은 이렇게 물은 것과 같습니다. 당신이 진짜요? 가짜요?

그러므로 이 단원에 대한 해석은 듣는 것이 둔한 우리들에게 비유로 말씀하여주신 32절이 빛을 비춰준다 하겠습니다. 물론 32절은 그 세대의 사람들이 요한과 주님에 대하여 어떠한 반응을 보였는가를 말씀하는 대목입니다만 주님은 아이들의 두 가지 놀이를 들어서 예수님과 세례 요한의 사역을 나태셨는데 예수님은 "피리를 부는 자", 즉 잔치집의 역할로, 요한을 "곡을 하는 자", 즉 장례집의 역할로 비유하신 것입니다. 잔치 집과 장례 집은 분위기나 음률이나 색조가 전연 상반 될 수밖에 없는 것입니다.

장례 집과 잔치 집

이처럼 상이하기 때문에, "요한의 제자는 자주 금식하며 기도하고 바리새인의 제자들도 또한 그러하되 당신의 제자들은 먹고 마시나이다"(5:33) 고 비난했던 것입니다. 즉 주님은 잔치를 마련하려 오셨는데 그들은 장례집이 되기를 기대하고 있었다는 말입니다. 주님은, "혼인집 손님들이 신랑과 함께 있을 때에 금식하게 할 수 있느뇨"(5:34) 라고 자신을 혼인집의 신랑에 비유하셨습니다. 요한이 제자들을 보내어, "오실 그이가 당신이오니이까 우리가 다른 이를 기다리오리이까" 한 질문도 이런 관점의 차이에서 연유된 질문이었던 것입니다. 그것은 마치 장례놀이를 하고 있는 아이들이 잔치놀이를 하고 있는 아이들을 향하여 "너희는 어찌하여 울지 않느냐" 고 질문하는 것과 같다 하겠습니다.

옥에 갇힌 요한(3:20)은 "제자들이 이 모든 일을 그에게 알리는"(18) 것을 듣고 이러한 질문을 하기에 이르렀는데 그렇다면 제자들이 요한에게 고한, "이 모든 일"이란 무엇이겠습니까? 가까운 문맥은 백부장의 종의 죽을 병을 고쳐주신 일, 또 나인성 과부의 죽은 아들을 살리신 일이었을 것입니다. 그의 제자들은 요한에게 이렇게 말한 셈입니다. "예수님이 하고 계시는 일은 당신이 하는 일과는 다릅니다. 거기에는 기쁨이 있고 환성이 있습니다". 그렇습니다. 잔치놀이를 하고 계시는 주님과 장례놀이를 하고 있는 요한이 같을 수는 없었던 것입니다. 보십시오. 죽을병에 걸린 사람의 집, 아예 죽은 사람의 집의 분위기와 음률과 색조는 애곡하는 장례놀이 그것입니다. "반드시 죽으리라" 하신 아담 안에 있는 모든 자(구약시대)는 이러한 상태에 놓여 있었던 것입니다.

그런데 예수님께서 오셔서 "믿으면 살리라"는 잔치놀이, 즉 복음으로 바꾸어 놓으신 것입니다. "사람들이 한 죽은 자를 메고 나오는" (12) 장례행렬의 분위기와 얼굴 표정들이 어떠했을까를 상상해보십시오. 그런데 "죽었던 자가 일어나 앉고 말도 하게" (15) 되었을 때의 분위기와 얼굴 표정들은 이를 경험해 보기 전에는 쉽게 상상이 되지가 않을 것입니다. 이것이 "주의 은혜의 해를 전파하게 하려 하심이라" (4:19) 하신 희년의 기쁨이었던 것입니다. "율법과 선지자는 요한의 때까지요 그 후부터는 하나님 나라의 복음이 전파되어 사람마다 그리로 침입하느니라" (16:16)고 말씀하신 대로, 요한은 율법에 속한 자입니다. 율법에 속한 자가, "무릇 시온에서 슬퍼하는 자에게 화관을 주어 그 재를 대신하며 기쁨의 기름으로 그 슬픔을 대신하며 찬송의 옷으로 그 근심을 대신하게 하는" (사 61:3) 희년의 기쁨을 온전히 이해할 수가 없었던 것입니다.

죽이는 직분과 살리는 직분

요한이 전파한 증언을 보면, "독사의 자식들아 누가 너희에게 일러 장차 올 진노를 피하라 하더냐 그러므로 회개에 합당한 열매를 맺고 속으로 아브라함이 우리 조상이라 말하지 말라 내가 너희에게 이르노니 하나님이 능히 이 돌들로도 아브라함의 자손이 되게 하시리라 이미 도끼가 나무뿌리에 놓였으니 좋은 열매 맺지 아니하는 나무마다 찍혀 불에 던져지리라" (3:7-9)고 정죄와 심판을 선고하는 말이었던 것입니다. 그런 요한은 생각하기를 메시아가 오시면, 도끼로 나무를 찍듯이 대적을 심판하고 이스라엘을 회복시켜줄 것을 기대했을 것입니다.

그런데 주님은 그와는 반대되는 일을 하고 계시는 것이 아닌가? 그렇습니다. 율법은 정죄하나 복음은, "네 죄 사함을 얻었느니라" (5:20, 7:48)고 말씀합니다. 율법의 잣대로 복음을 재단하려다 보니 이해가 되지를 않았을 것입니다. 그래서 "오실 그이가 당신이오니이까 우리가 다른 이를 기다리오리이까" 라고 말할 수밖에 없었던 것입니다. 주님은 말씀합니다. "너희가 가서 보고 들은 것을 요한에게 알리되 맹인이 보며 못 걷는 사람이 걸으며 나병환자가 깨끗함을 받으며 귀먹은 사람이 들으며 죽은 자가 살아나며 가난한 자에게 복음이 전파된다 하라" (22).

여기서 유념해야 할 점은 예수님은 지금 기사와 이적이 제일인양 내세우고 있는 것이 아니라는 점입니다. 주님께서 이렇게 전하라 하심은 자신이 하고 있는 사역이 선지자들을 통하여 예언하신 "예언의 성취" (사 35:5-6)라는 점을 깨닫게 하기 위해서입니다 그리하여 장례놀이가 아니라 잔치놀이, 즉 율법시대는 지나가고 "복음" 시대가 왔다는 점을 인식시키려는 것입니다. 그러므로 주님께서 요한의 제자들에게 하신 말씀 중에서 핵심은 맨 마지막에 거론하신, "가난한 자에게 복음이 전파된다 하라"는 "복음"입니다. 다시 말하면 "율법"은 요한의 때까지요, 지금은 새로운 복음의 시대가 왔다고 전해주어라 하신 셈입니다. 요한 자신도 율법에 속한 자이기 때문에 당시의 종교지도자들의 범주를 크게 벗어나지는 못했음을 보게 됩니다.

그러나 주님은 여기서 말씀을 멈추신 것이 아니라, "너희가 무엇을 보려고 광야에 나갔더냐"고 물으시면서, "옳다 내가 너희에게 이르노니 선지자보다도 훌륭한 자니라" 하십니다. 그렇다면 요한은 어떠한 사람인가? "기록된바 보라 내가 내 사자를 네 앞에 보내노니 그가 네 앞에서 네 길을 준비하리라 한 것이 이 사람에 대한 말씀이라"(24-27)고 요한도 "기록된바", 즉 예언의 성취자로 온 길 예비자라 하십니다.

그러므로 "여자가 낳은 자 중에 요한보다 큰 자가 없도다 그러나 하나님의 나라에서는 극히 작은 자라도 그보다 크니라"(28)고 상반된 말씀을 하십니다. 그렇다면 어떤 의미에서 "여자가 낳은 자 중에 요한보다 큰 자가 없도다" 하시는가? "많은 선지자와 의인이 너희가 보는 것들을 보고자 하여도 보지 못하였고 너희가 듣는 것들을 듣고자 하여도 듣지 못하였느니라"(마 13:17), 그런데 요한은 길 예비자로 여섯 달 먼저 보냄을 받아 친히 그리스도를 목격했기 때문입니다.

그렇다면 "하나님의 나라에서는 극히 작은 자라도 그보다 크다"는 뜻은 무엇인가? 율법은 복음에 의해서 비로소 완성이 되기 때문입니다. 이점을 히브리서에서는, "이는 하나님이 우리를 위하여 더 좋은 것을 예비하셨은즉 우리가 아니면 그들로 온전함을 이루지 못하게 하려 하심이라"(히

11:40)고 말씀합니다. 새 언약은 "더 좋은 것, 온전케 하는 것"입니다. 우리가 명심할 점은, "누구든지 나로 말미암아 실족하지 아니하는 자는 복이 있도다" (23) 하신 "실족"하지 않는 일입니다.

넷째 단원(36-50) 네 죄 사함을 얻었느니라

"한 바리새인이 예수께 자기와 함께 잡수시기를 청하니 이에 바리새인의 집에 들어가 앉으셨을 때에 그 동네에 죄를 지은 한 여자가 있어 예수께서 바리새인의 집에 앉아 계심을 알고 향유 담은 옥합을 가지고 와서 예수의 뒤로 그 발 곁에 서서 울며 눈물로 그 발을 적시고 자기 머리털로 닦고 그 발에 입맞추고 향유를 부으니" (36-38).

예기치 않은 상황이 벌어진 것입니다. 바리새인은 예수님이 어떠한 인물인가를 알아보기 위해서 청했는데 이 관경을 목격하고는 더 알아볼 것도 없다는 듯이, "이 사람이 만일 선지자라면 자기를 만지는 이 여자가 누구며 어떠한 자 곧 죄인인 줄을 알았으리라" (39)고 마음속으로 판단을 내려버렸습니다. 이를 꿰뚫어 보신 주님은, "시몬아 내가 네게 이를 말이 있다" 하고 대화가 시작이 된 것입니다.

주님께서 시몬에게 말씀하시게 된 동기도, "이 사람이 만일 선지자라면 —알았으리라", 그런데 모르는 것을 보니 틀렸구나 하는 결론에 도달하게 되었기 때문입니다. 그러므로 이 사건도 앞 단원과 마찬가지로 중심점은 예수가 도대체 누구냐 하는 예수님의 정체성을 드러내려는데 있다는 점을 인식해야만 합니다. 이점이 49절에서, "이가 누구이기에 죄도 사하는가"

한데서도 드러납니다.

주님께서는 자신이 누구인가를 직설적으로 말씀하시지 않고, "빚 주는 사람에게 빚진 자가 둘이 있어 하나는 오백 데나리온을 졌고 하나는 오십 데나리온을 졌는데 갚을 것이 없으므로 둘 다 탕감하여 주었으니 둘 중에 누가 그를 더 사랑하겠느냐" (41-42)고, 판단을 속단하고 있는 바리새인 자신에게 맡기십니다. 바리새인은, "내 생각에는 많이 탕감함을 받은 자니이다" (43)고 대답합니다. "탕감" (蕩減)이라는 주제를 통해서도 희년의 의미, 즉 복음의 요소가 등장하고 있는데, 모든 사람이 짊어지고 있는 죄란 갚을 길이 없는 빚이라는 것입니다. 그리하여 탕감을 받는 길 외에는 달리는 소망이 없음을 나타내십니다.

누가 더 사랑하겠느냐

이제 주님은 "두 빚쟁이"에서 시몬과 여인으로 옮겨와 두 사람을 대조시키십니다. 본문을 관찰해 보면 예수님을 청한 것은 바리새인이요 지금 계신 곳은 그의 집인데 정작 그는 예수님을 영접하지 않고 엉뚱하게 "죄인인 한 여자"가 나타나서 마음을 다하고 정성을 다하고 힘을 다하여 영접하고 있는 상황입니다. 이런 맥락에서 44-46절은 대구(對句)로 되어 있습니다.

> 너는 내게 발 씻을 물도 주지 아니하였으되
>
> 이 여자는 눈물로 내 발을 적시고 그 머리털로 닦았으며
>
> 너는 내게 입맞추지 아니하였으되
>
> 그는 내가 들어올 때로부터 내 발에 입맞추기를 그치지 아니하였으며

너는 내 머리에 감람유도 붓지 아니하였으되

그는 향유를 내 발에 부었느니라

어떤 차이입니까? 바리새인은 "이 사람이 만일 선지자라면" 한 대로 예수님의 정체를 모르고 있었으나 여인은 예수님이 누구신가를 안 데서 온 차이입니다. 예수님이 누구신가만을 안 것이 아니라 자신이 죄인이라는 점도 깨닫게 된 것입니다. 죄를 깨달은 것만이 아니라 "탕감"을 받았다는 감격이 있는 것입니다. 그래서 감격의 눈물을 흘리면서 경배하고 있는 것입니다.

주님은 시몬에게, "내가 네게 말하노니 그의 많은 죄가 사하여졌도다"(47) 하고, 빚은 곧 많은 죄요 탕감함을 받았다는 것은 그의 죄가 사함을 받은 것임을 밝히십니다. 그런 후에 여인을 향하여, "네 죄 사함을 받았느니라"(48)고 선언하십니다. 그 여인의 죄는 이때 비로소 사하여 졌다고 말할 수는 없을 것입니다. 이미 사함을 받았기 때문에 이러한 감사와 사랑이 나타나게 된 것입니다. 이렇게 말씀하심은 여인에게 죄 사함의 확신을 주실 뿐만이 아니라, 시몬에게 예수님이 누구인가? 왜 오셨는가를 깨닫게 하시기 위해서였던 것입니다.

그러자 "함께 앉아 있는 자들이 속으로 말하되 이가 누구이기에 죄도 사하는가 하더라"(49)합니다. 이들은 주님을 시험해보려던 바리새인들이었을 것입니다. 이 사건은, "네 믿음이 너를 구원하였으니 평안히 가라"(50) 하시는 것으로 끝을 맺고 있습니다. "그의 사랑함이 많음이라"(47) 하신 "사랑"과, "네 믿음이 너를 구원하였다"는 "믿음"이 결합을 하고 있는 것입니다. 여인으로 하여금 이렇게 행하게 한 것이 "사랑에서 우러나온 믿음"이었다는 말씀입니다.

한 가지 의구심이 남습니다. 주님께서는 환영도 하지 않는 바리새인의 집에 왜 가셨는가 하는 점입니다. 11:37절에서도, "한 바리새인이 자기와 함께 점심 잡수시기를 청하므로 들어가시고", 14:1절에서도 바리새인의 지도자의 집에 들어가시는 것을 대하게 됩니다. 초대해 놓고 번번이 주님을 시험하는 태도들입니다. 그럼에도 불구하고 그들을 불쌍히 여기시고(13) 돌아보셨기(16) 때문이라고 밖에는 달리는 설명할 길이 없습니다. "구원"은 "믿음"으로 받는 것이나 사랑에 대한 보답은 "사랑"뿐입니다. 이것이 "네 죄 사함을 얻었느니라"입니다.

The Book of Luke

누가복음 8장 개관도표

주제 : 능력으로 하나님 나라를 선포하심

하나님의 나라 가족들

1-3, 19-21

1 그 후에 예수께서 각 성과 마을에 두루 다니시며 **하나님의 나라를 선포하시며 그 복음을 전하실새**
열두 제자가 함께 하였고
3 헤롯의 청지기 구사의 아내 요안나와 수산나와 다른 여러 여자가 함께 하여
자기들의 소유로 그들을 섬기더라
19 **예수의 어머니와 그 동생들이 왔으나** 무리로 인하여 가까이 하지 못하니
20 어떤 이가 알리되 당신의 어머니와 동생들이 당신을 보려고 밖에 서 있나이다
21 예수께서 대답하여 이르시되 **내 어머니와 내 동생들은** **곧 하나님의 말씀을 듣고 행하는**
이 사람들이라 하시니라

씨 뿌리는 비유

4-18

5 **씨를 뿌리는 자가 그 씨를 뿌리러 나가서 뿌릴새** 더러는 **길 가에** 떨어지매 밟히며
공중의 새들이 먹어버렸고
6 더러는 **바위 위에** 떨어지매 싹이 났다가 습기가 없으므로 말랐고
7 더러는 **가시떨기 속**에 떨어지매 가시가 함께 자라서 기운을 막았고
8 더러는 **좋은 땅**에 떨어지매 나서 백 배의 결실을 하였느니라 이 말씀을 하시고 외치시되
들을 귀 있는 자는 들을지어다
11 이 비유는 이러 하니라 **씨는 하나님의 말씀이요**
12 길 가에 있다는 것은 말씀을 들은 자니 **이에 마귀가 가서 그들이 믿어 구원을 얻지 못하게 하려고**
말씀을 그 마음에서 빼앗는 것이요

광풍과 군대귀신

22-39

23 행선할 때에 예수께서 잠이 드셨더니 마침 **광풍이 호수로 내리치매** 배에 물이 가득하게 되어
위태한지라
24 제자들이 나아와 깨워 이르되 **주여 주여 우리가 죽겠나이다** 한대 예수께서 잠을 깨사
바람과 물결을 **꾸짖으시니** 이에 그쳐 잔잔하여지더라
25 제자들에게 이르시되 **너희 믿음이 어디 있느냐** 하시니 그들이 두려워하고 놀랍게 여겨
서로 말하되 **그가 누구이기에** 바람과 물을 명하매 순종하는가 하더라
27 예수께서 육지에 내리시매 그 도시 사람으로서 **귀신 들린 자 하나가 예수를 만나니** 그 사람은
오래 옷을 입지 아니하며 집에 거하지도 아니하고 무덤 사이에 거하는 자라
33 **귀신들이 그 사람에게서 나와 돼지에게로 들어가니** 그 떼가 비탈로 내리달아 호수에 들어가
몰사하거늘

혈루병과 회당장의 죽은딸

40-56

41 이에 **회당장인 야이로라** 하는 사람이 와서 예수의 발 아래에 엎드려 자기 집에 오시기를 간구하니
42 이는 자기에게 열두 살 된 **외딸이 있어 죽어감이러라**
43 이에 열두 해를 **혈루증으로 앓는** 중에 아무에게도 고침을 받지 못하던 여자가
44 예수의 뒤로 와서 **그의 옷 가에 손을 대니 혈루증이 즉시 그쳤더라**
48 예수께서 이르시되 딸아 **네 믿음이 너를 구원하였으니** 평안히 가라 하시더라
49 아직 말씀하실 때에 회당장의 집에서 사람이 와서 말하되 **당신의 딸이 죽었나이다** 선생님을
더 괴롭게 하지 마소서 하거늘
50 예수께서 들으시고 이르시되 **두려워하지 말고 믿기만 하라** 그리하면 딸이 구원을 얻으리라 하시고
52 모든 사람이 아이를 위하여 울며 통곡하매 예수께서 이르시되 **울지 말라 죽은 것이 아니라 잔다**
54 예수께서 아이의 손을 잡고 불러 이르시되 **아이야 일어나라** 하시니
55 그 영이 돌아와 아이가 곧 일어나거늘 예수께서 먹을 것을 주라 명하시니

8장

능력으로 하나님의 나라를 선포하심

8장은 예수님께서 각 성과 촌에 두루 다니시면서 하나님의 나라를 반포하시며 복음을 전하시는 내용인데 두 가지 비유와, 세 가지 기적으로 구성되어 있습니다. 8장의 중심점도 "하나님의 나라를 전하심"에 있습니다. 하나님의 나라 복음을 전한다는 것은 말로만 되는 것이 아닙니다. 왜냐하면 이는 영적 전투이기 때문입니다. 그러므로 주님께서 공생애를 시작하실 때 성경은, "예수께서 성령의 능력으로 갈릴리에 돌아가시니" (4:14)라고 말씀했던 것입니다.

주님은 지금 "성령의 능력으로 하나님의 나라를 반포"하고 계시는 것입니다. 하나님의 나라가 어떻게 확장되어 나가는가를 설명하시기 위하여 "씨 뿌리는 비유와, 등불비유"를 말씀하시고 하나님의 나라 복음을 대적하는 세력인 "광풍" (23)을 꾸짖으시고 "군대" 귀신을 축출하시는 기적을 행하시는 것을 대하게 됩니다. 그러므로 8장의 주제가 "능력으로 하나님의 나라를 선포하심"이 될 수가 있습니다. 네 단원으로 나누어 상고합니다.

첫째 단원(1-3, 19-21) **하나님의 나라 가족들**

둘째 단원(4-18) **씨 뿌리는 비유와 등불비유**

셋째 단원(22-39) **광풍과 군대 귀신**

넷째 단원(40-56) **혈루병과 회당장의 죽은 딸**

첫째 단원(1-3, 19-21) 하나님의 나라 가족들

"그 후에 예수께서 각 성과 마을에 두루 다니시며 하나님의 나라를 선포하시며 그 복음을 전하실새 열두 제자가 함께 하였고 또한 악귀를 쫓아내심과 병 고침을 받은 어떤 여자들 곧 일곱 귀신이 나간 자 막달라인이라 하는 마리아와 헤롯의 청지기 구사의 아내 요안나와 수산나와 다른 여러 여자가 함께 하여 자기들의 소유로 그들을 섬기더라"(1-3).

주님은 "하나님의 나라 복음을 전하시는데" 일종의 팀 사역을 하신 셈입니다. 열 두 제자가 "함께" 하였고 여러 여자가 "함께" 하여 자기들의 소유로 그들을 섬기더라 합니다. 이 장면은 자연스럽게 어떤 사람이 예수님에게, "당신의 어머니와 동생들이 당신을 보려고 밖에 서 있나이다"(20) 한 19-21절과 결부가 됩니다. 그런데 주님께서는 "함께"한 이들을 가리키면서 "내 어머니와 내 동생들은 곧 하나님의 말씀을 듣고 행하는 이 사람들이라"(21)고 말씀하십니다. 여기에 첫 단원의 중심점이 있습니다.

"이 사람들이라" 하신 무리 속에는 "악귀, 즉 일곱 귀신이 나간 자 막달라

마리아"도 끼어 있습니다. 이들이 어떻게 감히 주님으로부터 "내 어머니와 동생들"(21)이라는 대접을 받을 수가 있단 말인가? 이는 다름이 아니라 첫째는 자신들이 먼저 하나님의 나라 복음을 듣고 믿었기 때문이요, 둘째는 "하나님의 나라 복음을 전하는"(1) 일에 "함께 하여 자기들의 소유로 그들을 섬김으로" 참여했기 때문입니다. 즉 그들은 하나님의 나라 건설의 역군들이었던 것입니다.

잡히시던 날 밤에 주님께서는 제자들에게, "너희는 나의 모든 시험 중에 항상 나와 함께 한 자들인즉 내 아버지께서 나라를 내게 맡기신 것 같이 나도 너희에게 맡겨 너희로 내 나라에 있어 내 상에서 먹고 마시며 또는 보좌에 앉아 이스라엘 열두 지파를 다스리게 하려 하노라"(22:28-30) 하심도 동일한 맥락에서 하신 말씀입니다. 이들은 하나님의 나라건설의 역군들이요, 하나님의 나라 시민이요, 하나님의 권속(엡 2:19)들이었던 것입니다.

주님과 함께 한 권속들의 구성을 보면 헤롯의 청지기 구사의 아내 요안나와 같은 지체가 높은 사람이 있는가 하면, 일곱 귀신이 나간 자 막달라 마리아와 같은 비천한 여인들도 있음을 보게 됩니다. 이들이 하나가 되어 한 마음으로 동역하고 있는 아름다운 모습을 볼 수가 있습니다.

그들은 자기 시대에 자기의 사명을 완수하고 구속사의 무대를 떠났지만 예수 그리스도는 떠나신 것이 아니라 어제나 오늘이나 영원토록 동일하셔서 이제도 하나님의 나라 복음을 전하는 일을 하고 계시는 것입니다. 주님께서는 하나님의 나라를 반포하시는 일에 형제와 함께 동역하기를 원하십니다. 이 시대의 구속사의 무대에는 형제가 주인공으로 등장하고 있는 것입니다. 이럴 경우 큰 일이 아니라 주님의 이름으로 전사(戰士)들에게 냉수 한 그릇을 떠주는 일을 수종든다 하여도, 이 일에 헌신된 당신은 다름 아닌 주님의 어머니와 동생들이라고 칭함을 받을 하나님의 나라 가족인 것입니다.

둘째 단원(4-18) 씨 뿌리는 비유와 등불비유

"각 동네 사람들이 예수께로 나아와 큰 무리를 이루니 예수께서 비유로 말씀하시되"(4). 씨 뿌리는 비유는 "큰 무리"를 향하여 하신 말씀입니다. "씨를 뿌리는 자가 그 씨를 뿌리러 나가서 뿌릴 새 더러는 길가에, 더러는 바위 위에, 더러는 가시떨기 속에, 더러는 좋은 땅에 떨어졌다"고 말씀하십니다.

이 씨 뿌리는 비유가 놓인 위치는, "예수께서 각 성과 마을에 두루 다니시며 하나님의 나라를 선포하시며 그 복음을 전하시는"(1) 문맥입니다. 주님께서 해설해 주신대로 "씨는 하나님의 말씀"(11)을 의미합니다. 하나님의 나라를 선포하는 일은 말씀의 "씨"를 뿌리는 것과 같은 것입니다. 이점에서 먼저 붙잡아야 할 점은 뿌리는 자에게 "씨", 즉 복음이 어떻게 해서 주어진 것인가 하는 점입니다. 성경은, "여호와께서 그에게 상함을 받게 하시기를 원하사 질고를 당하게 하셨은즉 그의 영혼을 속건제물로 드리기에 이르면 그가 〈씨〉를 보게 되며 그의 날은 길 것이요 또 그의 손으로 여호와께서 기뻐하시는 뜻을 성취하리로다"(사 53:10)고 말씀합니다.

주님께서도, "내가 진실로 진실로 너희에게 이르노니 한 알의 밀이 땅에 떨어져 죽지 아니하면 한 알 그대로 있고 죽으면 많은 열매를 맺느니라"(요 12:24) 하십니다. 그리고 베드로 사도는 증언하기를, "너희가 거듭난 것은 썩어질 씨로 된 것이 아니요 썩지 아니할 씨로 된 것이니 살아 있고 항상 있는 하나님의 말씀으로 되었느니라" (벧전 1:23) 합니다. 이렇게 해서 "씨를 뿌리는 복음"이 가능하여졌다는 점을 놓쳐서는 아니 됩니다. 우선하는 것은, "씨를 뿌려야 하고, 씨가 심령에 떨어져 거듭나야" 하는 것입니다. 그러므로 말씀사역의 중요성은 아무리 강조해도 지나침이 없습니다. 죽고 사는 문제가 여기에 달렸기 때문입니다.

그런데 비유에서 보는 바대로 하나님의 말씀을 뿌려도 결실은 극히 빈약한 것을 보게 됩니다. 왜냐하면 이를 대적하는 세력이 있기 때문인데, "길 가에 있다는 것은 말씀을 들은 자니 이에 마귀가 가서 그들이 믿어 구원을 얻지 못하게 하려고 말씀을 그 마음에서 빼앗는 것이요" (12) 라고 말씀합니다. 유독 길가에 떨어진 것만이 사탄의 먹이가 되는 것은 아닙니다. "바위 위나, 가시떨기 속"에 떨어진 것도 매한가지입니다.

이점에서 "길가, 바위 위, 가시떨기 속"이나 모두 "말씀을 들은 자"임을 유념해야만 합니다. 성경은 "믿음은 들음에서 나며 들음은 〈그리스도의 말씀〉으로 말미암았느니라" (롬 10:17)고 말씀합니다. 그런데 들은 자로 하여금 결실, 즉 믿지 못하게 하는 것이 사탄의 작전인 것입니다. 다만 간교한 사탄이 그 사람의 환경과 형편에 따라 공격하는 작전이 다를 뿐입니다.

네 가지 유형의 밭

㉠ 첫째로, 길가에 떨어졌다는 것은 말씀을 듣고 즉시 잊어버리는 유형입니다. 이를 가리켜 주님은 말씀을 "빼앗겼다"고 말씀하십니다. "좋은 땅"에 속하는 자와 어떻게 다른 가를 대조해 보십시오. 그는 들은 말씀을 "지키는"(15)데 길가

에 속하는 자는 빼앗긴 것입니다. 오늘의 그리스도인 중에는 이 부류에 속하는 자가 제일 많지 않을까 여겨집니다.

㉡ 둘째로, 바위 위에 떨어졌다는 것은 얼마동안은 견디나 말씀이 뿌리를 내리지 못하고 마는 유형입니다. 역시 "좋은 땅"에 속하는 자와 대조해 보십시오. 그는 "인내"(忍耐)로 결실 하는데 이르지만 "바위 위"에 속하는 자는 "시험을 받을 때에" 인내하지 못하고 "배반하는 자"(13)라고 말씀합니다.

㉢ 셋째로, 가시떨기에 떨어졌다는 것은 세상의 염려와 재물의 욕심과 향락으로 인하여 말씀의 기운이 막혀 결실에까지 이르지 못하는 유형입니다. 이들의 결함은 "기운이 막혔다"는 데 있습니다. 무슨 기운이냐 하면 말씀의 기운, 즉 복음의 능력입니다. 복음의 기운이 이생의 염려와 재물과 향락에 기운이 막혀 결실하지를 못하는 것입니다. 그의 생각과 마음에는 세상 염려로 가득할 뿐 받은 복음을 묵상할 여지가 없으니 무기력한 믿음, 결국 죽은 믿음이 되고 만다는 것입니다. 그러나 좋은 땅에 속하는 자가 결실 했다는 것은 말씀의 기운이 능력으로 역사하였음을 의미하는데 비결이 무엇인가? 복음을 잊어버리지 않는 묵상을 통해서 이루어집니다.

말씀의 사역자들이 "선을 행하다가 낙심"하는 이유가 어디에 있습니까? 뿌린 수고에 비해 결실이 너무나 빈약할 때 피곤을 느끼게 되는 것입니다. 말씀의 순전이 혼잡 되기 시작하는 것이 이때입니다. 회중에게 영합하게 되는 것입니다. "너희 대적 마귀가 우는 사자같이 두루 다니며 삼킬 자를 찾나니"(벧전 5:8) 하신, "두루 찾는 것"이 무엇이겠습니까? 받은 "말씀"을 빼앗아 삼키려는 것입니다.

그러면 교회 안에 있는 자들은 모두가 옥토에 떨어진 자들인가 하는 물음이 제기 됩니다. 바울 사도는 디모데에게 보낸 마지막 서신에서, "너는 말씀을 전파하라 때를 얻든지 못 얻든지 항상 힘쓰라 범사에 오래 참음과 가르침으로 경책하며 경계하며 권하라"고 명한 후에 "때가 이르리니 사람이 바른 교훈을 받지 아니하며 귀가 가려워서 자기의 사욕을 따를 스승을 많이 두고 또 그 귀를 진리에서 돌이켜 허탄한 이야기를 따르리라"(딤후 4:2-4)고 경계합니다. 이 예언적인 말씀이 불신자들만을 두고 하신 경고일까요? 이런 사람들은 오히려 교회 내에 많이 있는 것입니다. 이렇게 되리라고 경고한 그 "때"는 아직 오지 않았다고 말할 수가 있겠습니까?

여기 난해(難解)한 점이 있는데, "하나님 나라의 비밀을 아는 것이 너희에게는 허락되었으나 다른 사람에게는 비유로 하나니 이는 그들로 보아도 보지 못하고 들어도 깨닫지 못하게 하려 함이라"(10) 하신 의도가 무엇이냐 하는 점입니다. "신천지"라는 이단이 이 구절을 곡해하여 미혹을 합니다. 이는 마치 하나님께서 보지 못하게 하고 깨닫지 못하도록 하시는 양 말씀하고 있습니다. 이는 이사야서 6:9-10절의 인용인데 이 말씀은 "큰 무리"를 향해서가 아니라 비유의 뜻을 묻는 제자들에게 하신 말씀임을 유념해야만 합니다.

㉠ 주님은 "씨 뿌리는 비유" 다음에 이 말씀을 하셨고,

㉡ 이사야서에서는 하나님께서 "내가 누구를 보내며 누가 우리를 위하여 갈꼬" 하시자 이사야가, "내가 여기 있나이다 나를 보내소서" 라고 응답했을 때 선지자를 보내시면서 하신 말씀(사 6:8–9)입니다.

그러므로 이 말씀은 하나님의 말씀을 전파하러 나가는 전도자들에게 주신 것입니다. 씨를 뿌리는 자, 즉 하나님의 나라를 선포하는 자가 나가서 복음을 전할지라도 받아드리는 자가 아주 적을 것을 하나님은 아셨습니다. 왜 그러한가? 인간의 심령이 강팍하여 길가에 떨어지고, 바위 위에 떨어지

고, 가시떨기와 같은 상태가 되었기 때문입니다. 그러므로 이 말씀은 복음 전도자들로 하여금 낙심하지 않게 하시려는 격려로 주어진 것입니다. 무슨 뜻인가?

하나님의 주권적인 선택

복음을 전했을 때 그들이 배척하는 것을 두 가지 관점으로 볼 수가 있는데 첫째로, ㉠ 인간중심으로 보면 받아드리지 않는 배척하는 것이 됩니다. 그런데 둘째로 이를, ㉡ 하나님의 주권, 즉 하나님중심으로 보면 어떤 의미가 되는가? 하나님께서 그들을 구원하시려고 택하셨는데 그들이 하나님의 뜻을 거역함으로 무효화시킬 수가 있단 말인가? 아니라는 것입니다. 여기에 하나님의 주권과 인간의 책임간의 긴장이 있는데 인간의 책임이 제아무리 중요하다하여도 하나님의 주권보다 우선할 수는 없는 것입니다.

우리가 믿는 하나님은 작정을 하시고 못 이루시는 그런 분이 아니라는 것입니다. 그런 하나님이시라면 전지전능하심, 즉 하나님의 하나님 되심은 어떻게 된단 말입니까? 본문은, "너희들이 하나님의 복음을 거부하고 있는 줄 아느냐? 아니다 하나님께서 너희를 버리신 것이다"고 말하고 있는 셈입니다. 이를 신학적으로는 "택함과, 유기"라고 말합니다. 그러니까 저들의 불신앙을 하나님의 주권이라는 관점으로 보게 되면, "그들이 보아도 보지 못하고 들어도 깨닫지 못하게 하려 함이라"는 말씀이 되는 것입니다. 그러니까 이 말씀은 파송하시는 주의 종을 하나님의 주권 앞에 세우시고 하신 격려의 말씀인 셈입니다.

사도 바울을 보십시오. 디모데를 하나님의 주권 앞에 세우고, "하나님 앞과 살아 있는 자와 죽은 자를 심판하실 그리스도 예수 앞에서 그가 나타나실 것과 그의 나라를 두고 엄히 명하노니 너는 말씀을 전파하라 때를 얻든지 못 얻든지 항상 힘쓰라 범사에 오래 참음과 가르침으로 경책하며 경계하며 권하라"(딤후 4:1-2) 합니다. 무슨 뜻인가? 네 책임은 전하는 것이요, 구원은 하나님의 주권에 있다는 뜻입니다. 이처럼 복음 전도자가 하나님의 주권 앞에 확고하게 서있을 때만이 두려워하거나 낙심하지 않게 됩니다. 한없는 위로와 격려를 받게 되는 것입니다. 인간의 책임은 다음 등불비유에서 대하게 될 것입니다.

등불 비유

주님은 "씨 뿌리는 비유"에서 "등불 비유"로 전환을 하는데, "누구든지 등불을 켜서 그릇으로 덮거나 평상 아래에 두지 아니하고 등경 위에 두나니 이는 들어가는 자들로 그 빛을 보게 하려 함이라"(16) 하십니다. 이 비유는 참으로 적절한 자리에 놓여 있다 하겠습니다. "씨 뿌리는 자의 비유"는 실은 "듣는 자의 비유"라 하는 것이 타당할 것입니다. 왜냐하면 듣는 자가 어떤 반응을 보이는가에 초점을 맞추고 있기 때문입니다. 그러므로 네 부류에 속한 자들에게 공통점이 있는데 다 "들었다"(12, 13, 14, 15)는 것입니다. 그들은 똑같이 들은 자들입니다. 그러나 그 중에서, "말씀을 듣고 지키어 인내로 결실한 자"(15)는 확률로 치면 1/4에 해당할 뿐입니다. 그러므로 "씨 뿌리는 자"의 비유는 들은 자의 반응에 초점이 맞춰져 있습니다.

그런데 "등불 비유"는 받은바 복음의 빛을 비춰라, 즉 선포하라는데 맞춰져 있습니다. 만일 빛을 비추지 않고, 즉 전도하지 않고 있다면 그는 등불을 켜서 그릇으로 덮거나 평상 아래 둔 것과 같다는 것입니다. 우리는 앞부분에서 하나님의 주권이 결코 인간의 책임 앞에 굴복할 수 없음을 대한 바가 있습니다. 그런데 만일 하나님의 주권에 안주(安住)한다면 이를 구실 삼아 복음 전파의 사명, 즉 인간의 책임을 망각할 수도 있는 것입니다. 이를 아시는 주님은, "누구든지 있는 자는 받겠고 없는 자는 그 있는 줄로 아는 것까지 빼앗기리라"(18)고 경고하십니다. 그러므로 "씨 뿌리는 비유와, 등불비유"는 새의 두 날개 마냥 균형을 잡아주고 조화를 이루고 있는 것입니다.

셋째 단원(22-39) 광풍과 군대 귀신

"하루는 제자들과 함께 배에 오르사 그들에게 이르시되 호수 저편으로 건너가자 하시매 이에 떠나 행선할 때에 예수께서 잠이 드셨더니 마침 광풍이 호수로 내리치매 배에 물이 가득하게 되어 위태한지라"(22-23) 합니다.

이 시점이 언제라 하는가? 주님께서 "호수 저편으로 건너가자" 하시자, "마침 광풍이"(23) 일어났다고 말씀합니다. 어찌하여 이런 일이 일어났단 말인가? 배에는 주님이 타고 계시는 것이 아닌가! 불던 광풍도 멈춰야 할 판에 이 무슨 광풍이란 말인가! 문맥과 정황으로 볼 때에 이는 단순한 자연적인 현상으로만 여겨지지가 않습니다.

내리치는 광풍을 꾸짖으심

성경은 이를 "광풍"(狂風)이라고 말씀합니다. 갈릴리 바다에서 잔뼈가 굵은 어부들인 제자들까지, "주여, 주여 우리가 죽겠나이다"(24)고 비명을 지른 것을 보면 이는 일찍이 경험하지 못했던 광풍으로 여겨집니다. 이점에서 생각할 점은 주님께서 무엇을 위해 "호수 저편으로 건너가자 하셨으며, 건너가셔서 무슨 일을 하시고 돌아오셨는가를 생각해야만 합니다. 이 광풍은 주님께서 호수 저편으로 건너가셔서 축출하시려는 군대라는 귀신들과 무관하지 않다는 점을 깨닫게 됩니다. 이점이 주님께서 바람과 물결을 명하신 것이 아니라, "꾸짖으셨다"는 점이 뒷받침해줍니다.

"그들이 갈릴리 맞은 편 거라사인의 땅에 이르러"(26), 주님은 왜 "거라사인의 땅"에 가시고자 하셨는가? 그곳에 가셔서 무엇을 하셨는가? 당도하시자 주님을 맞이한 자는, "그 도시 사람으로 귀신들린 자 하나가 예수를 만나니 이 사람은 오래 옷을 입지 아니하며 집에 거하지도 아니하고 무덤 사이에 거하는 자"(27)라 합니다.

군대 귀신을 축출하심

이 사람을 점령하고 있는 군대라 이름 하는 귀신들을 쫓아내어 온전하게 하여주시기 위하여 "호수 저 편으로 건너가자"(22) 하신 것입니다. 그렇게 하신 후에, "예수께서 돌아오시매"(40) 하고 다시 갈릴리로 돌아오신 것입니다. 그러니까 주님은 오직 이 한 일을 하시기 위해서 거라사 땅으로 가신 것이 됩니다. 제자들은, "그가 누구이기에 바람과 물을 명하매 순종하는가"(25) 하고 주님에 대하여 불확실성을 나타내고 있는데 반해 귀신들린 자는, "지극히 높으신 하나님의 아들 예수여"(28)라고 예수님이 누구신가를 분명히 알고있었던 것입니다. 마태복음에 나타난 병행구절을 보면, "때가 이르기 전에 우리를 괴롭게 하려고 여기 오셨나이까"(마 8:29)라고 말하고 있습니다.

이런 문맥과 정황으로 미루어 볼 때 "광풍"은 주님께서 거라사 땅에 가시려는 것을 극력 저지하려는 사탄의 대적으로 볼 수밖에 없는 것입니다. 주님께서는 성령의 능력으로 이를 분쇄하신 것입니다. 주님께서 하시고자 하는 것을 그 누가 막을 수가 있단 말인가! 주님은 말씀하십니다. "너희 믿음이 어디 있느냐"(25). 그렇습니다. 대적하는 사탄을 이길 힘은 오직 믿음뿐인 것입니다.

주님께서 "네 이름이 무엇이냐" 물으시니, "군대라"(32) 합니다. 마가복음의 병행구절에서는, "그 사람은 무덤 사이에 거처하는데 이제는 아무도 그를 쇠사슬로도 맬 수 없게 되었으니 이는 여러 번 고랑과 쇠사슬에 매였어도 쇠사슬을 끊고 고랑을 깨뜨렸음이러라"(막5:3-4) 합니다. 이것이 말세의 인간상(딤후 3:1-5)이요, 이 귀신에게 사로잡혀 있는 자는, "죽기를 무서워하므로 한평생 매여 종노릇하는 모든 자들"(히 2:15) 곧 구원얻기 이전의 우리의 모습인 것입니다.

이들을 무엇으로 치료하며 구원의 방도가 무엇인가? 철학입니까? 도덕입니까? 예술입니까? 물질입니까? 주님은, "주의 성령이 내게 임하셨으니 이는 가난한 자에게 복음을 전하게 하시려고 내게 기름을 부으시고 나를 보내사 포로 된 자에게 자유를, 눈 먼 자에게 다시 보게 함을 전파하며 눌린 자를 자유롭게 하기"(4:18) 위해서 오셨다 하셨는데 이를 위해서 거라사인의 땅으로 가셨으며, 영광의 보좌를 비우시고 낮고 천한 이 땅까지 찾아오신 것입니다.

귀신 들린 자는 놀랍게도, "무저갱으로 들어가라 하지 마시기를 간구"합니다. 이는 주님의 권세가 무엇인가를 알고 있다는 증거입니다. "마침 그곳에 많은 돼지 떼가 산에서 먹고 있는지라 귀신들이 그 돼지에게로 들어가게 허락하심을 간구하니 이에 허락하시니 귀신들이 그 사람에게서 나와 돼지에게로 들어가니 그 떼가 비탈로 내리달아 호수에 들어가 몰사하거늘" (31-33). 악령이란 실로 가공할만한 존재입니다. 이 장면은 마치 "광풍이 호수에 내리치던" (23) 장면과 유사하지 않습니까?

주님은 군대 귀신이 돼지에게 들어가는 것을 왜 허락하셨을까요? 이를 통해서 무지한 인간들로 하여금 사탄의 가공스러운 세력과 그리고 그 결과가 얼마나 비참한가를 똑똑히 보게 하기 위해서라고 말할 수가 있습니다. 보이지 않는 영적 존재의 실상을 드러내기 위해서는 이 방법 외에는 달리는 길이 없었기 때문입니다. 이 사건을 통해서 무엇을 전달해주고 있는가? 첫째로, 귀신들린 자를 통해서 우리의 이전 상태가 어떠했는가를 깨닫게 하고, 둘째는 "예수가 누구신가? 왜 오셨는가"를 드러내고 있는 것입니다.

이점이 "치던 자들이 그 이루어진 일을 보고 도망하여 성내와 마을에 알리니 사람들이 그 이루어진 일을 보러 나와서 예수께 이르러 귀신 나간 사람이 옷을 입고 정신이 온전하여 예수의 발치에 앉아 있는 것을 보고 두려워하거늘" (34-35) 한 말씀에 나타납니다. 그들은 크게 두려워하여 떠나시기를 구했습니다. 그들은 한 영혼의 가치보다는 많은 돼지 떼의 손실을 아쉬워했던 것일까요?

하나님의 큰 일

주님은 말씀하십니다. "집으로 돌아가 하나님이 네게 어떻게 큰일을 행하셨는지를 말하라 하시니 그가 가서 예수께서 자기에게 어떻게 큰일을 행하셨는지를 온 성내에 전파하니라"(39). 주님은 이를 가리켜 "하나님의 큰일"이라고 말씀하십니다. 귀신에게 사로잡혔던 자가 치료함을 얻은 것은 하나님의 큰일이매 분명합니다. 그러나 주님께서, "하나님이 네게 어떻게 큰일 행하신 것을 일일이 고하라" 하심은 여기에 국한된 말씀만은 아닐 것입니다. "내가 만일 하나님의 손을 힘입어 귀신을 쫓아낸다면 하나님의 나라가 이미 너희에게 임하였느니라"(11:20) 하신 "하나님의 나라가 임했다"는, 이것이 일일이 고해야 할 하나님의 큰일이었던 것입니다. 구원 얻은 한 사람을 통하여 "하나님의 큰일"이 온 성내에 전파되게 이른 것, 이것이 하나님의 나라 확장의 원리입니다.

뒤에 가서 살펴보게 될 것입니다만 여기서 잠시 언급함이 도움이 될 것입니다. 주님은 영적인 싸움을, "강한 자가 무장을 하고 자기 집을 지킬 때에는 그 소유가 안전하되 더 강한 자가 와서 그를 굴복시킬 때에는 그가 믿던 무장을 빼앗고 그의 재물을 나누느니라"(11:21-22)고 설명하십니다. 그렇습니다. 마귀는 "강한 자"요, 그 위에 "무장"을 하고 있는 자입니다. 마귀의 "집"이란 공동묘지나 돼지 속이 아니라 인간의 심령입니다. 사탄은 인간을 사로잡고 바다로 이끌고 있는 것이 아니라, 영원한 멸망으로 이끌고 가는 것입니다. 이를 구원하시기 위해서 주님은 "더 강한 자"로 오신 것입니다.

누군가는 말했습니다. 이 지구상에 나 한 사람이 있었다 해도 하나님께서는 나 하나를 구원하시기 위해서 자기 아들을 보내주셨을 거라고! 그렇습니다. 주님은 이 한 사람을 구원하시기 위해서 "호수 저편으로 건너가자" 말씀하시고 저지하려는 광풍을 뚫고 건너가 비참한 상태에 있는 한 영혼을 치유하셨던 것입니다.

이를 통해서 많은 것을 생각하게 하는데 첫째는, 거라사 땅에 군대 귀신 들였던 자가 바로 나 자신이라는 깨달음입니다. 성경은 말씀합니다. "너희의 허물과 죄로 죽었던 너희를 살리셨도다 그 때에 너희가 그 가운데서 행하여 이 세상 풍속을 좇고 공중의 권세 잡은 자를 따랐으니" (엡 2:1-2). 둘째는, "하나님이 네게 어떻게 큰 일 행하신 것을 일일이 고하라" 하심이 바로 나에게 하시는 부탁이라는 깨달음입니다.

넷째 단원(40–56) 혈루병과 회당장의 죽은 딸

"예수께서 돌아오시매 무리가 환영하니 이는 다 기다렸음이러라" (40). 거라사 땅에서 돌아오신 주님 앞에 이제는 또 어떠한 일이 기다리고 있는가? "이에 회당장인 야이로라 하는 사람이 와서 예수의 발아래에 엎드려 자기 집에 오시기를 간구하니 이는 자기에게 열두 살 된 외딸이 있어 죽어감이러라" (41-42)고, "죽음"이라는 문제가 기다리고 있었습니다. 성경은 사탄을 "죽음의 세력을 잡은 자 곧 마귀" (히 2:14)라 말씀하면서 예수 그리스도는, "또 죽기를 무서워하므로 한평생 매여 종노릇하는 모든 자들을 놓아 주려" (히 2:15) 오셨다고 말씀합니다.

"예수께서 가실 때에" (42하), 주님은 야이로의 집을 향하여 가셨습니다.

"가셨다"는 이점이 중요합니다. 주님은 7장의 백부장에게 하심같이 가시지 않고 말씀만으로도 살리실 수가 있으십니다. 그러나 주님은 앉아서 말씀만 하신 것이 아니라 문제가 있는 곳에 친히 가셨습니다. 왜냐하면 "이는 가난한 자에게 복음을 전하게 하시려고 내게 기름을 부으시고 나를 보내사" (4:18), 즉 보내심을 받았기 때문입니다.

우리는 셋째 단원에서, "호수 저편으로 건너가자" (22) 하시고 광풍을 무릅쓰고 가시는 주님을 대한 바가 있습니다. 그 주님께서는 승천하시기 전에, "아버지께서 나를 보내신 것 같이 나도 너희를 보내노라" (요 20:21)고 말씀하십니다. 제자 된 우리도 보내시는 곳이 어디든 가야만 하는 것입니다. 주님은 군대 귀신 잡힌 자에게도 가셨고, 야이로의 집에도 찾아가셨습니다.

가시는 도중에 혈루증 앓는 여인을 만난 사건은, 군대귀신 들린 자를 찾아가시는 중에 "광풍"이 끼어들듯이 야이로의 딸을 향해 가시는 발걸음 앞에 놓여 있는 장애물과 같은 사건으로 등장합니다. 혈루증 여인으로 인하여 얼마나 지체하게 되었을까요? "아직 말씀하실 때에 회당장의 집에서 사람이 와서 말하되 당신의 딸이 죽었나이다 선생님을 더 괴롭게 하지 마소서" (49) 하는 것이 아닌가? 이는 주님을 위하는 말 같으나 실상은 "광풍"처럼 주님의 오심을 가로막는 역사로 작용합니다.

"죽어 가는" 것이 아니라, "죽었다"면 상항은 끝난 것이 아닌가? 주님은 "내가 너무 지체를 했구나"라고 말씀하셨습니까? 아닙니다. 첫 말씀이 "두려워 말라" 하십니다. 딸이 죽었다는 말을 들은 야이로는 절망적인 두려움에 사로잡혔을 것입니다. 이는 광풍이 내리쳤을 때 제자들이 당황해하던 것과 대칭을 이룹니다. 광풍을 꾸짖으셨던 주님은, "두려워하지 말고 믿기만 하라 그리하면 딸이 구원을 얻으리라" (50)고, 두려움을 물리치셨습니다. 이미 죽은 딸이 믿기만 하면 구원을 얻을 수가 있다니! 과연 회당장 야이로는 믿음을 나타낼 수가 있을 것인가?

왜 손 댄 자를 찾으셨는가

회당장 야이로는 주님께서, "내게 손을 댄 자가 누구냐" (45) 하고 혈루증 여인을 찾으실 때에 그 현장에 있었습니다. 베드로가, "주여 무리가 밀려들어 미나이다"라고 믿음 없는 말을 하자, "내게 손 댄 자가 있도다 이는 내게서 능력이 나간 줄 앎이로라" 하시는 말씀도 들었을 것입니다. 그리고 "여자가 스스로 숨기지 못할 줄을 알고 떨며 나아와 엎드리어 그 손 댄 이유와 곧 나은 것을 모든 사람 앞에서 말하는" 것을 듣고 보았을 것입니다. 그리고 "딸아 네 믿음이 너를 구원하였으니 평안히 가라" (47-48) 하시니 평안히 가는 것도 보았을 것입니다. 이처럼 "아직 말씀하실 때" (49상)에 회당장의 딸이 죽었다는 기별이 전해진 것입니다.

그렇다면 주님은 그냥 걸음을 재촉하시지 않고 왜 손 댄 여인을 찾으셨는가? 자랑하시기 위해서였단 말인가? 아닙니다. 야이로에게 믿음을 심어주기 위하여 손댄 자를 찾아 보여주셨던 것입니다. 보십시오. 야이로는 절망하고 주저앉을 상황에서 혈루증 여인에게 하시던 꼭 같은 말씀을 들었던 것입니다.

㉠ "딸아 네 믿음이 너를 구원하였으니 평안이 가라"(48),

㉡ "두려워하지 말고 믿기만 하라 그리하면 딸이 구원을 얻으리라"(50). 공통적인 해답은 "구원"이라는 기쁜 소식입니다. 그리고 이 구원은 오직 "믿음"을 통해

서만 받을 수가 있음을 말씀하십니다. 혈루증 여인의 사건은 야이로에게 믿음을 심어주는 표징으로 등장합니다.

이점에서 한 가지 언급하고 넘어가야 할 점은 "구원"이라는 주제인데, 본문에 등장하는 구원을 복음을 통한 영혼구원과 혼동해서는 아니 된다는 점입니다. 혼동하지 않기 위해서는 본문이 놓여 있는 좌표가 주님께서 대속제물이 되기 이전이라는 점을 인식해야만 합니다. 본문의 구원은 "병과, 죽음"에서의 구원이요, 이는 예수가 누구신가를 드러내는 표징이었던 것입니다. 예수 믿으면 병이 나으리라는 믿음으로 영혼의 구원에 이르는 것은 아닙니다. 그렇게 말한다면 주님이 담당하신 십자가가 헛된 것이 되고 맙니다. 주님께서 십자가상에서 "다 이루었다"고 선언하신 후에는, "네가 만일 네 입으로 예수를 주로 시인하며 또 하나님께서 그를 죽은 자 가운데서 살리신 것을 네 마음에 믿으면 구원을 받으리라, 예수는 우리가 범죄한 것 때문에 내줌이 되고 또한 우리를 의롭다 하시기 위하여 살아나셨다" (롬 10:9, 4:25)는 구속의 은총을 믿음으로 구원에 이를 수가 있는 것입니다.

군대귀신이 들린 자와, 혈루증 여인과, 죽은 야이로의 딸 사이에는 한 가지 공통점이 있는데 그것은 "분리" (分離)입니다. 군대귀신 들린 자는 "집에 거하지도 아니하고 무덤 사이에 거하는 자" (27)였으며, 혈루증은 사람들과 가까이 하는 것이 금지되어 있었으며, 죽음은 영과 몸의 분리입니다.

㉠ 그런데 군대귀신 들린 자는 "집으로 돌아가라"(39)는 말씀을 들었습니다.

㉡ 혈루병 여인에게는, "평안히 가라"(48) 하십니다.

㉢ 죽은 야이로의 딸의 경우는 떠났던 "그 영이 돌아와 아이가 곧 일어나거늘" 합니다.

사탄은 분리시키나 하나님은 회복시켜주셨습니다. "모든 사람이 아이를 위하여 울며 통곡"하는 현장에 주님은 가셔서, "주께서 나의 슬픔을 변하여 춤이 되게 하시며 나의 베옷을 벗기고 기쁨으로 띠 띠우셨나이다"(시 30:11)로 바꿔놓으신 것입니다. 사탄은 이를 저지하려 하였으나 하나님의 나라가 임한 것입니다.

혈루증 나음을 얻은 여인은 주님 앞에, "나아와 엎드리어"(47) 나은 것을 고했습니다. 야이로는 예수님의 "발아래 엎드려"(41) 간구했습니다. 그들이 돌아가서는 어떠한 삶을 살았을까요? "말씀을 듣고 지키어 인내로 결실하는 자"(15)가 되었을 것입니다. 그리고 제자 된 우리는 이 복음을 등불을 켜서 등경 위에 둠과 같이(16) 비춰야 마땅합니다. 이것이 "능력으로 하나님의 나라를 선포하심"입니다.

누가복음 9장 개관도표

주제 : 너희는 나를 누구라 하느냐

누군가	**1-9** 1 예수께서 열두 제자를 불러 모으사 모든 귀신을 제어하며 **병을 고치는 능력과 권위를 주시고** 2 **하나님의 나라를 전파하며 앓는 자를 고치게 하려고 내보내시며** 7 분봉 왕 헤롯이 이 모든 일을 듣고 심히 당황하니 이는 어떤 사람은 요한이 죽은 자 가운데서 살아났다고도 하며 8 어떤 사람은 엘리야가 나타났다고도 하며 어떤 사람은 옛 선지자 한 사람이 다시 살아났다고도 함이라 9 헤롯이 이르되 요한은 내가 목을 베었거늘 이제 이런 일이 들리니 **이 사람이 누군가 하며 그를 보고자 하더라**
5병 2어	**10-17** 10 사도들이 돌아와 **자기들이 행한 모든 것을 예수께 여쭈니** 데리시고 따로 벳새다라는 고을로 떠나 가셨으나 12 날이 저물어 가매 열두 사도가 나아와 여짜오되 무리를 보내어 두루 마을과 촌으로 가서 유하며 **먹을 것을 얻게 하소서** 우 리가 있는 여기는 빈 들이니이다 13 예수께서 이르시되 **너희가 먹을 것을 주라** 하시니 여짜오되 우리에게 **떡 다섯 개와 물고기 두 마리밖에** 없으니 이 모든 사람을 위하여 먹을 것을 사지 아니하고서는 할 수 없사옵나이다 하니 17 먹고 다 배불렀더라 그 **남은 조각을 열두 바구니에 거두니라**
나를 누구라	**18-27** 18 예수께서 따로 기도하실 때에 제자들이 주와 함께 있더니 물어 이르시되 **무리가 나를 누구라고 하느냐** 20 예수께서 이르시되 **너희는 나를 누구라 하느냐** 베드로가 대답하여 이르되 **하나님의 그리스도시니이다** 하니 21 경고하사 **이 말을 아무에게도 이르지 말라 명하시고** 22 이르시되 인자가 많은 고난을 받고 장로들과 대제사장들과 서기관들에게 버린바 되어 **죽임을 당하고 제삼일에 살아나야 하리라** 하시고 23 또 무리에게 이르시되 아무든지 나를 따라오려거든 자기를 부인하고 날마다 **제 십자가를 지고 나를 따를 것이니라**
변형되심	**28-36** 28 이 말씀을 하신 후 팔 일쯤 되어 예수께서 베드로와 요한과 야고보를 데리고 기도하시러 산에 올라가사 29 기도하실 때에 **용모가 변화되고** 그 옷이 희어져 광채가 나더라 30 문득 두 사람이 예수와 함께 말하니 **이는 모세와 엘리야라** 31 영광중에 나타나서 장차 예수께서 **예루살렘에서 별세하실 것을 말할새** 35 구름 속에서 소리가 나서 이르되 **이는 나의 아들 곧 택함을 받은 자니 너희는 그의 말을 들으라** 하고 36 소리가 그치매 오직 예수만 보이더라 제자들이 잠잠하여 그 본 것을 무엇이든지 그 때에는 아무에게도 이르지 아니하니라
누가 크냐	**37-50** 38 무리 중의 한 사람이 소리 질러 이르되 선생님 청컨대 **내 아들을 돌보아 주옵소서** 이는 내 외아들이니이다 40 당신의 제자들에게 내쫓아 주기를 구하였으나 그들이 능히 못하더이다 41 예수께서 대답하여 이르시되 **믿음이 없고 패역한 세대여 내가 얼마나 너희와 함께 있으며** **너희에게 참으리요** 네 아들을 이리로 데리고 오라 하시니 44 이 말을 너희 귀에 담아 두라 **인자가 장차 사람들의 손에 넘겨지리라** 하시되 46 제자 중에서 **누가 크냐 하는 변론이 일어나니** 48 그들에게 이르시되 누구든지 내 이름으로 이런 어린 아이를 영접하면 곧 나를 영접함이요 또 누구든지 나를 영접하면 곧 나를 보내신 이를 영접함이라 **너희 모든 사람 중에 가장 작은 그가 큰 자니라**
굳게 결심	**51-62** 51 예수께서 승천하실 기약이 차가매 **예루살렘을 향하여 올라가기로 굳게 결심하시고** 57 길 가실 때에 어떤 사람이 여짜오되 **어디로 가시든지 나는 따르리이다** 58 예수께서 이르시되 **여우도 굴이 있고 공중의 새도 집이 있으되 인자는 머리 둘 곳이 없도다** 하시고 59 또 다른 사람에게 나를 따르라 하시니 그가 이르되 나로 먼저 가서 내 아버지를 장사하게 허락하옵소서 60 이르시되 죽은 자들로 자기의 죽은 자들을 장사하게 하고 **너는 가서 하나님의 나라를 전파하라** 하시고 61 또 다른 사람이 이르되 주여 내가 주를 따르겠나이다마는 나로 먼저 내 가족을 작별하게 허락하소서 62 예수께서 이르시되 **손에 쟁기를 잡고 뒤를 돌아보는 자는 하나님의 나라에 합당하지 아니하니라** 하시니라

9장

너희는 나를 누구라 하느냐

9장은 누가복음에 있어서 분기점이 되는 장입니다. 그 분기점은 "너희는 나를 누구라 하느냐" 하신 20절입니다. 이 말씀을 중심으로 앞부분, 즉 1장-9:19절 까지는, "예수가 누구신가"를 증언하는데 초점이 맞춰져 있고, 뒷부분, 즉 9:21절 이하는 "예수님이 왜 오셨는가"를 증언하는데 초점이 맞춰져 있습니다. 지금까지 우리는 "예수가 누구신가" 하는 주제를 상고했는데 이를 드러내기 위해서 앞부분에는 표적이 많이 등장하는 것을 보았습니다. 앞 문단의 결론으로 베드로는, "하나님의 그리스도시니이다" (20) 라고 고백합니다. 이때는 공생애 말기인데 예수님이 그리스도시라는 점은 하루아침에 깨닫게 된 것이 아닙니다.

고백을 들으신 주님은, "인자가 많은 고난을 받고 장로들과 대제사장들과 서기관들에게 버린바 되어 죽임을 당하고 제 삼 일에 살아나야 하리라" (22) 하고, 오신 목적을 비로소 밝히십니다. 이때로부터 주님은, "예루살렘을 향하여 올라가기로 굳게 결심" (51)하시게 되는데 왜냐하면, "죽으시고 다시 살아나실" 대속물이 되기 위해서입니다. 그러므로 이제까지는 갈릴리를 주 무대로 전도하셨으나 이제부터는 갈릴리를 떠나 예루살렘을 향하여 올라가시면서 "베뢰아 전도 기간"이 시작되는 것입니다.

그러므로 9장의 주제가 전반부의 총 결론이라 할 수 있는, "너희는 나는 누구라 하느냐"가 될 수가 있습니다. 모든 사람은 주님의 물으심에 대답을 해야 하고 이 질문에는 사활이 걸려 있는 것입니다. 여섯 단원으로 나누어 상고합니다.

첫째 단원(1–9) **이 사람이 누구냐**

둘째 단원(10–17) **너희가 먹을 것을 주어라**

셋째 단원(18–27) **하나님의 그리스도시니이다**

넷째 단원(28–36) **별세하실 것을 말씀함**

다섯째 단원(37–50) **누가 크냐**

여섯째 단원(51–62) **예루살렘으로 올라가기로 결심함**

첫째 단원(1–9) 이 사람이 누구냐

"예수께서 열두 제자를 불러 모으사 모든 귀신을 제어하며 병을 고치는 능력과 권위를 주시고 하나님의 나라를 전파하며 앓는 자를 고치게 하려고 내보내시며"(1-2). 6:13절에서 "제자들을 부르사", 그 중에서 열둘을 택하여 사도라 칭하심을 보았습니다. 그런데 이제 그 "열 두 제자를—내어보내셨다" 합니다. 이것이 중요합니다. 8:1절과, 9:1절을 대조해 보십시오. 8:1절에서는, "예수께서 각 성과 마을에 두루 다니시며 하나님의 나라를 선포하시며 그 복음을 전하실 새 열 두 제자가 함께 하였다"고 말씀하는데 9:1-2절에서는, "열 두 제자들만—내보내셨다" 합니다. 그 동안 주님을 따라다니며 훈련받은 제자들을 파송하고 있는 것입니다.

9장의 중심점도 변함이 없이 "하나님의 나라"에 있는데 이는 성경 전체의 주제라고 말할 수가 있습니다. 주님은 하나님의 나라를 전파하기 위해서 제자들에게, "능력과 권세"를 주어서 파송하십니다. 이 능력과 권세는 이제까지 주님이 갖고 역사하신 능력과 권세입니다. 그 능력과 권세를 제자들에게도 주신 것입니다. 이처럼 제자들을 파송하시는 의도를 51절과 연관해서 생각해야 하는데, "예수께서 승천하실 기약이 차 가매", 즉 죽으시고 다시 사시고 승천하실 기약이 가까이 왔기 때문입니다.

이런 시점에서 제자들에게 능력과 권세를 주어서 파송하심은 주님의 승천하신 이후를 대비하시는 훈련이었던 것입니다. 계시록에서 주님은 교회들에게, "이기는 자와 끝까지 내 일을 지키는 그에게 만국을 다스리는 권세를 주리니 그가 철장을 가지고 그들을 다스려 질그릇 깨뜨리는 것과 같이 하리라 나도 내 아버지께 받은 것이 그러하니라"(계 2:26-27)고 말씀하십니다.

주님은 아버지께 받아가지고 오신 권세를 가지고 승천하신 것이 아니라 교회에 위임을 하고 가신 것입니다. 주님이 떠나신 이후에는 제자들이 주님의 그 능력과 권세를 받아 가지고 주님께서 사역하시는 것을 보고 배운 대로 하나님의 나라건설을 위하여 영적 싸움을 계속하여야 했기 때문입니다.

"제자들이 나가 각 마을에 두루 다니며 곳곳에 복음을 전하며 병을 고치더라 분봉 왕 헤롯이 이 모든 일을 듣고 심히 당황하니", 왜냐하면 어떤 사람은 헤롯이 죽인, "요한이 죽은 자 가운데서 살아났다"(6-7)고 말했기 때문입니다. 여기 주목해야 할 점이 있는데, "제자들이 나가 복음을 전하자" 어떤 반응이 일어나게 되었는가 하는 점입니다. "이제 이런 일이 들리니 이 사람이 누군가 하며 그를 보고자 하더라" (9), 즉 "예수가 누군가? 그를 보고자" 하는 반응으로 나타난 것입니다.

전도의 목적이 어디에 있는가? 듣는 자들의 관심을 예수님에게로 향하게 하고 그 분을 만나도록 인도하는데 있는 것입니다. 이점을 사도 바울은, "그로 말미암아 우리가 은혜와 사도의 직분을 받아 그의 이름을 위하여", 그렇습니다. 전도의 목적은 "그 이름을 위하여 모든 이방인 중에서 믿어 순종하게 하는데" (롬 1:5) 두어야 하는 것입니다. 이것이 증인들의 사명인 것입니다.

이점은 오늘의 전도와 설교를 검증하게 합니다. 설교의 중심이, "예수 그리스도와 그가 십자가에 못 박히신 것 외에는 아무것도 알지 아니하기로 작정하여" (고전 2:2) 듣는 자들로 하여금 예수 그리스도와 복음을 만나게 해주는데 맞춰져 있는가? 아니면 청중들을 좋게 하고 기쁘게 하려고 영합하고 있지는 아니한가?

둘째 단원(10-17) 너희가 먹을 것을 주어라

"사도들이 돌아와 자기들이 행한 모든 것을 예수께 여쭈니 데리시고 따로 벳새다라는 고을로 떠나 가셨으나 무리가 알고 따라왔거늘 예수께서 그들을 영접하사 하나님 나라의 일을 이야기하시며 병 고칠 자들은 고치시더라" (10-11). 말씀이 어떻게 이어지는가를 보십시오. 제자들의 전도를 통해서 무리가 "따라 왔습니다"(11). 예수님께서 그들을 "영접하셨습니다. 하나님 나라의 일을 이야기 하셨습니다". 시간 가는 줄도 몰랐습니다.

"날이 저물어 가매 열두 사도가 나아와 여짜오되 무리를 보내어 두루 마을과 촌으로 가서 유하며 먹을 것을 얻게 하소서 우리가 있는 여기는 빈 들이니이다"(12) 라고 말합니다. 주님은, "너희가 먹을 것을 주라" 하십니다. 제자들이 "우리에게 떡 다섯 개와 물고기 두 마리밖에 없다" 하자, "예수께서 떡 다섯 개와 물고기 두 마리를 가지사 하늘을 우러러 축사하시고 떼어 제자들에게 주어 무리에게 나누어 주게 하시니 먹고 다 배불렀더라 그 남은 조각을 열두 바구니에 거두니라"(16-17) 합니다.

질문을 드려보겠습니다. 제자들의 전도를 듣고 따라온 무리들에게 누가 먹을 것을 주었는가? 주님께서 무리들에게 일일이 떡을 주신 것이 아닙니다. 축사하신 후에 떼어 제자들에게 주셨습니다. 제자들이 받아서 무리에게 전해주었습니다. 남자가 한 오천 명되었다 하니 열 두 제자가 5000명에게 나누어주려면 부지런히 수고를 했을 것입니다. 그러나 힘이 드는 줄도 모르고 신바람이 났을 것입니다. 배불리 먹고도 열 두 바구니가 남았습니다. "너희가 먹을 것을 주어라", 결국 무리에게 먹을 것을 준 것은 제자들이었습니다. 그러나 자신의 것을 준 것이 아니라, 주님이 주시는 것을 받아서 나누어주었을 뿐입니다. 이것이 주님의 승천으로부터 다시 오시는 날까지 제자들이 행해야 할 일입니다. 주님은 말씀하십니다.

"지혜 있고 진실한 청지기가 되어 주인에게 그 집 종들을 맡아 때를 따라 양식을 나누어 줄 자가 누구냐 주인이 이를 때에 그 종이 그렇게 하는 것을 보면 그 종은 복이 있으리로다 내가 참으로 너희에게 이르노니 주인이 그 모든 소유를 그에게 맡기리라", 그러나 "만일 그 종이 마음에 생각하기를 주인이 더디 오리라 하여 남녀 종들을 때리며 먹고 마시고 취하게 되면 생각하지 않은 날 알지 못하는 시각에 그 종의 주인이 이르러 엄히 때리고 신실하지 아니한 자의 받는 벌에 처하리니 주인의 뜻을 알고도 준비하지 아니하고 그 뜻대로 행하지 아니한 종은 많이 맞을 것이요 알지 못하고 맞을 일을 행한 종은 적게 맞으리라 무릇 많이 받은 자에게는 많이 요구할 것이요 많이 맡은 자에게는 많이 달라 할 것이니라" (12:42-48). 우리는 지금 어떻게 하고 있는가? 자문하게 합니다.

셋째 단원(18-27) 너희는 나를 누구라 하느냐

"예수께서 따로 기도하실 때에 제자들이 주와 함께 있더니 물어 이르시되 무리가 나를 누구라고 하느냐" (18). 무리들의 반응을 7-8절에서 이미 대한 바 있는데 그들은 죽은 세례 요한이 살아났다고도 하고 혹은 엘리야가 나타났다고도 하고 "더러는 옛 선지자 중의 한 사람이 살아났다 하나이다" (19).

그렇다면 "너희는 나를 누구라 하느냐" (20). 무리가 문제가 아니라 제자들의 고백이 문제인 것입니다. 주님께서 8:25절에서 광풍을 꾸짖으시니 잔잔하여 지는 것을 보고 제자들이, "그가 누구이기에 바람과 물을 명하매 순종하는가 하더라"는 말을 대한 바가 있습니다. 그렇다면 오병이어로 오천명을 먹이시고도 열 두 바구니를 거두는 것을 보면서 제자들은 예수님을 누구라고 알아갔을까요?

이것입니다. 복음서에 나오는 기사와 이적들은, "너희들도 이렇게 행할 수 있다"는 모범을 보이시기 위한 것이 아닙니다. "예수가 누구신가?", 이를 드러내기를 원하시는 표적이었던 것입니다. 주님은 말씀하십니다. "내게는 요한의 증거보다 더 큰 증거가 있으니 아버지께서 내게 주사 이루게 하시는 역사 곧 내가 하는 그 역사가 아버지께서 나를 보내신 것을 나를 위하여 증언(證言)하는 것이요" (요 5:36). 헤롯도 이 모든 일을 듣고 "요한은 내가 목을 베었거늘 이 사람이 누군가" (9) 합니다.

"하나님의 그리스도시니이다", 이는 베드로가 제자들을 대표하여 한 고백이요, 전반부의 총 결론이라 할 수가 있습니다. 주님께서는 이 고백을 얼마나 고대하고 계셨을까요? 이는 주님께서 열 두 제자들을 부르자마자 "내어 보내심"이 아니듯이, 이 고백도 하루아침에 이루어진 일이 아니었습니다.

이 고백을 들으신 주님께서는 그렇다면 "하나님의 그리스도"께서 왜 오셨는가? 하는 새로운 단계로 제자들을 인도하십니다. "인자가 많은 고난을 받고 장로들과 대제사장들과 서기관들에게 버린바 되어 죽임을 당하고 제 삼일에 살아나야 하리라" (22). 이점을 마태와 마가복음의 병행 구절에서는, "제자들에게 비로소 가르치시니" (마 16:21, 막 8:31) 하고 "비로소"라고 말씀합니다. 주님은 이 비밀을 신앙고백을 들으신 후에야 〈비로소〉 제자들에게 공개하셨던 것입니다. 여기가 복음서의 분기점입니다.

이 말씀을 듣고 제자들의 놀라움이 어떠했겠습니까? 만일 신앙을 고백하기에 이르기 전에 죽으실 것을 발표하셨다면 다 떠나가고 말았을 것입니다. 마태복음에서는 베드로가 예수를 붙들고, "주여 그리 마옵소서 이 일이 결코 주께 미치지 아니 하리이다" (마 16:22) 라고 항변하고 있습니다. 그들을 향하여 주님께서는, "아무든지 나를 따라오려거든 자기를 부인하고 날마다 제 십자가를 지고 나를 따를 것이니라 누구든지 제 목숨을 구원하고자 하면 잃을 것이요 누구든지 나를 위하여 제 목숨을 잃으면 구원하리라" (23-24)고 말씀하십니다. 무슨 뜻입니까?

"하나님의 그리스도"께서도, "이를 위해서 이때(십자가)에 오셨고", 제자로 부름을 받은 자도 "제 십자가를 지고 따르기 위해서" 이때에 왔다는 말씀인 것입니다. 이렇게 말씀하는 의도가 무엇인가? 주님을 따르는 제자들의 동기가 다른 곳에 있었기 때문입니다. 46절을 보십시오. "제자 중에서 누가 크냐 하는 변론"이 일어나고 있는 것을 봅니다. 예수님께서 "예루살렘을 향하여 올라가기로 굳게 결심" (51)하신 것을 그들은 "하나님의 나라가 당장에 나타날 줄로 생각" (19:11)하고, 그리하여 주님께서 왕위에 오르시게 되면 누가 주의 우편과 좌편에 앉게 될 것인가(막 10:37)를 계산하고 있는 심중을 아셨기 때문입니다. 그리하여 다음 단원이 필요하게 되었던 것입니다.

넷째 단원(28-36) 별세하실 것을 말씀함

"이 말씀을 하신 후 팔 일쯤 되어 예수께서 베드로와 요한과 야고보를 데리고 기도하시러 산에 올라가사 기도하실 때에 용모가 변화되고 그 옷이 희어져 광채가 나더라" (28-29). "이 말씀을 하신 후"라 하는데 그러면 어떤 말씀을 하신 후인가? "죽임을 당하고 제 삼일에 살아나야 하리라" (22) 하신 말씀입니다. 이는 변화산 사건이 주님의 수난과 관련이 있음을 의미합니다. 다시 말하면 변모하시는 장면을 보여주신 목적이 어디에 있는가 하는 점입니다.

㉠ 첫째로, "문득 두 사람이 예수와 함께 말하니 이는 모세와 엘리야라 영광중에 나타나서 장차 예수께서 예루살렘에서 별세하실 것을 말할 새"(30-31) 한 "죽으심"입니다. 세 분이 회우(會遇)하여 말씀하신 주제는 주님께서 "대속의 죽음"을 당하시게 된다는 것이었습니다. 모세와 엘리야는 율법과 선지자를 대표하는 자로써 이 시점에서 구약을 대표하여 주님께 나타난 것이라고 볼 수가 있습니다. 이는 무엇을 의미하느냐 하면 구약의 중심주제도 그리스도요, 그리스도의 사역의 핵심은 "별세"(別世) 곧 죽으심에 있음을 뜻합니다.

인류의 구원은 구약으로 이루려 하시다가 안 되니까 신약으로 이루신 것이 아닙니다. 율법으로 이루시려다가 안 되니까 복음을 주신 것이 절대로 아닌 것입니다. 이스라엘로 이루시려다가 안 되니까 이방인들로 이루시려는 것이 아닙니다. 그렇다고 인류의 구원이 그리스도께서 이 땅에 오신 것만으로 가능해진 것도 아닙니다. 교훈과 기사와 이적으로 가능한 것도 아닙니다. 인류의 구원은 오직, "그리스도의 대속적인 죽으심"에 있는 것입니다. 이 "죽으심"이 변화산 계시를 통해서 보여주시려는 중심주제입니다.

㉡ 둘째로 "제 삼 일에 살아나야 하리라" 하신 부활과 관련이 있습니다. 주님의 "용모가 변화되고 그 옷이 희어져 광채가 나더라"(29)는 말씀은 "인자도 자기와 아버지와 거룩한 천사들의 영광으로 올 때에"(26) 하신 그리스도의 재림의 영광을 잠시 보여주신 계시사건이었기 때문입니다. 복음은 하나님의 아들의 죽으심이 끝이 아니라 다시 살아 잠자는 자들의 "첫 열매"가 되심까지 나아가고 있는 것입니다.

㉢ 셋째이자 궁극적으로는, "너희는 나를 누구라 하느냐" 하신 주님의 정체성과

관련이 있는 것입니다. "구름 속에서 소리가 나서 이르되 이는 나의 아들 곧 택함을 받은 자니 너희는 그의 말을 들으라"(35) 하십니다. 이는 예수가 누구신가 하는 정체성에 대한 인치심입니다. 주님께서도, "또한 나를 보내신 아버지께서 친히 나를 위하여 증언하셨느니라"(요 5:37)고 말씀하십니다. 하나님 아버지의 친히 하신 증거는 3번 있었는데 세례를 받으실 때와, 변화산상에서와, 십자가를 앞에 놓고 기도(요 12:28)하실 때입니다. 이 시점에서 어찌하여 아버지의 친히 증거 하심이 필요하게 된 것입니까?

이점을 34절의 "이 말 할 즈음에"와 결부시켜 생각해 보십시오. "이 말"이란 "베드로가 예수께 여짜오되 주여 우리가 여기 있는 것이 좋사오니 우리가 초막 셋을 짓되 하나는 주를 위하여, 하나는 모세를 위하여, 하나는 엘리야를 위하여 하사이다"(33)고 말한 것을 가리킵니다. "이 말을 할 즈음에 구름이 와서 그들을 덮는지라 그름 속으로 들어갈 때에 그들이 무서워하더니, 구름 속에서 소리가 나서 이르되 이는 나의 사랑하는 아들 곧 택함을 받은 자니 너희는 그의 말을 들으라"는 음성을 듣게 된 것입니다. 왜 그러셨는가? 이는 "교회의 터"(엡 2:20)를 놓아야 할 증인들인 베드로, 요한, 야고보에게서 아직도 예수님이 누구신가? 왜 오셨는가를 인식하는데 결함이 있음이 나타났기 때문입니다.

베드로가 초막 셋을 짓겠다는 말은 예수님을 모세나 엘리야와 동등시(同等視)하는 것이요, "여기 있는 것이 좋사오니" 라는 말은 주님의 사명이 예루살렘으로 올라가셔서 대속제물이 되셔야 한다는 사명을 모르고 하는 말이었던 것입니다. 베드로는 모세와 엘리야와 예수님과 함께 거기서 천년만년 살고 싶은 그런 마음이었던 것입니다. 즉 자기중심적인 신앙, 자기들만의 구원 차원에 머물러 있었던 것입니다. 그러므로 하나님은, "너희는 그의 말을 들으라"(35)고 친히 말씀하시기에 이른 것입니다. 들어야 할 "그의 말"이 무엇이겠습니까? 좁은 의미에서는 22-26절의 말씀, 즉 주님이 받으실 고난과 "나를 따라오려거든 자기를 부인하고 날마다 제 십자가를 지고 나를 좇을 것이니라" 하신 말씀입니다.

훗날 베드로는 순교를 목전에 둔 시점에서, "내가 이 장막에 있을 동안에 너희를 일깨워 생각나게 함이 옳은 줄로 여기노니 이는 우리 주 예수 그리스도께서 내게 지시하신 것 같이 나도 나의 장막을 벗어날 것이 임박한 줄을 앎이라 내가 힘써 너희로 하여금 내가 떠난 후에라도 어느 때나 이런 것을 생각나게 하려 하노라"(벧후 1;13-15)고 변화산상의 경험을 증언하고 있습니다. 그렇다면 변화산상의 경험이 어떤 점에서 환난 중에 있는 성도들을 "일깨우는데" 유익이 되는 것일까요? 앞에서도 말씀드린 대로 변화산의 계시사건은, ㉠ 예수는 누구신가, ㉡ 왜 오셔야만 했는가? ㉢ 그리고 죽으심과 부활승천이 끝이 아니라 영광중에 다시 오심을 확증시켜주기 때문입니다.

"우리 주 예수 그리스도의 능력과 강림하심을 너희에게 알게 한 것이 교묘히 만든 이야기를 따른 것이 아니요 우리는 그의 크신 위엄을 친히 본 자라 지극히 큰 영광 중에서 이러한 소리가 그에게 나기를 이는 내 사랑하는 아들이요 내 기뻐하는 자라 하실 때에 그가 하나님 아버지께 존귀와 영광을 받으셨느니라 이 소리는 우리가 그와 함께 거룩한 산에 있을 때에 하늘로부터 난 것을 들은 것이라"(벧후 1:16-18)고 증언합니다. 이 증언을 하게 하시려고 증인으로 세 제자를 대동하셨던 것입니다. 이제 형제도 예수님의 정체와 사명에 대하여 확신하게 되었습니까?

다섯째 단원(37-50) 사람들의 손에 넘기우리라

"이튿날 산에서 내려오시니 큰 무리가 맞을 새 무리 중의 한 사람이 소리 질러 이르되 선생님 청컨대 내 아들을 돌보아 주옵소서 이는 내 외아들이니이다"(37-38). 주님께서 이튿날 세 제자와 함께 산에서 내려오시니 난처한 상황이 전개되고 있었습니다. 간질병에 걸린 외아들을 데리고 와서, "귀신이 그를 잡아 갑자기 부르짖게 하고 경련을 일으켜 거품을 흘리게 하며 몹시 상하게 하고야 겨우 떠나가나이다 당신의 제자들에게 내쫓아 주기를 구하였으나 그들이 능히 못하더이다"(39-40) 라는 것입니다.

우리는 이미 1절에서 제자들에게 "귀신을 제어하며 병을 고치는 능력과 권세"를 주셨음을 대한 바가 있습니다. 그런데 어찌하여 능히 내어 쫓지를 못한 것일까요? 이는 주님이 탄식하신 "믿음이 없음"(41)에 그 원인이 있었던 것입니다. "믿음이 없고 패역한 세대여 얼마나 너희와 함께 있으며 너희를 참으리요" 하십니다. 이는 "예수께서 승천하실 기약이 차가매"(51)와 결부되는 말씀입니다. 이때는 공생애 말기에 해당이 되는데, 주님은 떠나실 기약이 차가고 있는데 제자들에게는 아직도 확고한 믿음이 없음을 탄식하시는 말씀이었던 것입니다. "예수께서 더러운 귀신을 꾸짖으시고 아이를 낫게 하사 그 아버지에게 도로 주시니 사람들이 다 하나님의 위엄에 놀라니라"(42-43).

그런 후에, "이 말을 너희 귀에 담아 두라 인자가 장차 사람들의 손에 넘겨지리라"(44) 하십니다. 이는 누가복음에 있어서 두 번째 수난을 예고하시는 대목입니다. 그런데 이 말씀을 하신 시점이 중요합니다. 이 수난 예고는 "그들이 다 그 행하시는 모든 일을 놀랍게 여길 새 예수께서 제자들에게 이르시되"(43) 라는 문맥에서 하신 말씀입니다. "행하시는 모든 일을 기이히 여겼다" 하는데 그 행하신 "모든 일"이 무엇일까요? 지금까지 행하신 모든 기사와 이적을 가리키는 것입니다. 이일로 인하여 놀랍게 여기고 있을 때에, "이 말을 너희 귀에 담아 두라" 하시면서 수난 예고를 하신 것입니다.

그렇다면 주님께서 이 시점에 왜 이렇게 말씀하고 계실까요? 그들은 주님께서 왕이 되신다는 영광만 알았지 먼저 고난을 받으셔야 할 것을 모르고 있었기 때문입니다. 그 결과 자신들이 받을 영광만 생각했지 고난이 기다리고 있음을 몰랐던 것입니다. 여기에 결함이 있었던 것입니다.

이점이 "제자 중에 누가 크냐 하는 변론"(46)으로 표출이 되었던 것입니다. 무엇 때문에 다투고 있는 것일까요? 그들에게 믿음이 있었기 때문인데, 예수님께서 왕이 되실 것을 믿었기에 "누가 크냐"고 자리다툼을 하고 있는 것이 아니겠습니까? 영광이라는 특권만 알고 고난이라는 희생을 모르는 믿음은 이와 같은 자기중심적이고 이기적인 오류에 빠지게 되는 것입니다. 베드로 자신도 산 아래에서 동료들이 귀신 앞에 고전하고 있는 줄도 모르고, "여기 있는 것이 좋사오니" 하고 안주하려 했던 것입니다. 그러므로 성경은, "그들이 이 말씀을 알지 못하니 이는 그들로 깨닫지 못하게 숨긴바 되었음이라"(45), 즉 그들의 신앙수준이 이를 감당하지 못했다는 것입니다. 달리 표현하면 영광스럽게 변모하시는 주님, 귀신을 내쫓으시는 주님께서 십자가를 지셔야 한다는 것을 그들은 상상할 수도 없었다는 것입니다. 주님은 말씀하십니다. "너희 모든 사람 중에 가장 작은 그가 큰 자니라"(48하).

오늘날의 제자들도 고난은 받으려하지 않고 영광만을 탐하다가 교회 안에서 누가 크냐하는 다툼을 벌이고 있는 것은 아닌지요. 그러한 제자들을 향해 주님은 말씀하십니다. "이 말을 너희 귀에 담아 두라 인자가 장차 사람들의 손에 넘기 우리라" (44).

여섯째 단원(51-62) 예루살렘으로 올라가기로 결심함

"예수께서 승천하실 기약이 차가매 예루살렘을 향하여 올라가기로 굳게 결심하시고" (51). 어찌하여 예수님은 예루살렘으로 올라가시기로 "굳게 결심"하셨는가? 주님은 답변하십니다. "선지자가 예루살렘 밖에서는 죽는 법이 없느니라" (13:33). 예루살렘에 올라가셔서 십자가를 감당하시기 위해서, "유월절"에 맞춰서 올라가시려는 것입니다.

이점을 마가복음에서는, "예루살렘으로 올라가는 길에 예수께서 그들 앞에 서서 가시는데 그들이 놀라고 따르는 자들은 두려워하더라 이에 다시 열두 제자를 데리시고 자기가 당할 일을 말씀하여 이르시되" (막 10:32)라 진술함으로 비장감이 나타나고 있습니다. 그래서 "굳게 결심"하셨다고 말씀하는 것입니다.

> 사람이 내게 말하기를 여호와의 집에 올라가자 할 때에
> 내가 기뻐하였도다
> 예루살렘아 우리 발이 네 성문 안에 섰도다
> (시 122:1-2).

그러나 하나님의 아들 그리스도께서 예루살렘으로 올라가자 할 때는 이

처럼 흠모할 만한 도성은 아니었던 것입니다. 이사야 선지자는, "신실하던 성읍이 어찌하여 창기가 되었는고 정의가 거기에 충만하였고 공의가 그 가운데에 거하였더니 이제는 살인자들뿐이로다" (사 1:21)고 탄식하고, 스바냐 선지자는, "패역하고 더러운 곳, 포학한 그 성읍이 화 있을진저(습 3:1) 라고 경고합니다. 주님은 "예루살렘아, 예루살렘아 선지자들을 죽이고 네게 파송된 자들을 돌로 치는 자여 암탉이 제 새끼를 날개 아래에 모음 같이 내가 너희의 자녀를 모으려 한 일이 몇 번이냐 그러나 너희가 원하지 아니하였도다" (13:34) 라고 탄식하십니다. 예루살렘은 더 이상 하나님의 도성이 아니라, "선지자들을 죽이고 파송 된 자들을 돌로 치는" 하나님을 대적하는 도성이 되고 말았던 것입니다. 하나님의 도성이 대적자의 도성으로 전락하다니! 여기 가공할만한 사탄의 세력을 보게 됩니다.

지금 주님은 대적자와 일전을 벌이기 위해서 대적의 소굴이 된 예루살렘으로 올라가기로 굳게 결심하시고 발걸음을 예루살렘으로 향하신 것입니다. 이를 알리가 없는 사마리아 사람들은 "예수께서 예루살렘을 향하여 가시기 때문에 그들이 받아들이지 아니 하는지라" (53) 합니다. 여기 사마리아와 유대 사이에 막힌 담을 보게 되는데, 그 적개심은 에스라나 느헤미야 시대로부터 비롯되었으니 근 오백 년이나 이어져 내려온 두터운 장벽이었던 것입니다. 야고보와 요한이 이를 보고, "주여 우리가 불을 명하여 하늘로부터 내려 저들을 멸하라 하기를 원하시나이까" (54)고 말합니다. 그들의 믿음은 대단하고 오늘의 어떤 사람들의 믿음 같이 보입니다만 그러나 야고보와 요한은 주님께서 멸하려고 올라가시는 것이 아니라, 그들을 위한 화목제물이 되시기 위하여 올라가시는 사명을 여전히 곡해하고 있었던 것입니다. "그는 우리의 화평이신지라 둘로 하나를 만드사 원수 된 것 곧 중간에 막힌 담을 자기 육체로 허시고" (엡 2:14), 그리하여 사도행전에서 빌립이 사마리아 성에 내려가 복음을 전하는 것을 보게 됩니다. "예수께서 돌아보시며 꾸짖으시고 함께 다른 마을로 가시니라" (55-56).

내가 주를 좇겠나이다 마는

"길 가실 때에 어떤 사람이 여짜오되 어디로 가시든지 나는 따르리이다" (57)고 말합니다. 본 단락에는 주님을 좇겠다는 세 사람이 등장하는데, 두 사람은 자원해서 좇겠다 한 사람들, 말하자면 제자 지망생들인 것입니다. 오늘의 표현대로 한다면 신학교 지망생들인 셈입니다. 다른 한 사람은 주님께서, "나를 좇으라" 한 사람입니다.

이 장면이 주님께서 예루살렘을 향하여 올라가기로 굳게 결심하시고 올라가시는 노중에서 일어난 일임을 유념해야만 합니다. 그리고 바로 앞에서 사마리아 사람들이 받아들이지 않음으로 다른 촌으로 발길을 돌리신 이런 상황에 놓여 있는 말씀입니다. "예수께서 이르시되 여우도 굴이 있고 공중의 새도 집이 있으되 인자는 머리 둘 곳이 없도다" (58)고 말씀하십니다. 이는 그들이 필요 없다는 말씀이 아니라, "그래도 좇겠느냐"는 암시가 있는 것입니다. 주님께서 가시는 길이, 그리고 제자도(弟子道)가 고난의 길임을 뜻합니다. 그도 예루살렘으로 올라가시는 주님을 보면서 심중에 한 자리를 생각하고 있었던 것은 아닐까요?

예수님의 처지는 여자(如字)적으로 머리 둘 곳이 없으셨습니다. 밤이면 "습관을 좇아 감람산" (22:39)으로 가셨습니다. 이른 아침에 성으로 들어오실 때에는 시장하셔서 무화과나무에서 열매를 찾기도(마 21:18) 하셨습니다. 실로 여우도 굴이 있고 공중의 새도 집이 있으되 주님은 머리 둘 곳이 없으셨습니다. 그러나 이 말씀이 육적인 의미만은 아니었던 것입니다. 주님께서 머리 둘 곳이 없는 것은 가출(家出) 자들이 지하도에서 잠을 청하는 것과는 다른 차원, 즉 영적인 의미라는 점을 인식해야만 합니다.

그러면 "여우와, 공중 나는 새"의 의미가 무엇인가? 주님은 자신을 죽이려는 헤롯을 "여우"(13:32)라고 말씀합니다. 또한 사탄을 뿌린 말씀의 씨를 먹어버리는 "새"(8:12)에다 비유하셨습니다. 이로 보건대 "여우도 굴이 있고 공중의 새도 집이 있으되" 하신 "굴과, 집"이란 하나님의 나라 관점에서 본다면 그리스도를 배척하고 사탄을 추종하는 인간의 심령을 염두에 두고 하신 말씀인 것입니다.

같은 맥락에서 "죽은 자들로 자기의 죽은 자들을 장사하게 하고 너는 가서 하나님의 나라를 전파하라"(60) 하신 말씀도 허물과 죄로 죽은 심령을 가리켜 하신 말씀으로 보아야만 합니다. 하나님의 나라란 머리 둘 곳이 없는 처지에 있는 주님이 천하를 통치하시게 될 메시아왕국을 건설하는 선한 싸움입니다. 이 싸움을 싸우고자 하는 자가, "나로 먼저 가서"(59) 하고 우선순위를 세상일에 둔다든가, "좇겠나이다마는"(61) 하고, 단서를 붙이는 자는 합당하지가 않다는 말씀입니다.

주님은 말씀하십니다. "손에 쟁기를 잡고 뒤를 돌아보는 자는 하나님의 나라에 합당하지 아니하니라 하시니라"(62). 그러므로 바울 사도는 디모데에게, "너는 그리스도 예수의 좋은 병사로 나와 함께 고난을 받으라 병사로 복무하는 자는 자기 생활에 얽매이는 자가 하나도 없나니 이는 병사로 모집한 자를 기쁘게 하려 함이라"(딤후 2:3-4)고 명했던 것입니다.

세 부류의 사람에게 공통점이 있는데 한결같이, "좇겠다"(57, 59, 61)고 말하고 있다는 점입니다. 이점은 오늘의 우리들을 돌아보게 합니다. 주님의 말씀 중에 중요한 점은 "—한 자는 하나님의 나라에 합당하지 아니하니라" 하는 배제(排除)시키는 말씀입니다. 그렇다면 나 자신은 어떤 부류에 속한 자인가 하는 점입니다. 주님은 지금 십자가를 지시기 위해서, "굳게 결심하시고" 예루살렘으로 올라가시는데 말입니다. 이것이 "예루살렘으로 올라가기로 결심하심"입니다.

The Book of Luke

누가복음 10장 개관도표

주제 : 하나님의 나라가 가까이 왔다

추수할 일꾼들	**1-16** 1 그 후에 주께서 따로 **칠십 인을 세우사** 친히 가시려는 각 동네와 각 지역으로 **둘씩 앞서 보내시며** 2 이르시되 추수할 것은 많되 일꾼이 적으니 그러므로 추수하는 주인에게 청하여 **추수할 일꾼들을 보내 주소서** 하라 3 갈지어다 내가 너희를 보냄이 **어린 양을 이리 가운데로 보냄과 같도다** 8 어느 동네에 들어가든지 **너희를 영접하거든** 너희 앞에 차려놓는 것을 먹고 9 거기 있는 병자들을 고치고 또 말하기를 **하나님의 나라가 너희에게 가까이 왔다 하라** 10 어느 동네에 들어가든지 **너희를 영접하지 아니하거든** 그 거리로 나와서 말하되 11 너희 동네에서 우리 발에 묻은 먼지도 너희에게 떨어버리노라 그러나 **하나님의 나라가 가까이 온 줄을 알라 하라** 12 내가 너희에게 말하노니 **그 날에 소돔이 그 동네보다 견디기 쉬우리라** 16 **너희 말을 듣는 자는 곧 내 말을 듣는 것이요** 너희를 저버리는 자는 곧 나를 저버리는 것이요 나를 저버리는 자는 나 보내신 이를 저버리는 것이라 하시니라
사탄이 떨어짐	**17-24** 17 칠십 인이 기뻐하며 돌아와 이르되 **주여 주의 이름이면 귀신들도 우리에게 항복하더이다** 18 예수께서 이르시되 **사탄이 하늘로부터 번개 같이 떨어지는 것**을 내가 보았노라 19 내가 너희에게 뱀과 전갈을 밟으며 **원수의 모든 능력을 제어할 권능을 주었으니** 너희를 해칠 자가 결코 없으리라 20 그러나 귀신들이 너희에게 항복하는 것으로 기뻐하지 말고 **너희 이름이 하늘에 기록된 것으로 기뻐하라** 하시니라 23 제자들을 돌아 보시며 조용히 이르시되 **너희가 보는 것을 보는 눈은 복이 있도다** 24 내가 너희에게 말하노니 **많은 선지자와 임금이** 너희가 보는 바를 보고자 하였으되 보지 못하였으며 너희가 듣는 바를 듣고자 하였으되 듣지 못하였느니라
누가 이웃이 되겠느냐	**25-37** 25 **어떤 율법교사가** 일어나 예수를 시험하여 이르되 선생님 **내가 무엇을 하여야 영생을 얻으리이까** 26 예수께서 이르시되 율법에 무엇이라 기록되었으며 네가 어떻게 읽느냐 27 대답하여 이르되 네 마음을 다하며 목숨을 다하며 힘을 다하며 뜻을 다하여 **주 너의 하나님을 사랑하고** 또한 **네 이웃을 네 자신 같이 사랑하라** 하였나이다 28 예수께서 이르시되 네 대답이 옳도다 **이를 행하라 그러면 살리라** 하시니 29 그 사람이 자기를 옳게 보이려고 예수께 여짜오되 **그러면 내 이웃이 누구니이까** 30 어떤 사람이 **예루살렘에서 여리고로 내려가다가** 강도를 만나매 강도들이 그 옷을 벗기고 때려 거의 죽은 것을 버리고 갔더라 36 네 생각에는 이 세 사람 중에 **누가 강도 만난 자의 이웃이 되겠느냐** 37 이르되 **자비를 베푼 자니이다** 예수께서 이르시되 가서 너도 이와 같이 하라 하시니라
더 좋은 편	**38-42** 38 그들이 길 갈 때에 예수께서 한 마을에 들어가시매 **마르다**라 이름하는 한 여자가 자기 집으로 영접하더라 39 그에게 마리아라 하는 동생이 있어 **주의 발치에 앉아 그의 말씀을 듣더니** 40 마르다는 **준비하는 일이 많아 마음이 분주한지라** 예수께 나아가 이르되 주여 내 동생이 나 혼자 일하게 두는 것을 생각하지 아니하시나이까 그를 명하사 나를 도와 주라 하소서 42 몇 가지만 하든지 혹은 한 가지만이라도 족하니라 마리아는 **이 좋은 편을 택하였으니** 빼앗기지 아니하리라 하시니라

10장
하나님의 나라가 가까이 왔다

10장은 70인을 파송하신 일과, 어떤 율법사가, "내가 무엇을 하여야 영생을 얻으리이까" (25) 한 질문과, 마르다 자매의 봉사 등의 내용으로 되어있습니다. 그 중에서도 중심점은 70인의 파송이라 할 수가 있습니다. 주님께서는 70인을 친히 가시려는 각 동네와 지역으로 둘씩 앞서 보내셨습니다. 그러니까 35개 팀을 보내신 셈입니다. 이는 처음있는 일입니다. 왜 이렇게 하셨을까요? 첫째는, "하나님의 나라가 너희에게 가까이 왔다 하라(9), 하나님의 나라가 가까이 온 줄을 알라 하라" (11) 하신 "하나님의 나라"를 선포하기 위해서요, 둘째는 "추수하는 주인에게 청하여 추수할 일꾼들을 보내 주소서 하라" (2) 하신 승천하신 후를 대비한 전도훈련이었던 것입니다.

하나님의 나라가 "가까이 왔다"라는 말씀을 구속사적인 지평과, 문맥적으로 고찰해 본다면, "예수께서 승천하실 기약이 차 가매 예루살렘을 향하여 올라가기로 굳게 결심" (9:51)하신 것과 관련이 있음을 깨닫게 됩니다. 그렇다면 "가까이 왔다"는 의미가 무엇인가? 이미 임한 것이 아닙니까? 이를 네 단원으로 나누어 상고합니다.

첫째 단원(1–16) **추수할 일꾼들을 보내 주소서**

둘째 단원(17–24) **사탄이 번개같이 떨어지는 것을 보았노라**

셋째 단원(25–37) **누가 이웃이 되겠느냐**

넷째 단원(38–42) **더 좋은 편을 택한 마리아**

첫째 단원(1–16) 추수할 일꾼들을 보내 주소서

"그 후에 주께서 따로 칠십 인을 세우사 친히 가시려는 각 동네와 각 지역으로 둘씩 앞서 보내시며 이르시되 추수할 것은 많되 일꾼이 적으니 그러므로 추수하는 주인에게 청하여 추수할 일꾼들을 보내 주소서 하라" (1-2). 10장은 "이후에", 이렇게 시작함으로 앞의 사건과 관련이 있는 문맥임을 은연중에 나타내고 있습니다. 그렇다면 "이후"란 무슨 일이 있은 이후일까요?

의미문맥으로 볼 때 주님께서 죽으실 것을 비로소 공포하신(9:22) "이후"로 보아야 할 것입니다. 이는 누가복음에 있어서 한 획을 긋는 분기점이기 때문입니다. 그리고 변화산에서 모세와 엘리야로 더불어, "예루살렘에서 별세하실 것" (9:31)을 말씀한 이후, 그리하여 "예루살렘을 향하여 올라가기로 굳게 결심하시고" (9:51), 올라가시면서 제자들을 파송하신 이것이 10장의 문맥입니다.

학자들은 이 기간, 즉 "예루살렘을 향하여 올라가기로 굳게 결심하신" (9:51)데서부터, 예루살렘에 입성하시는 기간을 베뢰아, 또는 유대전도 시기로 분류하고 있습니다. 누가는 10장이나 되는 이 부분에 다양한 교훈들을 집중적으로 배치하고 있는데 이 문단을 다룰 때에 꼭 붙잡아야 할 말씀이 있습니다. 그것은 이 교훈들이 십자가를 시시기 위해서 예루살렘으로 올라가시면서 하신 말씀들이라는 점입니다. 만일 이를 놓치게 되면 대속제물이 되기 위하여 예루살렘으로 올라가시는 주님의 마음과는 동떨어진 교훈을 위한 교훈이 되고 말기 때문입니다. 이것은 우려가 아니라 현대교회의 실정이 그러한 것입니다.

성경은 말씀합니다. "누가 주의 마음을 알아서 주를 가르치겠느냐 그러나 우리가 그리스도의 마음을 가졌느니라"(고전 2:16). 그러므로 이를 놓치지 않기 위해서 베뢰아, 또는 유대전도시기로 분류할 것이 아니라, "예루살렘으로 올라가시면서 하신 교훈"이라 부름이 좋을 것입니다.

하나님의 나라가 가까이 왔다

성경은 "하나님의 나라가 이미 임하였다"(마 12:28)고 말씀하는가 하면, "하나님의 나라가 가까이 왔다"고도 말씀합니다. 어떤 차이인가? 이미 임하였다는 것은 "임마누엘"을 가리키고, "가까이 왔다" 하심은 주님께서 대속의 죽으심을 죽으셨다가 사망권세를 이기시고 다시 사실 것과 승천하신 후에 성령이 임하셔서 이루어 나가실 하나님의 나라(교회)를 내다보시면서 하신 말씀으로 이해할 수가 있습니다.

하나님의 나라가 이 땅에 임하기 위해서는 먼저 "이루어져야"(24:44) 할 일이 있는데 그것은 그리스도의 대속적인 죽으심입니다. 이점이 죽으실 것을 밝히시기 전인 9장에서 12제자들을 보내실 때에는, "하나님의 나라를 전파"(9:2)하라 말씀하고, 죽으실 것을 공포하신 이후에 70인을 파송하실 때에는 좀 더 진전된 계시인, "하나님의 나라가 가까이 왔다 하라"고 명하신 데서도 드러납니다.

또한 점진성(漸進性)이 있는데 9장에서는 12사도를 파송하셨으나, 10장에서는 70인의 제자들을 파송하십니다. 그뿐만이 아니라 "추수할 것은 많되 일꾼이 적으니 그러므로 추수하는 주인에게 청하여 추수할 일꾼들을 보내주소서 하라"(2)고 더 많은 추수할 일꾼을 필요로 하십니다. 하나님의 나라가 가까이 왔다면 더 많은 추수할 일꾼이 필요하게 된다는 말씀입니다. 이점에서 70인을 보내신 의도를 깨닫게 되는데 그것은 당장의 과제가 아니라 하나님의 나라가 도래했을 때, 즉 오순절 이후를 대비하신 훈련으로 여겨집니다.

왜냐하면 "추수"라는 주제를 구속사라는 맥락으로 보게 되면 본격적인 추수는, "오직 성령이 너희에게 임하시면 너희가 권능을 받고 예루살렘과 온 유대와 사마리아와 땅 끝까지 이르러 내 증인이 되리라"(행 1:8) 하신 성령강림으로부터 시작이 되기 때문입니다. 이 증인들이 추수할 일꾼들인 것입니다. 그러므로 추수는, "그리스도께서 죽은 자 가운데서 다시 살아나사 잠자는 자들의 첫 열매가 되신"(고전 15:20) 이후에야 가능해지는 것입니다.

그리하여 하나님의 나라가 확장되어 나가다가 궁극적인 하나님의 나라는, "그 날에 소돔이 그 동네보다 견디기 쉬우리라"(12) 하신 주님께서 재림하시는 "그 날"에 완성이 되는 것입니다. 이점을 왜 강조하는냐 하면, 한 알의 밀이 땅에 떨어져 죽지 아니하면 많은 열매를 추수한다는 것은 불가능한 것이며, 주님의 대속적인 죽으심이 없는 하나님의 나라란 있을 수가 없음을 강조하기 위해서입니다.

그러므로 복음의 핵심이 주님의 죽으심에 있음을 놓치지를 말아야하는 것입니다. 사도 바울이, "내가 너희 중에서 예수 그리스도와 그의 십자가에 못 박히신 것 외에는 아무것도 알지 아니하기로 작정하였음이라" (고전 2:2)고 고집스럽게 말씀했던 이유가 여기에 있는 것입니다. 누가복음뿐만이 아니라 모든 복음서는 그 초점이 예수 그리스도의 죽으심과 다시 사심으로 모아지고 있음을 간과해서는 아니 됩니다. 이런 맥락으로 보면 주님께서, "하나님의 나라가 가까이 왔다 하라" 하신 말씀은 곧 주님의 죽으실 날이 가까이 왔음을 의미하는 것이 되는 것입니다.

그리고 이 "하나님의 나라가 가까이 왔다"는 주제가 우리에게는, "또한 너희가 이 시기를 알거니와 자다가 깰 때가 벌써 되었으니 이는 이제 우리의 구원이 처음 믿을 때보다 가까이 왔다" (롬 13:11)는 것으로 적용이 된다는 점도 명심해야만 합니다.

둘째 단원(17-24) 사탄이 번개같이 떨어지는 것을 보았노라

"칠십 인이 기뻐하며 돌아와 이르되 주여 주의 이름이면 귀신들도 우리에게 항복하더이다" (17) 하니, 이 보고를 받으신 주님은 기뻐하신 것이 아니라, "사탄이 하늘로부터 번개같이 떨어지는 것을 내가 보았노라" 고 더욱 긴장을 시키십니다. 계시록 12:12절에서는, "그러므로 하늘과 그 가운데에 거하는 자들은 즐거워하라 그러나 땅과 바다는 화 있을진저 이는 마귀가 자기의 때가 얼마 남지 않은 줄을 알므로 크게 분내어 너희에게 내려갔음이라" 고 말씀합니다. 이와 결부시켜 생각한다면 "사탄이 하늘로부터 번개

같이 떨어지는 것을 내가 보았노라" 하심은 "너희는 만심하지 말아라"는 경계가 되는 것입니다.

사탄은 자신의 군사들인 귀신들이 70명이나 되는 예수님의 제자들에 의하여 굴복 당하는 것을 보게 되자 번개같이 떨어졌던 것입니다. 떨어진 것만이 아닙니다. 그 사탄은 배후에서 대제사장들과 서기관들로 하여금, "이 예수를 무슨 방도로 죽일까" (22:2) 하고 음모를 꾸미게 하고 "열 둘 중의 하나인 가롯인이라 부르는 유다에게 사탄이 들어가" (22:3) 넘겨줄 방도를 강구하게 했던 것입니다.

주님은 말씀하십니다. "그러나 귀신들이 너희에게 항복하는 것으로 기뻐하지 말고 너희 이름이 하늘에 기록된 것으로 기뻐하라" (20). 왜 이렇게 말씀하셨을까요? 첫째는, 귀신의 항복보다 생명의 구원이 더욱 귀하기 때문일 것이요, 둘째는, 만일 귀신들이 항복하는 것만으로 기뻐한다면 주님께서 십자가에 달리시는 것을 보게 될 때에는 사탄에게 패배한 것으로 여기고 "모른다고 부인" (22:57)하게 될 것이요, 셋째이자 궁극적으로는, 만일 귀신들이 항복하는 것만으로 기뻐한다면 앞으로 닥칠 순교의 날에 낙심하게 될 것이기 때문입니다. 순교를 당하는 환난의 날에도 최후 승리를 믿으며 우리의 이름이 하늘에 기록된 것으로 기뻐해야만 마땅합니다.

"제자들을 돌아보시며 종용히 이르시되 너희의 보는 것을 보는 눈은 복이 있도다" (23) 하십니다. 찬송가 가사 대로 "오래 전 선지자 꿈꾸던 복을 만민이 다 같이 누리게 된 것"이라는 말씀입니다. 제자들이 본 것은 성육신만을 가리키는 것은 아닙니다. 앞으로 보게 될 고난당하시는 주님과 다시 살아나신 주님과 승천하시는 주님을 뵈올 것이 포함되어 있는 것입니다.

"천지의 주재이신 아버지여 이것을 지혜롭고 슬기 있는 자들에게는 숨기시고 어린 아이들에게는 나타내심을 감사하나이다 옳소이다 이렇게 된 것이 아버지의 뜻이니이다" (21).

셋째 단원(25-37) 누가 이웃이 되겠느냐

"어떤 율법교사가 일어나 예수를 시험하여 이르되 선생님 내가 무엇을 하여야 영생을 얻으리이까" (25) 하고, "영생" 문제를 주님께 직접 물은 것입니다. "죽기를 무서워하므로 한평생 매여 종노릇 하는 모든 자들" (히 2:15)에게 이보다 절실한 질문이란 달리는 없습니다. 무엇이라 대답하실 것인가?

그런데 주님은, "율법에 무엇이라 기록되었으며 네가 어떻게 읽었느냐" 고 반문하십니다. 왜 그러셨는가? 율법교사가, "내가 무엇을 하여야(행해야) 영생을 얻으리이까" 라고 물었기 때문입니다. 율법교사는 대답하기를, "네 마음을 다하며 목숨을 다하며 힘을 다하며 뜻을 다하여 주 너의 하나님을 사랑하고 또한 네 이웃을 네 몸과 같이 사랑하라 하였나이다" (26-27)고 대답합니다.

어떻습니까? 맞습니까? 틀립니까? "예수께서 이르시되 네 대답이 옳도다 이를 행하라 그러면 살리라" (28) 하십니다. 성경은 말씀합니다. "너희는 내 규례와 법도를 지키라 사람이 이를 행하면 그로 말미암아 살리라 나는 여호와니라" (레 18:5, 갈 3:12). 율법교사의 말도, 주님의 말씀도 다 맞는 말입니다. 문제는 이를 행할 수가 없다는데 인간의 연약과 무능이 있는 것입니다. 그리므로 주님께서 율법교사에게 이렇게 말씀하심은, "전에 율법을 깨닫지 못했을 때에는 내가 살았더니 계명이 이르매 죄는 살아나고 나는 죽었도다" (롬 7:9) 한, "죄"를 깨닫기를 기대하셨기 때문입니다.

그리하여 "오호라 나는 곤고한 사람이로다 이 사망의 몸에서 누가 나를 건져내랴" (롬 7:24)고 주님께 부르짖기를 원하셨던 것입니다. 그 점이 주님의 예화를 통해 나타납니다.

무엇을 하여야 영생을 얻으리이까

"그 사람이 자기를 옳게 보이려고 예수께 여짜오되 그러면 내 이웃이 누구니이까" (29) 라고 묻습니다. 문자만을 보고 있는 율법교사의 맹점을 깨우치기 위해서 주님께서 말씀하신 예화는, "어떤 사람이 예루살렘에서 여리고로 내려가다가 강도를 만나매 강도들이 그 옷을 벗기고 때려 거의 죽은 것을 버리고 갔더라" (30)고 시작이 됩니다.

㉠ "마침 한 제사장이 그 길로 내려가다가 그를 보고 피하여 지나가고",

㉡ "또 이와 같이 한 레위인도 그 곳에 이르러 그를 보고 피하여 지나가되",

㉢ "어떤 사마리아 사람은 여행하는 중 거기 이르러 그를 보고 불쌍히 여겨 가까이 가서 기름과 포도주를 그 상처에 붓고 싸매고 자기 짐승에 태워 주막으로 데리고 가서 돌보아 주니라 그 이튿날 그가 주막 주인에게 데나리온 둘을 내어 주며 이르되 이 사람을 돌보아 주라 비용이 더 들면 내가 돌아올 때에 갚으리라 하였으니",

"네 생각에는 이 세 사람 중에 누가 강도 만난 자의 이웃이 되겠느냐" (31-36)고 반문을 하십니다. 율법교사가 "자비를 베푼 자니이다" 하니 "예수께서 이르시되 가서 너도 이와 같이 하라" (37) 하심으로 대화는 끝이 납니다.

그렇다면 "내가 무엇을 하여야 영생을 얻으리이까" (25) 라고 제기됐던 "영생"에 대한 해답이 주어진 것입니까? 아닙니까?

이점에서 주님의 예화는 통찰력을 가지고 보아야만 하는 말씀입니다. 왜냐하면 주님의 말씀에는 패러독스가 있기 때문입니다. 율법사는 "그러면 내 이웃이 누구오니이까" 라고 물었습니다. 왜요? 그 사람을 내 몸과 같이 사랑하겠다는 것이지요. 그렇게 행하므로 영생을 얻겠다는 것입니다. 그렇다면 비유 가운데 등장하는 인물 중에 율법교사가 내 몸과 같이 사랑해야 할 이웃이 누구이겠습니까? 그는 죽음의 상태에 놓여 있는 "강도 만난 사람"일 것입니다.

그런데 주님은 "저 강도 만난 사람이 네 이웃이다 그런 이웃에게 자비를 베풀라" 고 말씀하신 것이 아닙니다. 그렇게 물은 것이 아니라 역설적으로, "강도 만난 자의 이웃이 누구겠느냐" 고 물으셨던 것입니다. 율법교사는 자기의 이웃이 누군지를 물었으나, 주님은 강도 만난 자의 이웃이 누구냐고 묻고 계십니다. 주님은 율법교사와 강도 만난 자를 동일시(同一視)하고 계시는 것입니다. 그러니까 "이 세 사람 중에 누가 네 이웃이 되겠느냐" 고 물으신 셈입니다. 그렇습니다. 원죄 하에 있는 자들은, "죽기를 무서워하므로 한평생 매여 종노릇 하는" (히 2:15), 강도만난 자와 같은 처지에 있는 자들입니다.

누가 네 이웃이 되겠느냐

그러므로 주님께서 이 예화를 통하여 깨우치시고자 하신 바는, ㉠ "네가 바로 강도 만난 자" 라는 것과, ㉡ "내가 선한 사마리아인으로 왔노라" 는 말씀입니다. 율법은 행하라고 말합니다. 그러나 복음은 믿으라고 말합니다. 마치 강도 만난 자같이 값없이 주시는 은혜를 거저 받으라고 말씀합니다. 율법교사는 사랑을 행할 이웃을 찾고 있었으나, 주님은 그를 사랑하여 목숨까지 버려줄 이웃이 누구인가를 말씀하고 있는 것입니다. 이점은 이어지는 다음 단원의 마르다와 마리아를 통해서도 대조를 보게 됩니다. 예수 그리스도! 그분은 모든 강도 만난 자의 진정한 이웃이십니다.

주님이 하신 말씀을 표면적으로만 보게 되면, "너도 사마리아 사람같이 선을 행하라는 교훈이 되지만 질문의 본질이 "영생", 즉 구원문제라는 점을 인식해야만 합니다. 구원은 교훈, 즉 율법을 행함으로 가능해지는 것이 아닙니다. 그런데 이 비유를 교훈적인 관점으로 접근하다보니 복음은 사라지고 교훈만이 남게 되는 것입니다. 복음이란 교훈을 무시하지 않습니다. 무시하기는커녕 더욱 세웁니다. 그러나 본문이 제기하고 있는 주제가 어떻게 하면 "선한 사람이 되느냐" 하는 윤리적인 문제가 아니라, 내가 어떻게 영생을 얻느냐 하는 "구원"의 문제라는 점입니다. 그렇다면 주님은 "네가 돌아가서 선한 사마리아 사람처럼 행함으로 영생을 얻을 수가 있다"는 말씀을 하시려고 이 비유를 말씀하신 것입니까?

아닙니다. "만일 의롭게 되는 것이 율법으로 말미암으면 그리스도께서 헛되이 죽으셨느니라"(갈 2:21)고 성경은 단호히 부정합니다. 그렇다면 주님께서는 어찌하여 "네 대답이 옳도다 이를 행하라 그러면 살리라"(28)고 답변하셨을까요? 그가 율법 교사였기 때문입니다. 자신이 죄인임을 깨닫지를 못하고 있기 때문입니다. 그는 "자기를 옳게 보이려고 그러면 내 이웃이 누구오니이까" 라고 자신의 의를 내세웠던 것입니다. 주님의 말씀을 들은 율법교사는 분명 자신이 강도만난 자를 보고 피하여 간, "제사장과, 레위인"인과 같다는 점, 즉 외식하는 자요, 위선자인 죄인임을 깨달았을 것입니다.

이 말씀이 우리에게는 어떤 의미가 있는가 하는 적용이 남았습니다. 주님은, "선한 사마리아인"으로 오셔서 우리를 위하여 "대신 죽으시고, 부활하시고 승천"하시면서, "이 사람을 돌보아 주라 비용이 더 들면 내가 돌아올 때에 갚으리라"(35)고 "주막" 곧 교회에 부탁을 하셨기 때문입니다. 그렇다면 교회는 어떤 방도로 강도 만난 자의 이웃이 되어주고 돌보아주어야 하는가 하는 문제가 제기 됩니다. 주님은, "내가 진실로 너희에게 이르노니 너희가 여기 내 형제 중에 지극히 작은 자 하나에게 한 것이 곧 내게 한 것이니라"(마 25:40) 하십니다. 무슨 힘으로 이렇게 섬길 수가 있는가? "누가 봉사하려면 하나님이 공급하시는 힘으로 하는 것 같이 하라 이는 범사에 예수 그리스도로 말미암아 하나님이 영광을 받으시게 하려 함이니"(벧전 4:11), 즉 주님은 지금도 그의 제자들을 통해서 강도 만난 자의 이웃이 되어주고 계신다는 엄숙한 사명감을 각성하게 합니다. "나는 주님 안에, 주님은 내 안에", 이와 같이 주와 연합한 모든 그리스도인들은, "예루살렘에서 여리고로 내려가다가 강도를 만난" 이 시대의 모든 강도 만난 자의 이웃이 되어주어야만 하는 것입니다.

넷째 단원(38-42) 더 좋은 편을 택한 마리아

"그들이 길 갈 때에 예수께서 한 마을에 들어가시매 마르다라 이름하는 한 여자가 자기 집으로 영접하더라"(38). "한 마을"이란 베다니임이 분명합니다. 갈릴리를 떠나신 주님께서 벌써 베다니까지 오셨단 말인가? 복음서들은 모든 기사를 시간 순으로 기록한 것은 아닙니다. 이 기사가 여기에 놓이게 된 것은 25절과의 연관 때문으로 여겨집니다. 율법사는 "내가 무엇을 하여야 영생을 얻으리이까" 라고 물었습니다. "무엇을 행해야", 이것이 율법적인 구원관입니다. 이 율법사와, "준비하는 일이 많아 마음이 분주한" 마르다를 눈여겨보시기를 바랍니다. 그는 예수님께 나아가, "주여 내 동생이 나 혼자 일하게 두는 것을 생각하지 아니하시나이까 그를 명하사 나를 도와 주라 하소서" (40) 한 마르다와 율법교사가 어딘지 닮은 데가 있다고 여겨지지는 않습니까? 그런가 하면 강도를 만난 사람과, "주의 발치에 앉아 그의 말씀을 듣고" (39) 있는 마리아가 닮은 데가 있습니다. 강도 만난 자와 마리아는 아무 것도 행한 일이 없는 자로 등장합니다. 이것이 복음적인 구원관입니다.

마리아와 율법교사만 대조적인 것이 아니라, 마르다와 마리아도 대조적인 성격으로 등장합니다. 마르다는 동적(動的)이고 마리아는 정적(靜的)인 성품으로 보입니다. 마리아는 주의 발아래 앉아 그의 말씀을 듣고 있었습니다. 그러나 마르다는 준비하는 일이 많아 마음이 분주합니다.

이런 말씀을 다룰 때에 조심하면서도 분명해야만 합니다. 조심해야함은 자칫 하면 활동적인 성도들을 위축시킬 염려가 있기 때문이요, 분명해야함은 복음의 영광스러움을 드러내야 하기 때문입니다. 마르다나 율법사는, "행함"에 중점을 두고 있습니다. 그런 나머지 율법사는 영생에 대한 확신도 없었으며 마르다는 봉사를 하면서도 기쁨도 없이 마음이 분주하고 "염려와 근심" (41)에 눌려 있었던 것입니다.

그러나 강도 만난 사람이나 마리아는, 주시는 은혜를 거저 받기만 하는 어떤 면에서는 염치없는 사람으로 보입니다. 이것이 복음이요, 은혜요, 먼저라는 점을 명심해야만 합니다. 주님은 율법교사를 착한 사람 되게 하시기 위하여, "예루살렘으로 올라가기로 굳게 결심하신 것"도 아니요, 마르다에게 대접을 받으시기 위하여 여기 까지 오신 것도 아닙니다. "도리어 섬기려 하고 자기 목숨을 많은 사람의 대속물로 주려고"(마 20:28) 예루살렘으로 올라가시는 것입니다. "마리아는 이 좋은 편을 택하였으니 빼앗기지 아니하리라 하시니라"(42). 형제는 행함으로 구원을 얻는 편과 믿음으로 구원을 얻는 편중에서 어느 편을 택하셨습니까? 확신을 가지십시오. 그리고 기뻐하며 감사하십시오. 구원을, 영생을 결코 빼앗기지 아니할 것입니다.

마르다가 준비한 음식을 주님께서 맛있게 잡숴주시는 것이 마르다의 최고의 보람이듯이, "오소서 모든 것이 준비되었나이다"(14:17) 하고, 주님께서 준비하신 천국잔치에 비록 "가난한 자들과 몸 불편한 자들과 맹인들과 저는 자들"(14:21)이라도 북적대며 맛있게 먹어주는 것이 주님의 최대의 기쁨인 것입니다. 이 잔치를 준비하시기 위하여 예루살렘으로 올라가시는 것입니다. 이것이 "하나님의 나라가 가까이 왔다 하라"고 초청하신 의도입니다.

누가복음 11장 개관도표

주제 : 요나의 표적 밖에는 보일 표적이 없나니

이렇게 기도하라	**1-13** 1 예수께서 한 곳에서 **기도하시고 마치시매** 제자 중 하나가 여짜오되 주여 **요한이 자기 제자들에게 기도를 가르친 것과 같이 우리에게도 가르쳐 주옵소서** 2 예수께서 이르시되 **너희는 기도할 때에 이렇게 하라** **아버지여 이름이 거룩히 여김을 받으시오며** **나라가 임하시오며** 3 **우리에게 날마다 일용할 양식을 주시옵고** 4 우리가 우리에게 죄 지은 모든 사람을 용서하오니 **우리 죄도 사하여 주시옵고** **우리를 시험에 들게 하지 마시옵소서** 하라 9 내가 또 너희에게 이르노니 **구하라 그러면 너희에게 주실 것이요 찾으라 그러면 찾아낼 것이요** **문을 두드리라 그러면 너희에게 열릴 것이니** 10 구하는 이마다 받을 것이요 찾는 이는 찾아낼 것이요 **두드리는 이에게는 열릴 것이니라** 13 너희가 악할지라도 좋은 것을 자식에게 줄 줄 알거든 **하물며 너희 하늘 아버지께서** 구하는 자에게 **성령을 주시지 않겠느냐** 하시니라
강한 자와 더 강한 자	**14-28** 14 예수께서 한 말 못하게 하는 **귀신을 쫓아내시니** 귀신이 나가매 말 못하는 사람이 말하는지라 무리들이 놀랍게 여겼으나 15 그 중에 더러는 말하기를 **그가 귀신의 왕 바알세불을 힘입어 귀신을 쫓아낸다** 하고 20 그러나 내가 만일 **하나님의 손을 힘입어 귀신을 쫓아낸다면** **하나님의 나라가 이미 너희에게 임하였느니라** 21 **강한 자**가 무장을 하고 자기 집을 지킬 때에는 그 소유가 안전하되 22 **더 강한 자**가 와서 그를 굴복시킬 때에는 그가 믿던 무장을 빼앗고 그의 재물을 나누느니라 23 **나와 함께 하지 아니하는 자는 나를 반대하는 자요** 나와 함께 모으지 아니하는 자는 헤치는 자니라 27 이 말씀을 하실 때에 무리 중에서 한 여자가 음성을 높여 이르되 당신을 밴 태와 당신을 먹인 젖이 복이 있나이다 하니 28 예수께서 이르시되 오히려 **하나님의 말씀을 듣고 지키는 자가 복이 있느니라** 하시니라
최대의 표적	**29-36** 29 무리가 모였을 때에 예수께서 말씀하시되 이 세대는 악한 세대라 **표적을 구하되** **요나의 표적 밖에는 보일 표적이 없나니** 30 **요나가 니느웨 사람들에게 표적이 됨과 같이 인자도 이 세대에 그러하리라** 32 심판 때에 니느웨 사람들이 일어나 이 세대 사람을 정죄하리니 이는 그들이 요나의 전도를 듣고 회개하였음이거니와 **요나보다 더 큰 이가 여기 있느니라** 33 누구든지 등불을 켜서 움 속에나 말 아래에 두지 아니하고 **등경 위에 두나니** 이는 들어가는 자로 그 빛을 보게 하려 함이라
지식의 열쇠를 맡은 자	**37-54** 37 예수께서 말씀하실 때에 한 바리새인이 자기와 함께 점심 잡수시기를 청하므로 들어가 앉으셨더니 38 잡수시기 전에 손 씻지 아니하심을 그 바리새인이 보고 이상히 여기는지라 42 **화 있을진저 너희 바리새인이여** 너희가 박하와 운향과 모든 채소의 십일조는 드리되 **공의와** **하나님께 대한 사랑은 버리는도다** 그러나 이것도 행하고 저것도 버리지 말아야 할지니라 46 이르시되 **화 있을진저 또 너희 율법교사여** 지기 어려운 짐을 사람에게 지우고 너희는 한 손가락도 이 짐에 대지 않는도다 52 **화 있을진저** 너희 율법교사여 **너희가 지식의 열쇠를 가져가서 너희도 들어가지 않고** **또 들어가고자 하는 자도 막았느니라 하시니라**

11장

요나의 표적 밖에는 보일 표적이 없나니

11장은 다양한 교훈들로 이루어져 있습니다만, 중심점은 변함이 없이 "하나님의 나라"(20)에 있습니다. 복음서를 주의 깊게 관찰해 보면 중심에 "하나님의 나라"가 있음을 발견하게 될 것입니다. 10장에서는 "하나님의 나라가 가까이 왔다"고 말씀하셨으나, 11장에서는 "하나님의 나라가 이미 너희에게 임하였느니라"(20) 하시고, 12장에서는 "그 나라를 너희에게 주시기를 기뻐하시느니라"(32)고 말씀하십니다.

그러면 "하나님의 나라"는 무엇인가? 잃어버린 백성을 찾아 하나님과 함께 거하는(계 21:3) 것입니다. 잃어버린 백성을 찾는 것이 어떻게 가능해지는가? "더 강한 자가 와서 사탄을 굴복시킴"(22)으로 가능해지는데 이 굴복시키는 비결이 "요나의 표적"(29)이라 하신 죽으시고 다시 사시는 십자가 사건인 것입니다. 그러므로 11장의 주제가, "요나의 표적 밖에는 보일 표적이 없다"가 될 수가 있습니다. 네 단원으로 나누어 상고합니다.

첫째 단원(1–13) **이렇게 기도하라**

둘째 단원(14–28) **강한 자와 더 강한 자**

셋째 단원(29–36) **이 세대의 표적**

넷째 단원(37–54) **지식의 열쇠를 맡은 자의 책임**

첫째 단원(1–13) 이렇게 기도하라

"예수께서 한 곳에서 기도하시고 마치시매 제자 중 하나가 여짜오되 주여 요한이 자기 제자들에게 기도를 가르친 것과 같이 우리에게도 가르쳐 주옵소서"(1). 제자들이 주님에게 어떻게 기도해야 할 것인가를 물었습니다. 이점에서 명심해야 할 점은 "기도"를 동떨어진 주제로 다루어서는 아니 된다는 점입니다. 그렇게 하기 때문에 기도를 무슨 소원성취의 수단처럼 생각하는 잘못에 빠지게 됩니다.

누구에게 물었는가? 주님에게 물었습니다. 그렇다면 예수님은 왜 오셨는가? 지금 예루살렘으로 올라가시는 목적이 무엇인가? 이러한 맥락에서 바라볼 때에 어떻게, 무엇을 위하여 기도할 것인가는 자명해지는 것입니다. 복음서의 중심주제가 "하나님의 나라"에 있고, 예수 그리스도께서 오신 목적이 하나님의 나라를 회복시키기 위해서 오셨다면 기도의 중심점도 마땅히 "그의 나라"(12:31)에 맞춰져야 한다는 점입니다.

주기도로 나아가기 전에 먼저 생각해야 할 점은 주님은 기도에 힘쓰셨다(3:21, 4:42, 5:16, 6:12, 9:18, 9:28-29, 10:21-22)는 점입니다. 11장도 "예수께서 한 곳에서 기도하시고 마치시매"(1), 기도를 가르쳐 달라 한 것입니다. 주님은 기도하지 않으셔도 되실 분같이 생각되어지기도 합니다. 그런데 주님은 그 누구보다도 기도에 힘쓰셨습니다. 그렇다면 주님은 무슨 기도를 그토록 많이 하셨을까? 주님은 자신을 위해서는 빵 한 조각도 구하지 않으셨다는 점과, 하나님의 나라와 하나님의 뜻을 위하여 기도하셨다는 이 점을 유념해야만 비로소 주님께서 가르쳐주신 기도문을 받을 준비가 되는 것입니다.

주기도문

㉠ 주기도의 첫 말씀은, "아버지여"(2) 하십니다. 이는 기도의 대상이 되시는 하나님과 우리와의 관계를 말씀해줍니다. 예수 그리스도께서는 창조주 하나님, 전능의 하나님을 우리의 "아버지"라 부를 수 있도록 화목제물이 되어주셨습니다. 하나님이 우리의 아버지가 되신다면 우리는 그의 자녀임이 분명한 것입니다. 어떤 의미에서는 모든 기도와 간구가 이 한마디 속에 함축되어 있다 하여도 과언이 아닙니다. 은혜의 보좌 앞에 나아가, "아버지!" 하고 불러보십시오. 죄 값에 팔려 사탄의 노예가 되었던 자가 어떻게 해서 하나님의 자녀가 되었으며 죄인 괴수가 만군의 여호와 하나님을 감히 아바 아버지라 부르는 것이 가능하게 되었는가를 생각하노라면 자신도 모르게, "감사합니다" 하는 환성이 터져 나오게 될 것입니다. 형제의 기도는 이미 상달이 된 것입니다.

이름 거룩하사

㉡ 이처럼 "아버지"라 부른 후에 기도의 첫 제목으로, "이름이 거룩히 여김을 받

으시오며" 라고 기도하라 하십니다. 하나님과의 관계가 아버지와 자녀의 관계임을 고백한 자라면 하나님 아버지의 이름과 영예를 최우선적으로 생각하게 되는 것은 너무나 마땅하다 하겠습니다. 왜냐하면 우리로 말미암아 "하나님의 이름이 모독을 받으시고"(롬 2:24), 거룩하신 이름이 더럽힘(겔 36:20-23)을 받으셨기 때문입니다. 하나님께서는, "나는 나를 위하며 나를 위하여 이를 이룰 것이라 어찌 내 이름을 욕되게 하리요 내 영광을 다른 자에게 주지 아니하리라"(사 48:11)고 선언하십니다. 이런 맥락에서 구원계획에는 하나님의 이름과 명예가 걸려 있다는 점을 인식한다는 것은 중요한 요점입니다.

하나님의 형상대로 지음 받은 인간이 죄를 범한다는 것은 자신을 지으신 하나님의 이름을 더럽히는 행위인 것입니다. 인류의 시조가 하나님의 말씀보다는 사탄의 유혹하는 말을 추종하여 추방을 당했을 때, 하나님의 선민 이스라엘이 우상을 숭배하다가 바벨론으로 추방을 당했을 때, 그들에게 걸려 있는 하나님의 이름은 손상을 입으셨던 것입니다.

어찌하여 바벨론 포로를 돌아오게 하시고, 사탄의 포로가 된 우리를 돌아오게 하시는가? 그들에게 자격이 있어서가 아니라 그들에게 하나님의 거룩하신 이름이 걸려 있기 때문이라는 점을 명심해야만 합니다. 이제도 하나님을 아버지라 부르는 자들이, "내가 거룩하니 너희도 거룩할 지어다" 하신 말씀대로 살아가지 못할 때에 자녀들로 말미암아 아버지의 이름은 모독을 받으시게 되는 것입니다. 하나님의 나라 회복이란 다름이 아닌 "하나님의 이름이 거룩히 여기심을 받게" 하는 일입니다. 하나님의 거룩하신 이름이 생명보다, 구원보다, 축복보다도, 그 무엇보다도 최우선한다는 점을 명심해야만 합니다.

주님 나라 임하시고

ⓒ 주님은 두 번째 기도 제목으로, "나라가 임하시오며" 라고 기도하라 하십니다. "나라"란 아버지의 나라, 즉 하나님의 나라를 의미합니다. "나라가 임하시오며"는 하나님의 통치를 의미합니다. 그 나라가 임하기를 기도하라 하십니다. 우리는 이 기도를 2천년 동안 드려왔습니다. 마지막 책, 마지막 부분에서, "할렐루야 주 우리 하나님 곧 전능하신 이가 통치하시도다"(계 19:6하) 하고, "할렐루야"가 울려 퍼지면서 하나님의 통치가 이루어지는 것을 보게 됩니다. 궁극적인 하나님의 나라는 주님의 재림 시에 온전히 임하게 되는 것입니다.

그 날이 오기까지 그리스도인들은 마음에, 가정에, 교회가 하나님의 통치하심에 복종하게 될 때 그곳에 하나님의 나라는 임하게 되는 것입니다. 이점에서 하나님의 "주관(主管)과, 통치"(統治)를 구분해서 생각하는 것이 경각심을 갖는데 도움이 됩니다. 하나님은 만물을 주관하시는 천지의 대주재자이십니다. 그런데 "통치"(統治), 즉 다스림은 인격체인 사람과 결부되는 개념인 것입니다. 그러므로 하나님의 첫 통치 영역은 "에덴"이었습니다. 그런데 아담 하와가 반역을 한 것입니다.

홍수심판 때는 방주 안이 통치영역이요, 밖은 아니었습니다. 출애굽 당시는 유월절 어린 양의 피가 뿌려진 "대문 안"만이 통치영역이었으며, 구약시대는 선민 이스라엘이 통치영역이었으나 그들도 반역하여 바벨론으로 추방을 당한 것입니다. 임마누엘 하신 주님께서 머리 둘 곳이 없다 하심은 통치에 순복하는 자가 없다는 의미가 되는 것입니다. 오늘날은 모든 그리스도인들과, 그들의 공동체인 교회가 통치영역인데 어떤 상태에 있단 말인가? 심각하게 고민하게 됩니다.

이런 맥락에서 그리스도인의 기도란 불신자들이 우상 앞에 나아가 소원 성취를 빌듯, 하나님 앞에 나아가 소원성취를 비는 그런 방편이 아닙니다. 성경은 말씀합니다. "우리 중에 누구든지 자기를 위하여 사는 자가 없고 자기를 위하여 죽는 자도 없도다 우리가 살아도 주를 위하여 살고 죽어도 주를 위하여 죽나니 그러므로 사나 죽으나 우리가 주의 것이로라"(롬 14:7-8). 이처럼 인생의 목적(目的)이 바뀐 사람들이 그리스도인들이라면 그들의 기도의 우선순위도 바뀌어야 하는 것은 당연한 것입니다. 그러므로 "아버지여 이름이 거룩히 여김을 받으시오며 나라가 임하시오며", 그리고 하나님의 뜻을 구하는(마 6:10) 것이 최우선의 기도여야 하는 것입니다.

일용할 양식 주옵시고

㉣ 다음으로 "우리에게 날마다 일용할 양식을 주시옵고" 라고 구하라 하십니다. "양식"이란 육신의 양식으로, 또는 영의 양식으로 제한할 이유가 없습니다. 주님은 "너희는 먼저 그의 나라와 그의 의를 구하라 그리하면 이 모든 것을 너희에게 더하시리라"(마 6:33, 눅 12:31)고 "그의 나라"와 함께 "이 모든 것"의 필요도 아시기 때문입니다.

그런데 이 기도에는 유념해야 할 두 가지 요점이 있는데 첫째는, "우리에게 날마다 일용할 양식을 주시옵고" 라는 말씀은 우리를 대번에 출애굽 당시의 광야생활로 인도해 줍니다. 하나님께서는 만나를 일주일, 또는 한 달 분을 한꺼번에 주신 것이 아니라 "날마다" 주셨던 것입니다. 이는 우리의 탐욕을 제한함과 동시에 날마다 교제하고 만나기를 원하심을 의미합니다.

둘째로, 하늘의 시민권자인 하나님의 자녀들은 이 세상을 살아가는 동안

어리석은 부자처럼, “곡간을 헐고 더 크게 짓고 곡식과 물건을 거기 쌓아” (12:18) 두는 것을 목적으로 삼는 것이 아니라, “날마다 일용할 양식을” 공급받음으로 족한 줄로 여기는 자들이라는 점입니다. 이를 알았기에 바울 사도는, “우리가 먹을 것과 입을 것이 있은즉 족한 줄로 알 것이니라” 하면서 “돈을 사랑함이 일만 악의 뿌리” (딤전 6:8,10)라고 경계했던 것입니다.

죄와 시험

㉤ “우리가 우리에게 죄 지은 모든 사람을 용서하오니 우리 죄도 사하여 주옵시고” 라고 기도하라 하십니다. 이는 자칫 오해하기 쉬운데, “우리에게 죄 지은 모든 자를 용서하오니” 하는 것은 죄 용서의 조건으로 제시된 것이 아닙니다. 이는 주님께서 말씀하신, “만 달란트 빚을 탕감함을 받은 자가, 자기에게 백 데나리온 빚진 동료”를 용납하지 않았다(마 18:28)는 예화와 맥을 같이 하는 것으로, 죄 용서함을 받은 감사가 있는 자는 자신에게 죄를 지은 자도 용납하게 된다는 의미입니다. 만일 “너희가 각각 마음으로부터 형제를 용서하지 아니하면”(마 18:35), 이 사람은 형제를 용납하지 않는 것만이 아니라, 하나님의 사랑과 은혜, 즉 복음을 모르는 사람이라는 뜻인 것입니다.

㉥“우리를 시험에 들게 하지 마옵소서 하라”(4) 하십니다. 이 말씀의 중심점은 시험을 당하지 않게 해달라는데 있는 것이 아니라, “실족하게 하는 것이 없을 수는 없으나”(17:1) 하심같이 “시험”이 없을 수는 없는 것입니다. 다만 시험이 닥쳤을 때 빠져 들어가지 않게 해달라는 것입니다. 그리스도인들이란 시험이라는 바다를 항해하고 있는 것과 같습니다. 배에 구멍이 뚫려 시험의 물이 배 안으로 침수해 들어온다면 침몰하게 되고 말 것입니다.

이상에서 살펴본 대로 주님께서 가르쳐주신 기도의 중심점은 철두철미, "하나님의 나라" (마 6:33) 중심에 맞춰져 있음을 깨닫게 됩니다. 그러므로 "주기도"는 주문 외우듯 하라고 주신 것이 아닙니다. 이렇게 오용하고 있기 때문에 루터는 주기도야 말로 최대의 순교자라는 말을 했던 것입니다. 주기도문은 만사형통으로 주신 것도 아닙니다. 주기도에 나타난 원리와 목적과 우선순위를 명심하면서 은밀한 중에 보시는 아버지께 "참마음과 온전한 믿음" 으로 구하라고 주신 것입니다.

어느 가정에 심방을 가서 성도들이 진실한 마음으로 주기도를 드린다면 이런 기도가 될 것입니다.

> ㉠ 이 가정의 "아버지"가 되시는 하나님, ㉡ 이 가정을 통하여 "이름이 거룩히 여김을 받으시오며", ㉢ 이 가정에 하나님 아버지의 "나라가 임하옵시며", ㉣ 이 가정을 통해서 하나님의 뜻이 이루어지고, ㉤ 이 가정에 "날마다 일용할 양식을 주옵소서"

얼마나 바르고도 합당한 기도입니까? 이것이 하나님의 뜻대로 구하는 기도입니다.

밤중에 찾아온 벗의 비유

기도와 관련 된 가르침은 세 부분(1-4, 5-8, 9-13)으로 되어있습니다. 첫째는 "예수께서 이르시되" (2) 하고 주기도를 가르쳐주셨고, 두 번째로 "또 이르시되" (5) 하고 "밤중에 찾아온 벗의 비유"를 들어서 말씀하시고, 세 번째로 "내가 또 너희에게 이르노니" (9) 하고 "구하라 찾으라 문을 두드리라"는 결론적인 말씀을 하셨습니다. 그러면 세 부분에서 원리가 되는 기도는 무엇인가? "주기도"인 것입니다. 그러므로 "밤중에 찾아온 벗의 비유"나, "구하라, 찾으라" 하신 말씀을 해석할 때 원리가 되는 "주기도"에 입각해서 해석되어야 한다는 점입니다. 만일 그렇게 하지 않는다면 주님이 말씀하신 교훈이 충돌을 하여 우습게 만드는 결과가 되고 맙니다.

이런 맥락으로 본다면, "또 이르시되 너희 중에 누가 벗이 있는데 밤중에 그에게 가서 말하기를 벗이여 떡 세 덩이를 내게 꾸어 달라 내 벗이 여행 중에 내게 왔으나 내가 먹일 것이 없노라"(5-6) 하신, "밤중에 찾아온 벗의 비유"의 중심점은 어디에 있을까요? 흔히들 이 본문을 다룰 때에 강조하는 것이, "내가 너희에게 말하노니 비록 벗됨으로 인하여서는 일어나서 주지 아니할지라도 그 간청(懇請)함을 인하여 일어나 그 요구대로 주리라"(8) 하신, "간청"에 초점을 맞춥니다. 그래서 당신의 소원을 이루어주시기까지 강청하라고 역설합니다. 아닙니다. 기도와 관련된 핵심은 "간청이 아니라, 아버지"(2, 11, 13)입니다. 자기 아들까지 아끼지 아니하시고 내어주신 우리들의 "아버지"(2)를 의리 없고 무정한 그런 친구와 같은 분으로 여길 수가 있단 말입니까?

이 비유의 강조점은, "나를 괴롭게 하지 말라 문이 이미 닫혔고 아이들이 나와 함께 침실에 누웠으니 일어나 네게 줄 수가 없노라 하겠느냐"(7), 아닙니다. 우리 아버지는 그런 분이 아니시라는데 있습니다. 이점이 기도라는 주제의 총 결론이라 할 수 있는 13절에서 밝히 드러나는데, "너희가(아비도, 벗도) 악할지라도 좋은 것을 자식(친구)에게 줄줄 알거든 〈하물며〉 너희 하늘 아버지께서 구하는 자에게 성령을 주시지 않겠느냐" 하십니다. 명심하십시다. 하나님께서는 우리 죄에 대한 대속제물로, ㉠ 자기 아들을 내어주셨고, 이를 증언케 하기 위해서, ㉡ 또 "성령"을 보내주신 분이십니다.

이를 당연시하거나, 작은 일로 여기지 마시기 바랍니다. 하나님에게 이보다 귀한 것, 그 이상은 없습니다.

이점은 18장에 나오는, "불의 한 재판관의 비유"에서도 동일합니다. 이는 기도를 드리되 하나님이 "번거롭고, 괴로 우셔서" 들어주지 않을 수 없도록 하라는 말씀이 아닙니다. "하물며 하나님께서 그 밤낮 부르짖는 택하신 자들의 원한을 풀어 주지 아니하시겠느냐 그들에게 오래 참으시겠느냐"(18:7) 하십니다. "불의한 재판관"은 하나님과의 유사성(類似性)때문이 아니라, 63빌딩 옆에 성냥갑을 갖다 놓듯 대비(對比)를 인하여 하신 비유인 것입니다.

구하라, 찾으라, 문을 두드리라

"내가 또 너희에게 이르노니 구하라 그러면 너희에게 주실 것이요 찾으라 그러면 찾아낼 것이요 문을 두드리라 그러면 너희에게 열릴 것이니"(9) 하십니다. 이 대목은 시간이 걸리더라도 심층적으로 생각해 보아야만 하겠습니다. 왜냐하면 기도하면 단골 메뉴로 등장하는 "구하라, 찾으라, 문을 두드리라"(9) 하신 의도와 바른 해석이 무엇인가를 깨닫기 위해서입니다. 오늘날은 이 말씀을 문맥에서 뽑아내어 거두절미하고 무엇이나 구하라는 식으로 대입(代入)시키는 것을 흔히 볼 수가 있습니다. 그렇게 하다보니까 자기중심적으로 무엇이든지 원하는 바를 구하라, 주시기까지, 찾을 때까지, 열릴 때까지 끈질기게 간청하라고 전가보도처럼 인용되어지고 있는 실정입니다.

이는 오용(誤用)이며 도리어 유해(有害)한 일이기까지 합니다. "기도"

(祈禱)는 하나님께서 그의 자녀들에게만 주신 가장 중요한 특권입니다. 그러므로 이 기도라는 특권을 잘못 사용(使用)하게 될 때 그 병폐는 치명적이라고 말해도 과언이 아닙니다. 하나님 중심이 아닌 자기중심적인 신앙이 되고, 자신의 축복만을 구하는 이기적인 신앙이 되고, 기도를 주술적으로 사용하는 무속적인 신앙이 되어 기독교 자체가 변질될 위험이 있기 때문입니다.

그러므로 "구하라—" 하신 말씀도, "너희는 기도할 때에 이렇게 하라" (2) 하신 기도의 원리와 같은 "주기도"에 의해서 해석되어져야만 합니다. 그러므로 "구하라 찾으라 두드리라" 하심은 죄로 말미암아 하나님과 단절이 된 인류에게 향하신 신구약성경의 일관된 촉구요, 해결 받아야 할 숙제임을 인식하는 것이 중요합니다. 인류의 시조 아담과 하와는 하나님을 배신함으로 단절이 되고 하나님 존전에서 추방을 당하였습니다. 그들의 후손들은, "세상에서 소망이 없고 하나님도 없는" (엡 2:12) 중에 태어나 진노의 자식으로 살아들 가다가 멸망을 받게 되었습니다.

이제 그들이 무엇을 구해야만 하겠습니까? 무엇을 찾아야만 하겠습니까? 성경은 말씀합니다. "네가 거기서 네 하나님 여호와를 구하게 되리니 만일 마음을 다하고 뜻을 다하여 그를 구하면 만나리라(신 4:29). 내 말을 들으라 너희가 여호와와 함께 하면 여호와께서 너희와 함께 하실지라 너희가 만일 그를 찾으면 그가 너희와 만나게 되시려니와 너희가 만일 그를 버리면 그도 너희를 버리시리라" (대하 15:2) 하십니다.

아시겠습니까? "그의 거룩한 이름을 자랑하라 여호와를 구하는 자들은 마음이 즐거울지로다 여호와와 그의 능력을 구할지어다 그의 얼굴을 항상 구할지어다(시 105:3-4). 그는 여호와께 복을 받고 구원의 하나님께 의를 얻으리니 이는 여호와를 찾는 족속이요 야곱의 하나님의 얼굴을 구하는 자로다(시 24:5-6). 너희가 온 마음으로 나를 구하면 나를 찾을 것이요 나를 만나리라" (렘 29:13) 하십니다.

유사한 성구의 나열이라 생각하지 마시기 바랍니다. 성경에서, "하나님을 구하라, 너희 하나님 여호와를 찾으라" 고 간절히 호소하고 있는 말씀을 인용하라면 백 번이라도 제시할 수 있을 것입니다. 구속사라는 맥락에서 볼 때에 하나님 존전에서 추방당한 인간, 하나님과 분리된 인간, 하나님을 잃어버린 인간이 구하고 찾아야 할 것이 무엇이겠습니까? 하나님을 구하고 찾아야 함은 너무나 긴급하고도 당연한 일이며 신구약 성경을 통한 일관된 호소인 것입니다.

보십시오. 주님께서는, "문을 두드리라 그러면 너희에게 열릴 것이니" (9) 하십니다. 이는 문이 닫혀 있다는 점을 전제로 하신 말씀입니다. 그렇습니다. 성경은 "성령이 이로써(성막을 통하여) 보이신 것은 첫 장막이 서 있을 동안(구약시대)에는 성소에 들어가는 길이 아직 나타나지 아니한 것이라" (히 9:8) 합니다. 이점이 성소와 지성소가 휘장으로 막혀있는 성소 식양이 말해줍니다. 한마디로 구약시대란 문이 닫혀져 있던 시대였다는 것입니다. 그래서 "두드리라 그러면 열릴 것이라" 하신 것입니다.

닫혀져 있던 문이, "그 길은 우리를 위하여 휘장 가운데로 열어 놓으신 새로운 살 길이요 휘장은 곧 그(그리스도)의 육체니라" (히 10:20)고 말씀하십니다. 어느 때 장면입니까? 주님께서 우리의 죄를 대속하심으로 성소의 휘장이 찢어지던 그때를 가리키는 말씀입니다. 이처럼 하나님께 나아가는 "문"을 열어주시고, "길"을 개통시키기 위해서 예루살렘을 향하여 올라가기로 굳게 결심하신 주님께서 구하라 하십니다. 찾으라 하십니다. 문을 두드리라고 말씀하시는 것입니다. 이제 무엇을 구하시겠습니까?

문을 두드려 이르기를

형제여 잊어서는 아니 될 말씀이 있습니다. "문을 두드리라" 고 말씀하신 주님께서 먼저, 그리고 더 많이, 더 오래도록, 형제의 문을 두드리고 계셨음을 형제는 알고 있습니까? "볼지어다 내가 문 밖에 서서 두드리노니 누구든지 내 음성을 듣고 문을 열면 내가 그에게로 들어가 그와 더불어 먹고 그는 나와 더불어 먹으리라" (계 3:20) 하십니다. 주님께서는 무엇을 위해서, 무엇을 주시려고 형제의 마음 문을 두드리고 계시는 것일까요? 교제를 위해서입니다. 형제에게로 들어가 형제로 더불어 먹고 형제는 주님과 더불어 먹게 하시려는 사랑의 교제를 위해서입니다. 형제는 하나님 아버지와의 사랑의 교제를 사모하여 얼마나 구하고 문을 두드려 보셨습니까? 이처럼 인격적인 교제를 나누시기를 원하심은 신약 성경에만 계시되어 있는 것이 아닙니다.

> 내가 잘지라도 마음은 깨었는데
> 나의 사랑하는 자의 소리가 들리는구나
> 문을 두드려 이르기를
> 나의 누이, 나의 사랑, 나의 비둘기, 나의 완전한 자야
> 문을 열어 다오 내 머리에는 이슬이,
> 내 머리털에는 밤이슬이 가득하였다 하는구나
> 내가 옷을 벗었으니 어찌 다시 입겠으며 내가 발을 씻었으니
> 어찌 다시 더럽히랴마는
> 내 사랑하는 자가 문틈으로 손을 들이밀매 내 마음이 움직여서

> 일어나 내 사랑하는 자를 위하여 문을 열 때 몰약이 내 손에서,
> 몰약의 즙이 내 손가락에서 문빗장에 떨어지는구나
> (아 5:2-5).

주님은 "문을 열어주시려고, 만나주시기 위해서" 임마누엘 하셨는데 본문에서 유대인들은 구하지도, 찾지도, 문을 두드리지도" 않는 것입니다. 이러한 주님은 밖에 세워둔 채 축복만 구하지 않았습니까? 은사만 구하지 않았습니까? 기사이적만 구하지 않았습니까? "네게 무엇을 줄꼬 너는 구하라" 하실 때에 이렇게 말씀드리십시다. "오직 주 자신이니이다".

그러므로 우리들의 하늘 아버지께서는 자녀들이 미련해서 잘못 구한다고 해도 "뱀" (11)을 주시거나 "전갈" (12)은 주시지 않으십니다. 우리들이 구하는 많은 것들이 나를 무는 뱀이 되고 나를 쏘는 전갈이 될 줄을 모르고 구할 때가 많이 있는 것입니다. 하나님의 뜻대로 마옵시고 나의 원대로 하옵소서 하고 고집을 부리는 것이 기도인양 착각하고 있는 사람들이 의외로 많이 있습니다. 미련하게 구하는 것을 주시지 않음을 인하여 하나님께 감사하십시다. 성경은 말씀합니다. "여호와께서 그들의 요구한 것을 그들에게 주셨을지라도 그들의 영혼은 쇠약하게 하셨도다" (시 106:15). 형제의 "영혼이 쇠약하게" 될지라도 구하는 바를 꼭 받아야만 하겠습니까?

일반은총과 특별은총

이제 기도라는 주제의 총 결론을 말씀드려야만 하겠습니다. "하물며 너희 하늘 아버지께서 구하는 자에게 성령을 주시지 않겠느냐 하시니라"

(13). 이 말씀을 주심을 인하여 충심으로 감사를 드리는 바입니다. 이 말씀은 잘못되기 쉬운 우리의 기도에 제동을 거는 역할을 하고, 무엇을 구할 것인가에 제한을 가하고 있는 것입니다.

하나님께서 주시는 은총 중에는 일반은총(一般恩寵)이 있고, 특별은총(特別恩寵)이 있습니다. "이는 하나님이 그 해를 악인과 선인에게 비추시며 비를 의로운 자와 불의한 자에게 내려주심이라" (마 5:45)는 말씀은 일반은총을 의미합니다. 그러나 "하늘 아버지께서 구하는 자에게 성령을 주시지 않겠느냐" 하심은 사랑하는 자녀들에게만 주시는 특별은총인 것입니다. "성령"은 특별은총을 한마디로 포괄해서 하신 말씀이라 할 수가 있습니다. 그리고 이 특별은총 안에는 "하늘에 속한 모든 신령한 복" (엡 1:3)이 다 들어있는 것입니다. 골로새서에서는, "그 안에는 지혜와 지식의 모든 보화가 감추어져 있느니라" (골 2:3) 하십니다. 하나님께서는 구하는 자에게 특별은총을 주십니다.

그런데 하나님의 자녀들이 특별은총은 옆으로 밀어놓고 일반은총만을 달라고 매달리고 있다는데 문제가 있는 것입니다. 잘 주시던가요? 천만의 말씀입니다. 왜 그럴까요? 일반은총이 있고 특별은총이 있듯이 하나님의 섭리에도 일반섭리와 특별섭리(비상섭리)가 있기 때문입니다. 하나님께서는 이 세상을 일반섭리로 주관하고 계십니다. 비상섭리란 기사와 이적을 가리키는 말인데 말 그대로 비상시(非常時)에나 행사하시는 특별한 섭리인 것입니다.

그런데 성도들이 비상섭리를 행해주시기를 간청하고 있다는 점입니다. 그것은 마치 햇빛을 우리 밭에만 비춰달라고 구하는 것과 같습니다. 비를 우리 논에만 내려달라고 구함과 같습니다. 그 기도를 응답해주시겠습니까? 하나님의 자녀들이라 하여도 세상에 사는 동안에는 일반섭리에 순응하며 살아가야만 하는 것입니다. 부지런히 정직하게 장사하려 하지는 않고 "축복해주십시오, 축복해주십시오" 하고 졸라댑니다. 주님은 말씀하십니다. "이는 다 이방인(불신자)들이 구하는 것이라 너희 하늘 아버지께서 이 모든 것이 너희에게 있어야 할 줄을 아시느니라"(마 6:32).

그러므로 기도에 대한 총 결론이, "하물며 너희 하늘 아버지께서 구하는 자에게 성령을 주시지 않겠느냐"(13)는 결론에 도달하게 됨은 필연적인 귀결인 것입니다. 그리스도인들이란 그 안에 "성령"을 모신 자들입니다. 하나님과의 관계에 있어서 문이 열려 있는 자들이며, 수시로 하나님 보좌 앞에 나아갈 수 있는 자들입니다. "자기 아들을 아끼지 아니하시고 우리 모든 사람을 위하여 내주신 이가 어찌 그 아들과 함께 모든 것을 우리에게 주시지 아니하겠느냐"(롬8:32)고 반문하시는 하나님께, 의뢰하고 의탁하는 것, 이것이 믿음인 것입니다. 그래도 부족합니까? 시편 37편은,

여호와를 의뢰하라(3)
여호와를 기뻐하라(4)
여호와께 맡기라(5)
여호와 앞에 잠잠하고 참고 기다리라(7)
불평하지 말지어다(7)
여호와께 소망을 두라(9) 합니다.

형제여! 하나님을 아바 아버지라 부르는 자라면, 자신의 신분이 하나님의 자녀임을 믿는 자라면 우리의 모든 염려를 아들까지 내어주신 하나님

께, 또 성령을 보내주신 하나님 아버지께 의뢰하고 의탁할 수 있지 않겠습니까? 이렇게 말함은, "병 낫기를 위해서 기도해서는 안 된다, 축복기도 하는 것은 잘못이다, 자신의 문제를 놓고 간구하는 것은 비성경적이다" 라는 뜻이 절대로 아닙니다. 오직 주님께서 "구하라 찾으라 두드리라" 고 말씀하신 진의가 무엇인가 하는 점을 강조하고 있을 뿐입니다. 무엇이든지 구하라 그러면 주실 것이요 하고 덮어놓고 대입하려는 잘못을 경계하고 이에 따른 자기중심적인 기복주의 신앙에서 탈피해야함을 역설하고 있을 뿐입니다.

"우리에게 있는 대제사장은 우리의 연약함을 동정하지 못하실 이가 아니요 모든 일에 우리와 똑같이 시험을 받으신 이로되 죄는 없으시니라 그러므로 우리는 긍휼하심을 받고 때를 따라 돕는 은혜를 얻기 위하여 은혜의 보좌 앞에 담대히 나아갈 것이니라" (히 4:15-16), 우리의 필요를 아시는 분이십니다. 또한 성경은 "다만 모든 일에 기도와 간구로 너희 구할 것을 감사함으로 하나님께 아뢰라" (빌 4:6)고 말씀합니다. 그러나 그런 경우 근거로 제시해야 할 성경은 본문이 아니라 야고보서 5:13-16절 등 다른 본문이어야 마땅합니다.

둘째 단원(14-28) 강한 자와 더 강한 자

"예수께서 한 말 못하게 하는 귀신을 쫓아내시니 귀신이 나가매 말 못하는 사람이 말하는지라 무리들이 놀랍게 여겼으나 그 중에 더러는 말하기를 그가 귀신의 왕 바알세불을 힘입어 귀신을 쫓아낸다 하고 또 더러는 예수를 시험하여 하늘로부터 오는 표적을 구하니" (14-15).

저들은 주님이 행하시는 이적을 부인할 수는 없고 그렇다고 하나님의 능력으로 역사하신다고 인정해 줄 수도 없는 터라, "귀신의 왕 바알세불을 힘입어 귀신을 쫓아낸다"고 모략했던 것입니다. 주님께서는 저들의 비난을, "사탄이 스스로 분쟁하면 그의 나라가 어떻게 서겠느냐" (18)고, "하나님의 나라와, 사탄의 나라"를 대비하는 영적 논리로 논박하십니다. 그렇게 하신 후에, "내가 만일 하나님의 손을 힘입어 귀신을 쫓아낸다면 하나님의 나라가 이미 너희에게 임하였느니라" (20) 하십니다. 이는 주님이 하시는 사역이 성령을 힘입어(마 12:28) 사탄을 정복하고, 하나님 나라를 회복하시는 "영적인 전쟁"임을 나타내는 말씀입니다. 이점을 비유를 들어 설명하십니다.

강한 자

"강한 자가 무장을 하고 자기 집을 지킬 때에는 그 소유가 안전하되" (21) 하십니다. 사탄은 "강한 자"요, 성도들을 공격하기 위한 각양 무기들로 무장을 하고 있는 자라 하십니다. 그리고 "자기 집을 지킬 때에는" 한 "자기 집"이란, "귀신 나올 것 같다"는 고옥이 아니라 "사람의 심령"이 사탄의 집인 것입니다. "더러운 귀신이 사람에게서 나갔을 때에" (24) 하고 이점을 밝히십니다. 이점에서 "그 소유가 안전하되" 한 "안전"은, 한 심령을 사망에서 생명으로 빼앗아온다는 것이 얼마나 어려운 일인가를 나타냅니다.

"소속이 없고, 소유주가 없는" 심령이란 단 한 사람도 없습니다. 그리고 영적인 논리로 말한다면 모든 사람은 두 진영, 두 나라 중 어느 하나에 속해 있다는 점입니다. 하나님의 나라에 속해 있느냐? 사탄의 나라에 소속이 되어 있느냐? 둘 중의 하나뿐 중간은 없습니다. 두 나라에 동시에 소속이 된다는 것도 불가능합니다. 이렇게 된 원인은 인류의 시조의 범죄로 말미암아, "네 후손도 여자의 후손과 원수가 되게 하리니" (창 3:15)에서 비롯된 것입니다.

"더 강한 자가 와서 그를 이길 때에는" (22) 하십니다. 예수 그리스도는 본성적으로 "더 강한 자"이십니다. 그런데 성경은 성육신을, "그는 주 앞에서 자라나기를 연한 순 같고 마른 땅에서 나온 뿌리 같아서 고운 모양도 없고 풍채도 없는(사 53:2), 천사들보다 잠시 동안 못하게 하심을 입은 자" (히 2:9)라고 말씀합니다.

주님께서 귀신을 쫓아내셨다는 것은 "이기심"이 분명합니다. 그런데 "그가 믿던 무장을 빼앗고 그의 재물을 나누느니라" 하신 궁극적인 승리는 "죽음으로 말미암아 죽음의 세력을 잡은 자 곧 마귀를 없이 하신" (히 2:14) 부활사건으로만이 가능해지는 것입니다. 성경은 "우리를 거스르고 불리하게 하는 법조문으로 쓴 증서를 지우시고 제하여 버리사 십자가에 못 박으시고 통치자들과 권세들을 무력화하여 드러내어 구경거리로 삼으시고 십자가로 그들을 이기셨느니라" (골 2:14-15)고 말씀합니다. 주님은 이 결정적인 승리를 위해서 "예루살렘을 향하여" 올라가고 계시는 것입니다.

더 강한 자

"더러운 귀신이 사람에게서 나갔을 때에 물 없는 곳으로 다니며 쉬기를 구하되 얻지 못하고 이에 이르되 내가 나온 내 집으로 돌아가리라 하고 가서 보니 그 집이 청소되고 수리되었거늘 이에 가서 저보다 더 악한 귀신 일곱을 데리고 들어가서 거하니 그 사람의 나중 형편이 전보다 더 심하게 되느니라" (24-26) 하십니다. 이는 "빈집의 위험성"을 말씀함이 아닙니다. 엄밀한 의미에서 빈집이란 존재하지 않는 것입니다. 지금 주님께서는 "거듭남"의 교리를 말씀하고 계시는 것이 아니라, "나와 함께 하지 아니하는 자는 나를 반대하는 자요 나와 함께 모으지 아니하는 자는 헤치는 자니라" (23), 즉 너는 어느 편이냐 하는 영적 논리로 말씀하는 문맥인 것입니다.

지금 제사장 서기관들은 사탄의 진영에 속하여 하나님의 나라건설을 "반대하고, 헤치는" 일을 하고 있는 것입니다. 예루살렘에 입성하신 주님은, "이제 이 세상에 대한 심판이 이르렀으니 이 세상 임금이 쫓겨나리라" (요 12:31)고 선언하십니다. "임마누엘 사건"을 통하여 하나님의 나라는 이미 임하였으며, "십자가 사건"을 통하여 결정적인 승리를 이루셨으며, "오순절 사건"을 통하여 하나님의 나라는 확장되어 나가는 것이며, "재림사건"을 통하여 하나님의 나라는 완성이 되는 것입니다.

십자가 군병들은 우리의 대장이 승리해 놓으신 싸움을 싸우고 있는 것입니다. 나의 축복을 위해서가 아닙니다. 만사형통을 위해서도 아닙니다. 하나님의 이름과 그의 나라를 위해서입니다.

셋째 단원(29-36) 이 세대의 표적

"무리가 모였을 때에 예수께서 말씀하시되 이 세대는 악한 세대라 표적을 구하되 요나의 표적 밖에는 보일 표적이 없나니 요나가 니느웨 사람들에게 표적이 됨과 같이 인자도 이 세대에 그러하리라"(29-30).

주님께서 벙어리 귀신 쫓아내심을 보고 세 가지 반응을 보였는데 많은 무리들은, "놀랍게" 여겼습니다. 더러는 바알세불을 힘입어 귀신을 쫓아낸다고 비난했습니다. 또 더러는 예수를 시험하여 하늘로서 오는 "표적"을 구했습니다(14-16). 이들을 향해서, "이 세대는 악한 세대라 표적을 구하되" 하십니다. 어찌하여 "표적"을 구하는 것을 "악한 세대"라 하시는가? 천지는 변하고 없어질지라도 변치 아니할 "언약"의 말씀을 믿지 않기 때문입니다. 그래서 주님은, "요나의 표적 밖에는 보일 표적이 없나니" 하신 것입니다. 본문에는 "요나의 표적(29)과, 니느웨의 표적"(30)이 등장합니다.

㉠ 그러면 첫째로, "요나의 표적"이 무엇인가? 주님께서 보여주시겠다는 요나의 표적이란 "요나가 밤낮 사흘을 큰 물고기 뱃속에 있었던 것같이 인자도 밤낮 사흘을 땅 속에 있으리라"(마 12:40) 하신, 죽은 자 가운데서 삼 일만에 부활하실 것을 의미합니다. 하나님이 하시는 일은, "깊도다 하나님의 지혜와 지식의 풍성함이여 그의 판단은 헤아리지 못할 것이며 그의 길은 찾지 못할 것이로다"(롬 11:33)고 탄복한 대로 측량할 수가 없는 것입니다. 하나님의 명령을 불순종하다가 큰 물고기에게 삼킨바 된 요나를 통해서도 주님의 죽으심과 다시 사심을 증언할 표적으로 삼으셨으니 말입니다.

요나의 표적

예수님께서 십자가에 달려 죽으셨다가 장사지낸 지 3일 만에 죽은 자 가운데서 다시 살아나셨다는 부활사건은 기독교가 생명의 종교라는 점을 증인하는 최대의 표적이었던 것입니다. 저는 어떤 고승(高僧)에게 진정 궁금해서, "석가모니가 내가 죽거들랑 불상을 만들어 놓고 빌어라 그리하면 복을 주겠노라"고 한 가르침이 있느냐 물었습니다. 없다는 것입니다. 그리고 그분은 말했습니다. 기독교는 예수가 부활했다고 말하니까 문제가 없는데 불교에서는 시간이 지나자 문제가 발생하게 되었다는 것입니다. 그래서 보이는 불상을 만들게 되었다는 것입니다.

ⓛ 둘째로, "요나가 니느웨 사람들에게 표적이 됨과 같이 인자도 이 세대에 그러하리라"(30) 하신 "니느웨의 표적"은 무엇인가? 결론부터 말씀드리면 니느웨는 멸망의 표적으로 제시된 것이 아닙니다. 니느웨는 멸망당하지 않았습니다. 요나의 표적을 통하여 회개한 니느웨는 모든 세대의 구원의 표적으로 제시하신 것입니다.

그렇다면 형제는 니느웨 사람들이 어떻게 해서 그토록 회개할 수가 있었을까 하고 의아한 마음이 들지가 않습니까? 그것은 "요나가 니느웨 사람들에게 표적"(30)이 되었기 때문이라는 것입니다. 무슨 뜻인가? 요나가 니느웨에 가서 "40일이 지나면 이 성이 무너지리라"고 외쳤을 때 어떤 반응을 보였을 것 같습니까? 미친 사람으로 여겼을 것입니다. 악담하는 자로 여기고 돌로 치는 자도 있었을 것입니다. 그런 중에 결정적인 증인이 나타난 것입니다.

그 증인은 요나를 바다에 던진 선원이었을 것입니다. "저 사람이 누군지 아느냐? 하나님의 선지자다" 하고, 그를 바다에 던지게 된 경위와, 그런데 하나님께서 그를 살리셔서 니느웨로 보내셨다는 그 동안에 일어난 일을 증언했을 것입니다. 그렇다면 문제는 달라진 것입니다. 이런 사람의 말을 미친 사람의 말로 여길 수가 있단 말인가? "그 일이 니느웨 왕에게 들리매 왕이 보좌에서 일어나 왕복을 벗고 굵은 베 옷을 입고 재 위에 앉으니라, 조서를 내려 니느웨에 선포하여 이르되 사람이나 짐승이나 소 떼나 양 떼나 아무것도 입에 대지 말지니 곧 먹지도 말 것이요 물도 마시지 말 것이며 사람이든지 짐승이든지 다 굵은 베 옷을 입을 것이요 힘써 하나님께 부르짖을 것이며 각기 악한 길과 손으로 행한 강포에서 떠날 것이라" (욘 3:6-8)고 회개하기에 이른 것입니다. 이것이 "요나가 니느웨 사람들에게 표적이 되었다"는 의미입니다.

ⓒ 그러면 "인자도 이 세대에 그러하리라"(30) 하신 뜻은 무엇인가? 사도 바울은 그리스도의 증인으로 보냄을 받아 아덴 시민을 향해 증언하기를, "이는 정하신 사람으로 하여금 천하를 공의로 심판할 날을 작정하시고 이에 그를 죽은 자 가운데서 다시 살리신 것으로 모든 사람에게 믿을 만한 증거를 주셨음이니라" (행 17:31)고 외쳤습니다. 이것이 "인자도 이 세대에 그러하리라" 하신 "이 세대의 표적"입니다. 이 표적을 듣고도 회개하지 않는다면 "악한 세대"요, 그에게 더 보여줄 표적은 없는 것입니다. 문제는 우리가 이 증인 역할을 바로 수행하고 있느냐에 있습니다.

아덴이 니느웨처럼 회개했습니까? 아닙니다. "그들이 죽은 자의 부활을 듣고 어떤 사람은 조롱했다" 합니다. 그래서 바울이 십자가 복음으로는 안 되겠다 지혜의 말로 설득해야겠다, 축복을 받으라고 말해야하겠다 했던가요? 도리어 "십자가의 도가 멸망하는 자들에게는 미련한 것이요 구원을 얻는 우리에게는 하나님의 능력이라" (고전 1:18)고 말씀했던 것입니다.

그러므로 주님은, "심판 때에 니느웨 사람들이 일어나 이 세대 사람을 정죄하리니 이는 그들이 요나의 전도를 듣고 회개하였음이거니와 요나보다 더 큰 이가 여기 있느니라" (32)고 말씀합니다. 요나 보다 더 큰이가 그리스도시오, 요나의 표적보다 더 큰 표적이 우리가 증언해야 할 십자가, 부활인 것입니다.

또 주님은 "심판 때에 남방 여왕이 일어나 이 세대 사람을 정죄하리니" 하십니다. 왜 그렇습니까? "이는 그가 솔로몬의 지혜로운 말을 들으려고 땅 끝에서 왔음이거니와 솔로몬보다 더 큰 이가 여기 있다"(31) 하십니다. 요나는 선지자로 니느웨 사람들에게 "듣게" 하시려고 보내셨습니다. 여왕은 솔로몬의 소문을 듣고 "들으려고" 찾아왔습니다. 남방 여왕은, "복되도다 당신의 사람들이여 복되도다 당신의 신하들이여 항상 당신 앞에 서서 당신의 지혜를 들음이로다"(왕상 10:8)고 말했습니다.

그러나 성경이 복되다고 말씀하는 지혜는 솔로몬의 말이 아닙니다. 솔로몬은 또 하나의 예표적인 인물에 불과했습니다. 주님은 말씀하십니다. "많은 선지자와 임금이 너희 보는 바를 보고자 하였으되 보지 못하였으며 너희 듣는 바를 듣고자 하였으되 듣지 못하였느니라"(10:24). 오래 전 선지자들이 꿈꾸던 복을 "들을 수 있다"는 것은 참으로 복되고도 복된 일입니다. 그래서 복음인 것입니다. 주님께서는 이제 마지막이자 최대의 표적인 "요나의 표적"을 보여주기 위해서 예루살렘으로 올라가고 계시는 것입니다.

그러므로 복음은 십자가에서 머물지를 않습니다. "빈 무덤" 까지 나아가는 것입니다. 나아가 "하늘에 오르사 전능하신 하나님 우편에 앉아 계시다가 저리로써 산 자와 죽은 자를 심판하러 오시리라"는 재림까지로 이어집니다. 만일 이 최대의 표적마저 거부한다면 "심판과 정죄"(定罪) 외에는 그에게 보여줄 다른 표적은 없는 것입니다.

"예수께서 말씀하실 때에 한 바리새인이 자기와 함께 점심 잡수시기를 청하므로 들어가 앉으셨더니 잡수시기 전에 손 씻지 아니하심을 그 바리새인이 보고 이상히 여기는지라" (37-38).

주님께서 바리새인의 초대에 기꺼이 응하셨습니다. 그렇습니다. "하나님의 나라 복음"은 어디든 들어가야만 하기 때문입니다. 그런데 여기 상반된 결과가 있습니다. 예수 그리스도께서 삭개오의 집에 들어가시자, "오늘 구원이 이 집에 이르렀으니 이 사람도 아브라함의 자손임이로다" (19:9)고 하나님의 나라가 사개오의 집에도 임하였습니다.

화 있을진저 너희 바리새인이여

그러나 주님께서 한 바리새인의 집에 들어가셨을 때에는, "화 있을진저 너희 바리새인이여(42), 화 있을진저 또 너희 율법교사여" (46) 하고 도리어 화(禍)가 임한 것입니다. 어떠한 차이입니까? 삭개오는 주님을 환영하고 영접하였으나 바리새인들은 주님을 비난하고 배척한 차이입니다. 그들은 "잡수시기 전에 손 씻지 아니하심" (38)을 비난했습니다.

바리새인들이나 율법사들이 일반 무리들, 즉 "세리와 죄인들" (15:1) 보다 윤리적인 면에서 열등하다고 여겨서는 아니 됩니다. 그들은 "바리새인"이라는 이름이 말해주듯이 고도의 의식법(儀式法)들을 만들어 지키며 구별된 삶을 살면서 그것으로 완전한 줄로 여기고 있었던 자들입니다. 주님이 "손 씻지 이니하심을 이상히 여겼다"는 말은 위생상으로 한 말이 아니라, 의식(儀式)을 지키지 않음을 뜻합니다. 그러한 그들이 백성들로부터는 존경을 받았을지라도 주님 앞에 서게 되자, "너희 바리새인은 지금 잔과 대접의 겉은 깨끗이 하나 너희 속에는 탐욕과 악독이 가득하도다 어리석은 자들아 겉을 만드신 이가 속도 만들지 아니하셨느냐"(39-40)고 그들의 정체가 벌거벗은 듯이 드러나고 있는 것입니다.

주님께서 바리새인들을 그토록 책망을 하신 주된 원인은, "위선과 외식"을 미워하셨기 때문입니다. 이는 바리새인뿐만이 아니라 어느 시대 누구를 보실 때에도 최고로 미워하시는 것이 "외식과 위선"임을 깨닫게 하기 위해서인 것입니다. "화 있을진저 너희여 너희는 평토장한 무덤 같아서 그 위를 밟는 사람이 알지 못하느니라"(44)고 이점을 지적하십니다. 그들은 하나님과의 바른 관계보다는 "회당의 높은 자리와 시장에서 문안 받는 것을 기뻐하는 도다"(43)고 사람에게 대접받는 것을 더 좋아했던 것입니다.

"화 있을진저 너희 바리새인이여 너희가 박하와 운향과 모든 채소의 십일조를 드리되 공의와 하나님께 대한 사랑은 버리는도다"(42) 하십니다. 18:10절에 등장하는 바리새인의 말을 들어보십시오. 그들이 형식적으로는 얼마나 완벽하다 하리만치 조문들을 지켰는가? 주님께서도 그점을 인정하고 계십니다. 그러나 그들은 신앙의 본질인 "공의와 사랑"(42)은 버린 위선적이고 형식적인 신앙인이었던 것입니다. 이 말씀을 상고하면서 나 자신이 바리새인을 닮았다는 생각이 들지는 않습니까?

화 있을진저 너희 율법사여

"한 율법교사가 예수께 대답하여 이르되 선생님 이렇게 말씀하시니 우리까지 모욕하심이니이다"(45) 라고 말하자 이제까지 바리새인을 질타하신 주님은, "화 있을진저 또 너희 율법교사여 지기 어려운 짐을 사람에게 지우고 너희는 한 손가락도 이 짐에 대지 않는도다"(46)고 책망하십니다. 율법교사들이 "지기 어려운 짐을 사람들에게 지웠다"는 의미가 무엇일까요? 설교로 "이렇게 하라, 저렇게 하지 말라" 하고 짐을 지우고는, 자신들은 "한 손가락도 이 짐에 대지 않는도다"(46), 즉 자신이 설교한대로 실천하지 않았다는 말씀입니다.

주님께서 바리새인에 대하여 노를 발하신 주 된 원인이 "외식과 위선"에 있다면, 율법교사와 결부 된 주 된 원인은 "말씀에 대한 곡해", 즉 설교와 결부되어 있다는 점을 주목해야만 합니다. 왜냐하면 율법교사들이란 말씀을 맡은 자들이기 때문입니다. 이점이 "화 있을진저 너희 율법교사여 너희가 지식의 열쇠를 가져가서 너희도 들어가지 않고 또 들어가고자 하는 자도 막았느니라"(52) 하신 책망에 나타납니다.

㉠ 먼저 "지식의 열쇠"란 무엇인가? 성경을 해석하여 설교할 수 있는 임무를 가리킵니다. 말씀의 사역자로 세움을 받았다는 것은 무엇에도 비할 수 없는 축복임에 분명합니다. 그런데 이 직분에는 이에 상응하는 무거운 책임이 따른다는 것을 명심해야만 합니다.

㉡ 그러면 "너희도 들어가지 않고 또 들어가고자 하는 자도 막았느니라"는 뜻은 무엇인가? 성경은 문제에 대한 해답입니다. 그런데 당시의 설교자들은 백성들에게, "지기 어려운 짐"만을 지울 뿐 해답을 제시해주지 않았다는 것입니다. "막았다" 하심은 성경을 곡해했음을 뜻합니다. 그러므로 성경을 곡해하는 것보다 더 비극적인 일이란 달리는 없습니다. 그 결과는 육신만을 죽이는 것이 아니라 영을 죽이기 때문입니다. 그들의 조상들도 그렇게 하다가 멸망을 당한

것이 성경역사가 증언해주고 있는데도 말입니다. 어찌하여 메시아를 그토록 고대하던 그들이 메시아가 오시자 배척하고 십자가에 못을 박아 죽였습니까? 말씀을 맡은 자들이 성경을 곡해했기 때문입니다.

열왕기상 22장에 보면 "누가 아합을 꾀어 그를 길르앗 라못에 올라가서 죽게 할꼬 하시니 하나는 이렇게 하겠다 하고 또 하나는 저렇게 하겠다 하였는데 한 영이 나아와 여호와 앞에 서서 말하되 내가 그를 꾀겠나이다 여호와께서 그에게 이르시되 어떻게 하겠느냐 이르되 내가 나가서 〈거짓말하는 영〉이 되어 그의 모든 선지자들의 입에 있겠나이다 여호와께서 이르시되 너는 꾀겠고 또 이루리라" (왕상 22:20-22)는 말씀을 대하게 됩니다. 거짓선지자들이 아합에게 아부하는 말을 하여 죽게 했던 것입니다. 성도들을 꾀이는데 있어서 다른 방법으로는 불가능하다 하여도 듣기 좋은 말로 아첨하는 방법으로 가능함을 보게 됩니다.

바리새인과 율법교사를 함께 책망하심을 유념하십시다. 오늘의 설교자들에게는 바리새인과 율법사의 특성인 사람들에게 잘 보이고 인정받고 싶은 "외식"의 유혹과, 사람들을 기쁘게 해주기 위해서 "말씀을 곡해"하려는 유혹이 함께 따르기 때문입니다. 명심하십시다. "지식의 열쇠"는 죽었던 영혼을 구원하여 하나님의 나라를 세워 나가게도 하고, "지식의 열쇠"를 잘못 사용하게 되면 천국에 "들어가고자 하는 자도 막을" 수가 있으며 하나님의 나라를 대적할 수도 있다는 점을! 하나님은 욥의 세 친구에게, "내가 너와 네 두 친구에게 노하나니 이는 너희가 나를 가리켜 말한 것이 내 종 욥의 말 같이 옳지 못함이니라" (욥 42:7, 8), 설교를 잘못했다 하십니다. 형제의 설교는 안전합니까?

그러므로 "지식의 열쇠를 맡은 자"라는 것은 비할 데 없는 영광이면서도 "더 큰 심판"(약 3:1)을 받게 되는 책임이 따르게 되는 것입니다. 이것이 "지식의 열쇠를 맡은 자의 책임"이요, "요나의 표적, 이 세대의 표적"입니다.

누가복음 12장 개관도표

주제 : 오직 너희는 그의 나라를 구하라

전도자의 삶	**1-12** 1 예수께서 먼저 **제자들에게** 말씀하여 이르시되 **바리새인들의 누룩 곧 외식을 주의하라** 4 내가 내 친구 너희에게 말하노니 **몸을 죽이고 그 후에는 능히 더 못하는 자들을 두려워하지 말라** 5 마땅히 **두려워할 자를** 내가 너희에게 보이리니 곧 죽인 후에 또한 지옥에 던져 넣는 권세 있는 **그를 두려워하라** 내가 참으로 너희에게 이르노니 **그를 두려워하라** 7 너희에게는 심지어 머리털까지도 다 세신 바 되었나니 **두려워하지 말라** 너희는 많은 참새보다 더 귀하니라 9 사람 앞에서 나를 부인하는 자는 하나님의 사자들 앞에서 부인을 당하리라 10 누구든지 말로 인자를 거역하면 사하심을 받으려니와 **성령을 모독하는 자는 사하심을 받지 못하리라** 11 사람이 너희를 회당이나 위정자나 권세 있는 자 앞에 끌고 가거든 어떻게 무엇으로 대답하며 무엇으로 말할까 염려하지 말라 12 마땅히 할 말을 **성령이 곧 그 때에 너희에게 가르치시리라** 하시니라
세상에 속한 자들의 삶	**13-21** 13 무리 중에 한 사람이 이르되 선생님 **내 형을 명하여 유산을 나와 나누게 하소서** 하니 15 그들에게 이르시되 삼가 모든 탐심을 물리치라 **사람의 생명이 그 소유의 넉넉한 데 있지 아니하니라** 하시고 16 또 비유로 그들에게 말하여 이르시되 **한 부자가 그 밭에 소출이 풍성하매** 17 심중에 생각하여 이르되 내가 곡식 쌓아 둘 곳이 없으니 어찌할까 하고 18 또 이르되 내가 이렇게 하리라 내 곳간을 헐고 더 크게 짓고 내 모든 곡식과 물건을 거기 쌓아 두리라 19 또 내가 내 영혼에게 이르되 **영혼아 여러 해 쓸 물건을 많이 쌓아 두었으니** 평안히 쉬고 먹고 마시고 즐거워하자 하리라 하되 20 하나님은 이르시되 어리석은 자여 **오늘 밤에 네 영혼을 도로 찾으리니** 그러면 네 준비한 것이 누구의 것이 되겠느냐 하셨으니 21 자기를 위하여 재물을 쌓아 두고 **하나님께 대하여 부요하지 못한 자가 이와 같으니라**
하나님 백성의 삶	**22-34** 22 또 **제자들에게 이르시되** 그러므로 내가 너희에게 이르노니 **너희 목숨을 위하여 무엇을 먹을까** 몸을 위하여 무엇을 입을까 염려하지 말라 23 목숨이 음식보다 중하고 몸이 의복보다 중하니라 28 오늘 있다가 내일 아궁이에 던져지는 들풀도 **하나님이** 이렇게 입히시거든 **하물며 너희일까보냐 믿음이 작은 자들아** 30 이 모든 것은 세상 백성들이 구하는 것이라 **너희 아버지께서는 이런 것이 너희에게 있어야 할 것을 아시느니라** 31 **다만 너희는 그의 나라를 구하라** 그리하면 이런 것들을 너희에게 더하시리라 32 **적은 무리여 무서워 말라 너희 아버지께서 그 나라를 너희에게 주시기를 기뻐하시느니라**
인자가 오리라	**35-48** 35 **허리에 띠를 띠고 등불을 켜고 서 있으라** 36 너희는 마치 그 주인이 혼인 집에서 돌아와 문을 두드리면 곧 열어 주려고 **기다리는 사람과 같이 되라** 40 그러므로 너희도 준비하고 있으라 **생각하지 않은 때에 인자가 오리라** 하시니라 42 주께서 이르시되 **지혜 있고 진실한 청지기가 되어** 주인에게 그 집 종들을 맡아 때를 따라 양식을 나누어 줄 자가 누구냐 43 **주인이 이를 때에 그 종이 그렇게 하는 것을 보면 그 종은 복이 있으리로다** 44 내가 참으로 너희에게 이르노니 주인이 그 모든 소유를 그에게 맡기리라 48 알지 못하고 맞을 일을 행한 종은 적게 맞으리라 무릇 많이 받은 자에게는 많이 요구할 것이요 **많이 맡은 자에게는 많이 달라 할 것이니라**
받을 세례	**35-48** 49 **내가 불을 땅에 던지러 왔노니** 이 불이 이미 붙었으면 내가 무엇을 원하리요 50 **나는 받을 세례가 있으니** 그것이 이루어지기까지 **나의 답답함이 어떠하겠느냐** 51 내가 세상에 **화평을 주려고 온 줄로 아느냐** 내가 너희에게 이르노니 아니라 **도리어 분쟁하게 하려 함이로라** 56 외식하는 자여 너희가 천지의 기상은 분간할 줄 알면서 **어찌 이 시대는 분간하지 못하느냐** 58 네가 너를 고발하는 자와 함께 법관에게 갈 때에 **길에서 화해하기를 힘쓰라** 그가 너를 재판장에게 끌어가고 재판장이 너를 옥졸에게 넘겨 주어 옥졸이 옥에 가둘까 염려하라 59 네게 이르노니 한 푼이라도 남김이 없이 갚지 아니하고서는 **결코 거기서 나오지 못하리라** 하시니라

12장
오직 너희는 그의 나라를 구하라

앞에서도 언급했습니다만 9:51-19:27절까지는 주님께서 십자가를 지시기 위해서 "예루살렘으로 올라가기로 굳게 결심하시고" (9:51) 올라가시면서 행하신 다양한 교훈들로 되어 있습니다. 그러므로 이 문단을 대할 때, 십자가를 지시기 위해서 예루살렘으로 올라가시는 주님의 발걸음과 그 마음을 놓치지 말아야만 합니다.

12장도 이러한 맥락에서 해석되어야만 합니다. 그렇다면 12장의 중심점이 어디에 있을까요? "오직 너희는 그의 나라를 구하라"는 31절이라 할 수가 있습니다. 이 말씀에 실려 있는 무게를 느끼십니까? 이는 단순한 기도의 우선순위를 말씀함이 아닙니다. 형제가 그리스도인이 되기 전에는 무엇을 구했습니까? 이제 "그의 나라를 구하라" 하십니다. 이는 인생의 목적이 바뀌었음을 의미하는 것입니다. 주님은, "내가 이를 위해서 이때에 왔나이다" (요 12:27) 하십니다. 그렇다면 "나는 무엇을 위해서 이때에 세움을 받았는가" 라고 물어야 마땅합니다. 삶의 목적이 주님의 목적으로 바뀐 사람들이 주님의 제자라는 말씀입니다. 주님은 오직 그 나라를 회복하기 위하여 이 땅에 오셨으며 이를 이루시기 위하여 예루살렘으로 올라가시면서 이 말씀을 하시기 때문입니다. 이를 다섯 단원으로 나누어 상고합니다.

첫째 단원(1–12) **전도자의 삶**

둘째 단원(12–21) **세상에 속한 자들의 삶**

셋째 단원(22–34) **하나님 나라에 속한 자들의 삶**

넷째 단원(35–48) **생각지 않은 때에 인자가 오리라**

다섯째 단원(49–59) **받을 세례가 있으신 주님**

첫째 단원(1–12) 전도자의 삶

"그 동안에 무리 수만 명이 모여 서로 밟힐 만큼 되었더니"(1상), 이처럼 "수만 명"이 모여드는 상황에서 주님은 제자들에게 경계(警戒)와 격려(激勵)의 말씀을 하십니다. 이는 당장(當場)을 위해서가 아니라 주님께서 떠나신 이후에 세상에 남아있을 제자들이 어떠한 위험과 박해를 받게 될 것인가를 염두에 두고 하신 말씀임이 분명합니다. 이점은 제자들을 "내 친구"라고 부르고 계시는 데서도 읽을 수가 있습니다. 주님은 "친구를 위하여 자기 목숨을 버리려"(요 15:13) 예루살렘으로 올라가시는 것입니다. 그 후에는 친구들이 하나님의 나라건설을 위하여 목숨을 바쳐 충성을 해야겠기에 교훈을 하십니다. 먼저 경계의 말씀은, "바리새인들의 누룩 곧 외식을 주의하라"(1하) 하십니다.

누룩을 주의하라

어찌하여 외식을 "누룩"에다 비유하시는가? 마태복음 16:12절에서는 바리새인과 사두개인들의 "교훈"을 누룩에 비유하시는데 신앙생활, 즉 "설교, 찬양, 기도"에도, 유행(流行)이 있어서 누룩처럼 퍼져나가 모든 목회자들의 순수성을 오염시키기 때문입니다. 이점을 바울은, "우리가 이제부터 어린 아이가 되지 아니하여 사람의 속임수와 간사한 유혹에 빠져 온갖 교훈의 풍조(風潮)에 밀려 요동하지 않게 하려 함이라"(엡 4:14)고 경계합니다.

"바리새인들의 누룩 곧 외식을 주의하라"(1-3)는 교훈은, 11:37-44절에서 바리새인의 "외식"을 준엄하게 책망하신 것에 대한 적용이라 할 수가 있습니다. 그런데 유념해야 할 점은 이 "외식을, 전도자의 삶"(4-12)의 첫 번 경계로 말씀하신다는 점입니다. 외식적인 삶은, "감추인 것이 드러나지 않을 것이 없고 숨긴 것이 알려지지 않을 것이 없나니"(2) 하신 대로 결국 정체가 드러나게 된다는 것입니다. 만일 전도자가 이처럼 외식하는 자요 위선자라는 것이 드러나게 된다면 어떻게 되겠는가? 그가 증언한 설교가 물거품이 되고 말 것입니다.

그래서 바울은, "이는 우리 복음이 너희에게 말로만 이른 것이 아니라 또한 능력과 성령과 큰 확신으로 된 것임이라 우리가 너희 가운데서 너희를 위하여 어떤 사람이 된 것은 너희가 아는 바와 같으니라"(살전 1:5) 합니다. 바울은 복음을 전할 때에 명심한 두 가지를 들고 있는데 첫째는 복음을 말로만 전한 것이 아니라, "능력과 성령과 큰 확신으로" 전한 것이고, 둘째는 "우리가 너희 가운데서 너희를 위하여 어떤 사람이 된 것은 너희가 아는 바와 같으니라" 합니다. 무슨 뜻인가? 복음을 입으로만 전한 것이 아니라 삶을 통해서 전했다는 뜻입니다. 복음을 듣는 자들은 전하는 자의 일거수일투족을 주목해 보기 마련입니다. 그래서 "외식"은 거짓선지자라는 증거가 되는 것입니다.

주님은 바리새인들에게 열심이 있고 예배의식을 잘 지키고 있다는 점은 인정하십니다. 그러나 그들이 외식함으로 회당의 높은 자리와 시장에서 문안 받는 것을 기뻐하며, 평토장 한 무덤같이 위선적이라고 책망하셨습니다. 한국교회는 이 말씀을 심각하게 받아야만 한다고 여겨집니다. 외식이란 결국, "말로는 하나님을 시인하나 행위로는 부인"(딛 1:16)하는 것이 되기 때문입니다. 그동안 말로는 열심히 전도하노라 했는데, 행동으로는 우리 스스로가 전도의 문을 닫아버린 것이 아닌가 하는 반성 때문입니다. 그리하여 교회가 매력을 잃게 되고 맛 잃은 소금처럼 밟히고 있는 것이 오늘의 실상이 아닌가 하는 염려에서입니다. 다시 말하면 누룩이 온 덩어리에 퍼져가고 있는 것이 아닌가 하는 위기감 때문입니다.

몸을 죽이는 자를 두려워하지 말라

"외식"을 경계하신 주님은 다음으로, "내가 내 친구 너희에게 말하노니 몸을 죽이고 그 후에는 능히 더 못하는 자들을 두려워하지 말라 마땅히 두려워 할 자를 내가 너희에게 보이리니 곧 죽인 후에 또한 지옥에 던져 넣는 권세 있는 그를 두려워하라 내가 참으로 너희에게 이르노니 그를 두려워하라"(4-5)고, "두려움"에 대해 경계하십니다. 외식이 겉으로 퍼지는 누룩이라면 "두려움"은 속으로 퍼지는 암과 같은 것이라 할 수가 있습니다.

"무리 수 만 명"이 모여드는 상황이면 희망적인 말씀을 하실 법도 한데 영광이 아니라 도리어, "몸을 죽이고 그 후에는 능히 더 못하는 자들을 두려워하지 말라"는 순교를 예고하십니다. 도표에 표시된 대로 이 문단에는 "두려움"이라는 말이 5번이나 반복적으로 등장하여 매우 강조적입니다. 이 "두려움"을 떨쳐버리게 하기 위해서, 하찮은 "참새"와, 소중한 "제자"를 대비시켜서, "너희에게는 심지어 머리털까지도 다 세신바 되었나니 두려워하지 말라 너희는 많은 참새보다 귀하니라" (7)고 격려하십니다.

그럼에도 불구하고 박해나 죽음을 두려워하여, "사람 앞에서 나를 부인하는 자는 하나님의 사자들 앞에서 부인을 당하리라" (8-9)고 경고하십니다. "사람이 너희를 회당이나 위정자나 권세 있는 자 앞에 끌고 가거든 어떻게 무엇으로 대답하며 무엇으로 말할까 염려하지 말라 마땅히 할 말을 성령이 곧 그 때에 너희에게 가르치시리라" (11-12)고 말씀하십니다. 이는 주로 증인이 될 "전도자의 삶"을 염두에 두고 하신 말씀입니다. 이 예방적인 교훈은 오순절 이후의 제자들에게 많은 격려가 되었을 것입니다.

둘째 단원(13-21) 세상에 속한 자들의 삶

무리 중에 한 사람이, "선생님 내 형을 명하여 유산을 나와 나누게 하소서" 했습니다. 주님은, "이 사람아 누가 나를 너희의 재판장이나 물건 나누는 자로 세웠느냐" (13-14) 하십니다. 청원한 내용으로 보아 재산분배 문제로 형제간에 불화가 있었던 것으로 여겨집니다. 이럴 경우 누군가 중재자가 있어서 해결해 주었으면 싶었을 것입니다.

그러므로 본문을 다룰 때에 주의가 필요한데, 왜냐하면 우리 주님을 제자들이 당면하게 될 세간사(世間事)에는 무관심한 분으로 생각하게 만들기 쉽기 때문입니다. 그것은 주님께서 말씀하신 핵심이 무엇인지를 파악하지 못한데서 오는 오해입니다. 주님 말씀을 다시 한 번 음미해 보십시오. 그 사람은 주님을 "재판장이나 물건 나누는 자"로 세우려고 했으나, "생명"의 구주로 고백함이 우선이라는 말씀입니다. 핵심은 "사람의 생명이 그 소유의 넉넉한 데 있지 아니하니라" 하신 "생명"인 것입니다.

새 생명을 얻게 되어 삭개오 같이 변화되어 새사람이 되기만 한다면 형과의 분쟁도 자연스럽게 해결되리라는 것입니다. 이것이 주님께서 기대하시는 방법입니다. 그런데 그 사람은 영혼구원에는 관심이 없고 재물 분배에만 관심이 있었고, 생명보다는 "소유"에 우선순위를 두는 잘못을 범하고 있었던 것입니다. 이것이 "세상에 속한 자들의 삶"입니다. 주님은 "삼가 모든 탐심을 물리치라"(15) 하시면서, "어리석은 부자의 비유"를 말씀하시게 된 것입니다.

어리석은 부자

"한 부자가 그 밭에 소출이 풍성하매 심중에 생각하여 이르되 내가 곡식 쌓아 둘 곳이 없으니 어찌할까 하고 또 이르되 내가 이렇게 하리라 내 곳간을 헐고 더 크게 짓고 내 모든 곡식과 물건을 거기 쌓아 두리라"(16-18) 한, "부자의 삶"을 객관적으로 관찰해 보십시오. 어디가 잘못되었다는 것입니까? 밭에 소출이 예상했던 이상으로 풍성했습니다. 쌓아둘 곳이 모자랐습니다. 곡간을 확장하여 저장하기로 합니다. 그리고 심중에, "내 영혼아 여러 해 쓸 물건을 많이 쌓아 두었으니 평안히 쉬고 먹고 마시고 즐거워하자"(19)고 말합니다. 자, 어디가 잘못 된 것일까요? 이것이 모든 사람들이 추구하는 가치라고 말할 수가 있지 않겠습니까? 오늘의 관점에서 보면 잘못은 커녕 "축복을 받았다"고 말해야 할 것입니다.

그러나 그 부자가 어리석은 자일 수밖에 없는 것은, "어리석은 자여 오늘 밤에 네 영혼을 도로 찾으리니"(20) 하신 "영혼" 문제를 망각했기 때문입니다. 온 천하를 얻고도 생명을 잃으면 무슨 소용이 있겠습니까? 그래서 주님은 "사람의 생명이 그 소유의 넉넉한 데 있지 아니하니라"고 말씀하셨던 것입니다.

이 말씀을 주목해야만 합니다. 주님께서는 "소유냐? 생명이냐?"고 묻고 계십니다. 유대인 학자 엘리히 프롬이 "소유냐 존재냐"(to have or to be)라고 물으면서 현대 산업사회의 근본적인 잘못이 소유에 집착하는 삶의 방식에 있다고 지적한 것은 본문에 근거를 두고 한 말입니다. 비유에 등장하는 부자가 어찌하여 어리석은 자인가? 그는 생명(영혼)보다 소유에 집착했기 때문입니다.

비유에 등장하는 어리석은 부자는 철두철미 자기중심적인 삶을 살아가고 있습니다. 그는 "내 곡간, 내 모든 곡식, 내 영혼"이라고 말하면서, "내가, 내가" 합니다. 그의 사상에 "하나님"은 철저하게 배제되고 있는 것입니다. 그러므로 주님께서는 "자기를 위하여 재물을 쌓아두고 하나님께 대하여 부요치 못한 자가 이와 같으니라"(21)고 말씀하십니다. 이것이 "세상에 속한 자들"이 추구하는 어리석은 자의 삶입니다. 시편에서는 세상에 속한 자들의 삶을 이렇게 진술합니다.

여호와여 이 세상에 살아 있는 동안
그들의 분깃을 받은 사람들에게서
주의 손으로 나를 구하소서
그들은 주의 재물로 배를 채우고 자녀로 만족하고
그들의 남은 산업을 그들의 어린 아이들에게 물려주는 자니이다
나는 의로운 중에 주의 얼굴을 뵈오리니
깰 때에 주의 형상으로 만족하리이다
(시 17:14-15).

셋째 단원(22-34) 하나님 나라에 속한 자의 삶

"또 제자들에게 이르시되 그러므로 내가 너희에게 이르노니 너희 목숨을 위하여 무엇을 먹을까 몸을 위하여 무엇을 입을까 염려하지 말라 목숨이 음식보다 중하고 몸이 의복보다 중하니라"(22-23).

이를 둘째 단원의 명제같이 표현을 한다면, "목숨이냐, 음식이냐? 몸이냐, 의복이냐"가 될 것입니다. 앞 단원(13-21)이 "무리 중에 한 사람"(13상)이 제기한 유산문제를 계기로 "세상에 속한 자들의 어리석은 삶"에 관하여 말씀했다면 셋째 단원은, "또 제자들에게 이르시되"(22상) 한, 제자들을 향하여 하신 "하나님의 나라에 속한 자의 삶"이라고 말씀드릴 수가 있습니다.

앞 단원의 핵심단어가 "나"라면, 본 단원의 핵심단어는 "하나님"입니다. 까마귀도 하나님이 기르시고(24), 들풀도 하나님이 이렇게 입히시거든(28), "하물며 너희일까 보냐 믿음이 작은 자들아"(28) 하십니다. "또 너희

중에 누가 염려함으로 그 키를 한 자라도 더할 수 있느냐 그런즉 가장 작은 일도 하지 못하면서 어찌 다른 일들을 염려하느냐 백합화를 생각하여 보라 실도 만들지 않고 짜지도 아니하느니라 그러나 내가 너희에게 말하노니 솔로몬의 모든 영광으로도 입은 것이 이 꽃 하나만큼 훌륭하지 못하였느니라 오늘 있다가 내일 아궁이에 던져지는 들풀도 하나님이 이렇게 입히시거든 하물며 너희일까 보냐 믿음이 작은 자들아"(25-28) 하십니다.

"이 모든 것은 세상 백성들이 구하는 것이라 너희 아버지께서는 이런 것이 너희에게 있어야 할 것을 아시느니라"(30) 하십니다. 여기 "염려"를 떨쳐버리는 비결이 있는데, "까마귀를 생각하라(24), 백합화를 생각하여 보라"(27) 하신, "생각" 곧 묵상입니다. 주님 말씀의 예민함을 보십시오. 까마귀를 먹이시고 백합화도 입히신다고 말씀할 때는 "하나님"이라 하셨으나, 제자들의 필요를 아신다 하실 때에는 "너희 아버지"(30)라 하십니다. "너희 아버지께서는 이런 것이 너희(자녀)에게 있어야 할 것을 아시느니라" 하십니다. 천지만물을 창조하시고 주관하시는 하나님이 당신의 아버지라고 말씀하시는데 아직도 부족합니까? 그래도 염려하시겠습니까? "다만 너희는 그의 나라를 구하라 그리하면 이런 것을 너희에게 더하시리라"(31) 하십니다.

나라를 주시기를 기뻐하시는 하나님

주님께서는 여기서 멈추시지 않고 실로 엄청난 말씀으로 더 나아가십니다. "적은 무리여 무서워 말라 너희 아버지께서 그 나라를 너희에게 주시기를 기뻐하시느니라"(32) 하십니다. 무엇을 주시기를 기뻐하신다고 말씀하십니까? "먹을 것, 입을 것이 아닌, 그 나라"를 주시기를 기뻐하신다고 말씀하십니다. 이런 뜻입니다. 자녀들의 필요를 아실뿐만이 아니라, "너희는 하나님의 상속자(롬 8:17)요, 너희는 아버지의 유업을 이을 자"(갈 3:29, 4:7)라는 의미입니다. 이것은 인간이 들을 수 있는 최고 최대의 말씀인 것입니다. 이 이상은 없습니다.

이처럼 "하나님의 나라"를 상속할 자들이 시시하게, "무엇을 먹을까 무엇을 마실까" 염려하고 근심하고 있다면 그것은 "믿음이 작은 자들"(28)이라고 밖에는 달리는 말할 수가 없을 것입니다. 그래서 "다만 너희는 그의 나라를 구하라"(31) 하십니다. 여기 중대한 인생의 전환이 있는데, "그의 나라를 구하라"는 말씀은 인생관과 가치관과 목적이 바뀌어야 한다는 일대 전환을 뜻하기 때문입니다.

이점에서 앞 단원의 "어리석은 부자"를 생각하게 합니다. 그의 삶이 어디가 잘못되었는가? 그는 삶의 목적을, "소유의 넉넉함"(15)과 "자기를 위하여 재물을 쌓아두는"(21) 것에 두었던 것입니다. "자기를 위하여"(21상)만 쌓아 두었을 뿐 "하나님의 나라를 위하여"는 무관심했다면 그는 어리석은 자일 수밖에는 없는 것입니다. 베드로, 요한, 야고보 등 제자들도 갈릴리 어부였을 당시는 그러한 목적을 위해서 산 사람들입니다. 그러나 이제부터는 "오직 그의 나라"에 두는 사람으로 전환해야 한다는 것입니다.

그러므로 "소유"란 인생의 목적이 아니라 하나님의 나라를 위하여 선하게 사용해야 할 수단에 불과하다는 것입니다. "너희 소유를 팔아 구제하여 낡아지지 아니하는 배낭을 만들라 곧 하늘에 둔 바 다함이 없는 보물이니 거기는 도둑도 가까이 하는 일이 없고 좀도 먹는 일이 없느니라"(33) 하십니다. 아마 부담을 느끼실 분도 있을 것입니다만 이는 "소유"(33)라고 하신 물질만을 보기 때문입니다. 이어서 무엇이라 말씀하시는 가를 보십시오. "너희 보물이 있는 곳에는 너희 마음도 있느니라" (34) 하신 "마음"을 요구하시는 것입니다.

여기 시금석(試金石)이 있습니다. 중요하고 우선하는 것은 물질이 아니라, "마음"인데, 하나님께서는 마음은 다른 곳에 두어도 물질만 드리면 기뻐하시는 그런 분이 아니십니다. "내 아들아 네 마음을 내게 주며" (잠 23:26) 하고 우리들의 마음을 요구하십니다. 그런데 그 볼 수 없는 마음을 세상에 두었는가? 하늘나라에 두고 있는가를 알려면 볼 수 있는 "보물"을 어디에 쌓고 있는가를 확인하면 되다는 말씀입니다. 세상에 속한 자들은 땅에 쌓아두되 하나님의 나라에 속한 자들은 "하늘에 둔 바" (33) 다함이 없는 보물이라 말씀하십니다. "아버지께서 그 나라"를 형제에게 주시는 날에 형제가 쌓아둔 보물도 몇 백만 배로 받게 될 것입니다. 이것이 "하나님 나라에 속한 자들의 삶"인 것입니다.

넷째 단원(35-48) 생각지 않은 때에 인자가 오리라

"허리에 띠를 띠고 등불을 켜고 서 있으라 너희는 마치 그 주인이 혼인집에서 돌아와 문을 두드리면 곧 열어주려고 기다리는 사람과 같이 되라" (35-36). 넷째 단원의 중심단어는 단연 "주인과, 종"입니다. 본 단원에 "주인" 이라는 말과 "종" 이라는 말이 몇 번이나 등장하는가를 관찰해 보십시오. 각각 11번이나 등장합니다.

주인과 종의 관계는 이후에 "잔치비유" (14:16)나 "므나비유" (19:11)에서도 등장합니다. 주인(귀인)은 "왕위를 받아 가지고 오려고 먼 나라로" (19:12) 떠나려 하고 있습니다. 본 단원은 떠나려는 주인이 종들에게 주인이 돌아오기까지 어떻게 행해야 하는가를 당부하는 말씀입니다.

크게 두 부분으로 나누어지는데 35-40절은 모든 종들, 즉 그리스도인들에게 일반적으로 하신 말씀입니다. 그러므로 모든 호칭이, "종들"이라는 복수로 되어있습니다. 그러나 42-48절은 모든 호칭이, "종"이라는 단수로 되어있는 점을 유의하시기 바랍니다. 이는 주인이 떠나시면서 모든 "종들을, 종"에게 부탁하시는 말씀인 것입니다. 그 종을 주님은, "진실한 청지기"(42)라고 부르고 계십니다. 그러니까 청지기는 주인이 그 종들을 맡긴 큰 종인 셈입니다.

그 종들은 복이 있으리로다

먼저 앞부분(35-40)부터 상고해 보겠습니다. "허리에 띠를 띠고 등불을 켜고 서 있으라 너희는 마치 그 주인이 혼인집에서 돌아와 문을 두드리면 곧 열어 주려고 기다리는 사람과 같이 되라"(35-36) 하십니다. "하나님의 나라에 속한 자의 삶"을 말씀하신 주님은 이제 그들이 어떤 자세로 주님의 재림을 기다려야만 하는가를 말씀하시는 것입니다. 한마디로 "서 있으라" (35하) 하십니다. 눕거나 앉아있는 것이 아니라 "허리에 띠를 띠고 등불을 켜고 서 있으라"고 말씀합니다. 이것은 기다리는 자세입니다. 이처럼 기다리고 있는 자세를 구약성경에서도 대할 수가 있는데, 시편 134편은 전체가 세절에 불과한데, "허리에 띠를 띠고 등불을 켜고 서 있는" 구약시대의 종들의 모습을 노래하고 있다 하겠습니다.

보라 밤에 여호와의 성전에 서 있는 여호와의 모든 종들아
여호와를 송축하라
성소를 향하여 너희 손을 들고 여호와를 송축하라
천지를 지으신 여호와께서 시온에서 네게 복을 주실지어다
(시 134:1-3)

여호와의 집인 성소에는 의자가 없습니다. 온 누리가 고요히 잠이 든 깊은 밤에도 깨어있는 사람들이 있습니다. 앉거나 눕지를 않고 서 있는 사람들이 있습니다. 불이 꺼지지 않고 있는 곳이 있습니다. 그곳이 바로 성전이요, 제사장들인 것입니다. 성소의 등잔불이 꺼지지 않도록 정리(레 24:3-4) 하면서, 아침에 드릴 상번제를 준비하고 있는 "여호와의 모든 종들"은 밤새도록 서 있어야만 했습니다. 언제까지 그 일을 계속해야만 하는가? 세상 죄를 지고 가실 하나님의 어린양이 나타나 "매일 서서 섬기며 자주 같은 제사를 드리던"(히 10:11) 제사를 단번에 완성하여주실 때까지입니다. 이점이 "시온에서 네게 복을 주실지어다" 한 마지막 연에 나타나는데 "시온의 복"이란, "내가 나의 왕을 내 거룩한 시온에 세웠다"(시 2:6) 하신 그리스도인 것입니다.

그때까지 그들은 깨어있으면서 서서 기다리고 있어야만 했던 것입니다. 신약의 종들에게도 "깨어 서서 기다리고 있으라"고 말씀하십니다. 차이가 있다면 구약의 성도들은 초림의 주를 기다리고 있었으나 신약의 성도들은 재림의 주를 기다린다는 차이뿐입니다. 구약의 기다리는 자들에게, "여호와께서 시온에서 네게 복을 주실지어다" 하시는데 주님께서도, "주인이 와서 깨이 있는 것을 보면 그 종들은 복이 있으리로다(37). 종들의 이같이 하

는 것을 보면 그 종들은 복이 있으리로다"(38)고 재차 축복하십니다. 43절에서도 "주인이 이를 때에 그 종의 그렇게 하는 것을 보면 그 종이 복이 있으리로다"고 거듭 말씀하십니다.

"그러므로 너희도 준비하고 있으라 생각하지 않은 때에 인자가 오리라"(40) 하십니다. 성경의 통일성(統一性)과 일관성(一貫性)에 감탄하게 되지 않습니까? 기다리는 자세로 깨어 있어야함은 모든 성도들에게 적용이 되는 말씀입니다.

그 종이 복이 있으리로다

"베드로가 여짜오되 주께서 이 비유를 우리에게 하심이니이까 모든 사람에게 하심이니이까"(41) 하자 답변하시기를, "지혜 있고 진실한 청지기가 되어 주인에게 그 집 종들을 맡아 때를 따라 양식을 나누어 줄 자가 누구냐"(42) 하고, "청지기"에게 말씀하십니다. 그런데 주님은, "지금까지는 모든 사람들에게 한 말이고 이제부터는 너희에게 하는 말이다"라는 식으로 대답하시지 않으셨습니다. 그러나 내용으로 볼 때 앞부분이 성도 모두에게 하신 말씀이라면 뒷부분은 분명 지도자들인 말씀의 사역자들에게 하신 분부임이 분명합니다.

먼저 주님이 원하시는 청지기의 자격이 무엇인가? "지혜 있고 진실"한 청지기라고 말씀하십니다. 병행 구절이라 할 수 있는 마태복음 24:45절에서는, "충성되고 지혜 있는 종"으로 되어 있습니다.

㉠ 첫째로, 어찌하여 "지혜"가 공통적으로 요청되는 것일까요? 이는 세상 지혜가 아니라 47절에서 언급하고 있는, "주인의 뜻을 아는" 것과 관련이 있는 지혜입

니다. "충성"한다 하면서 주인의 뜻을 분별하지를 못한다면 오히려 일을 그르칠 뿐이기 때문입니다.

ⓛ 둘째로, "진실한" 청지기라고 말씀하십니다. 그렇습니다. 주인이 자신의 부재중에 그 집 종들을 맡기려 한다면, "진실한 청지기"에게 맡기려함은 너무나 당연하다 하겠습니다. 그러므로 "하나님의 집 맡은 아들로 충성"(히 3:6)하신 그리스도를 성경은, "충신과 진실"(계 19:11)이라고 부르고 있습니다. 지금 주님은 자신이 충성하시던 "하나님의 집"을 제자들에게 맡기고 떠나실 준비를 하고 계시는 것입니다. 그렇다면 "지혜 있고 진실한 청지기", 이는 주의 종 된 우리가 사모하고 갖추어야 할 두 덕목(德目)인 것입니다.

"때를 따라 양식을 나누어 줄 자가 누구냐"(42)고 물으십니다. 말씀을 맡은 자가 범할 수 있는 비극적인 결과에 관하여는 이미 11:52절에서, "들어가고자 하는 자도 막았느니라"고 천국 문을 "닫을"(마 23:13)수도 있음을 경고하신 바가 있으십니다. 이는 가공스러운 일입니다. 그런데 본문에서는, "때를 따라 양식을 나누어 줄 자가 누구냐" 라고 말씀하십니다. "주인이 이를 때에 그 종의 그렇게 하는 것을 보면 그 종이 복이 있으리로다 내가 참으로 너희에게 이르노니 주인이 그 모든 소유를 저에게 맡기리로다"(43-44) 하십니다. 이는 "종" 된 자가 받을 수 있는 최고최선의 복인 것입니다.

그 종이 화가 있도다

그러나 "만일 그 종이 마음에 생각하기를 주인이 더디 오리라 하여 남녀 종들을 때리며 먹고 마시고 취하게 되면"(45) 하십니다. 어찌하여 이처럼 부정적인 말씀을 하셨을까요? 그런 가능성이 많기 때문에 경고하신 것입니다. 홍수의 위험이 없는 곳에 땜을 건설하지는 않는 법입니다. "종들을 때리며 먹고 마시고 취한다" (45)는 의미가 무엇일까? 이는 지혜 있고 진실한 청지기가 그 집 종들에게 "때를 따라 양식을 나누어주는" (42) 것과는 정 반대의 경우를 의미합니다.

그러므로 이는 성도들에 대한 영적인 폭력을 의미합니다. 사도 바울은 고린도 교회 성도들을 비 진리로 미혹한 거짓 교사들의 행위를 가리켜, "누가 너희를 종으로 삼거나 잡아먹거나 빼앗거나 스스로 높이거나 뺨을 칠지라도 너희가 용납하는도다" (고후 11:20) 라고 표현하고 있습니다. "지식의 열쇠"를 가진 자가 때를 따라 양식을 나누어주는 것이 아니라 천국 문을 닫고, "들어가고자 하는 자도 못 들어가게 막는다"는 것보다 더한 영적 폭력이란 달리는 없는 것입니다.

"생각지 않은 날 알지 못하는 시각에 그 종의 주인이 이르러 엄히 때리고 신실하지 아니한 자의 받는 벌에 처하리니" (46), 이들이 받게 될 벌이 어떤 것일까요? 분명한 것은 "선생 된 우리가 더 큰 심판을 받게" (약 3:1) 되리라는 사실입니다. "때를 따라 양식을 나누어 주어야 할" 말씀을 맡은 자의 우선적인 평가기준이란 예배당을 얼마나 크게, 몇 동이나 지었느냐는 그런데 있는 것이 아니라 "지식의 열쇠"를 가지고 성도들에게 천국 문을 활짝 열어주는 설교를 했느냐? 아니면 결과적으로 천국 문을 닫는 설교를 했느냐에 달려있다는 점을 명심하십시다.

그렇다면 천국 문을 열고 닫는 설교가 무엇이겠습니까? 주님은, "내가 문이니 누구든지 나로 말미암아 들어가면 구원을 받고 또는 들어가며 나오며 꼴을 얻으리라" (요 10:9) 하십니다. 주님께서 십자가상에서 "다 이루었다" 선언하심으로 막혔던 휘장이 열려졌는데, 그래서 문이 되어주신 것입니다. 이를 알았기에 사도 바울은, "내가 너희 중에서 예수 그리스도와 그가 십자가에 못 박히신 것 외에는 아무 것도 알지 아니하기로 작정하였음이라" (고전 2:2)고 말씀했던 것입니다. 천국 문을 열어주는 것은 십자가 복음입니다. 그러면 천국 문을 닫는 설교는 무엇일까요? "누가 철학과 헛된 속임수로 너희를 사로잡을까 주의하라 이것은 사람의 전통과 세상의 초등학문을 따름이요 그리스도를 따름이 아니니라" (골 2:8) 하십니다.

"종들"에게 하신 경계에서도, "생각지 않은 때에 인자가 오리라" (40) 하셨고, "종"에게 하신 말씀에서도 "생가지 않은 날 알지 못하는 시각에 그 종의 주인이 이르러" (46) 하십니다. 주님은 지금 십자가에 죽으시기 위해서 올라가시면서, "인자가 오리라"고 재림을 말씀하십니다. 주님은 분명히 다시 오십니다. 오시는 그 날은 모른다하여도 가까이 오신 것만은 분명하지 않습니까? 그런데 형제는 어떻게 하고 있습니까? 지혜 있고 진실한 청지기가 되시기를 기원합니다.

다섯째 단원(49-59) 받을 세례가 있으신 주님

"내가 불을 땅에 던지러 왔노니 이 불이 이미 붙었으면 내가 무엇을 원하리요 나는 받을 세례가 있으니 그것이 이루어지기까지 나의 답답함이 어떠하겠느냐" (49-50). 성도들이 할 일(35-40)과, 교역자들이 할 일(41-48)을 말씀하신 후에 이제 주님이 하실 일을 말씀하시는데, "내가 불을 땅에 던지러 왔노니" (49상) 하십니다. 이 구절에 대한 해석이 구구합니다. 대별하면 "불"을 심판의 불로 보느냐? 복음의 불로 보느냐에 있습니다. 이럴 경우 문맥을 더듬어 보아야만 하는데, "불을 던지러 왔다"는 말씀은, "지혜 있고 진실한 청지기" (35-48)에 대한 권면에 이어서 하신 말씀입니다. 이러한 문맥적으로 볼 때에 이 "불"은 불의를 소멸하시는 성령의 불, 죄악을 태우시는 복음의 불로 봄이 옳을 것입니다. 주님은 이를 위해서 오셨으며(19:10), 주님이 승천하신 후에는, "불을 땅에 던져" 활활 타오르게 할 사역을 지혜 있고 진실한 청지기들이 계승해 나가야 하는 것입니다. 주님은 이 불이 이미 붙고 또 확장되기를 원하시는 것입니다.

그런데 이에 앞서서, "나는 받을 세례가 있으니" (50) 하십니다. 이 세례란 십자가 고난을 가리킴이 분명합니다. 불을 땅에 던지러 오셨고 이 불이 붙기를 원하시는 주님은 이를 이루시기 위해서는 십자가를 통한 대속이 선행되어야한다는 점을 말씀하시는 것입니다. 주님은 이를 이루기 위하여 예루살렘으로 올라가시는 중입니다. 그런데 제자들까지도 이를 깨닫지 못하고, "그들 사이에 그중 누가 크냐 하는 다툼" (22:24)을 하고 있는 판이니, "나의 답답함이 어떠하겠느냐" 하십니다. "너희 구하는 것을 너희가 알지 못하는도다 너희가 나의 마시는 잔을 마시며 나의 받는 세례를 받을 수 있느냐" (막 10:37-38)고 물으십니다.

주님께서 붙기를 원하시는 복음의 불은, "내가 세상에 화평을 주려고 온 줄로 아느냐 내가 너희에게 이르노니 아니라 도리어 분쟁케 하려 함이로라" (51)고 불가피하게 "분쟁", 즉 영적 분쟁을 일으키게 될 것을 말씀하십니다. 이점은 이미 2:34절에서, "보라 이는 이스라엘 중 많은 사람의 패하거나 흥하게 하며 비방을 받는 표적되기 위하여 세움을 받았다"고 예고된 바입니다. 복음은 불가피하게 "패함과 흥함, 구원 얻을 자와 멸망당할 자, 알곡과 쭉정이"로 가르는 기능이 있는 것입니다. 그리하여 두 부류 간에 "분쟁"이 일어나게 되는 것입니다. 주님이 주실 궁극적인 "화평"은 그 분쟁이 종식되는 재림의 날에야 주어지는 것입니다.

그러므로 주님께서는, "네가 너를 고발하는 자와 함께 법관에게 갈 때에 길에서 화해하기를 힘쓰라" (58)고 회개를 촉구하십니다. "길에서 화해하라" 하심은 모든 사람은 심판을 받으러 가는 노상(路上)에 있다는 긴박성을 의미합니다. 시편 2:12절에서도, "그의 아들에게 입맞추라 그렇지 아니하면 진노하심으로 너희가 길에서 망하리니 그의 진노가 급하심이라" 합니다.

그러므로 "너희가 천지의 기상은 분간할 줄을 알면서 어찌 이 시대는 분간하지 못하느냐 또 어찌하여 옳은 것을 스스로 판단치 아니하느냐" (56-57)고 답답해하십니다. 예루살렘은 점점 가까워지고 있습니다. 개인적인 종말도 가까워오고 있습니다. 심판의 날인 역사적인 종말도 가까워오고 있습니다. 당신은 지금 재판 받으러 가는 노상에 있습니다. 주님은 당신 대신에 정죄를 받으시려 예루살렘으로 올라가고 계십니다. 이것이 "나는 받을 세례가 있다"는 뜻이요, "생각지 않은 때에 인자가 오리라"입니다.

누가복음 13장 개관도표

주제 : 구원을 얻는 자가 적으니이까

회개치 아니하면	**1-9** 1 그 때 마침 두어 사람이 와서 **빌라도가 어떤 갈릴리 사람들의 피를 그들의 제물에 섞은 일로** 예수께 아뢰니 2 대답하여 이르시되 너희는 이 갈릴리 사람들이 이같이 해 받으므로 **다른 모든 갈릴리 사람보** **다 죄가 더 있는 줄 아느냐** 3 너희에게 이르노니 아니라 너희도 **만일 회개하지 아니하면 다 이와 같이 망하리라** 6 이에 비유로 말씀하시되 한 사람이 포도원에 무화과나무를 심은 것이 있더니 **와서 그 열매를 구하였으나 얻지 못한지라** 7 포도원지기에게 이르되 내가 삼 년을 와서 이 무화과나무에서 열매를 구하되 얻지 못하니 **찍어버리라** 어찌 땅만 버리게 하겠느냐 8 대답하여 이르되 주인이여 금년에도 그대로 두소서 내가 두루 파고 거름을 주리니 9 이 후에 만일 열매가 열면 좋거니와 **그렇지 않으면 찍어버리소서** 하였다 하시니라
하나님의 나라원리	**10-21** 11 열여덟 해 동안이나 **귀신 들려 앓으며 꼬부라져** 조금도 펴지 못하는 한 여자가 있더라 12 예수께서 보시고 불러 이르시되 여자여 **네가 네 병에서 놓였다** 하시고 13 안수하시니 여자가 곧 펴고 하나님께 영광을 돌리는지라 16 그러면 **열여덟 해 동안 사탄에게 매인 바 된 이 아브라함의 딸을** **안식일에 이 매임에서 푸는 것이** 합당하지 아니하냐 18 그러므로 예수께서 이르시되 **하나님의 나라가 무엇과 같을까** 내가 무엇으로 비교할까 19 마치 사람이 자기 채소밭에 갖다 심은 **겨자씨 한 알 같으니** 자라 나무가 되어 공중의 새들이 그 가지에 깃들였느니라 21 마치 여자가 가루 서 말 속에 갖다 넣어 전부 부풀게 한 **누룩과 같으니라** 하셨더라
버림받을 유대인	**22-30** 22 예수께서 각 성 각 마을로 다니사 가르치시며 **예루살렘으로 여행하시더니** 23 어떤 사람이 여짜오되 **주여 구원을 받는 자가 적으니이까** 그들에게 이르시되 24 좁은 문으로 들어가기를 힘쓰라 내가 너희에게 이르노니 **들어가기를 구하여도 못하는 자가 많으리라** 25 집 주인이 일어나 문을 한 번 닫은 후에 너희가 밖에 서서 문을 두드리며 주여 열어 주소서 하면 그가 대답하여 이르되 나는 너희가 어디에서 온 자인지 알지 못하노라 하리니 28 너희가 아브라함과 이삭과 야곱과 모든 선지자는 하나님 나라에 있고 **오직 너희는 밖에 쫓겨난 것을 볼 때에** 거기서 슬피 울며 이를 갈리라 29 사람들이 동서남북으로부터 와서 **하나님의 나라 잔치에 참여하리니** 30 보라 나중 된 자로서 먼저 될 자도 있고 먼저 된 자로서 나중 될 자도 있느니라 하시더라
버림바될 예루살렘	**31-35** 31 곧 그 때에 어떤 바리새인들이 나아와서 이르되 나가서 여기를 떠나소서 **헤롯이 당신을 죽이고자 하나이다** 32 이르시되 너희는 가서 저 여우에게 이르되 오늘과 내일은 내가 귀신을 쫓아내며 병을 고치다가 **제삼일에는 완전하여지리라** 하라 또는 완전히 이루리라 33 그러나 오늘과 내일과 모레는 내가 갈 길을 가야 하리니 **선지자가 예루살렘 밖에서는 죽는 법이 없느니라** 34 예루살렘아 예루살렘아 선지자들을 죽이고 네게 파송된 자들을 돌로 치는 자여 암탉이 제 새끼를 날개 아래에 모음 같이 내가 너희의 자녀를 모으려 한 일이 몇 번이냐 그러나 너희가 원하지 아니하였도다 35 보라 **너희 집이 황폐하여 버린 바 되리라** 내가 너희에게 이르노니 너희가 주의 이름으로 오시는 이를 찬송하리로다 할 때까지는 나를 보지 못하리라 하시니라

13장

구원을 얻는 자가 적으니이까

다시 상기시키면서 강조합니다만 13장이 놓여 있는 좌표는, "예수께서 각 성 각 마을로 다니사 가르치시며 예루살렘으로 여행하시더니"(22), 즉 9:51절에서 "예루살렘을 향하여 올라가기로 굳게 결심하시고" 올라가시는 행로(行路)에서 하신 말씀이라는 점을 놓치지 마시기 바랍니다. 그래야만 13장에 수록 된 다양한 말씀들의 연관성과 말씀하신 의도를 바르게 이해 할 수가 있기 때문입니다.

어떤 바리새인은, "여기를 떠나소서 헤롯이 당신을 죽이고자 하나이다"(31) 합니다. 이로 보건대 주님은 지금 헤롯 안티바스가 관할하는 지경에 계시는 것으로 여겨집니다. 이것이 주님의 현재 위치입니다. 그러나 주님은, "오늘과 내일과 모레는 내가 갈 길을 가야하리니 선지자가 예루살렘 밖에서는 죽는 법이 없느니라"(33), 이것이 확고한 주님의 의지입니다. 왜 죽으시려 가시는가? 이런 맥락에서 13장의 중심점은, "주여 구원을 얻는 자가 적으니이까" 한 "구원"이라 할 수가 있습니다. 네 단원으로 나누어 상고합니다.

첫째 단원(1-9) **만일 회개치 아니하면**

둘째 단원(10-21) **하나님의 나라의 원리**

셋째 단원(22-30) **좁은 문과 넓은 문**

넷째 단원(31-35) **버린바 될 예루살렘아**

첫째 단원(1-9) 만일 회개하지 아니하면

"그 때 마침 두어 사람이 와서 빌라도가 어떤 갈릴리 사람들의 피를 그들의 제물에 섞은 일로 예수께 아뢰니 대답하여 이르시되 너희는 이 갈릴리 사람들이 이같이 해 받으므로 다른 모든 갈릴리 사람보다 죄가 더 있는 줄 아느냐 너희에게 이르노니 아니라 너희도 만일 회개하지 아니하면 다 이와 같이 망하리라"(1-3).

주님 당시도 "세월호"와 같은 재난은 있었습니다. 두 가지 재난이 언급되고 있는데 하나는, "빌라도가 어떤 갈릴리 사람들의 피를 그들의 제물에 섞은 일"(1)입니다. 자세한 내막은 알 수가 없지만, "갈릴리 사람들의 피"라는 표현으로 볼 때에 빌라도에 의해서 몇 사람이 죽임을 당한 것만은 분명해 보입니다. 갈릴리는 반항적인 지역이었습니다.

다른 사건은, "실로암에서 망대가 무너져"(4) 열여덟 사람이 치어 죽은 사건입니다. 이럴 경우 유대인들은, 그리고 일반 사람들은, "생각하여 보라 죄 없이 망한 자가 누구인가 정직한 자의 끊어짐이 어디 있는가"(욥 4:7) 하고 죄를 지었기 때문에 당한 재난으로 생각했던 것입니다. 그렇다면 이런 재난을 당하지 않은 자기 자신은, "죄가 없다"는 논리가 됩니다. 그렇게

까지는 생각하지 않는다 하여도 "죄가 더 있는 줄" (2하)로 여기는 경향이 있는 것만은 분명합니다.

이에 대해 주님은, "다른 모든 갈릴리 사람보다 죄가 더 있는 줄 아느냐, 아니라 너희도 만일 회개하지 아니하면 다 이와 같이 망하리라" (2-3) 하십니다. "예루살렘에 거한 다른 모든 사람보다 죄가 더 있는 줄 아느냐, 아니라 너희도 만일 회개하지 아니하면 다 이와 같이 망하리라" (4-5)고 거듭 말씀하십니다. 왜 주님은 "모든 갈릴리 사람보다, 또는 예루살렘에 거한 모든 사람보다" 라고 말씀하셨을까요, 재난을 당한 자들이 갈릴리 사람과 예루살렘 사람들이었기 때문입니다.

그렇다면 주님의 말씀은 모든 사람들의 죄의 분량이 똑 같다는 말씀인가? 아닙니다. 재난을 당한 사람들에게도 죄가 있지만 너희들에게도 죄가 있다는 말씀입니다. 도덕적인 차원에서도 그렇지만, "한 사람으로 말미암아 죄가 세상에 들어오고 죄로 말미암아 사망이 왔나니" (롬 5:12) 한 원죄라는 차원에서 분명한 것입니다. 이것이 분명하다면 "죄가 더" 있기 때문에 그런 재난을 당한 것이냐? 아니냐는 중요한 것도, 너희의 판단할 사항도 아니라는 것입니다. 주님의 강조점은, "너희도 만일 회개하지 아니하면 다 이와 같이 망하리라" 하신 데 있습니다.

이는 너희도 어떤 재난으로 죽으리라는 말씀인가? 아닙니다. 재난 중 최고의 재난이 무엇인가? "그의 아들에게 입맞추라 그렇지 아니하면 진노하심으로 너희가 길에서 망하리니 그의 진노가 급하심이라" (시 2:12) 하신 종말적인 심판인 것입니다. 이점을 12:59절에서는, "네게 이르노니 한 푼이라도 남김이 없이 갚지 아니하고서는 결코 거기서 나오지 못하리라", 즉 회개하지 않으면 심판을 피할 수 있는 자는 한 사람도 없다는 뜻입니다.

재난을 당한 사람들이나, 재난을 당하는 것을 목격하게 된 사람들도 하나님 앞에는 모두가 회개해야 할 죄인들이라는 말씀입니다. 그러므로 본 단원의 주제는 두 번 등장하는 "회개"입니다. 주님은 "너희도 만일 회개하지 아니하면 다 이와 같이 망하리라" (3,5)고 재난의 의미를, "회개"를 촉구하시는 하나님의 경고로 보고 계시는 것입니다. 구약성경에는 이에 대한 명백한 예시가 있습니다.

돌아오지 아니 하였느니라

아모스서 4장에는, "너희가 내게로 돌아오지 아니 하였느니라 이는 여호와의 말씀이니라"는 경구(警句)가 무려 5번이나 반복적으로 등장합니다. "너희 이를 깨끗하게 하며 너희의 각처에서 양식이 떨어지게" (6), 즉 흉년으로 회개를 촉구하였으나 "너희가 내게로 돌아오지 아니 하였느니라". 가뭄으로 회개를 촉구하였으나, "너희가 내게로 돌아오지 아니 하였느니라" (7-8). 재앙과 깜부기 재난으로 회개를 촉구하였으나, "너희가 내게로 돌아오지 아니 하였느니라" (9). 전염병으로 회개를 촉구하였으나, "너희가 내게로 돌아오지 아니 하였느니라" (10). 전쟁으로 경고하였으나, "너희가 내게로 돌아오지 아니하였느니라. 이는 여호와의 말씀이니라" (11). "그러므로 이스라엘아 내가 이와 같이 네게 행하리라 내가 이것을 네게 행하리니 이스라엘아 네 하나님 만나기를 준비하라" (12) 하십니다. "만나기를 준비하라" 하심은, 심판 받을 각오를 하라는 말씀입니다.

주님은 지금 재난 당한 몇몇 사람들의 죄를 위하여 예루살렘으로 올라가시는 것이 아닙니다. 그러므로 두 사건을 통하여 촉구하시는 바는 "회개"

입니다. 회개를 촉구하신 것은 여기가 처음이 아닙니다. 주님은 공생애를 시작하시면서 첫 말씀이, "회개하라 천국이 가까웠느니라"고 회개를 촉구하셨습니다. 예루살렘으로 올라가시면서 하신 첫 경계는 "회개"입니다.

무화과나무 비유

"이에 비유로 말씀하시되 한 사람이 포도원에 무화과나무를 심은 것이 있더니 와서 그 열매를 구하였으나 얻지 못한지라 포도원지기에게 이르되 내가 삼 년을 와서 이 무화과나무에서 열매를 구하되 얻지 못하니 찍어버리라 어찌 땅만 버리게 하겠느냐"(6-7).

본문은 "이에 비유로 말씀하시되", 이렇게 시작이 됩니다. 이는 본문의 비유가 앞에서 촉구하신 회개에 대한 비유임을 말해줍니다. 주님은 삼 년이나 회개를 촉구하셨고 세례 요한도, "너희가 회개에 합당한 열매를 맺으라"(3:8)고 외쳤습니다. 그러나 회개하지 않음으로 "찍힘을 당할" 위기에 놓였다는 경고인 것입니다.

"주인이여 금년에도 그대로 두소서 내가 두루 파고 거름을 주리니 이 후에 만일 열매가 열면 좋거니와 그렇지 않으면 찍어버리소서"(8-9) 했다는 것입니다. 이것이 저들을 향한 주님의 심정이요, 또한 그들에게 주어진 마지막 기회라는 의미입니다. 이 "마지막 기회"가 당시의 유대인들에게는, "오늘과 내일과 모레는 내가 갈 길을 가야 하리니"(33) 하신 얼마 남지 않은 시간입니다. 그리고 모든 세대에 하시는 말씀은, "너를 고발하는 자와 함께 법관에게 갈 때에 길에서 화해하기를 힘쓰라"(12:58) 하신, 노중(路中)에 있을 때를 의미합니다. 바로 지금입니다. 주님께서, "한 무화과나무를 보시고 혹 그 나무에 무엇이 있을까 하여 가셨더니 가서 보신 즉 잎사귀 외에 아무것도 없더라" (막 11:13) 합니다. 그 열매 없는 무화과나무는 뿌리까지 말라죽었던 것입니다. 이것이 "만일 회개치 아니하면"입니다.

둘째 단원(10-21) 하나님의 나라의 원리

"예수께서 안식일에 한 회당에서 가르치실 때에 열여덟 해 동안이나 귀신 들려 앓으며 꼬부라져 조금도 펴지 못하는 한 여자가 있더라" (10-11). 예수께서 보시고, "여자여 네가 네 병에서 놓였다 하시고 안수하시니 여자가 곧 펴고 하나님께 영광을 돌리는지라" (12-13), 그러자 회당장이 분 내어 무리에게 이르되, "일할 날이 엿새가 있으니 그 동안에 와서 고침을 받을 것이요 안식일에는 하지 말 것이니라" (14)고 제지시켰다는 것입니다.

"회개"라는 주제에서 "안식일"이라는 주제로 넘어가고 있는데, 이점에서 먼저 염두에 두어야 할 점은 복음서는 주님께서 행하신 모든 기사와 이적을 시간 순으로 낱낱이 다 기록한 것은 아니라는 점입니다. 그렇다면 "안식일에 병을 치유하신 것과, 회개"가 어떤 연관이 있기에 나란히 배치했는가 하는 점입니다. 복음서는 이상하다하리 만치 주님께서 안식일에 치유하신 기사를 많이 기록(4:31, 6:6, 10:10, 14:1)하고 있음을 대하게 됩니다. 이는 의도적으로 그렇게 하고 있는 것이 아닌가 싶습니다. 왜냐하면, "잎만 무성한 무화과나무"와 같이 종교의식은 철저하게 지키노라 하면서 정작 주인이 기대하는바 회개의 열매는 없었음을 드러내기 위해서인 것입니다.

아브라함의 딸을 매임에서 풀어주심

회당장이 분을 내면서 "안식일에는 하지 말 것이니라" 했다는 것은 얼마나 철저한 율법준수인가? 그렇다면 그의 맹점이 무엇입니까? 주님께서, "외식하는 자들아" (15) 하신 외식입니다. "율법 조문은 죽이는 것이요 영은 살리는 것이니라" (고후 3:6) 한 생명이 없는 화석(化石)화 된 신앙입니다. 마태복음 9:13절에서, "너희는 가서 내가 긍휼을 원하고 제사를 원하지 아니하노라 하신 뜻이 무엇인지 배우라" 하신 "사랑"을 잃어버린 것입니다.

주님은, "네 병이 나았다" 하시는 것이 아니라 "놓였다" 하시는데 그 의도가 이어지는 말씀에 나타납니다. "너희가 각각 안식일에 자기의 소나 나귀를 외양간에서 풀어내어 이끌고 가서 물을 먹이지 아니하느냐 그러면 열여덟 해 동안 사탄에게 매인 바 된 이 아브라함의 딸을 안식일에 이 매임에서 푸는 것이 합당하지 아니하냐" (15-16) 하십니다. 주님은 18년 동안 사탄에게 매인 바 되어 "꼬부라져 조금도 펴지 못하던" 여인을 그 지긋지긋한 매임에서 놓여나게 하심으로 "안식일에, 안식"을 얻게 하셨던 것입니다. 그러면 무엇인가? 도리어 회당장, 즉 율법주의자들이, "율법 아래에 매인바 되어, 갇혀있는" (갈 3:23) 꼬부라져 조금도 펴지 못하는 불구자임을 들어내고 있는 것입니다. 그러므로 "모든 반대하는 자들은 부끄러워하고 온 무리는 그가 하시는 모든 영광스러운 일을 기뻐하니라" (17) 했다는 것입니다.

또 주목하게 되는 것은 매임에서 풀어주신 여인을 가리켜, "아브라함의 딸"이라고 부르고 계신다는 점입니다. 이는 구속사의 맥락에서 볼 때에 중요한 의미를 갖는 표현인데 하나님께서 아브라함에게, "네 자손으로 말미암아 천하 만민이 구원을 얻으리라" 하신 메시아언약과 결부되는 표현이기 때문입니다. 그러면 묻습니다. "안식일에는 하지 말 것이니라" 한 회당장은 누구의 자손인가?

그러므로 주님께서, "십 팔 년 동안 귀신들려 앓고" 있던 여인을 "아브라함의 딸"이라고 부르신 데는 두 가지 의미가 있는데 첫째는, 그가 하나님께서 아브라함에게 맹세하신 "언약 백성"임을 의미하고, 둘째로 중요한 것은 주님 자신이 하나님께서 아브라함에게, "땅의 모든 족속이 너의 씨로 말미암아 복을 받으리라" 하신 "언약의 성취자"로 오셨음을 드러내는 의미가 있는 것입니다.

그렇다면 "아브라함의 자손"이란 유대인만을 가리키는 표현인가? 갈라디아서 3:29절을 보십시오. "너희가 그리스도의 것이면 곧 아브라함의 자손이요 약속대로 유업을 이을 자니라"고 말씀합니다. 아브라함에게 하신 언약의 성취자로 오신 그리스도를 믿는 자들은 그가 어느 나라 어느 민족이든 영적으로는 모두가 아브라함의 자손들인 것입니다. 왜냐하면 아브라함이 "믿음으로 의롭다" 함을 얻어 모든 믿는 자의 조상이 되었기 때문입니다. 그들은 하나님께서 아브라함에게, "네 자손이 하늘의 별과 같으리라"(창 15:5)하신 별과 같은 자들인 것입니다.

겨자씨와 누룩 비유

"그러므로 예수께서 이르시되 하나님의 나라가 무엇과 같을까 내가 무엇으로 비교할까"(18) 하시고, "겨자씨 비유와, 누룩 비유"를 말씀하십니다. 18절은 "그러므로" 하고 시작이 되는데 이는 바로 직전의 말씀, "그러면 열여덟 해 동안 사탄에게 매인바 된 이 아브라함의 딸을 안식일에 이 매임에서 푸는 것이 합당하지 아니하냐"(16)는 말씀과 결부가 됩니다. "겨자씨와 누룩 비유"는, "사탄에게 매인 바 된 자들을 풀어줌"으로 하나님의 나라가 확장되어 나가게 됨을 나타내는 비유였던 것입니다.

복음서에 기록된 치유사건은 크게 두 가지 메시지를 담고 있는데 첫째는, 예수님이 누구신가를 증언하는 표적이요, 둘째는 하나님의 나라가 "이미 임하였음"을 나타내는 표징인데, 비록 "겨자씨"와 같이 미약하게 시작되나 "자라 나무가 되어 공중의 새들이 그 가지에 깃들이게"(19) 됨과 같다고 말씀하시는 것입니다. 당장도 사로잡혔던 한 여인이 한 마리 새처럼 자유인이 되어서 하나님의 나라라는 나무에서 안식을 누리게 된 것입니다.

또한 "마치 여자가 가루 서 말속에 갖다 넣어 전부 부풀게 한 누룩과 같다"(21)고 말씀하십니다. 120명으로 시작된 교회가 지금 천상(天上)의 교회와 지상(地上)의 교회를 합한다면 얼마나 영광스럽고 위대할까요? 이는 아브라함에게 "하늘을 우러러 뭇 별을 셀 수 있나 보라 또 그에게 이르시대 네 자손이 이와 같으리라"(창 15:5) 하신 언약의 성취인 것입니다. 이는 "겨자씨"와 같이 미약하게 시작하여 만민이 그 그늘 아래 안식을 취할 수 있는 거목이 된 것입니다. 그 무리 중에 형제도 들어있음을 인하여 하나님을 찬양하시기를 바랍니다.

셋째 단원(22-30) 좁은 문과 넓은 문

예수님께서 각 성 각 마을로 다니시면서 가르치시며 예루살렘으로 여행하시는 중에 어떤 사람이, "주여 구원을 받는 자가 적으니이까" (22-23) 하고 물었습니다. 주님은 지금 유월절에 맞춰서 유월절 양이 되시기 위해서 예루살렘으로 올라가시는 중입니다. 다시 말하면 우리를 사탄의 매임에서 푸는 "구원"을 위해서 말입니다. 이런 배경에서 어떤 사람이, "주여 구원을 얻는 자가 적으니이까?" 라고 물었다는 것은 우리들에게도 눈이 크게 떠질 만큼 중대한 문제인 것입니다.

이 사람은 주님께서 "너희도 만일 회개하지 아니하면 다 이와 같이 망하리라" (5)는 말씀과, "열매를 구하되 얻지 못하니 찍어 버리라" (7)는 주님의 말씀 등을 듣게 되었을 때에 충격을 받은 듯싶습니다. 그가 "구원을 얻는 자가 적으니이까" 한 구원문제는 오늘날도 중요한 이슈인데, "신앙주의자"들은 임종 머리에서, "예수님 믿으세요"라는 말에 고개만 끄떡여도 구원을 얻었다고 말하는가 하면 주님은, "나더러 주여, 주여 하는 자마다 천국에 다 들어갈 것이 아니요 다만 하늘에 계신 내 아버지의 뜻대로 행하는 자라야 들어가리라" (마 7:21)고 말씀하시기 때문입니다. 제 자신도 교인들의 얼굴을 떠올리며 기도하면서 이 문제로 많은 고민을 한 적이 있습니다.

주님은 "많다, 적다" 하는 단답형으로 대답하시지를 않고, "좁은 문으로 들어가기를 힘쓰라 내가 너희에게 이르노니 들어가기를 구하여도 못하는 자가 많으리라" (24) 하십니다. 주님의 답변은 두 가지로 요약이 되는데 첫째는, ㉠ "좁은 문으로 들어가기를 힘쓰라" 하신 의미가 무엇인가 하는 점입니다. 이 "좁은 문"을 이어지는, "그가 너희에게 말하여 이르되 나는 너희가 어디에서 왔는지 알지 못하노라 행악하는 모든 자들아 나를 떠나가라 하리라"(27) 하신 말씀으로 볼 때 1차적으로는 불신 유대인을 가리키신 것으로 여겨집니다. 이점이, "사람들이 동서남북으로부터 와서 하나님의 나라 잔치에 참여하리니"(29) 하신 말씀에도 나타나는데 유대인은 버림을 당하고 구원이 이방인에게로 옮겨지게 되리라는 말씀입니다.

그러면 이 "좁은 문"이 우리에게는 어떻게 적용이 되는가? 우선적으로 확고해야 할 점은 어떤 사람이 제기한 문제가, "구원"이라는 점과, 구원을 얻는 방도는 신구약을 막론하고 예수 그리스도의 대속으로만이 가능하여진다는 점입니다. 사도 바울은 그의 목회서신에서, "때가 이르리니 사람이 바른 교훈을 받지 아니하며 귀가 가려워서 자기의 사욕을 따를 스승을 많이 두고 또 그 귀를 진리에서 돌이켜 허탄한 이야기를 따르리라"(디후 4:3-4)고 경고하면서, "경건의 모양은 있으나 경건의 능력은 부인하니 이 같은 자들에게서 네가 돌아서라"(딤후 3:5) 합니다. 이것이 "좁은 문"인 것입니다.

교훈의 풍조(風潮)

둘째로 "들어가기를 구하여도 못하는 자가 많으리라"는 의미가 무엇인가 하는 점입니다. 유대인들은 "들어가기를 구한 자요, 주여, 주여" 하는 자들도 들어가기를 구하는 자입니다. 그런데 어찌하여 유대인들이 들어가지를 못하고, 마지막 날에도 그러할 것인가? 그 원인을 바울 사도는, "내가 증언하노니 그들이 하나님께 열심이 있으나 올바른 지식을 따른 것이 아니니라 하나님의 의를 모르고 자기 의를 세우려고 힘써 하나님의 의에 복종하지 아니하였느니라"(롬 10:2-3), 즉 성경을 곡해했기 때문이라 합니다. 그렇습니다. 유대인들이 "들어가기를 구하여도 못하는 자가 많게" 된 것은 "열심"이 없어서가 아니라 "지식", 즉 성경적인 진리를 따른 것이 아니기 때문이라는 것입니다. 어찌하여 "지식을 좇지" 않게 되었는가? "지식의 열쇠"를 가진 자들이 성경을 곡해해서 잘못 가르쳤기 때문입니다.

그렇다면 지도자들이 자신이 잘못되었음을 알고 있었을까요? 아닙니다. 왜냐하면 많은 지도자들이 그렇게 설교를 하고 있고, 많은 성도들이 그렇게 믿고 있고 많은 사람들이 그렇게 신앙생활을 하고 있기 때문입니다. 이것이 "넓은 문"인 것입니다. 목회에도, 설교에도 유행이 있습니다. 그래서 사도 바울은, "이는 우리가 이제부터 어린 아이가 되지 아니하여 사람의 속임수와 간사한 유혹에 빠져 온갖 교훈의 풍조(風潮)에 밀려 요동하지 않게 하려 함이라" (엡 4:14)고 말씀했던 것입니다. 형제는 풍조, 즉 유행을 좇아 이리저리 헤매고 있지는 아니합니까?

주님의 말씀은 "지식의 열쇠"를 맡은 오늘의 설교를 점검하게 되는데 바울 당시에 벌써, "우리는 수많은 사람들처럼 하나님의 말씀을 혼잡하게 하지 아니하고 곧 순전함으로 하나님께 받은 것 같이 하나님 앞에서와 그리스도 안에서 말하노라" (고후 2:17)고, 혼잡하게 했다고 말씀합니다.

주님은 계시록 2-3장에서, "내가 네게 가서 네 촛대를 그 자리에서 옮기리라(2:5), 네가 살았다 하는 이름은 가졌으나 죽은 자로다(3:1), 내 입에서 너를 토하여 버리리라" (3:16)고 경고하시는 말씀을 듣게 됩니다. 2천 년 전, 초대교회에 이런 교회가 있었다면 현대교회 중에는 이런 교회가 없다고 안심할 수가 있단 말인가? 그래서 바울은 그의 마지막 목회서신에서, "경건의 모양은 있으나 경건의 능력은 부인하니 이 같은 자들에게서 네가 돌아서라" (딤후 3:5)고 명했던 것입니다. 이것이 주님이 말씀하신 "좁은 문으로 들어가기를 힘쓰라"는 의미입니다. "좁은 문"과 대비되는 것은 "넓은 문"인데, 신구약시대를 막론하고 넓은 길을 가는 사람은 많고 좁은 길로 행하는 자, 즉 "남은 자"는 소수임을 보게 됩니다.

부언할 점은 주님은 밖에 쫓겨 난 자들이, "슬피 울며 이를 갊이 있으리라"(28) 하십니다. "슬피 운다"는 말은 이해가 되나 어찌하여 "이를 간다"고 말씀하는 것일까요? 이는 극도로 분함을 나타내는데 이와는 대비되는 말씀이, "우리 주 예수의 날에는 너희가 우리의 자랑이 되고 우리가 너희의 자랑이 되는 그것이라"(고후 1:14)는 말씀이 아니겠습니까? 지금이 아닙니다. "우리 주 예수의 날에"!

넷째 단원(31-35) 버린바 될 예루살렘

"예루살렘아 예루살렘아 선지자들을 죽이고 네게 파송된 자들을 돌로 치는 자여 암탉이 제 새끼를 날개 아래에 모음 같이 내가 너희의 자녀를 모으려 한 일이 몇 번이냐 그러나 너희가 원하지 아니하였도"(34). 구약시대도 이러했고, 앞으로도 이러할 것입니다. 주님은 어찌하여 예루살렘으로 올라가시는가? 올라가시게 되면 그곳에서 어떠한 일이 벌어질 것인가?

예루살렘은, "인자가 많은 고난을 받고 장로들과 대제사장들과 서기관들에게 버린바 되어 죽임을 당하리라"(9:22) 하신 대로, 하나님의 아들을 십자가에 못 박는 도성이 될 것입니다. 그리스도를 배척함으로 결국은 예루살렘이 버림을 당하게 될 것이기에, "예루살렘아, 예루살렘아" 하시는 것입니다.

주님은, "나가서 여기를 떠나소서 헤롯이 당신을 죽이고자 하나이다" (31)는 말을 들으시고도, "가서 저 여우에게 이르되 오늘과 내일은 내가 귀신을 쫓아내며 병을 고치다가 제 삼일에는 완전하여지리라 하라 그러나 오늘과 내일과 모레는 내가 갈 길을 가야하리니" (32-33)하십니다. 이 말씀 속에는 중요한 의미가 함의되어 있는데, ㉠ "귀신을 쫓아내며" 라는 말씀은 주님이 오신 목적이 사탄을 정복하고 하나님의 나라를 회복하기 위해서 오셨음을 나타내고, ㉡ "오늘과 내일과 모레는 내가 갈 길을 가야 하리니" 하심은 주님의 죽으심이 인간의 계획에 의해서 좌우되는 것이 아니라 하나님의 때가 찬 경륜(엡 1:9)에 의하여 진행된다는 말씀이고, ㉢ "제 삼일에는 완전하여지리라" 하심은 주님의 사역이 죽으심과 부활을 통하여 온전히 성취될 것임을 의미합니다.

> 여호와는 위대하시니 우리 하나님의 성, 거룩한 산에서
> 극진히 찬양 받으시리로다
> 터가 높고 아름다워 온 세계가 즐거워함이여
> 큰 왕의 성 곧 북방에 있는 시온 산이 그러하도다
> (시 48:1-2).

이처럼 아름답고 영화롭던 예루살렘 도성이 어찌하여, 언제부터 이 지경이 되었습니까? 성전을 건축한 솔로몬이 타락했을 때부터, 아니 아담이 에덴에서 하나님을 배신했을 때부터 지금까지입니다. 이사야 선지자는, "신실하던 성읍이 어찌하여 창기가 되었는가 정의가 거기에 충만하였고 공의가 그 가운데에 거하였더니 이제는 살인자들뿐이로다" (사 1:21) 합니다.

이처럼 변질이 된 책임이 누구에게 있는가? 미가 선지자는, "시온을 피로, 예루살렘을 죄악으로 건축하는도다 그들의 우두머리들은 뇌물을 위하여 재판하며 그들의 제사장은 삯을 위하여 교훈하며 그들의 선지자는 돈을 위하여 점을 치면서도" (미 3:10-11) 하고 지도자들의 타락에 원인이 있음을 지적합니다.

이들은 인기에 영합하면서 "큰 문 넓은 길"을 가고 있던 자들입니다. 그래서 이사야는, "이스라엘이여 네 백성이 바다의 모래 같을지라도 남은 자만 돌아오리니 넘치는 공의로 파멸이 작정되었음이라" (사 10:22)고 "남은 자"가 있을 것을 말씀합니다. 이 "남은 자"가, 좁은 문으로 들어가기를 힘쓰는 자들인 것입니다.

주의 이름으로 오시는 이

"보라 네 집이 황폐하여 버린바 되리라" (35상) 하시면서, "너희가 주의 이름으로 오시는 이를 찬송하리로다 할 때까지는 나를 보지 못하리라" (35하) 하십니다. 이는 시편 118:26절을 염두에 두고 하신 말씀인데, "주의 이름으로 오시는 이를 찬송"하게 되는 날은 두 번 있게 됩니다. 첫 번은 그리스도의 초림의 날인데 주님께서 예루살렘에 입성하실 때 무리들은, "호산나 찬송하리로다 주의 이름으로 오시는 이 곧 이스라엘의 왕이여" (요 12:13) 했습니다. 두 번째로, "주의 이름으로 오시는 이를 찬송하리로다 할 때까지는 나를 보지 못하리라" 하심은 재림하실 날입니다.

주님은 "십자가, 부활, 승천하셔서" 하나님 우편에 앉아계시다가 심판주로 재림하실 것을 말씀하시는 것입니다. 이점이 가야바 앞에서 재판을 받으실 때에, "그러나 내가 너희에게 이르노니 이 후에 인자가 권능의 우편에 앉아 있는 것과 하늘 구름을 타고 오는 것을 너희가 보리라" (마 26:64) 하신 말씀과 부합합니다. 그 때까지는 보지 못하리라는 것입니다.

그러면 하나님의 아들 그리스도를 십자가에 못을 박은 그들이 어떤 모습으로 보게 될 것인가? 계시록에서는, "볼지어다 그가 구름을 타고 오시리라 각 사람의 눈이 그를 보겠고 그를 찌른 자들도 볼 것이요 땅에 있는 모든 족속이 그로 말미암아 애곡하리니 그러하리라 아멘" (계 1:7) 합니다. 그런 중에도 성경은, "내가 다윗의 집과 예루살렘 주민에게 은총과 간구하는 심령을 부어 주리니 그들이 그 찌른바 그를 바라보고 그를 위하여 애통하기를 독자를 위하여 애통하듯 하며 그를 위하여 통곡하기를 장자를 위하여 통곡하듯 하리로다" (슥 12:10)고 회개하는 남은 자가 있을 것을 말씀하십니다.

그러면 우리는 "주의 이름으로 오실 이"를 어떤 모습으로 보게 될 것인가? "좁은 문으로 들어가기를 힘쓰라 내가 너희에게 이르노니 들어가기를 구하여도 못하는 자가 많으리라" (24) 하심을 명심하십시다. "그 때에 너희가 말하되 우리는 주 앞에서 먹고 마셨으며 주는 또한 우리의 길거리에서 가르치셨나이다" 하나, 주님은 "나는 너희가 어디에서 왔는지 알지 못하노라 행악하는 모든 자들아 나를 떠나가라" (26-27)는 선고를 받을 자도 있다는 점을 명심하십시다. "보라 나중 된 자로서 먼저 될 자도 있고 먼저 된 자로서 나중 될 자도 있느니라" (30) 하십니다. 이것이 "예루살렘으로 올라가시면서 하신 교훈들"입니다.

The Book of Luke

누가복음 14장 개관도표

주제 : 잔치를 준비하러 올라가시는 주님

안식일과 병 고치심	**1-6** 1 **안식일에** 예수께서 한 바리새인 지도자의 집에 떡 잡수시러 들어가시니 그들이 엿보고 있더라 2 주의 앞에 **수종병 든 한 사람이 있는지라** 3 예수께서 대답하여 율법교사들과 바리새인들에게 이르시되 **안식일에 병 고쳐 주는 것이 합당하냐 아니하냐** 4 그들이 잠잠하거늘 예수께서 그 사람을 데려다가 고쳐 보내시고 5 또 그들에게 이르시되 너희 중에 누가 그 아들이나 소가 우물에 빠졌으면 **안식일에라도** 곧 끌어내지 않겠느냐 하시니 6 그들이 이에 대하여 대답하지 못하니라
갚을 것이 없는 자	**7-14** 7 **청함을 받은 사람들이 높은 자리 택함을 보시고** 그들에게 비유로 말씀하여 이르시되 10 **청함을 받았을 때에 차라리 가서 끝자리에 앉으라** 그러면 너를 청한 자가 와서 너더러 벗이여 올라 앉으라 하리니 그 때에야 함께 앉은 모든 사람 앞에서 영광이 있으리라 11 **무릇 자기를 높이는 자는 낮아지고** **자기를 낮추는 자는 높아지리라** 13 잔치를 베풀거든 차라리 가난한 자들과 몸 불편한 자들과 저는 자들과 맹인들을 청하라 14 그리하면 그들이 **갚을 것이 없으므로** 네게 복이 되리니 이는 의인들의 부활시에 네가 **갚음을 받겠음이라** 하시더라
초대받은 자들의 거절	**15-24** 15 함께 먹는 사람 중의 하나가 이 말을 듣고 이르되 무릇 **하나님의 나라에서 떡을 먹는 자는** **복되도다 하니** 16 이르시되 어떤 사람이 **큰 잔치를 베풀고 많은 사람을 청하였더니** 17 잔치할 시각에 그 청하였던 자들에게 종을 보내어 이르되 **오소서 모든 것이 준비되었나이다** 하매 18 **다 일치하게 사양하여** 한 사람은 이르되 나는 밭을 샀으매 아무래도 나가 보아야 하겠으니 청컨대 나를 양해하도록 하라 하고 21 종이 돌아와 주인에게 그대로 고하니 이에 집 주인이 노하여 그 종에게 이르되 빨리 시내의 거리와 골목으로 나가서 **가난한 자들과 몸 불편한 자들과 맹인들과 저는 자들을 데려오라** 하니라 22 종이 이르되 주인이여 **명하신 대로 하였으되 아직도 자리가 있나이다** 23 주인이 종에게 이르되 길과 산울타리 가로 나가서 사람을 **강권하여 데려다가 내 집을 채우라** 24 내가 너희에게 말하노니 **전에 청하였던 그 사람들은** **하나도 내 잔치를 맛보지 못하리라** 하였다 하시니라
제자되지 못하리라	**25-35** 25 **수많은 무리가 함께 갈새** 예수께서 돌이키사 이르시되 26 무릇 **내게 오는 자가** 자기 부모와 처자와 형제와 자매와 더욱이 **자기 목숨까지 미워하지 아니하면** **능히 내 제자가 되지 못하고** 27 누구든지 **자기 십자가를 지고 나를 따르지 않는 자도** **능히 내 제자가 되지 못하리라** 28 너희 중의 누가 **망대를 세우고자 할진대** 자기의 가진 것이 준공하기까지에 족할는지 먼저 앉아 그 비용을 **계산하지 아니하겠느냐** 31 또 어떤 임금이 다른 임금과 **싸우러 갈 때에** 먼저 앉아 일만 명으로써 저 이만 명을 거느리고 오는 자를 대적할 수 있을까 **헤아리지 아니하겠느냐** 32 만일 못할 터이면 그가 아직 멀리 있을 때에 사신을 보내어 화친을 청할지니라 33 **이와 같이 너희 중의 누구든지** 자기의 모든 소유를 버리지 아니하면 능히 **내 제자가 되지 못하리라** 34 소금이 좋은 것이나 **소금도 만일 그 맛을 잃으면** 무엇으로 짜게 하리요 35 땅에도, 거름에도 쓸 데 없어 내버리느니라 들을 귀가 있는 자는 들을지어다 하시니라

14장

잔치를 준비하러 올라가시는 주님

14장의 내용은 주님께서 바리새인의 한 지도자의 집에 식사 초대를 받으셔서 행하신 말씀과, 이를 제자들에게 적용시키신 교훈으로 이루어져 있습니다. 14장에서 주목해야 할 점은 이 교훈을 하신 배경도, "떡을 잡수시는" (1) 자리요, 교훈의 주제도 "네가 누구에게나 혼인 잔치에 청함을 받았을 때에(8), 잔치를 베풀거든(13), 어떤 사람이 큰 잔치를 베풀고 많은 사람을 청하였더니"(16) 하신 "잔치"라는 점입니다.

이상에서 살펴본 대로 "잔치"라는 주제가 중요한 것은 지금 주님께서 예루살렘으로 올라가시는 목적도, "큰 잔치를 베풀고"(16) 종들을 보내어 "오소서 모든 것이 준비되었나이다"(17)고 잔치에 초청하기 위해서이기 때문입니다. 그러므로 14장의 주제를 "잔치를 준비하러 올라가시는 주님"으로 정하게 된 것입니다. 네 단원으로 나누어 상고하겠습니다.

첫째 단원(1–6) **안식일과 병 고치심**

둘째 단원(7–14) **갚을 것이 없는 자를 초대하라**

셋째 단원(15-24) **잔치에 초대받은 자들의 거절**

넷째 단원(25-35) **내 제자가 되지 못하리라**

첫째 단원(1-6) 안식일과 병 고치심

"안식일에 예수께서 바리새인의 한 지도자의 집에 떡 잡수시러 들어가시니 그들이 엿보고 있더라 주의 앞에 수종병 든 한 사람이 있는지라"(1-2). 주님은 바리새인의 한 지도자의 식사초대에 기꺼이 응하셨습니다. 그것은 시장하셔서가 아니라 그 자리에서도 하나님의 나라를 선포하시기 위해서였다고 보아야만 합니다. 그런데 그들은 수종병 든 사람을 세워놓고 들은 소문대로 안식일에 병을 고쳐주는가 엿보고 있었습니다. 이는 주님을 시험하려고 의도적으로 그렇게 한 것입니다.

주님도 이를 아시고 율법교사들과 바리새인들에게, "안식일에 병 고쳐주는 것이 합당하냐 아니하냐"(3)고 물으십니다. "그들이 잠잠하거늘 예수께서 그 사람을 데려다가 고쳐 보내셨다"(4) 합니다. 복음서가 주님께서 안식일에 각종 병을 고쳐주시는 기사를 기록하고 있는 의도는 첫째는, 예수님이 그리스도(사 35:5)시라는 표적이요, 둘째는 예수님이, "안식일의 주인이시라"(막 2:28)는 점을 드러내기 위해서인 것입니다. 주님은 "수고하고 무거운 짐 진 자들아 다 내게로 오라 내가 너희를 쉬게(안식) 하리라"(마 11:28)고 초청하십니다. 주님은 안식일에 수종병 든 사람에게 안식(安息)을 주심으로 그를 하나님 나라 잔치에 초대하셨던 것입니다.

둘째 단원(7-14) 갚을 것이 없는 자를 초대하라

"청함을 받은 사람들의 높은 자리 택함을 보시고 그들에게 비유로 말씀하여 이르시되"(7). 병을 고쳐주신 후에 잔치는 시작이 되었습니다. 그런데 "청함을 받은 사람들이 높은 자리"를 차지하기 위해서 눈치싸움을 벌이고 있었던 것입니다. 외식하는 당시의 지도자들은 주님께서 지적하신 대로, "그들의 모든 행위를 사람에게 보이고자 하나니 곧 그 경문 띠를 넓게 하며 옷술을 길게 하고 잔치의 윗자리와 회당의 높은 자리와 시장에서 문안 받는 것과 사람에게 랍비라 칭함을 받는 것을 좋아했던"(마 23:5-7) 것입니다.

㉠ 주님은 먼저 초대받은 자들을 향해서, "혼인잔치에 청함을 받았을 때에 높은 자리에 앉지 말라" 하십니다. 왜냐하면, "너와 그를 청한 자가 와서 너더러 이 사람에게 자리를 내주라 하리니 그 때에 네가 부끄러워 끝자리로 가게"(9) 될 것이기 때문이라는 것입니다. 그러므로 "청함을 받았을 때에 차라리 가서 끝자리에 앉으라 그러면 너를 청한 자가 와서 너더러 벗이여 올라앉으라 하리니 그 때에야 함께 앉은 모든 사람 앞에서 영광이 있으리라"(10) 하십니다.

이렇게 말씀하심은 식탁 예절을 교훈하기 위함이 아니라 하나님의 나라 잔치에서 이러한 일이 있게 되리라는 경고적인 교훈이었던 것입니다. 이 점이 "무릇 자기를 높이는 자는 낮아지고 자기를 낮추는 자는 높아지리라"(11)는 결론적인 말씀에 나타납니다. 그런데 당시 종교지도자들은, "그 때에 너희가 말하되 우리는 주 앞에서 먹고 마셨으며 주는 또한 우리 길거리에서 가르치셨나이다"(13:26) 하리라고 지적하심과 같이 하나님 나라에 당연히 참여하게 되고, 그것도 높은 자리에 앉게 되리라는 망상에 빠져 있었던 것입니다.

우리들은 이 말씀을 알고 있고 또 설교도 하는 바입니다. 그러하건만 인간이란 구제불능이어서 그럴까요? 오늘의 교회지도자들인 우리들이 이점에 있어서 무관하다고 말할 수가 있겠습니까? "그러면 다른 사람을 가르치는 네가 네 자신은 가르치지 아니하느냐" (롬 2:21)는 책망을 받아 마땅하다 하겠습니다.

㉡ 다음으로 초대를 한 사람을 향해서, "네가 점심이나 저녁이나 베풀거든 벗이나 형제나 친척이나 부한 이웃을 청하지 말라 두렵건대 그 사람들이 너를 도로 청하여 네게 갚음이 될까 하노라"(12) 하십니다. 수종병 들었던 사람도 식탁에 참여했는지 여부는 알 수 없지만 분위기로 보아서 그는 추방된 듯이 보입니다. 초청을 할 때에 어찌하여 부한 자나 권세 있는 자들을 청하기를 좋아합니까? 자신의 지위를 과시하고 높이기 위해서인 것입니다. 그 심리도 청함을 받은 사람들이 "상좌" 택하는 심리와 같은 것입니다. 이 자고(自高) 하려는 근원은 원죄와 결부가 됩니다. 인류의 시조가 "하나님과 같이 되려고"(창 3:5) 금하신 과실을 범함으로 하나님중심에서 자기중심이 된 데서부터 연유하게 된 것입니다.

그래서 주님은, "잔치를 베풀거든 차라리 가난한 자들과 몸 불편한 자들과 저는 자들과 맹인들을 청하라 그리하면 그들이 갚을 것이 없으므로 네게 복이 되리니 이는 의인들의 부활 시에 네가 갚음을 받겠음이라" (13-14) 하십니다. "부활 시에 네가 갚음을 받겠음이라" 하신 말씀도 하나님께서 갚아주신다는 종말적인 말씀인 것입니다. 그렇습니다. 주님은 "갚을 것이 없는" 미련하고 약하고 천하고 멸시받고 없는(고전 1:27-28) 우리들을 하나님 나라 잔치에 초청하기 위해서 지금 예루살렘으로 올라가고 계시는 것입니다.

성경은 말씀하십니다. "누가 주께 먼저 드려서 갚으심을 받겠느뇨"(롬 11:35), 즉 "내가 이렇게, 이렇게 했으니 내게 갚아주셔야 합니다" 할 자란 한 사람도 없다는 말씀입니다. 구원 얻은 자는 그가 누구이든지 "갚을 것이 없는 자"임을 인식해야만 합니다. 이를 이루시기 위하여 주님은 스스로 낮아지셨으며 우리는 왕의 잔치에 초대를 받게 된 것입니다.

셋째 단원(15-24) 잔치에 초대받은 자들의 거절

"어떤 사람이 큰 잔치를 베풀고 많은 사람을 청하였더니 잔치할 시각에 그 청하였던 자들에게 종을 보내어 이르되 오소서 모든 것이 준비되었나이다 하매"(16-17). 여기가 14장의 중심부입니다. 함께 먹던 사람 중 하나가 주님의 말씀을 듣고는, "무릇 하나님의 나라에서 떡을 먹는 자는 복되도다"(15)고 말하는 것이 아닌가! 그러자 주님은 천국 잔치 비유를 말씀하셨던 것입니다. 바리새인 지도자의 집에 떡 잡수시러 들어가신 주님은 이 말씀을 하시고 싶으신 것입니다.

이점을 마태복음에서는, "천국은 마치 자기 아들을 위하여 혼인잔치를 베푼 어떤 임금과 같으니"(마 22:2) 하십니다. "큰 잔치"는 다름이 아니라 하나님께서 자기 아들을 위한 "혼인잔치"였던 것입니다. 잔치할 시각에 종을 보내어, "오소서 모든 것이 준비되었나이다" 하고 초대를 했다 하십니다.

만민을 위하여 연회를 베푸시는 하나님

"오소서 모든 것이 준비되었나이다" 하시는데 무엇으로 준비하셨는가? 메시아 예언이 풍부한 이사야서에서는, "만군의 여호와께서 이 산에서 만민을 위하여 기름진 것과 오래 저장하였던 포도주로 연회(宴會)를 베푸시리니 곧 골수가 가득한 기름진 것과 오래 저장하였던 맑은 포도주로 하실 것이며"(사 25:6) 하고, 메시아가 오시게 되면 "큰 잔치"를 배설하게 될 것을 예고하고 있습니다. 이는 하나님께서 준비하신 최고의 연회임을 나타내는 묘사입니다.

그러면 "골수가 가득한 기름진 것과 오래 저장하였던 맑은 포도주"란 무엇을 가리키는 것일까요? 주님은 말씀하십니다. "나는 하늘에서 내려온 살아 있는 떡이니 사람이 이 떡을 먹으면 영생하리라 내가 줄 떡은 곧 세상의 생명을 위한 내 살이니라 하시니라, 내가 진실로 진실로 너희에게 이르노니 인자의 살을 먹지 아니하고 인자의 피를 마시지 아니하면 너희 속에 생명이 없느니라 내 살을 먹고 내 피를 마시는 자는 영생을 가졌고 마지막 날에 내가 그를 다시 살리리니 내 살은 참된 양식이요 내 피는 참된 음료로다"(요 6:51-55) 하십니다. 주님은 이 잔치를 베풀기 위해서 지금 예루살렘으로 올라가고 계시는 중인 것입니다.

그러나 초대를 받은 자들의 반응은 어떠했는가? "다 일치하게 사양하였다"(18)는 것입니다. 한 사람은 말하기를, "나는 밭을 샀으매 아무래도 나가 보아야 하겠다" 하고, 또 한 사람은 "나는 소 다섯 겨리를 샀으매 시험하러 가니 청컨대 나를 양해하도록 하라" 하고, 또 한 사람은 "나는 장가들었으니 그러므로 가지 못하겠노라"(18-20) 했다는 것입니다. 그들은 교양 있고 예의바른 척, "청컨대 나를 양해하도록 하라"고, 정중하게 거절을 했다는 것입니다.

외식하는 바리새인과 서기관들이 이렇게 했다는 것입니다. 그리하여 잔치자리는, "가난한 자들과 몸 불편한 자들과 맹인들과 저는 자들"(21)의 차지가 되었습니다. 이들은 15:1절에서 보는 바대로, "모든 세리와 죄인들"을 가리킵니다. "길과 산울타리 가로 나가서 사람을 강권하여 데려다가 내 집을 채우라"(23) 하심은 이방인의 구원을 염두에 두고 하신 말씀으로 여겨집니다.

"잔치비유"는, "내가 너희에게 말하노니 전에 청하였던 그 사람들은 하나도 내 잔치를 맛보지 못하리라"(24)는 결론으로 끝을 맺고 있습니다. "내 잔치"라고 말씀하십니다. 주님은 당시의 종교지도자들을, "내 잔치"의 초대에서 제외하신 것이 아니었습니다. 먼저 초대를 받은 자들은 그들이었습니다. 이 말씀도 바리새인 지도자의 집에 그들과 함께 떡을 잡수시기 위하여 들어가신 자리에서 하신 말씀으로 되어 있습니다. 주님은 그들을 "내 잔치"에 초대하시기 위하여 그들의 초대에 응하셨으나 그들은 "다 일치하게 사양"하였던 것입니다.

넷째 단원(25-35) 내 제자가 되지 못하리라

"수많은 무리가 함께 갈 새 예수께서 돌이키사 이르시되 무릇 내게 오는 자가 자기 부모와 처자와 형제와 자매와 더욱이 자기 목숨까지 미워하지 아니하면 능히 내 제자가 되지 못하고 누구든지 자기 십자가를 지고 나를 따르지 않는 자도 능히 내 제자가 되지 못하리라"(25-27).

본 단원의 중심점은, "나의 제자가 되지 못하리라"는 말씀에 있는데, 3번(26, 27, 33)이나 강조되어 있습니다. "수많은 무리와, 제자가 되지 못하리라"가 대조되어 있습니다. 이 말씀은 바리새인의 집에서 나오셔서 "수많은 무리"와 함께 예루살렘을 향하여 올라가시면서 하신 말씀으로 여겨집니다. 그러니까 주님을 따르는 수많은 사람들을 향하여, "내가 지금 어디로, 무엇을 위해서 가고 있는 줄을 알고 따르느냐"고 말씀하신 셈입니다. 그러면 어떤 유형의 사람이, "나의 제자가 되지 못하리라" 하시는가?

㉠ 자기 가족, 나아가 자기 목숨까지 미워하지 않으면 능히 나의 제자가 되지 못하고(26),

㉡ 자기 십자가를 지고 나를 좇지 않는 자도 능히 나의 제자가 되지 못하고(27),

㉢ 자기의 모든 소유를 버리지 아니하면 능히 내 제자가 되지 못하리라(33) 하십니다.

주님께서 제시한 3가지 기준에 의하면 제자에 부합하는 자가 오늘날 얼마나 될 것인가를 자문하게 합니다. 주님께서 이 말씀을 하시게 된 의도가 무엇인가? 지금 수많은 무리가 예수님을 따르고 있습니다. 주님은 지금 십자가를 담당하시기 위해서 예루살렘으로 올라가고 계시는데 말입니다. 그러므로 중요한 것은 "따르는데" 있는 것이 아니라, 따르는 "목적과, 동기"를 어디에 두고 있느냐가 문제라는 것입니다. 주님을 따르는 길이 자기 목숨까지 미워해야 할 고난의 길임을 알고 따르는 자가 얼마나 있을 것인가? 주님을 따르는 자신의 동기가 어디에 있는가? 검토해 보라는 것입니다.

헤아리지 아니하겠느냐

이점이 이어지는 두 가지 예화에 분명히 나타나고 있는데,

㉠ "너희 중의 누가 망대를 세우고자 할진대 자기의 가진 것이 준공하기까지에 족할는지 먼저 앉아 그 비용을 계산하지 아니하겠느냐"(28) 하십니다. 그렇게 아니하여 그 기초만 쌓고 능히 이루지 못하게 되면 보는 사람들이 다 비웃어 말하기를, "이 사람이 공사를 시작하고 능히 이루지 못하였다"(29) 하리라는 것입니다. 사실 우리 주위에는 완공하지 못하고 중단한 보기 흉한 건축물이 얼마나 많은가?

㉡ "또 어떤 임금이 다른 임금과 싸우러 갈 때에 먼저 앉아 일만 명으로써 저 이만 명을 거느리고 오는 자를 대적할 수 있을까 헤아리지 아니하겠느냐"(31) 하십니다. "만일 못할 터이면 그가 아직 멀리 있을 때에 사신을 보내어 화친을 청할 지니라"(32) 하십니다. 말씀하시는 핵심은, "계산하지 아니하겠느냐, 헤아리지 아니하겠느냐"고 물으시는데 있습니다.

주님은 마치 "많은 무리"가 따르는 것을 원치 않으셔서 쫓아버리기라도 하실 양으로 이렇게 말씀하시는 것처럼 여겨지기까지 합니다. 이제 주님의 물으심에, "수많은 무리"가, 그리고 오늘의 목회자가, 교회가 대답해야 할 차례입니다. 내가 주님을 따르는 동기가 무엇인가? 목적을 어디에 두고 있는가? 나는 과연 "자기 십자가를 지고" 주님을 따를 준비가 되어 있는가? 나는 그의 나라를 위하여 "모든 소유를 희생"할 각오가 되어있는가? 이 말씀은 우리를 숙연하게 합니다. 자신을 헤아려보게 합니다. 나아가 사탕발림하듯이 좋은 말만해서 이끌고자 하는 오늘의 전도방법을 재검토하게 합니다.

이점을 사도 바울은, “우리 중에 누구든지 자기를 위하여 사는 자가 없고 자기를 위하여 죽는 자도 없도다 우리가 살아도 주를 위하여 살고 죽어도 주를 위하여 죽나니 그러므로 사나 죽으나 우리가 주의 것이로다” (롬 14:7-8)고 말씀합니다.

자신의 축복이나 소원성취를 위하여 주님을 따르는 것이라면 “능히 주님의 제자”라고 말할 수는 없을 것입니다. 만일 교회가 이러한 사람들로 가득 차 있다면 그들의 공동체는, “소금이 좋은 것이나 소금도 만일 그 맛을 잃으면 무엇으로 짜게 하리요” (34), “맛 잃은 소금” 같이 되어 버린 바가 되고 밟힌 바가 될 것입니다. “들을 귀가 있는 자는 들을 지어다” (35) 하십니다. 심각하게 “헤아려” 보아야만 하겠습니다. 이것이 “잔치를 준비하러 올라가시는 주님”입니다.

The Book of Luke

누가복음 15장 개관도표

주제 : 잃어버린 백성을 찾으시는 하나님

잃은 양과 드라크마를 찾은 기쁨

1-10

1 모든 **세리와 죄인들이 말씀을 들으러 가까이 나아오니**
2 바리새인과 서기관들이 수군거려 이르되 **이 사람이 죄인을 영접하고 음식을 같이 먹는다** 하더라
3 예수께서 그들에게 이 비유로 이르시되
4 너희 중에 어떤 사람이 **양 백 마리가 있는데 그 중의 하나를 잃으면** 아흔아홉 마리를 들에 두고
그 잃은 것을 찾아내기까지 찾아다니지 아니하겠느냐
5 또 찾아낸즉 즐거워 어깨에 메고
6 집에 와서 그 벗과 이웃을 불러 모으고 말하되 나와 함께 즐기자 **나의 잃은 양을 찾아내었노라** 하리라
7 내가 너희에게 이르노니 **이와 같이 죄인 한 사람이 회개하면** 하늘에서는 회개할 것 없는 의인
아흔아홉으로 말미암아 **기뻐하는 것보다 더하리라**
8 어떤 여자가 **열 드라크마가 있는데 하나를 잃으면** 등불을 켜고 집을 쓸며 찾아내기까지
부지런히 **찾지 아니하겠느냐**
10 내가 너희에게 이르노니 이와 같이 **죄인 한 사람이 회개하면 하나님의 사자들 앞에** 기쁨이 되느니라

잃었던 아들을 찾은 기쁨

11-32

11 또 이르시되 어떤 사람에게 **두 아들이 있는데**
12 그 둘째가 아버지에게 말하되 아버지여 재산 중에서 내게 돌아올 분깃을 내게 주소서 하는지라
아버지가 그 살림을 각각 나눠 주었더니
13 그 후 며칠이 안 되어 **둘째 아들이 재물을 다 모아 가지고 먼 나라에 가 거기서 허랑방탕하여**
그 재산을 낭비하더니
16 그가 돼지 먹는 쥐엄 열매로 배를 채우고자 하되 주는 자가 없는지라
17 이에 스스로 돌이켜 이르되 내 아버지에게는 양식이 풍족한 품꾼이 얼마나 많은가
나는 여기서 주려 죽는구나
18 내가 일어나 아버지께 가서 이르기를 아버지 내가 하늘과 아버지께 죄를 지었사오니
19 지금부터는 아버지의 아들이라 일컬음을 감당하지 못하겠나이다
나를 품꾼의 하나로 보소서 하리라 하고
20 **이에 일어나서 아버지께로 돌아가니라** 아직도 거리가 먼데 **아버지가 그를 보고 측은히 여겨**
달려가 목을 안고 입을 맞추니
21 아들이 이르되 아버지 내가 하늘과 아버지께 죄를 지었사오니 지금부터는 아버지의 아들이라
일컬음을 감당하지 못하겠나이다 하나
22 아버지는 종들에게 이르되 **제일 좋은 옷을 내어다가 입히고** 손에 가락지를 끼우고 발에 신을 신기라
23 그리고 **살진 송아지를 끌어다가 잡으라** 우리가 먹고 즐기자
24 이 **내 아들은 죽었다가 다시 살아났으며 내가 잃었다가 다시 얻었노라** 하니 그들이 즐거워하더라
25 **맏아들은** 밭에 있다가 돌아와 집에 가까이 왔을 때에 풍악과 춤추는 소리를 듣고
26 한 종을 불러 이 무슨 일인가 물은대
27 대답하되 당신의 동생이 돌아왔으매 당신의 아버지가 건강한 그를 다시 맞아들이게 됨으로 인하여
살진 송아지를 잡았나이다 하니
28 **그가 노하여 들어가고자 하지 아니하거늘** 아버지가 나와서 권한대
29 아버지께 대답하여 이르되 내가 여러 해 아버지를 섬겨 명을 어김이 없거늘 내게는 염소 새끼라도
주어 나와 내 벗으로 즐기게 하신 일이 없더니
30 아버지의 살림을 창녀들과 함께 삼켜 버린 이 아들이 돌아오매 이를 위하여 살진 송아지를
잡으셨나이다
31 아버지가 이르되 **얘 너는 항상 나와 함께 있으니 내 것이 다 네 것이로되**
32 이 **네 동생은 죽었다가 살아났으며 내가 잃었다가 얻었기로**
우리가 즐거워하고 기뻐하는 것이 마땅하다 하니라

15장
잃어버린 백성을 찾으시는 하나님

15장의 내용은 잃은 양과, 잃어버린 드라크마의 비유, 그리고 탕자의 비유 등으로 되어 있습니다. 인간중심으로 볼 때에는 그러합니다. 그러나 하나님 중심으로 보면 잃은 양을 찾는 목자의 비유요, 잃은 자식을 애타게 기다리는 아버지의 비유인 것입니다. 그러하기 때문에 성경해석에 있어서 중요한 것은 관점(觀點)이요, "주의 마음"을 아는 일입니다. 성경은 말씀합니다. "누가 주의 마음을 알아서 주를 가르치겠느냐 그러나 우리가 그리스도의 마음을 가졌느니라"(고전 2:16).

이런 주의 마음으로 바라보게 될 때에 본문에서 양이나 탕자를 만나게 되는 것이 아니라, "잃은 양"을 찾고 있는 목자의 애타는 마음을 헤아리게 되고, 대문을 열어놓고 집 나간 자식을 기다리는 아버지의 심정을 만나게 되는 것입니다. 그러므로 15장의 주제가 "잃어버린 자기 백성을 찾으시는 하나님"이 될 수가 있습니다. 본문을 접근할 때에 유념해야 할 점은 비유를 말씀하게 된 "동기"와, 세 비유의 "강조점"이 어디에 있는가 하는 점입니다. 두 단원으로 나누어 상고합니다.

첫째 단원(1–10) **잃은 양과 드라크마를 찾은 기쁨**

둘째 단원(11–32) **잃었던 아들을 찾은 기쁨**

첫째 단원(1–10) 잃은 양과 드라크마를 찾은 기쁨

"모든 세리와 죄인들이 말씀을 들으러 가까이 나아오니 바리새인과 서기관들이 수군거려 이르되 이 사람이 죄인을 영접하고 음식을 같이 먹는다 하더라"(1-2). 그래서 "예수께서 그들에게 이 비유로 이르시되"(3) 하고, 비유들을 들어 말씀하시게 된 것입니다. 바리새인과 서기관들은 예수님께서 자신들은 상대도 하지 않는, "모든 세리와 죄인들"을 영접하고 음식을 같이 먹는다고 비난했습니다.

주님은 비난하는 바리새인과 서기관들에게, "너희 중에 어떤 사람이 양 백 마리가 있는데 그 중의 하나를 잃으면 아흔아홉 마리를 들에 두고 그 잃은 것을 찾아내기까지 찾아다니지 아니하겠느냐"(4)고 물으십니다. 형제가 양 한 마리를 잃었다면 어떻게 하시겠습니까? 형제가 잃은 것이 양이 아니라 자식이었다면 어떻게 하시겠습니까? 하나님은 불평하는 요나에게, "하물며 이 큰 성읍 니느웨에는 좌우를 분변하지 못하는 자가 십이만여 명이요 가축도 많이 있나니 내가 어찌 아끼지 아니하겠느냐"(욘 4:11) 하십니다.

첫째 단원에는 반복적으로 강조되고 있는 중심적인 단어가 몇 개가 있는데 첫째로, "잃었다"는 단어가 몇 번이나 나오는지 관찰해 보십시오. 둘째로, "찾는다"는 말은 몇 번이나 나오는지 세어 보십시오.

잃은 것을 찾으시는 하나님

"잃었다와, 찾는다"는 말은 이 비유에 있어서 중심적인 단어들입니다. 잃었기 때문에 찾는 것입니다. 그러면 두 주제 중에서 어느 편에 더 강조점이 주어진 것 같습니까? 말할 것도 없이 "찾는다"에 있습니다. "찾아내기까지 찾아다니지 아니 하느냐"고 물으십니다. 그렇다면 주님께서 이 비유를 통해서 말씀하고자 하는 바는, 누가 무엇을 잃었다는 것입니까? 양입니까? 드라크마 한 푼입니까? 아닙니다. 하나님께서 자기 백성을 잃어버리셨다는 말씀입니다.

하나님께서 천지 만물을 다 창조하시고 맨 나중에 인간을 지으심은 그들이 살아갈 환경(사 45:18)을 먼저 조성하신 후에 인간을 지으셨음을 뜻합니다. 그리고 자기 형상대로 지으셨다는 것은 그들을 교제의 대상으로 지으셨음을 의미합니다. 그러나 인류의 시조는 그토록 선하신 하나님을 배신하고 사탄의 유혹을 좇음으로 하나님은 자기 형상대로 지으신 자기 백성을 잃어버리신 것입니다. 말하자면 "백성이 없는 왕"이 되신 셈입니다. 그래서 하나님의 나라는 파괴가 된 것입니다.

그리하여 하나님께서 잃어버린 자기 백성을 찾도록 찾으시는 것이 성경역사입니다. 누가복음 19:10절을 보십시오, "인자가 온 것은 잃어버린 자를 찾아 구원하려 함이니라"고 이점을 분명히 밝히고 계십니다. 하나님께서는 잃어버린 자기 백성을 찾으시기 위해서 독생자를 보내셨던 것입니다.

그렇다면 무엇이 하나님과 백성 사이를 끊어놓고 추방을 당하게 하였는가? 그것은 "한 사람으로 말미암아 죄가 세상에 들어오고 죄로 말미암아 사망이 왔나니"(롬 5:12) 한 "죄" 때문이었습니다. 그러므로 본문에 6번(1, 2,

7, 10, 18, 21) 등장하는 "죄"가 또 하나의 중심단어입니다. 잃은 양의 비유의 결론은, "내가 너희에게 이르노니 이와 같이 죄인 한 사람이 회개하면 하늘에서는 회개할 것 없는 의인 아흔아홉으로 말미암아 기뻐하는 것보다 더 하리라" (7) 하십니다. 그러므로 주님은, "내가 의인을 부르러 온 것이 아니요 죄인을 부르러 왔노라" (마 9:13)고 말씀하십니다.

그렇다면 죄 값에 팔려 사탄의 노예가 된 그들을 찾아 구원하려면 어떤 조치가 선행되어야만 할까요? 그것은 죄의 값을 대신 지불하는 "대속" (代贖)이 필수적인 것입니다. 왜냐하면 하나님께서 죄 값은 사망이라고 선언하셨기 때문에 자기를 부인하실 수가 없으시기 때문입니다. 그러므로 주님은 말씀하십니다. "인자의 온 것은— 자기 목숨을 많은 사람의 대속물로 주려 함이니라" (마 20:28). 하나님이시라도, 아니 하나님이시기 때문에 이렇게 하시고야 잃어버린 자기 백성을 찾으심이 가능했던 것입니다.

하나님의 찾으심에 대한 인간의 반응은 무엇입니까? 그것은 "회개"입니다 그러므로 회개라는 주제가 본 비유에 있어서 또 하나의 중심적인 단어 (7, 10)입니다. "이와 같이 죄인 한 사람이 회개하면 하늘에서는 회개할 것 없는 의인 아흔아홉으로 말미암아 기뻐하는 것보다 더하리라" 하십니다.

나와 함께 즐기자

이제 우리가 주목하게 되는 것은 찾으심이 끝이 아니라는 점입니다. 두 비유는 한결같이, "나와 함께 즐기자 나의 잃은 양을 찾아내었노라(6), 나와 함께 즐기자 잃은 드라크마를 찾아내었노라" (9)고 "함께 즐기자"로 끝을 맺고 있는 것을 보게 됩니다. 그리하여 잔치가 벌어집니다. 여기에는 기뿜이 있습니다. 즐거움이 있습니다. 그러므로 "즐거움과, 기쁨"이 또한 본 단원의 중심단어 중 하나입니다.

그리고 두 가지 비유는 동일하게, "이와 같이 죄인 한 사람이 회개하면 하늘에서는 회개할 것 없는 의인 아흔아홉으로 말미암아 기뻐하는 것보다 더 하리라(7), 이와 같이 죄인 한 사람이 회개하면 하나님의 사자들 앞에 기쁨이 되느니라" (10) 하십니다. 주님은 이 두 비유를 통해서 자신이 하시고 계시는 사역, 즉 오신 목적을 설명하심으로 결론을 맺으십니다. 잃은 양 한 마리, 잃은 드라크마 하나를 찾았을 때에도 이처럼 모든 사람과 함께 기뻐하고 잔치하며 즐거워한다면 하물며 하나님께서 잃어버리셨던 자기 자녀를 찾으셨을 때이겠습니까!

하나님의 이름과 명예를 위하여

이제 중요한 요점을 부언해야만 하겠습니다. 그것은 하나님께서 이렇게 찾으심의 첫째 목적이 하나님의 거룩하신 이름을 위해서라는 점입니다. 사악한 사탄은, "보시기에 심히 좋았더라" (창 1:31) 하신 하나님의 나라를 엉망진창으로 만들었습니다. 하나님의 명예를 손상시킨 것입니다. 하나님은, "나는 나를 위하며 나를 위하여 이를 이룰 것이라 어찌 내 이름을 욕되게 하리요 내 영광을 다른 자에게 주지 아니하리라" (사 48:11)고 선언하십니다. 하나님의 구원계획에는 하나님의 거룩하신 이름과 영예가 걸려 있다는 점을 인식한다는 것은 중요한 요점이 됩니다.

이점에서 좀 더 설명을 한다면, "잃었던 하나님의 백성을 찾으심과, 하나님의 명예"는 불가분의 관계라는 점입니다. 왜냐하면 잃었던 백성을 찾으셔서, "보라 하나님의 장막이 사람들과 함께 있으매 하나님이 그들과 함께 계시리니 그들은 하나님의 백성이 되고 하나님은 친히 그들과 함께 계셔서"(계 21:3), 즉 하나님의 나라가 완성이 될 때에야 하나님의 명예가 온전히 회복이 되기 때문입니다. 이점을 바벨론 포로귀환의 예표를 통해서는, "내가 이렇게 행함은 너희를 위함이 아니요 너희가 들어간 그 여러 나라에서 더럽힌 나의 거룩한 이름을 위함이라"(겔 36:22), 즉 하나님의 선민이 적국에 포로가 되어 있다는 것은 하나님의 이름이 더럽힘을 받은 것과 같기 때문에 돌아오게 하신다는 말씀입니다.

다윗이 골리앗을 향해서, "전쟁은 여호와께 속한 것인즉"(삼상 17:47) 라고 선언한 것은 자신이 "여호와의 싸움"(삼상 25:28)을 싸우고 있다는 고백적인 말이었던 것입니다. 이방인의 사도인 바울 사도도, "그 이름을 위하여 모든 이방인 중에서 믿어 순종 하게 하나니"(롬1:5) 라고 자신이 "그리스도의 이름을 위하여" 싸우고 있다는 점을 밝히고 있습니다.

그들은 자신의 임무를 훌륭하게 완수하고 안식하는 교회에 속해 있습니다. 지금 형제는 전투하는 교회에 속해서 하나님의 이름이 걸려 있는 여호와의 싸움을 싸우고 있는 것입니다. 그러면 어떤 확신에 이르게 됩니까? 하나님의 전쟁은 반드시 승리한다는 확신입니다. 반드시 완성하시고야 만다는 확신입니다. 왜냐하면 하나님의 명예가 걸려있기 때문입니다. 예수 그리스도께서 재림하시는 날에 완성될 것입니다. 잃어버린 하나님의 백성을 한 사람, 또 한 사람 찾을 때마다 하나님의 나라는 확장되어 나가는 것이며 하늘에서는 즐거워하며 기뻐하며 잔치가 벌어지는 것입니다. 형제여 하나님의 명예와 그 거룩하신 이름을 위하여, 잃어버린 자기 백성을 찾으시는 일에 헌신하지 않으시렵니까? 이 선한 싸움의 선봉에 서지 않으시렵니까?

둘째 단원(11-32) 잃었던 아들을 찾은 기쁨

"또 이르시되 어떤 사람에게 두 아들이 있는데"(11) 하고, 너무나 유명한 "탕자의 비유"를 말씀하십니다. 이 비유를 말씀하시게 된 의도가 무엇이며, 이를 통해서 하시고자 하는 중심주제가 무엇이겠습니까? 설교자가 본문을 택했다면 회중들은, "회개하라는 말씀을 하려는 구나" 하고 생각할 것입니다. 아닙니다. 이 비유의 주체(主體)는 탕자도 아니요, 주제(主題)가 "회개"도 아닙니다. 탕자가 돌아오게 된 동기를 보십시오. "이에 스스로 돌이켜 이르되 내 아버지에게는 양식이 풍족한 품꾼이 얼마나 많은가 나는 여기서 주려 죽는구나"(17), 그래 굶어죽을 수가 없어서 "나를 품꾼의 하나로 보소서"(19) 하고 돌아온 것입니다. 굶어죽게 되지 않았다면 그는 돌아오지 않았을 것입니다. 이것이 "회개"의 모델이 될 수가 있습니까?

이 비유의 중심점은 아버지가 종들에게, "제일 좋은 옷을 내어다가 입히고 손에 가락지를 끼우고 발에 신을 신기라 그리고 살진 송아지를 끌어다가 잡으라 우리가 먹고 즐기자 이 내 아들은 죽었다가 다시 살아났으며 내가 잃었다가 다시 얻었노라 하니 그들이 즐거워하더라"(22-24)는 말씀에 있는 것입니다. 이 말씀은 결론(32)에서 다시 반복되고 있습니다.

"잃었던" 것만이 아니라, "죽었다가 다시 살아났다"고 말씀합니다. "죽음"이란 분리를 의미합니다. 아버지와의 분리, 곧 하나님과의 분리, 이것이 죽음입니다. 그래서 죽었다가 다시 살아났다고 말씀하는 것입니다. 아버지를 떠나 먼 나라에 가서 허랑 방탕하던 탕자가 아버지와의 관계가 회복될 수 있었던 것은 탕자에게 그럴만한 자격이나 공로가 있어서가 아니라, 아버지의 무조건적인 사랑, 전적인 은혜로 말미암아 가능해진 것입니다. 여기에 복음이 있는 것입니다.

그런데 문제는 맏아들이, "그들이 즐거워하더라"에 함께 참여하기를 거부하는데서 일어납니다. 주님께서 이 비유를 말씀하시게 된 동기도 바로 여기에 있는 것입니다. 비유에 등장하는 "탕자"는, "모든 세리와 죄인들"(1)을 가리키고, 탕자의 아버지의 무조건적인 사랑은 하나님 아버지 곧 주님의 사랑을 나타냅니다. 그렇다면 아버지의 사랑과, 영접과, 잔치를 베푸심을 불평하고 있는 맏아들은 누구를 가리키는 비유겠습니까? 당시의 종교지도자들을 상징합니다. 그러므로 본 비유를 통해서 하시고자 하는 바는 명백합니다.

㉠ 첫째는 그들의 구원관이 잘못되었다는 것이고, ㉡ 둘째는 주님이 오신 목적을 드러내기 위해서인데 이점이 결론에서, "이 네 동생은 죽었다가 살아났으며 내가 잃었다가 얻었기로 우리가 즐거워하고 기뻐하는 것이 마땅하다 하니라"(32) 하신 말씀에 나타납니다.

잘못 된 구원관

그렇다면 맏아들, 곧 바리새인과 서기관들은 어찌하여 함께 기뻐하고 즐거워하기를 거부하였을까요? 이점을 맏아들의 반응을 통해서 엿볼 수가 있습니다. 그는 아버지에게, "내가 여러 해 아버지를 섬겨 명을 어김이 없거늘 내게는 염소 새끼라도 주어 나와 내 벗으로 즐기게 하신 일이 없더니"(29) 합니다.

이 말을 들은 아버지는 기가 막혔을 것입니다. 왜냐하면 아버지와의 관계를 사랑을 받는 아들로써가 아니라 마치 품꾼인양 말하고 있기 때문입니다. 따라서 아버지에 대한 섬김이 사랑의 섬김이 아니라 품삯을 위해서 한 것 인양 말하고 있기 때문입니다. 자신은 염소새끼가 아니라 그 이상의 것도 받을 자격이 있고 공로가 있고 권리가 있다는 것이지요. 맏아들의 말대로라면 아버지는 맏아들의 품삯을 착취한 것이 되고 당연히 지불해야 할 빚을 진 셈입니다.

그런데 그런 자신에게는 염소새끼라도 주지 않은 인색한 아버지가, 받을 자격도, 공로도, 가치도 없는 둘째가 돌아왔을 때에는 살진 송아지를 잡아서 잔치를 베풀다니! 여기에 바리새인과 서기관들의 치명적인 잘못이 있었던 것입니다. 이것이 그들의 잘못 된 율법적인 구원관(救援觀)이었습니다.

아버지가 탕자에게 "살진 송아지"를 잡아 잔치를 베푼 것은 "품삯"이 아니었습니다. 받을 자격이 없는 자에게 무조건적으로 베푼 "은혜"였습니다. 그러므로 "오직 은혜, 오직 믿음", 이것이 바른 구원관입니다. 맏아들은 이것이 불만이었던 것입니다. "아버지의 살림을 창녀들과 함께 삼켜버린 이 아들이 돌아오매 이를 위하여 살진 송아지를 잡으셨나이다"(30)고 불평했던 것입니다. 이러한 원망은, "한 시간밖에 일하지 아니하였거늘 그들을 종일 수고하며 더위를 견딘 우리와 같게 하였나이다"(마 20:12)고 불평한 자들과 맥을 같이 하는 것입니다.

바리새인과 서기관들의 구원관이 그러했습니다. 구원을 일을 하고 받는 품삯처럼 여겼던 것입니다. 그래서 "하나님이여 나는 다른 사람들 곧 토색, 불의, 간음을 하는 자들과 같지 아니하고 이 세리와도 같지 아니함을 감사하나이다 나는 이레에 두 번씩 금식하고 또 소득의 십일조를 드리나이다"(18:11-12)고 자랑을 늘어놓았던 것입니다. 이렇게 행한(일을 한) 자신들은 구원에 참여하는 것이 당연하지만, "이 사람이 죄인(일한 것이 없는)을 영접하고 음식을 같이 먹는다"(2)고 비난했던 것입니다. 이점을 사도 바울은, "내가 증언하노니 그들이 하나님께 열심이 있으나 올바른 지식을 따른 것이 아니니라 하나님의 의를 모르고 자기 의를 세우려고 힘써 하나님의 의에 복종하지 아니 하였느니라"(롬 10:2-3)고 지적합니다.

그러면 은혜가 무엇인가? "일하는 자에게는 그 삯이 은혜로 여겨지지 아니하고 보수로 여겨지거니와 일을 아니할지라도 경건하지 아니한 자를 의롭다 하시는 이를 믿는 자에게는 그의 믿음을 의로 여기시나니 일한 것이 없이 하나님께 의로 여기심을 받는 사람의 복에 대하여"(롬 4:4-6) 라고 증언합니다. 그래서 "내가 진실로 너희에게 이르노니 세리들과 창녀들이 너희보다 먼저 하나님의 나라에 들어가리라"(마 21:31)고 말씀하시는 것입니다.

아버지의 하시는 일을 못마땅하게 여기면서 "노하여 들어가고자 하지 아니한"(28) 것은 맏아들만이 아닙니다. 바리새인과 서기관들만이 아닙니다. 그러한 맏아들은 오늘날 교회 안에도 많이 있는 것입니다. 사탄은 열심 있고, 기도 많이 하고, 헌금 많이 하고, 봉사 많이 하는 사람들을 이러한 잘못에 빠지도록 유혹합니다. 교회 내에서 일어나는 크고 작은 문제들도 따지고 보면 의외다 싶게 자신을 내세우는 "자랑"에 원인이 있는 것입니다. 이는 하나님을 모르고 복음을 모르고 자신을 모르는 데서 오는 것입니다.

아버지는 말씀합니다. "얘 너는 항상 나와 함께 있으니 내 것이 다 네 것이로되"(31), 아셨습니까? "내 것이 다 네 것"이라고 말씀합니다. 이점을 성경은 "그러므로 네가 이 후로는 종이 아니요 아들이니 아들이면 하나님으로 말미암아 유업을 받을 자니라"(갈 4:7)고 말씀합니다. "유업을 받을 자"란 상속자란 뜻입니다. 즉 아버지의 것은 다 아들의 것이라는 말씀입니다. 그래도 부족합니까? 도대체 우리에게 이렇게 행해주셔야 할 무슨 자격이나 공로가 있단 말입니까?

내 것이 다 네 것이다

주님은 "모든 세리와 죄인들"이 바리새인과 서기관들 보다 영적으로나 윤리적으로 잘했다고 말씀하시는 것이 아닙니다. 물론 그들을 더 사랑하신 것도 아닙니다. 맏아들보고는, "얘 너는 항상 나와 함께 있으니" 하신 반면에 둘째는, "이 네 동생은 죽었다가 살아났으며 내가 잃었다가 얻었다"고 말씀하고 있는 것입니다. 그는 형에 비해 더 연약한 지체였을 뿐입니다. 만일 맏아들이 아버지에게, "내가 여러 해 아버지를 섬겨 명을 어김이 없거늘" 하고 공로를 내세우지 않고 함께 기뻐했다면 얼마나 더욱 기특했겠습니까? 그래서 사랑스럽게 "얘"라고 부르시면서 염소새끼 한 마리가 문제가 아니라, "너는 항상 나와 함께 있으니 내 것이 다 네 것이로되"라고 말씀하는 것입니다.

맏아들이 아버지의 말을 듣고 함께 잔치자리에 들어갔는지 여부는 알 길이 없습니다. 성경은 "우리가 즐거워하고 기뻐하는 것이 마땅하다"는 데서 말씀을 마치고 있기 때문입니다. 그렇게 하고 있는 것은 "자, 너는 어떻게 하겠느냐?"고 우리에게 묻고 있는 셈입니다. 교회생활이란 함께 들어가서 함께 기뻐하며 함께 즐거워하는 잔치입니다. 하나님 아버지께서 자격도 가치도 없는 탕자를 위하여 "살진 송아지"를 잡은 것은 이때가 처음이 아닙니다. 구약시대 내내 잡으셨습니다. "그는 여호와 앞에서 그 수송아지를 잡을 것이요"(레 1:5) 하신 번제가 이를 의미합니다. 그리고 그 번제는 그리스도의 십자가에서 성취되었던 것입니다. 그러므로 자기 아들을 위하여 혼인잔치를 베푼 어떤 임금이란, "내가 오찬을 준비하되 나의 소와 살진 짐승을 잡고 모든 것을 갖추었으니 혼인잔치에 오소서" (마 22:4) 하고 초청한 "어떤 임금" 곧 하나님이셨던 것입니다.

하나님께서는 "허물과 죄로 죽었던" (엡 2:1) 우리를 다시 살려주셨습니다. 살려주신 것만이 아니라, "제일 좋은 옷을 입히시고 손에 가락지를 끼워" 주시면서 자녀로 삼아주셨습니다. "자녀이면 또한 후사 곧 하나님의 후사(後嗣)요" (롬 8:17), "유업(遺業)을 이을 자"라고 말씀합니다. 본문에서 인용한다면, "내 것이 다 네 것이로되" (31) 라고 말씀하십니다. 그리고 "내 아들은 죽었다가 다시 살아났다" 하시면서 함께 기뻐하자고 "큰 잔치"를 배설하셨습니다.

"이는 자기 아들을 화목제물(살진 송아지를 잡듯)로 내어주시고야 가능했던 것입니다. 그렇게 행해주신 하나님 아버지에게 "염소 새끼" 한 마리 주지 않았다고 원망하시겠습니까? 그 아버지 앞에 자기 자랑이나 내세우며 불평이나 하고 있다면 이는 그 무엇보다도 아버지의 마음을 아프시게 해드리는 일인 것입니다.

형제여! "제가 아버지 마음을 모르고 잘 못했습니다"라고 말하십시다. 들어가서 함께 기뻐하고 즐거워하겠다고 대답하십시다. 만일 그렇게 하지 않는 다면 그는 교회생활을 하면서도 마음속에는 기쁨과 즐거움 대신 불평불만이 가득하게 될 것입니다. 자신의 의로움을 내세우며 남을 판단하고 정죄하면서, "이 사람이 죄인을 영접하고 음식을 같이 먹는다"고 원망한 현대판 바리새인과 서기관들이 될 것입니다. 이것이 "잃었던 아들을 찾은 기쁨"입니다.

The Book of Luke

누가복음 16장 개관도표

주제 : 너희를 영원한 처소로 영접하리라

불의의 재물로 친구를 사귀라

1-13

1 또한 제자들에게 이르시되 **어떤 부자에게 청지기가 있는데 그가 주인의 소유를 낭비한다는**
말이 그 주인에게 들린지라
2 주인이 그를 불러 이르되 내가 네게 대하여 들은 이 말이 어찌 됨이냐 네가 보던 일을 셈하라
청지기 직무를 계속하지 못하리라 하니
3 청지기가 속으로 이르되 주인이 내 직분을 빼앗으니 내가 무엇을 할까 땅을 파자니 힘이 없고
빌어먹자니 부끄럽구나
4 내가 할 일을 알았도다 이렇게 하면 직분을 빼앗긴 후에 사람들이 **나를 자기 집으로 영접하리라**
하고
5 주인에게 빚진 자를 일일이 불러다가 먼저 온 자에게 이르되 네가 내 주인에게 얼마나 빚졌느냐
6 말하되 기름 백 말이니이다 이르되 여기 네 증서를 가지고 빨리 앉아 오십이라 쓰라 하고
8 주인이 이 옳지 않은 청지기가 **일을 지혜 있게 하였으므로** 칭찬하였으니 이 세대의 아들들이
자기 시대에 있어서는 **빛의 아들들보다 더 지혜로움이니라**
9 내가 너희에게 말하노니 불의의 재물로 친구를 사귀라 그리하면 그 재물이 없어질 때에
그들이 **너희를 영주할 처소로 영접하리라**
10 지극히 작은 것에 충성된 자는 큰 것에도 충성되고 지극히 작은 것에 불의한 자는 큰 것에도
불의하니라
13 집 하인이 두 주인을 섬길 수 없나니 혹 이를 미워하고 저를 사랑하거나 혹 이를 중히 여기고
저를 경히 여길 것임이니라 너희는 **하나님과 재물을 겸하여 섬길 수 없느니라**

돈을 좋아하는 바리새인과 부자

14-31

14 **바리새인들은 돈을 좋아하는 자들이라** 이 모든 것을 듣고 비웃거늘
15 예수께서 이르시되 너희는 사람 앞에서 스스로 옳다 하는 자들이나 너희 마음을 하나님께서
아시나니 사람 중에 높임을 받는 그것은 하나님 앞에 미움을 받는 것이니라
16 **율법과 선지자는 요한의 때까지요** 그 후부터는 **하나님 나라의 복음이 전파되어**
사람마다 그리로 침입하느니라
17 그러나 율법의 한 획이 떨어짐보다 천지가 없어짐이 쉬우리라
19 **한 부자가 있어** 자색 옷과 고운 베옷을 입고 날마다 호화롭게 즐기더라
20 그런데 **나사로라 이름하는 한 거지가** 헌데 투성이로 그의 대문 앞에 버려진 채
21 그 부자의 상에서 떨어지는 것으로 배불리려 하매 심지어 개들이 와서 그 헌데를 핥더라
22 이에 그 거지가 죽어 천사들에게 받들려 **아브라함의 품에 들어가고 부자도 죽어 장사되매**
23 그가 음부에서 고통 중에 눈을 들어 멀리 아브라함과 그의 품에 있는 나사로를 보고
24 불러 이르되 아버지 아브라함이여 나를 긍휼히 여기사 나사로를 보내어 그 손가락 끝에 물을 찍어
내 혀를 서늘하게 하소서 내가 이 불꽃 가운데서 괴로워하나이다
26 그뿐 아니라 너희와 우리 사이에 큰 구렁텅이가 놓여 있어 여기서 너희에게 건너가고자 하되
갈 수 없고 거기서 우리에게 건너올 수도 없게 하였느니라
27 이르되 그러면 아버지여 구하노니 **나사로를 내 아버지의 집에 보내소서**
28 내 형제 다섯이 있으니 **그들에게 증언하게 하여 그들로 이 고통 받는 곳에 오지 않게 하소서**
29 아브라함이 이르되 **그들에게 모세와 선지자들이 있으니 그들에게 들을지니라**
31 이르되 모세와 선지자들에게 듣지 아니하면 **비록 죽은 자 가운데서 살아나는 자가 있을지라도**
권함을 받지 아니하리라 하였다 하시니라

16장

너희를 영원한 처소로 영접하리라

16장은 크게 두 부분으로 나누어는데 1-13절은, "또한 제자들에게 이르시되"(1)한 제자들에게 비유를 들어 말씀하신 것이고, 14-31절은 "바리새인들은 돈을 좋아하는 자들이라"(14) 한 바리새인들을 염두에 두고 하신 말씀입니다. 두 문단 중 중심점은 제자들에게 하신 말씀에 있는데, 왜냐하면 바리새인들에게 말씀하게 된 것은 제자들에게 하시는 말씀을 듣고 그들이 "비웃었기"(14하) 때문에 말씀하게 된 것입니다.

그렇다면 제자들에게, "불의한 청지기의 비유"를 말씀하신 의도가 무엇인가? 주님은 "승천하실 기약이 차 가매 예루살렘을 향하여 올라가기로 굳게 결심하시고"(9:51) 올라가시는 중입니다. 주님의 심중에는 승천하시기 전에, "그 집 종들을 맡길"(12:42) 제자들에게 어떻게 행해야하는 가를 교훈 하실 필요를 아셨습니다. 그러므로 "불의한 청지기의 비유"를 말씀하시는 주님의 의도가, "내가 너희에게 말하노니"(9) 하신 적용부분(9-13)에 나타나고 있습니다. 이 적용부분에는 "충성"이라는 말이 4번이나 반복적으로 강조되고 있는데 주님이 제자들에게 기대하시는 바는 한마디로 "충성"

인 것입니다.

그러면 어떻게 하는 것이 충성인가? "불의한 청지기의 비유"는 해석상 통찰력이 필요한 비유입니다. 주님은 주인의 소유를 허비한 옳지 않은 청지기를 본(本)으로 제시한 것이 아니라, 옳지 아니한 청지기가 "일을 지혜 있게" 처리한 "지혜"(知慧)를 칭찬하시면서 본으로 제시하신다는 점을 주목해야만 합니다. 그러면 그가 발휘한 "지혜"가 무엇인가? "나를 자기 집으로 영접하리라"(4) 한 "영접"입니다. 이를 두 단원으로 나누어 상고합니다.

첫째 단원(1–13) **불의의 재물로 친구를 사귀라**

둘째 단원(14–31) **돈을 좋아하는 바리새인과 부자**

첫째 단원(1–13) 불의의 재물로 친구를 사귀라

"또한 제자들에게 이르시되 어떤 부자에게 청지기가 있는데 그가 주인의 소유를 낭비한다는 말이 그 주인에게 들린지라"(1). 첫째 단원은, "옳지 않은 청지기의 비유"입니다. 그런데 주님은 이 비유를 통해서, "이 세대의 아들들과, 빛의 아들들"(8)을 대조해서 보여주시는데, "불의한 청지기"도 이 세대의 아들에 속하고, 둘째 단원의 "부자"도 이 세대의 아들들인 것입니다. 이와는 대조적으로 "제자들과, 나사로"는 "빛의 아들들"에 속하는 것입니다. 이런 두 부류의 대조는 15장에도 나타나고 있는데, "모든 세리와 죄인들과, 탕자"가 "빛의 아들들"에 속해 있다면, "바리새인과 서기관들과, 맏아들"은 "이 세대의 아들들"이라 말할 수가 있습니다.

자, 어느 부류의 사람들이 "지혜"를 발휘하고 있는가? 주님은 말씀하십니다. "이 세대의 아들들이 자기 시대에 있어서는 빛의 아들들보다 지혜로움이니라" (8하). 여기에 문제가 있는 것입니다. 그래서 주님은 두 비유를 말씀하시게 된 것입니다.

이 세대의 아들들과 빛의 아들들

그래서 주님은 답답하신 것입니다. 보십시오. "세리, 죄인들, 탕자, 거지 나사로"에 비하여, "바리새인과 서기관들과 맏아들과 부자"가 얼마나 약삭빠르고 지혜로운 사람들인가를! 그리하여 "내 어린양을 먹이라"고 부탁하고 떠나셔야 할 주님의 마음은 안심이 안 되시는 것입니다. "옳지 않은 청지기 비유"를 말씀하시게 된 동기가 여기에 있습니다.

옳지 않은 청지기는 자신이 해고당하게 될 것을 알자 빚진 자들을 모두 불러다가 채무를 삭감해주고 증서를 다시 작성해주었습니다. 왜냐하면 해고당한 이후를 대비하기 위해서였던 것입니다. 그는 이렇게 말합니다. "내가 할 일을 알았도다 이렇게 하면 직분을 빼앗긴 후에 사람들이 나를 자기 집으로 영접하리라" (4). 얼마나 약삭빠른 지혜입니까?

"주인이 이 옳지 않은 청지기가 일을 지혜 있게 하였으므로 칭찬하였으니" (8)라는 말씀을 잘못 받아드리면 곡해하게 됩니다. 주님은 그를 분명 "옳지 아니한 청지기"라고 말씀합니다. 다만 칭찬하신 것은 "일을 지혜 있기" 처리한 "지혜"인 것입니다.

그러므로 이 비유의 중심단어 중 첫째는 "지혜" (8, 8)입니다. 그런데 이 지혜를 무엇을 위하여 발휘하였는가? "이렇게 하면 직분을 빼앗긴 후에 사람들이 나를 자기 집으로 영접하리라"(4) 한, 장래의 "영접"을 위하여 발휘했던 것입니다. 그러므로 둘째는, "영접"(4, 9)이 또한 중심주제 중 하나입니다. 이제도 "이 세대의 아들들"의 생활설계를 보십시오. 평안한 노후(老後)를 위하여 치밀한 준비를 함에 있어서 얼마나 지혜로운가를! 그렇다면 "빛의 아들들"은 "영원한 처소"(9)를 위하여 더욱 지혜로워야하지 않겠습니까? 그리고 하나님의 "영접"(9하)을 위하여 더욱 준비해야 마땅하지 않겠습니까?

그런데 이 세대의 아들들에 비해서 "빛의 아들들"은 준비하는 지혜에 있어서 둔감하다는 것이 주님의 걱정입니다. 입으로는 "재림과, 심판"을 말하면서도 행위로는 "천국도, 지옥도" 없는 사람들처럼 살아가고 있으니 말입니다. 그래서 주님은 이 세대의 아들들이 자기 시대에 있어서는 빛의 아들들보다 더 지혜로움이니라"(8)고 탄식하십니다. 성경은 말씀합니다. "그런즉 너희가 어떻게 행할지를 자세히 주의하여 지혜 없는 자 같이 하지 말고 오직 지혜 있는 자 같이 하여 세월을 아끼라 때가 악하니라 그러므로 어리석은 자가 되지 말고 오직 주의 뜻이 무엇인가 이해하라"(엡 5:15-17).

㉠ 그러면 해답이 무엇인가? 첫째로, "내가 너희에게 말하노니 불의의 재물로 친구를 사귀라 그리하면 그 재물이 없어질 때에 그들이 너희를 영주할 처소로 영접하리라"(9) 하십니다. 주님은 물질을 "불의의 재물"이라 하시는데 이는 "영주할 처소"(9), 즉 하나님의 나라와 대비하는 관점에서 그렇게 말씀하신 것입니다. "하나님의 나라는 영원한데 이 세상은 잠시요, 하나님의 나라는 의로운데 이 세상은 불의"하기 때문입니다.

㉡ 그러면 둘째로, "불의의 재물"로 사귀어야 할 "친구"(9)가 누구인가? 그것은 분명한데, "내가 너희를 위하여 거처를 예비하러 가노니 가서 너희를 위하여 거

처를 예비하면 내가 다시 와서 너희를 내게로 영접하여 나 있는 곳에 너희도 있게 하리라"(요 14:2-3) 하신 그리스도인 것입니다.

그러므로 주님은, "사람이 친구를 위하여 자기 목숨을 버리면 이보다 더 큰 사랑이 없나니 너희는 내가 명하는 대로 행하면 곧 나의 친구라"(요 15:13-14)고 우리를 "친구"라 하십니다. 주님은 왜 우리를 친구 삼으셨으며 어찌하여 친구를 위하여 자기 목숨까지 주셨는가? 한마디로 하나님의 나라건설에 동역(同役)자로 삼으시기 위해서입니다. 그렇다면 "너희들도 불의의 재물"을 너를 위하여 목숨을 버려주신 친구를 사귀는데 사용할 수 없느냐고 물으시는 것입니다. 주님은 이렇게 말씀하시는 셈입니다. "나는 친구를 사귀기 위하여 내 목숨을 주려고 한다. 너희는 그 친구를 위하여 재물을 내어놓을 수가 없겠느냐?"

불의의 재물로 친구를 사귀라

ⓒ 셋째로 주님은 재물을, "남의 것"(12)이라고 말씀하십니다. 왜 그런가? "너희는 너희 자신의 것이 아니라 값으로 산 것"(고전 6:20)이라면 내게 속한 모든 것도 주의 것인 것입니다. 또한 하나님의 교회라는 공동체에 있어서는 은사도, 물질도, 지식도, 그리고 나 자신까지도 자기를 위하라고 주신 것이 아니라, "충성되고 지혜 있는 청지기"로써 섬기라고 맡겨주신 "남의 것", 즉 하나님의 것이기 때문입니다. 그러므로 이것으로 "친구를 사귀라"는 것입니다.

"지극히 작은 것에 충성된 자는 큰 것에도 충성되고 지극히 작은 것에 불의한 자는 큰 것에도 불의하니라"(10) 하십니다. "지극히 작은 것과, 큰 것"이란 무엇을 의미하는 것일까요? 물질을 드림이 지극히 작은 것에 해당된다면, 자신을 드림은 큰 것이 아니겠습니까? 그런데 우리들은 반대로 물질을 드림을, "지극히 큰 것"으로 여기고 자신을 드림을 작은 일로 생각하고 있는 것은 아닐까요? 만일 그렇게 생각하고 있다면 헌신에 있어서도 낙제점수를 면할 수가 없을 것입니다.

㉣ 이제 넷째로 결론에 도달하게 되었는데, "집 하인이 두 주인을 섬길 수 없나니 혹 이를 미워하고 저를 사랑하거나 혹 이를 중히 여기고 저를 경히 여길 것임이니라 너희는 하나님과 재물을 겸하여 섬길 수 없느니라"(13)고 말씀하십니다. "두 주인을 섬길 수 없다" 하십니다. 하나님이 유일한 주(主)가 되시는데, 재물(財物)을 또 하나의 주인으로 섬겨서는 아니 된다는 말씀입니다. 재물이란 하나님의 나라건설을 위하여 친구를 사귀는데 사용하라고 주신 것이지, 주인(主人)으로 섬기라고 주신 것이 아니라는 결론에 도달하게 됩니다.

우리가 주님께, "그러면 어떻게 하는 것이 불의의 재물로 친구를 사귀는 것이냐"고 묻는다면 주님은 대답하시기를, "주여 우리가 어느 때에 주께서 주리신 것을 보고 음식을 대접하였으며 목마르신 것을 보고 마시게 하였나이까 어느 때에 나그네 되신 것을 보고 영접하였으며 헐벗으신 것을 보고 옷 입혔나이까 어느 때에 병드신 것이나 옥에 갇히신 것을 보고 가서 뵈었나이까 하리니 임금이 대답하여 이르시되 내가 진실로 너희에게 이르노니 너희가 여기 내 형제 중에 지극히 작은 자 하나에게 한 것이 곧 내게 한 것이니라" (마 25:37-40)고 대답하실 것입니다.

이제부터는 "빛의 아들들이, 이 세대의 아들들"보다 더 지혜로운 삶을 살아가야만 하지 않겠습니까? 주님은 이들을 향하여, "내 아버지께 복 받을 자들이여 나아와 창세로부터 너희를 위하여 예비 된 나라를 상속받으라" (마 25:34), 즉 "영원한 처소로 영접"하실 것입니다.

"바리새인들은 돈을 좋아하는 자들이라 이 모든 것을 듣고 비웃거늘 (14). 이런 문맥에서 주님은, "한 부자가 있어 자색 옷과 고운 베옷을 입고 날마다 호화롭게 즐기더라 그런데 나사로라 이름 하는 한 거지가 헌데 투성이로 그의 대문 앞에 버려진 채" (19-20) 하고 시작이 되는, "부자와 거지 나사로의 비유"를 말씀하시게 된 것입니다. 그러므로 이 비유의 초점이 나사로에게 있는 것이 아니라 부자에게 맞춰져 있는 것입니다.

그러니까 돈을 좋아하는 바리새인들을 "부자"로, 주님을 따르는, "세리와 죄인들" (15:1)을 나사로에 비유해서 말씀하신 셈입니다. "이에 그 거지가 죽어 천사들에게 받들려 아브라함의 품에 들어가고 부자도 죽어 장사되매 그가 음부에서 고통 중에 눈을 들어 멀리 아브라함과 그의 품에 있는 나사로를 보고" (22-23),

먼저 유념해야 할 점은 부자가 부자이기 때문에 음부에 가게 된 것이 아니듯이, 나사로가 거지였기 때문에 아브라함의 품에 안기게 된 것도 아니라는 점입니다. 주님은 비유를 통해서 강조하시고자 하는 중심 주제를 극대화시키기 위해서 거두절미하고 핵심만을 부각시키셨던 것입니다.

나사로에게서는 첫째 단원에서 말씀한 청지기로써 활용해야 할 "지혜, 충성, 불의한 재물" 등 아무 것도 없는 자입니다. 나사로는 루터가 임종 때에, "우리는 하나님 앞에 거렁뱅이다" 라고 말했다는 그대로 내 놓을 것이라고는 아무 것도 없는 영 육간에 "거지"의 모습 그대로입니다. 그러나 부자라는 청지기에는 지혜롭게 활용하라고 주어진 "물질"이 있는 것입니다. 그런데 장래의 영접을 위하여 친구를 사귀는데 사용하라고 주신 재물을 가지고 자기 것인양, "자색 옷과 고운 베옷을 입고 날마다 호화로이 즐겼다"(19)는 데서 돈을 좋아하는 바리새인의 어리석음이 나타나고 있는 것입니다.

바리새인들이 돈을 좋아했다는 말이 배금주의자라는 의미만은 아닐 것입니다. 바리새인들은, "율법과 선지자는 요한의 때까지요"(16) 하신, 율법 하에 있는 자들입니다. 그러므로 그들의 축복관이 구약적이었다는 것을 감안한다면 그들이 돈을 좋아했다는 의미에는 물질을 하나님의 축복으로 여기는 구약적인 축복개념을 가지고 있었다는 뜻이 있는 것입니다. 말하자면 19절에 등장하는, "부자"는 축복을 받은, 그것도 많이 받은 사람이요, "헌데 투성이로 그의 대문 앞에 버려진 채 그 부자의 상에서 떨어지는 것으로 배불리려 하매 심지어 개들이 와서 그 헌데를 핥더라"(20-21)는 나사로는 조상 적부터 죄를 지었기 때문에 죄 값을 받는 것으로 생각했다는 것이지요.

구약적인 축복 관과 신약적인 축복 관

그리고 이러한 가치기준은 현대교회, 특이나 한국교회 성도들을 지배하고 있는 축복관이 아닌가 생각하게 합니다. 성경은 말씀합니다. "찬송하리로다 하나님 곧 우리 주 예수 그리스도의 아버지께서 그리스도 안에서 하늘에 속한 모든 신령한 복을 우리에게 주시되"(엡 1:3). 성도들에게 주시기 위해서 예비해놓으신 복은, ㉠ 하늘에 속한 복입니다. ㉡ 모든 복입니다. ㉢ 신령한 복입니다. 이것이 신약적인 축복관인 것입니다.

이런 맥락에서 비유에 등장하는 부자를 통해서 몇 가지 탐색해야 할 점이 있는데, 그가 적극적인 악행, 즉 토색, 불의, 간음 등을 범했다고 말씀하고 있지 않다는 점입니다. 다만 그는 자기 재물을 "날마다 호화로이 즐기는데" 사용했다고 말씀하고 있을 뿐입니다. 그는 결코 불신자가 아니라는 점입니다. 하나님을, "아버지"(24, 27)라 부르고 있습니다. 더욱이나 나사로를 다섯 형제에게 보내어 증언하게 해달라고 간청(28)까지 하고 있습니다. 그렇다면 그의 잘못이 어디에 있는가?

㉠"지혜 있고 충성스런 청지기"로 살지를 않았다는데 있습니다.

㉡"불의의 재물"로 친구를 사귀지 않았다는데 있습니다.

㉢사활적으로 중요한 어리석음은, 죽을 때에 영원한 처소로 영접하여주실 친구를 사귀지 않았다, 즉 그리스도를 영접하지 않았다는데 있는 것입니다. 이는 "영주할 처소"에 관심을 두지 않은 지혜의 반대인 미련하게 산 결과인 것입니다. 시편 49편이 이에 대한 좋은 해설이 될 것입니다.

뭇 백성들아 이를 들으라 세상의 거민들아 모두 귀를 기울이라
귀천 빈부를 막론하고 다 들을지어다
내 입은 지혜를 말하겠고 내 마음은 명철을 작은 소리로 읊조리리로다
내가 비유에 내 귀를 기울이고 수금으로 나의 오묘한 말을 풀리로다

죄악이 나를 따라다니며 나를 에워싸는 환난의 날을
내가 어찌 두려워하랴
자기의 재물을 의지하고 부유함을 자랑하는 자는
아무도 자기의 형제를 구원하지 못하며
그를 위한 속전을 하나님께 바치지도 못할 것은

그들의 생명을 속량하는 값이 너무 엄청나서
영원히 마련하지 못할 것임이니라
그가 영원히 살아서 죽음을 보지 않을 것인가
그러나 그는 지혜 있는 자도 죽고 어리석고 무지한 자도 함께 망하며
그들의 재물은 남에게 남겨 두고 떠나는 것을 보게 되리로다

그러나 그들의 속 생각에 그들의 집은 영원히 있고 그들의 거처는
대대에 이르리라 하여 그들의 토지를 자기 이름으로 부르도다
사람은 존귀하나 장구하지 못함이여 멸망하는 짐승 같도다
이것이 바로 어리석은 자들의 길이며
그들의 말을 기뻐하는 자들의 종말이로다 (셀라)
그들은 양 같이 스올에 두기로 작정되었으니
사망이 그들의 목자일 것이라
정직한 자들이 아침에 그들을 다스리리니 그들의 아름다움은
소멸하고 스올이 그들의 거처가 되리라

그러나 하나님은 나를 영접하시리니 이러므로 내 영혼을
스올의 권세에서 건져내시리로다 (셀라)
사람이 치부하여 그의 집의 영광이 더할 때에
너는 두려워하지 말지어다
그가 죽으매 가져가는 것이 없고
그의 영광이 그를 따라 내려가지 못함이로다
그가 비록 생시에 자기를 축하하며 스스로 좋게 함으로

사람들에게 칭찬을 받을지라도
그들은 그들의 역대 조상들에게로 돌아가리니
영원히 빛을 보지 못하리로다
존귀하나 깨닫지 못하는 사람은 멸망하는 짐승 같도다

이런 의미에서 16장이야말로, "너는 이것을 알라 말세에 고통하는 때가 이르리니 사람들이 자기를 사랑하며 돈을 사랑하며"(딤후 3:1-2) 한 때를 살아가는 현대교회가 명심해야 할 말씀인 것입니다. 성경은 말씀합니다. "네가 이 세대에서 부한 자들을 명하여 마음을 높이지 말고 정함이 없는 재물에 소망을 두지 말고 오직 우리에게 모든 것을 후히 주사 누리게 하시는 하나님께 두며 선을 행하고 선한 사업을 많이 하고 나누어 주기를 좋아하며 너그러운 자가 되게 하라 이것이 장래에 자기를 위하여 좋은 터를 쌓아 참된 생명을 취하는 것이니라"(딤전 6:17-19). 우리 모두 겸비한 마음으로 자문자답해 보십시다. 나는 "돈을 좋아하는 자"(14)는 아닌가? "충성되고 지혜 있는 청지기"로 섬기고 있는가?

한 가지 부언할 말씀이 남았습니다. 그것은 음부에 떨어진 부자가, "그러면 아버지여 구하노니 나사로를 내 아버지의 집에 보내소서 내 형제 다섯이 있으니 그들에게 증언하게 하여 그들로 이 고통 받는 곳에 오지 않게 하소서"(27-28) 라고 호소하자, "그들에게 모세와 선지자들이 있으니 그들에게 들을지니라"(29)고 대답하신 말씀입니다. "모세와 선지자"란 구약성경을 가리키는 표현으로, 하나님의 말씀을 대언하는 전도자들을 가리키는 말씀입니다. "그렇지 아니 하니이다 아버지 아브라함이여 만일 죽은 자에게서 그들에게 가는 자가 있으면 회개하리이다"(30)고 말합니다. 무슨 뜻인가? 성경 말씀은 귓등으로 듣지만 만일 죽은 자가 살아나서 간증을 하면 회개할 것이라는 뜻입니다.

이로 보건대 부자 자신도 그러했던 것으로 여겨집니다. 부자만 그런 것은 아닙니다. 사경회 보다는 간증집회가 사람들에게 인기가 있는 현대교회가 더욱 그러합니다. 주님은 "그들에게 들을지니라" 하시는데 그러면 형제는 듣기를 원하는 그들에게 무엇을 전해주어야만 죽어 음부에 떨어지지 않게 되는가를 알고 있습니까? 그것은 "그 후부터는 하나님 나라의 복음이 전파되어 사람마다 그리로 침입하느니라" (16) 하신 십자가 복음인 것입니다. 이것이 "너희를 영원한 처소로 영접하리라"입니다.

The Book of Luke

누가복음 17장 개관도표

주제 : 하나님의 나라와 주의 재림

실족케 말라	**1-4** 1 예수께서 제자들에게 이르시되 **실족하게 하는 것이 없을 수는 없으나** 그렇게 하게 하는 자에게는 화로다 2 그가 이 작은 자 중의 **하나를 실족하게 할진대** 차라리 연자 맷돌이 그 목에 매여 바다에 던져지는 것이 나으리라 3 너희는 스스로 조심하라 만일 네 형제가 **죄를 범하거든 경고하고 회개하거든 용서하라** 4 만일 **하루에 일곱 번이라도** 네게 죄를 짓고 일곱 번 네게 돌아와 내가 회개하노라 하거든 **너는 용서하라** 하시더라
당연한 순종	**5-10** 5 사도들이 주께 여짜오되 **우리에게 믿음을 더하소서** 하니 6 주께서 이르시되 너희에게 **겨자씨 한 알만한 믿음이 있었더라면** 이 뽕나무더러 뿌리가 뽑혀 바다에 심기어라 하였을 것이요 그것이 너희에게 순종하였으리라 7 너희 중 누구에게 밭을 갈거나 양을 치거나 하는 **종이 있어 밭에서 돌아오면** 그더러 곧 와 앉아서 먹으라 말할 자가 있느냐 9 **명한 대로 하였다고 종에게 감사하겠느냐** 10 이와 같이 **너희도 명령 받은 것을 다 행한 후에** 이르기를 **우리는 무익한 종이라** **우리가 하여야 할 일을 한 것뿐이라 할지니라**
아홉은 어디 있느냐	**11-21** 11 예수께서 **예루살렘으로 가실 때에** 사마리아와 갈릴리 사이로 지나가시다가 12 한 마을에 들어가시니 **나병환자 열 명이** 예수를 만나 멀리 서서 13 소리를 높여 이르되 예수 선생님이여 **우리를 불쌍히 여기소서** 하거늘 14 보시고 이르시되 가서 제사장들에게 너희 몸을 보이라 하셨더니 **그들이 가다가 깨끗함을 받은지라** 15 **그 중의 한 사람이** 자기가 나은 것을 보고 **큰 소리로 하나님께 영광을 돌리며 돌아와** 16 예수의 발 아래에 엎드리어 감사하니 그는 사마리아 사람이라 17 예수께서 대답하여 이르시되 열 사람이 다 깨끗함을 받지 아니하였느냐 **그 아홉은 어디 있느냐** 19 그에게 이르시되 일어나 가라 **네 믿음이 너를 구원하였느니라** 하시더라 20 바리새인들이 **하나님의 나라가 어느 때에 임하나이까** 묻거늘 예수께서 대답하여 이르시되 하나님의 나라는 볼 수 있게 임하는 것이 아니요 21 또 여기 있다 저기 있다고도 못하리니 **하나님의 나라는 너희 안에 있느니라**
인자의 나타나는 날에도	**22-37** 22 또 제자들에게 이르시되 **때가 이르리니 너희가 인자의 날 하루를 보고자 하되 보지 못하리라** 24 번개가 하늘 아래 이쪽에서 번쩍이어 하늘 아래 저쪽까지 비침같이 **인자도 자기 날에 그러하리라** 25 그러나 **그가 먼저 많은 고난을 받으며** 이 세대에게 버린 바 되어야 할지니라 26 **노아의 때에 된 것과 같이 인자의 때에도 그러하리라** 28 **또 롯의 때와 같으리니** 사람들이 먹고 마시고 사고 팔고 심고 집을 짓더니 30 **인자가 나타나는 날에도 이러하리라** 32 **롯의 처를 기억하라** 33 무릇 자기 목숨을 보전하고자 하는 자는 잃을 것이요 **잃는 자는 살리리라** 34 내가 너희에게 이르노니 그 밤에 둘이 한 자리에 누워 있으매 **하나는 데려감을 얻고** **하나는 버려둠을 당할 것이요**

17장

하나님의 나라와 주의 재림

우리는 누가복음을 구속사라는 관점으로 관찰하고 있습니다. 그러므로 17장을 대할 때에 최우선적으로 붙잡아야 할 점은, "예수께서 예루살렘으로 가실 때에" (11) 라고 밝히고 있는 역사적인 좌표입니다. 17장의 내용은 다양한 교훈들로 이루어져 있습니다만, 그러나 같은 교훈이라도 어느 시점에 어떤 심정으로 하신 말씀이냐에 따라서 전달되는 의미가 다를 수가 있기 때문입니다. 예수님께서 왜 예루살렘으로 올라가시는가? "그가 먼저 많은 고난을 받으며" (25) 하신 십자가를 담당하시기 위해서입니다. 이것이 17장의 교훈을 말씀하시는 주님의 심정입니다.

"예수께서 예루살렘으로 가실 때에" (11)라는 말씀은 9:51절을 기점으로 하여, 13:22절에 이어 세 번째로 등장합니다. 학자들은 이를 근거로 베뢰아 전도 기간을 3기로 나누곤 합니다. 그러니까 본문은 베뢰아 전도의 제3기에 해당됩니다. 이는 주님께서 고난당하실 때가 더 가까이 다가왔음을 뜻합니다. 누가는 이 발걸음을 계속 붙잡고 있는 것입니다. 그러나 고난이 끝이 아닙니다. 그러므로 주님은 고난과 함께, "인자의 나타나는 날에도" (22,

24, 30) 하고 "재림"을 말씀하시는 것입니다. 그러므로 본 장의 주제를 "하나님의 나라와 주의 재림"으로 볼 수가 있습니다. 세 단원으로 나누어 상고합니다.

첫째 단원(1–4) **실족시키지 말라**

둘째 단원(5–10) **당연한 순종**

셋째 단원(11–21) **아홉은 어디 있느냐**

넷째 단원(22–37) **인자의 나타나는 날**

첫째 단원(1–4) 실족시키지 말라

"예수께서 제자들에게 이르시되 실족하게 하는 것이 없을 수는 없으나 그렇게 하는 자에게는 화로다"(1). 17장은 "예수께서 제자들에게 이르시되"(1), 이렇게 시작됩니다. 이를 11절의 "예루살렘으로 가실 때에"와, 30절의 "인자의 나타나는 날"과 결부시켜 보십시오. "예수께서 제자들에게 이르시되" 하는 교훈은 고난을 받으시고 떠나셨다가 다시 오실 재림의 날까지, 주님의 몸 된 교회를 어떻게 섬겨야 하는가를 위한 교훈임을 깨닫게 됩니다. 그러므로 이 교훈은 "제자들", 즉 지도자들에게 하신 말씀인 것입니다.

첫째가, "실족(失足)하게 하지 말라"(1) 하십니다. 이 "실족"을 교훈적인 차원으로만 보아서는 부족합니다. 왜냐하면 "실족"이라는 어원이 "함정"이라는 의미가 있기 때문입니다. 그러면 성도들을 함정에 빠지도록 실족하게 하는 "그"는 누군가? "제자들에게 이르시되" 한 문맥적으로 볼 때 설교자를 염두에 두고 하신 말씀으로 받아야 할 것입니다.

이런 맥락에서 "실족시키는 자에게는 화로다"(1) 하신 말씀은 6장 39절에서, "맹인이 맹인을 인도할 수 있느냐 둘이 다 구덩이에 빠지지 아니하겠느냐" 하신 말씀과 결부시켜서 생각해야 할 것입니다. 이는 성경을 잘못 해석하여 가르침으로 양 무리를 구덩이에 빠지게 하는 것, 이것이 가장 비참하게 실족시키는 일입니다. 이점이 "그가 이 작은 자 중의 하나를 실족하게 할진대 차라리 연자 맷돌이 그 목에 매여 바다에 던져지는 것(육신을 죽이는)이 나으리라"(2)는 경고와도 상통합니다. 이것이 영을 죽이는 신학적인 "실족"인 것입니다.

틀어놓은 이정표

바클레이는 임종 머리에서 괴로워하고 있는 어느 노인의 이야기를 들려주고 있습니다. 그 노인은 어려서 장난삼아 네거리 교차로에 있는 길 안내판(이정표)을 틀어놓아서 표시 방향이 바뀌게 했었다는 것입니다. 그는 자기로 인하여 얼마나 많은 여행자들이 길을 잘못 들어 헤매었을까를 임종 머리에서 후회하고 있는 것입니다. 영적인 이정표를 틀어놓아 길을 잘못 인도한다면 이보다 더 큰 실족은 없을 것입니다.

주님 당시의 종교지도자들은 맡겨주신 하나님의 백성들을 잘못 인도함으로 많은 사람들을 "실족"시켰으며 이로 인하여 연자 맷돌을 그 목에 매여 바다에 던져지는 것보다 억만 배 더한 죄를 범했던 것입니다. 이점을 예레미야 선지자로 말씀하시기를, "무릇 내 백성은 나를 잊고 허무한 것에게 분향하거니와 이러한 것들은 그들로 그들의 길 곧 그 옛길에서 넘어지게 하며 곁길 곧 닦지 아니한 길로 행하게 하는"(렘 18:15), 즉 정도(正道)에서 이탈하게 하는 "곁길"로 인도하는 것이라고 말씀하십니다. 예루살렘이 바벨론에 의하여 멸망을 당하고 성전이 불타게 된 책임이 이들에게 있다는 말씀입니다.

"실족"이라는 주제는 교훈적으로도 중요한 문제입니다. 왜냐하면 교회는 여러 사람이 모인 공동체이기 때문입니다. 그러므로 이 경계는 모든 그리스도인들이 명심해야 할 점입니다. 그런데 다시 한 번 본문을 관찰해보면 "실족시키지 말라"(1-2)는 말씀이, "너희는 스스로 조심하라 만일 네 형제가 죄를 범하거든 경고하고 회개하거든 용서하라 만일 하루에 일곱 번이라도 네게 죄를 짓고 일곱 번 네게 돌아와 내가 회개하노라 하거든 너는 용서하라"(3-4) 하신 "용서"로 이어지고 있다는 점입니다. 이 두 주제를 결부시키면 한 영혼을 실족시키지 않기 위해서 용서하므로 받아 주라는 의미가 됩니다.

이점을 사도 바울은, "그런즉 너희는 차라리 그(죄를 범한)를 용서하고 위로할 것이니 그가 너무 많은 근심에 잠길까 두려워하노라 그러므로 너희를 권하노니 사랑을 그들에게 나타내라 이는 우리로 사탄에게 속지 않게 하려 함이라 우리는 그 계책을 알지 못하는 바가 아니로라"(고후 2:6-8, 11)고, 용납하라고 권하고 있습니다. 왜냐하면 사탄은 이 틈을 이용해서 그를 영원히 실족시키려 하고 있기 때문입니다.

떠나셔야 할 주님의 관심은 오직 두고 가시는, "어린양들"에게 있을 뿐입니다. 이 말씀은 실수연발인 우리의 연약함을 아시는 주님, 이를 인정하고 회개하기만 하면 받아주라고 부탁하시는 말씀이요, 이렇게 말씀하시는 주님은 우리가 진심으로 회개하기만 한다면 얼마든지 용서하여주시고 용납하여 주시지 않으시겠습니까?

둘째 단원(5-10) 당연한 순종

"사도들이 주께 여짜오되 우리에게 믿음을 더하소서 하니"(5). 제자들도 주님께서 말씀하시는 의도를 어느 정도 깨달은 듯싶습니다. 이처럼 어린 양 한 마리도 실족시키지 않고, 용서하고 포용하기 위해서는 자신들의 믿음이 너무나 부족하다고 여겼던 것 같습니다. "우리에게 믿음을 더하소서" 하고 요청합니다.

그러자 주님께서는, "너희에게 겨자씨 한 알만한 믿음이 있었더라면 이 뽕나무더러 뿌리가 뽑혀 바다에 심기어라 하였을 것이요 그것이 너희에게 순종하였으리라"(6)고 말씀하십니다. "겨자씨"는 가장 작은 것의 상징인데 그렇다면 제자들에게는 "겨자씨만한 믿음"도 없단 말인가? 주님께서 이렇게 말씀하신 의도는 믿음을 양(量)으로 보지 않고 질(質)로 보셨음을 의미합니다. 기도, 믿음 등을 양으로 따지려는 자들은 "믿음을, 능력"과 결부시키려고 합니다. 그러나 주님은 "믿음"을 "순종", 즉 질(質)로 보십니다.

이점이 이어지는 말씀에 나타나는데, "너희 중 누구에게 밭을 갈거나 양을 치거나 하는 종이 있어 밭에서 돌아오면 그더러 곧 와 앉아서 먹으라 말할 자가 있느냐 도리어 그더러 내 먹을 것을 준비하고 띠를 띠고 내가 먹고 마시는 동안에 수종들고 너는 그 후에 먹고 마시라 하지 않겠느냐 명한 대로 하였다고 종에게 감사하겠느냐"(7-9) 하십니다. 이것이 주님이 원하시는 믿음인 것입니다.

흔히들 큰 믿음의 사람이란 "뽕나무더러 뿌리가 뽑혀 바다에 심기어라" 하는 불가능을 가능케 하는 그런 사람으로 생각합니다. 주님은 순종하는 사람이 믿음의 사람이라 하십니다. 주님은 "겨자씨"와 같은 생명력이 있는 산 믿음을 요구하시는 것입니다. 이런 믿음은 실로 큰 믿음인 것입니다. 왜냐하면 생명력이 있기에 "큰 나무"를 이루는 믿음의 역사가 따르기 때문입니다.

그리고 진정한 믿음은 순종(일을 한 후)한 후에도 자랑하거나 공로로 내세우는 것이 아니라, "명령 받은 것을 다 행한 후에 이르기를 우리는 무익한 종이라 우리가 하여야 할 일을 한 것뿐이라"고 말하는 겸비한 믿음이라 하십니다. 믿음이란 순종입니다. 순종하지 않는 것은 믿지를 못하기 때문이요, 그러므로 "이와 같이 행함이 없는 믿음은 그 자체가 죽은 것이라"(약 2:17) 하는 것입니다. 이것이 당연한 순종입니다. 청지기들에게 필요한 것은 이런 믿음인 것입니다. 이것이 주님 오시는 날까지 감당해야 할 청지기 된 우리들의 자세입니다. 우리는 그렇게 하고 있습니까?

여기 유념할 점이 있는데 주님께서 예를 드신 7-9절의 말씀이 너무나 비인도적으로 여겨진다는 점입니다. 주님은 "너희 중에"(7상) 하고 말씀을 시작하셨는데 그러면 "너희"는 누구를 염두에 두고 하신 말씀인가? "이는, "회당의 높은 자리와 시장에서 문안 받는 것을 기뻐하는"(11:43) 바리새인들과, "지기 어려운 짐을 사람에게 지우고 너희는 한 손가락도 이 짐에 대지 않는"(11:46) 율법사들을 염두에 두셨기 때문입니다.

당시의 종교 지도자들은 백성들에게 이렇게 대하고 있었지만 우리들의 주인은 돌아오실 때에, "종들이 깨어있는 것을 보면 그 종들이 복이 있으리로다 내가 진실로 너희에게 이르노니 주인이 띠를 띠고 그 종들을 자리에 앉히고 나아와 수종하리라" (12:37)는 황송한 말씀을 하십니다.

셋째 단원(11-21) 아홉은 어디 있느냐

"예수께서 예루살렘으로 가실 때에 사마리아와 갈릴리 사이로 지나가시다가 한 마을에 들어가시니 나병환자 열 명이 예수를 만나 멀리 서서 소리를 높여 이르되 예수 선생님이여 우리를 불쌍히 여기소서 하거늘" (11-13). 셋째 단원은 "열 명의 나병환자를 고쳐주신 내용입니다. 예수님께서 보시고 "가서 제사장들에게 너희 몸을 보이라" (14) 하셨습니다. 왜냐하면 나병에 걸렸다가 치유를 받으면 제사장의 검증이 있어야만 가족 품으로 돌아갈 수가 있기 때문입니다.

그들은 예수님의 말씀을 믿고 가다가 깨끗함을 받았습니다. 그런데 "그 중에 한 사람이 자기가 나은 것을 보고 큰 소리로 하나님께 영광을 돌리며 돌아와 예수의 발아래 엎드리어 감사하니 그는 사마리아 사람이라" (14-16) 합니다. 주님은 찾으십니다. "열 사람이 다 깨끗함을 받지 아니하였느냐 그 아홉은 어디 있느냐 이 이방인 외에는 하나님께 영광을 돌리러 돌아온 자가 없느냐 하시고 그에게 이르시되 일어나 가라 네 믿음이 너를 구원하였느니라" (17-19) 하셨다는 말씀입니다.

자, 생각해 봅시다. "가서 제사장들에게 너희 몸을 보이라" 하신 말씀 한 마디를 믿고 가다가 깨끗함을 받은 열 명의 나병환자들의 믿음은 대단한 것처럼 보일 수도 있습니다. 사실 한국 강단에서는 이러한 믿음을 강조하고 있는 추세가 아닌가 싶습니다. 그런데 그것은 주님이 원하시는 믿음은 아니었던 것입니다. 왜냐하면 "큰 소리로 하나님께 영광을 돌리며 돌아온" 그 한 사람에게 "일어나 가라 네 믿음이 너를 구원하였느니라" 고 말씀하셨기 때문입니다. "우리에게 믿음을 더하소서" (5) 한 제자들에게도 바로 이 믿음을 원하셨던 것입니다.

주님의 말씀으로 미루어 볼 때 아홉은 유대인들로 여겨집니다. 그들은 주님을, "예수 선생님이여" 라고 부르고 있습니다. 그러면서 "우리를 불쌍히 여기소서" 합니다. 예수님을 병을 고쳐주실 능력이 있는 자로 믿었으나 구원하러 오신 메시아 그리스도로는 믿지를 않았던 것입니다. 유대인들은 물론, 심지어 나병을 고침 받은 자들까지도 주님께 돌아오지를 않았습니다. 우리 주님은 나병을 고쳐주시고도 그 아홉에게 배척을 당하신 셈입니다.

그러므로 나병환자 치유를 통해서 말씀하고자하는 바는 "감사"가 아닙니다. 이방인은 믿었으나 유대인은, 심지어 나병을 치유 받은 자들까지도 믿지 않았다는 철두철미한 "불신앙" 을 지적하는데 있는 것입니다. 그것은 그들의 잘못 된 하나님의 나라 개념에서 기인하는 것입니다. 그들은 하나님께서 회복하시고자 하는 하나님의 나라건설을 정치적인 개념으로 곡해하고 있었던 것입니다. 반면 사마리아인이, "큰 소리로 하나님께 영광을 돌리며 돌아 왔다"는 것은 그는 하나님의 나라가 임한 것을 믿었다는 증거입니다. 그러나 9명의 나병환자들은 자신의 병을 고쳐주신 표적을 통해서도 하나님의 나라가 임했다는 점을 깨닫지를 못했던 것입니다.

이런 문맥에서, "바리새인들이 하나님의 나라가 어느 때에 임하나이까" (20) 라고 묻는 것이 나옵니다. 주님은 잘못 된 "하나님 나라" 관을 갖고 있는 그들에게 자극을 주기 위해서, "하나님의 나라는 너희 안에 있느니라"

(21)고 말씀하셨던 것입니다. "하나님의 나라는 너희 안에 있다" 하신 의미에 대해서 좀 더 말씀을 드려야만 하겠습니다. 학자들은 두 견해로 나누어 집니다.

㉠ 너희 마음 속에 있다.

㉡ 너희 가운데(among) 있다.

첫째 설을 취하게 되면 "바리새인들 마음 속에 하나님의 나라가 임하여 있다는 말인가?" 하는 난점이 있습니다.

그러므로 "하나님의 나라가 너희 안에 있다" 하신 뜻은 세례 요한이 그리스도를 증언하여 이르기를, "나는 물로 세례를 주거니와 〈너희 가운데〉 너희가 알지 못하는 한 사람이 섰으니 곧 내 뒤에 오시는 그이라" (요 1:26-27)고 증언함과 같은 의미라는 것입니다. 바리새인들이 긴급하게 물어야 할 하나님 나라는 미래적(未來的)인 것이 아니라 지금 여기에 임마누엘로 임하여 있는 현재적(現在的)인 하나님의 나라를 깨닫고 믿는 것이라는 말씀입니다.

바리새인들의 질문이 놓인 위치에 주목할 필요가 있습니다. 나병환자 열 명을 치유하신(11-19) 사건 다음에 나옵니다. 주님은 이렇게 말씀하신 셈입니다. 나병을 말씀 한 마디로 치유한 그 분이 너희와 함께 있다면 "하나님의 나라가 너희 가운데 이미 임하여 있다는 명백한 증거다". 주님은 말씀하십니다. "내가 만일 하나님의 손을 힘입어 귀신을 쫓아낸다면 하나님의 나라가 이미 너희에게 임하였느니라" (11:20).

그러나 바리새인들은 치유의 사역은 부인할 수가 없었으면서도 예수님을 그리스도로 받아드리지 않음으로 자신들 가운데 하나님의 나라가 이미 임하였다는 점을 깨닫지를 못했던 것입니다. 나병을 치유 받은 아홉 명만 돌아오지 않은 것이 아니라 제사장, 서기관, 바리새인들도 하나님께 영광을 돌리려 돌아오지 않았던 것입니다.

넷째 단원(22-37) 인자의 나타나는 날

"또 제자들에게 이르시되 때가 이르리니 너희가 인자의 날 하루를 보고자 하되 보지 못하리라"(22). 어떤 분들은 주님께서, "하나님의 나라는 너희 안에 있느니라"(21)는 말씀을 근거로 초월적인 하나님의 나라를 부인하는 사람들이 있습니다. 하나님의 나라는 미래적인 것이 아니라 현재적인 것이라고 주장합니다. 그러니까 "천국과, 지옥"이 없다 합니다. 주님은 이처럼 곡해할 것을 예상하시고 말씀하신 것일까요? "인자의 날" 곧 주님의 재림의 날을 말씀하십니다.

주님께서 바리새인들에게, "하나님의 나라는 너희 안에 있느니라"(21) 하신 답변(21)과, 제자들에게 "너희가 인자의 날 하루를 보고자 하되 보지 못하리라"(22) 하신 말씀이 다른 듯이 여겨집니다. 그것은 하나님의 나라에 대한 개념(概念)의 차이 때문입니다. 바리새인들이 바라는 하나님의 나라는 다윗 같은 왕이 나타나서 이스라엘을 부강한 나라로 만드는 것이었습니다. 그래서 주님은, "하나님의 나라는 볼 수 있게 임하는 것이 아니요 또 여기 있다 저기 있다고도 못하리니"(20-21) 라고 말씀하신 것입니다.

그러나 제자들에게 필요한 것은 현재의 고난 중에도 인자의 나타나는 날을 대비하라는 미래적인 하나님의 나라를 말씀하시는 것입니다. 그렇다면 주님의 초림(初臨)으로 하나님의 나라는 이미 임하였으며 이제도 제자들

가운데 임하여 있는 것이며, 그러나 하나님의 나라의 완성은 "인자의 나타나는 날"에 임하게 된다고 정의할 수가 있는 것입니다.

인자의 날에도 이러하리라

주님께서 제자들에게, "너희가 인자의 날 하루를 보고자 하되 보지 못하리라" (22) 하신 말씀은 재림의 날이 더욱 임박한 오늘을 살아가고 있는 우리들에게는 더욱 충격으로 받아드려 집니다. 어찌하여 "보고자 하되 보지 못하리라" 하시는가? 두 가지를 생각할 수 있는데

㉠ 첫째는, 제자들도 바리새인과 크게 다르지 아니한, "하나님의 나라가 당장에 나타날 줄로 생각"(19:11)하여 주님께서 예루살렘에 입성하시게 되면 왕위에 오르시게 되고, 자신들은 오른 편과 왼 편에 앉게 되리라는 정치적인 개념에서 벗어나지 못하고 있었던 것입니다. 그러므로 "인자의 날 하루를 보고자 하되 보지 못하리라"(22)고 그들의 하나님의 나라 개념을 부정하셨던 것입니다.

㉡ 둘째는 이어지는 말씀, "노아의 때에 된 것과 같이 인자의 때에도 그러하리라(26), 또 롯의 때와 같으리니"(28) 하신 말씀과 결부시켜 볼 때, "내가 너희에게 이르노니 들어가기를 구하여도 못하는 자가 많으리라"(13:24) 하신 것과 뜻을 같이 하는 것으로, "인자의 날 하루를 보고자 하되 보지 못할" 자가 많으리라는 뜻입니다. 이점이 다음 장에서, "그러나 인자가 올 때에 세상에서 믿음을 보겠느냐"(18:8) 하신 점과 상통합니다.

아무튼 주님의 재림의 날은 생각같이 안일한 날이 아닌 것만은 분명합니다. 이점을 스가랴 선지자는, "여호와께서 아시는 한 날이 있으리니 낮도 아니요 밤도 아니라 어두워 갈 때에 빛이 있으리로다" (슥 14:7) 말씀하고,

아모스 선지자는 "화 있을진저 여호와의 날을 사모하는 자여 너희가 어찌 하여 여호와의 날을 사모하느냐 그 날은 어둠이요 빛이 아니라" (암 5:18)고 두려운 날임을 말씀합니다.

그러므로 주님은 "인자의 날" 자체를 부정하신 것이 아닙니다. "번개가 하늘 아래 이쪽에서 번쩍이어 하늘 아래 저쪽까지 비침같이 인자도 자기 날에 그러하리라" (24) 하십니다. 누가복음에는 재림에 관한 말씀이 두 곳 (22-37, 21:5-36)에 기록되어 있는데 말씀하신 동기와 강조점은 다른 것입니다. 21장의 말씀은 예루살렘에서, "선생님이여 그러면 어느 때에 이런 일이 있겠사오며 이런 일이 일어나려 할 때에 무슨 징조가 있사오리이까" (21:7)한 질문에 대한 답변으로 파괴당할 성전을 바라보시면서 하신 말씀입니다. 그리고 강조점은 "내가 진실로 너희에게 말하노니 이 세대가 지나가기 전에 모든 일이 다 이루어지리라 천지는 없어지겠으나 내 말은 없어지지 아니하리라" (21:32-33) 하신 재림의 확실성에 있습니다.

그러나 본문의 강조점은 하나님의 나라 개념에 맞춰져 있습니다. 그래서 "하나님의 나라는 너희 안에 있다(21), 너희가 보지 못하리라" (22)고, 잘못 된 하나님의 나라 관점을 시정해주시는 것입니다. 이점이 "그러나 그가 먼저 많은 고난을 받으며 이 세대에게 버린바 되어야 할지니라" (25)는 말씀에도 나타나는데, 하나님의 나라는 "먼저" 십자가를 통한 구속성취와 부활 승천을 통한 사탄에 대한 승리가 선행이 되어야 가능해지고, 주님의 재림으로 완성이 된다는 말씀입니다. 그러므로 그리스도의 죽으심과 부활과 재림이 없는 하나님의 나라는 없는 것입니다.

"노아의 때(26)와, 롯의 때" (28)와 같으리니 하십니다. 어떤 점이 같다는 것인가? 첫째는 하나님의 경고에 무관심한 점이 그때나 이때나 같으리라는 것입니다. 그때 사람들은 하나님의 권고하심을 돌아보지 않고, "먹고 마시고 장기들고 시집가고, 사고 팔고 심고 집을 짓다가" 멸망당했다(27하, 28하)는 점을 거울삼아 경고하십니다. 그 대표적인 예로, "롯의 처를 기억하라" (32) 하십니다. 롯의 처가 "소금기둥"이 되었다는 것은 일종의 기념비와 같은 의미가 있습니다. 비문에는 무엇이라 쓰여 있을까? "세상을 사랑하다가는 나와 같이 됩니다"라고 기록이 되어 있을 것입니다.

둘째는, "내가 너희에게 이르노니 그 밤에 둘이 한 자리에 누워 있으매 하나는 데려감을 얻고 하나는 버려둠을 당할 것이요 두 여자가 함께 맷돌을 갈고 있으매 하나는 데려감을 얻고 하나는 버려둠을 당할 것이니라" (34-35)고, "데려감을 얻을 자와, 버려둠을 당할 자"가 있을 것이 노아나 롯의 때와 같다는 것입니다. 그런데 노아 때는 "겨우 여덟 명" (벧전 3:20)뿐이라 말씀하고, 롯의 때는 의인이 열 명이 없었다는 것을 생각하면 "들어가기를 구하여도 못하는 자가 많으리라" (13:24) 하신 말씀이 경각심으로 다가옵니다.

그러므로 핵심이자 결론은, "무릇 자기 목숨을 보전하고자 하는 자는 잃을 것이요 잃는 자는 살리리라" (33) 하신 역설입니다. 어찌하여 이 말씀이 결론이 되어야만 합니까? 바리새인들은 "돈을 좋아하고(16:14), 부자는 날마다 호화로이 즐기며(16:19), 제자들은 누가 크냐" (9:46, 22:24)는 자리다툼을 하고 있었기 때문입니다. 그렇다면 오늘날 우리들은 어떠하냐고 묻게 됩니다.

어느 때나 인간의 궁금증은 "하나님의 나라"가 어느 때에 임하는가에 있습니다. 어떤 사람들은 "주의 약속이 더디다" (벧후 3:9)고 말합니다. 불신자들은 "주께서 강림하신다는 약속이 어디 있느냐 조상들이 잔 후로부터 만물이 처음 창조될 때와 같이 그냥 있다"(벧후 3:4)고 조롱하면서 노아의 때나 롯의 때처럼 먹고 마시고 사고 팔고 심고 집을 지으며 살아가고들 있습니다. 그러나 성경은 언제 임하는가를 말씀하지 않고, "어떠한 사람이 되어야 마땅한가(벧후 3:11), 거룩한 행실과 경건함으로 하나님의 날이 임하기를 간절히 사모하라"(벧후 3:11-12)고 말씀합니다.

이제 우리들의 하나님의 나라 개념은 분명합니까? 그리하여 먼저 그 나라와 그의 의를 구하고 있습니까? 우리 중에 혹시라도 예수님을 병을 고쳐주시는 분, 물질 축복을 주시는 분, 만사형통하게 하시는 분으로 믿고 따르는 아홉 명은 없습니까? 성경이 계시(啓示)하고 있는 이정표(里程標)를 틀어놓아 들어가고자 하는 자들을 실족시키고 있지는 아니합니까? 만일 그렇게 한다면 "때가 이르리니 너희가 인자의 날 하루를 보고자 하되 보지 못하리라"는 말씀을 듣게 될 것입니다. 이것이 "하나님의 나라와 주의 재림" 입니다.

The Book of Luke

누가복음 18장 개관도표

주제 : 죽으시고 다시 사실 것을 예고하심

기도와 낙망

1-8

1 예수께서 그들에게 **항상 기도하고 낙심하지 말아야 할 것을** 비유로 말씀하여
2 이르시되 어떤 도시에 하나님을 두려워하지 않고 사람을 무시하는 **한 재판장이 있는데**
3 그 도시에 **한 과부가 있어** 자주 그에게 가서 내 **원수에 대한 나의 원한을 풀어 주소서** 하되
5 이 과부가 나를 번거롭게 하니 내가 그 원한을 풀어 주리라 그렇지 않으면 늘 와서 나를 괴롭게
하리라 하였느니라
7 **하물며 하나님께서 그 밤낮 부르짖는 택하신 자들의 원한을** 풀어 주지 아니하시겠느냐
그들에게 오래 참으시겠느냐
8 내가 너희에게 이르노니 속히 그 원한을 풀어 주시리라
그러나 **인자가 올 때에 세상에서 믿음을 보겠느냐 하시니라**

자기를 낮추라

9-17

9 또 **자기를 의롭다고 믿고 다른 사람을 멸시하는 자들에게** 이 비유로 말씀하시되
10 두 사람이 기도하러 성전에 올라가니 **하나는 바리새인이요 하나는 세리라**
11 **바리새인은 서서 따로 기도하여** 이르되 하나님이여 나는 다른 사람들 곧 토색, 불의, 간음을
하는 자들과 같지 아니하고 이 세리와도 같지 아니함을 감사하나이다
13 **세리는 멀리 서서** 감히 눈을 들어 하늘을 쳐다보지도 못하고 다만 가슴을 치며 이르되
하나님이여 불쌍히 여기소서 나는 죄인이로소이다 하였느니라
14 내가 너희에게 이르노니 이에 저 바리새인이 아니고 이 사람이 **의롭다 하심을 받고** 그의 집으로
내려갔느니라 무릇 자기를 높이는 자는 낮아지고 **자기를 낮추는 자는 높아지리라** 하시니라
15 사람들이 예수께서 만져 주심을 바라고 자기 **어린 아기를 데리고 오매** 제자들이 보고 꾸짖거늘
16 예수께서 그 어린 아이들을 불러 가까이 하시고 이르시되 어린 아이들이 내게 오는 것을 용납하고
금하지 말라 **하나님의 나라가** 이런 자의 것이니라
17 내가 진실로 너희에게 이르노니 누구든지 **하나님의 나라를 어린 아이와 같이
받아들이지 않는 자는** 결단코 거기 들어가지 못하리라 하시니라

무엇을 하여야 영생

18-30

18 어떤 관리가 물어 이르되 선한 선생님이여 **내가 무엇을 하여야 영생을 얻으리이까**
21 여짜오되 **이것은 내가 어려서부터 다 지키었나이다**
22 예수께서 이 말을 들으시고 이르시되 **네게 아직도 한 가지 부족한 것이 있으니**
네게 있는 것을 다 팔아 가난한 자들에게 나눠 주라 그리하면 하늘에서 네게 보화가 있으리라
그리고 와서 **나를 따르라** 하시니
23 그 사람이 **큰 부자이므로 이 말씀을 듣고 심히 근심하더라**
28 베드로가 여짜오되 보옵소서 우리가 우리의 것을 **다 버리고 주를 따랐나이다**
29 이르시되 내가 진실로 너희에게 이르노니 **하나님의 나라를 위하여** 집이나 아내나 형제나 부모나
자녀를 버린 자는
30 현세에 여러 배를 받고 내세에 **영생을 받지 못할 자가 없느니라** 하시니라

다윗의 자손이여

31-43

31 예수께서 열두 제자를 데리시고 이르시되 보라 **우리가 예루살렘으로 올라가노니
선지자들을 통하여 기록된 모든 것이 인자에게 응하리라**
33 그들은 채찍질하고 **그를 죽일 것이나 그는 삼 일 만에 살아나리라** 하시되
35 여리고에 가까이 가셨을 때에 한 맹인이 길 가에 앉아 구걸하다가
38 **맹인이 외쳐 이르되 다윗의 자손 예수여** 나를 불쌍히 여기소서 하거늘
42 예수께서 그에게 이르시되 보라 **네 믿음이 너를 구원하였느니라** 하시매

18장

죽으시고 다시 사실 것을 예고하심

18장의 중심은 주님께서 열 두 제자들에게, "보라 우리가 예루살렘으로 올라가노니 선지자들을 통하여 기록된 모든 것이 인자에게 응하리라 인자가 이방인들에게 넘겨져 희롱을 당하고 능욕을 당하고 침 뱉음을 당하겠으며 그들은 채찍질하고 그를 죽일 것이나 그는 삼 일 만에 살아나리라"(31-33) 하신 말씀에 있습니다.

재차 강조합니다만 누가는 복음서를 기록하면서 9장 51절 이후로 놓치지 않고 계속 붙잡고 있는 맥(脈)이 있는데 그것은 예수님께서 십자가를 지시기 위하여 예루살렘으로 올라가고 계시다는 발걸음입니다. 복음서에서 하나님의 아들 그리스도께서 죄인들을 위하여 대속의 죽음을 죽으시기 위해 예루살렘으로 올라가고 계신다는 이 말씀보다 더 중요하고 감동적인 말씀이 달리 무엇이 있겠습니까? 주님이 오신 목적이 여기 있으며 죄인의 구원이 오직 그리스도의 대속으로 말미암아 가능해지는 것입니다.

17장에서도, "예수께서 예루살렘으로 가실 때에" (11) 라고 말씀했는데 18장에서도, "우리가 예루살렘으로 올라가노니" (31) 하십니다. 또한 17장에서, "인자의 나타나는 날에도" (30) 하셨는데 18장에서도, "그러나 인자가 올 때에" (8) 라고 말씀하십니다. 이처럼 성경에는 통일성이 있고 점진성(漸進性)이 있는 것입니다. 이 맥을 놓치지 말아야만 하는 것입니다. 18장은 이러한 배경에서, 이러한 심정으로 하신 말씀입니다. 그러므로 이런 주님의 마음을 가지고(고전 2:16) 접근해야만 주님의 말씀이 절실하게 우리의 심금을 울리게 되는 것입니다. 이를 네 단원으로 나누어 상고합니다.

첫째 단원(1-8) **항상 기도하고 낙심하지 말라.**

둘째 단원(9-17) **자기를 높이지 말고 낮추라.**

셋째 단원(18-30) **내가 무엇을 하여야 영생을 얻으리이까**

넷째 단원(31-43) **다윗의 자손이여 불쌍히 여기소서.**

첫째 단원(1-8) 항상 기도하고 낙심하지 말라

"예수께서 그들에게 항상 기도하고 낙심하지 말아야 할 것을 비유로 말씀하여 이르시되" (1), 본문은 기도원이나 부흥회 때 단골 메뉴로 등장합니다. 그런데 비유의 주제는 "끈질긴 기도"가 아니라, "낙심하지 말라"인 것입니다. 첫째 단원에는 "원한"이라는 말이 반복적으로 등장하는데 무려 4번(3, 5, 7, 8)이나 강조되어 있습니다. 이 비유는 떠나실 날이 임박한 주님께서 "그들에게", 즉 제자들에게 하신 말씀임을 유념해야만 합니다. 그러면 "원한"은 누구에 대한 무슨 원한이겠습니까? 하나님의 아들을 "희롱하고 능욕하고 침을 뱉고 채찍질하고 죽인"(32-33) 자들은 그의 제자들에게도 그렇게 할 것을 아시고, "항상 기도하고 낙심하지 말아야 할 것"(1)을 비유를 들어서 말씀하시는 것입니다. 주님은 떠나신다 해도 기도의 채널은 열려있으니 항상 기도하고 낙망하지 말라는 말씀입니다. 그러므로 비유의 주제는 "끈질긴 기도"가 아니라 "낙심하지 말라"인 것입니다.

낙심하지 말아라

㉠ 18장은 첫째로, "항상 기도하고", 이렇게 시작이 됩니다. 그런데 "기도"라는 주제를 구속사라는 맥락으로 보면 "기도"도 주님께서 예루살렘으로 올라가시는 것과 밀접한 관련이 있다는 점을 인식해야만 합니다. 왜냐하면 기도란, "때를 따라 돕는 은혜를 얻기 위하여 은혜의 보좌 앞에 담대히 나아가는"(히 4:16) 것인데, 죄로 말미암아 그 길이 막혀있다는 점입니다. 그런데 주님께서 십자가상에서 "다 이루었다" 선언하시자 비로소, "성소의 휘장이 한가운데가 찢어지더라"(23:45) 합니다.

이점을 베드로 사도는, "그리스도께서도 단번에 죄를 위하여 죽으사 의인으로서 불의한 자를 대신하셨으니 이는 우리를 하나님 앞으로 인도하려 하심이라"(벧전 3:18)고 증언하고, 히브리서에서는 "그 길은 우리를 위하여 휘장 가운데로 열어 놓으신 새로운 살 길이요 휘장은 곧 그의 육체니라"(히 10:20)고 해설해주고 있습니다. 이를 위해서가 아니라면 주님께서 죽으셔야 할 이유가 전연 없으신 것입니다. 이렇게 해서 기도 곧 하나님께 나아가는 것이 가능해진 것입니다. 주님은 이렇게 말씀하시는 셈입니다. "내가 막혔던 문을 열어놓아 주고, 길을 개통시켜줄 터이니 내가 떠난 후에도 항상 기도하고 낙심하지 말아라".

항상 기도하라

ⓛ 둘째로, "낙심하지 말라" 하십니다. 어찌하여 낙심하게 됩니까? 기도응답이 더디고 하나님이 침묵하고 계신 것 같기 때문입니다. 그런데 주님의 비유를 다시 한 번 관찰해보십시오. 불의한 재판관은 과부가 번거롭게 하기 때문에 과부의 원한을 풀어주었으나, 주님은 말씀하시기를, "불의한 재판장이 말한 것을 들으라 하물며 하나님께서 그 밤낮 부르짖는 택하신 자들의 원한을 풀어 주지 아니하시겠느냐 그들에게 오래 참으시겠느냐 내가 너희에게 이르노니 속히 그 원한을 풀어 주시리라"(7–8) 하십니다.

비유에 있어서 불의한 재판관과 의로우신 재판관 되시는 하나님은 유사성(類似性) 때문으로가 아니라 "하물며 하나님께서"(7) 한, 상이(相異)성과 대조(對照)로 등장합니다. 그런 하나님을 불의한 재판관인 양, "끈질긴 기도"를 하면 들어주신다고 말한다면, "자기 아들까지 아끼지 아니하시고 내어주신 하나님"은 어떻게 된단 말입니까? 아닙니다. 오히려 본문은 "속히 그 원한을 풀어 주시리라"고 말씀합니다.

계시록 6장에 이런 장면이 있는데, "다섯째 인을 떼실 때에 내가 보니 하나님의 말씀과 그들이 가진 증거로 말미암아 죽임을 당한 영혼들이 제단 아래에 있어 큰 소리로 불러 이르되 거룩하고 참되신 대주재여 땅에 거하는 자들을 심판하여 우리 피를 갚아 주지 아니하시기를 어느 때까지 하시려 하나이까"(9-10) 하고 호소하는 것을 봅니다. 그들에게 "아직 잠시 동안

쉬되" 하십니다. 즉 잠시만 기다리라 하십니다. 그러면 성도들의 원한을 풀어주시는 날, 순교자들에게 "아직 잠시 동안" 기다리라 하신 그 날이 언제입니까? "인자의 나타나는 날" (17:30), 즉 주님께서 심판주로 다시 오시는 날입니다.

그러므로 본 비유의 주제는, "원수 갚는 것이 내게 있으니 내가 갚아주리라" (롬 12:19) 하신 하나님을 믿고 "낙심하지 말라"는 격려인 것입니다. 하나님 아버지께 기도로 호소하면서 말입니다. 그런데 마지막이 어떻게 끝나고 있습니까? "그러나 인자가 올 때에 세상에서 믿음을 보겠느냐" (8하) 하십니다. 어떻습니까? 형제는 "믿음", 즉 기도하다 낙심하는 모습이 아니라 "환난 중에서도 즐거워하는(롬 5:3), 범사에 감사하는" (살전 5:18) 모습을 보여드릴 수가 있습니까? 심판주로 다시 오실 주님을 굳게 믿고 어떠한 상황 중에서도 결코 낙심하지 않으시겠습니까? "인자가 올 때까지" 말입니다.

둘째 단원(9–17) 자기를 높이지 말고 낮추라

"또 자기를 의롭다고 믿고 다른 사람을 멸시하는 자들에게 이 비유로 말씀하시되" (9). 바리새인과 세리, 두 사람이 기도하러 성전에 올라갔다 하십니다. 그런데 바리새인은 서서 따로 기도하기를, "하나님이여 나는 다른 사람들 곧 토색, 불의, 간음을 하는 자들과 같지 아니하고 이 세리와도 같지 아니함을 감사하나이다 나는 이레에 두 번씩 금식하고 또 소득의 십일조를 드리나이다" (11-12) 하고 하나님 앞에 자랑을 늘어놓았다는 것입니다. 그런데 세리는 멀리 서서 감히 눈을 들어 하늘을 우러러 보지도 못하고 다만 가슴을 치면서, "하나님이여 불쌍히 여기소서 나는 죄인이로소이다" (13) 했다는 것입니다.

형제가 이 광경을 보았다면 형제의 판단은 무엇입니까? 그런데 주님은 결론적으로 말씀하시기를, "내가 너희에게 이르노니 이에 저 바리새인이 아니고 이 사람이 의롭다 하심을 받고 그의 집으로 내려갔느니라" (14) 하시는 것이 아닌가? 바리새인의 자랑은 거짓말이 아니라 사실이었습니다. 그리고 바리새인과 세리를 도덕적으로 보면 하늘과 땅과 같은 차이입니다. 그런데 어찌하여 "저 바리새인이 아니고 이 (세리) 사람이 의롭다 하심을 받고" 그의 집으로 내려갔다 하시는가?

이에 대한 예표가 인류의 시조가 죄를 범한 창세기 3장의 현장에 나타납니다. 하나님께서, "아담아 네가 어디 있느냐"고 부르시자 아담은, "내가 벗었으므로 숨었나이다", 즉 세리처럼 감히 눈을 들어 우러러 보지도 못하고 "벗었다"고 죄를 고백했습니다. 그러자 하나님께서는 "가죽옷을 지어 입히시니라" (창 3:10, 21) 합니다. 생각해보십시오. 아담이 벗었다는 말을 하지 않았어도 가죽옷을 지어 입혀주셨겠습니까?

이것입니다. 주님이시라도 바리새인은 도와주실 방법이 없는 것입니다. 왜냐하면 "율법의 의로는 흠이 없는 자라"고 말하고 있기 때문입니다. 그런데 주님은, "의인을 부르러 온 것이 아니요 죄인을 부르러" (마 9:13) 오신 것입니다. 그래서 "나는 죄인이로소이다", 즉 벌거벗었다 하는 세리에게는 의의 옷을 입혀주셨던 것입니다.

주님의 비유는 몇 가지 요점을 전달해줍니다. 첫째는, "율법의 행위로 그의 앞에 의롭다 하심을 얻을 육체가 없다" (롬 3:20)는 자력구원의 불가능성입니다. 둘째는, 허물 사함을 받고 죄의 가림을 받기 위해서는 "나는 죄인이로소이다" 하는 회개와 고백이 있어야만 한다는 점입니다. 셋째는, 이처럼 죄 사함을 받고 의롭다함을 받은 감격이 있는 사람은, "자기를 의롭다고 믿고 다른 사람을 멸시하는" (9) 그런 자가 아니라, "자기를 낮추는 자" (14) 가 된다는 점입니다.

의롭다 하심을 받은 세리

주님의 비유는 "두 사람이 기도하러 성전에 올라가니" (10) 하고 시작이 되는데, "기도"하면 즉각적으로 무엇을 생각하게 됩니까? "응답"입니다. 그래서 주님은 문제해결을 받았다, 축복을 받았다, 병 고침을 받았다고 말씀하십니까? 아닙니다. "의롭다 하심을 받았다" (14)고 말씀합니다. 그러면 "의롭다함"이 무엇인가? 하나님과의 관계가 바른 관계로 회복이 되었다는 의미입니다. 추방을 당했던 자가 아벨을 받아주시듯이 영접함을 받았다는 말씀입니다. 기도의 첫 단추는 하나님과 자신의 관계를 점검하는 것으로 시작이 되어야 하는 것입니다.

> 하나님이여 나를 살피사 내 마음을 아시며
> 나를 시험하사 내 뜻을 아옵소서
> 내게 무슨 악한 행위가 있나 보시고
> 나를 영원한 길로 인도하소서
> (시 139:23-24).

"세리가 의롭다함을 받고 집으로 내려갔다"는 말씀을 대할 때에 눈이 번쩍 떠지고 흥분을 감출 수 없는 사람이 얼마나 될까 걱정스럽습니다. 왜냐하면 이것이 복음의 핵심이요 여기에 우리의 구원이 있고 소망이 있기 때문입니다. 구원계획에 있어서 가장 큰 난제(難題)가 무엇인지 아십니까? 죄인이 어떻게 하면 하나님 앞에 의롭다함을 얻을 수가 있는가 하는 점입니다. 이는 사활을 좌우하는 문제입니다. 그런데 무슨 일한 것이 있기는커녕 정죄를 받아 마땅한 세리가 의롭다 하심을 받고 집으로 내려갔다는 것입니다.

바리새인은 자기를 "의롭다고 믿고" (9상) 성전에 올라가서 하나님 앞에 자랑을 늘어놓았으나 정작 하나님께, "의롭다 하심을 받고 집으로 내려간" (14상) 사람은 저 바리새인이 아니라 세리였다고 말씀합니다. 이것이 어떻게 가능해질 수가 있는가? 이점도 주님께서 예루살렘으로 올라가시는 목적과 관련이 있는 것입니다. 주님은 지금 세리를, 그리고 우리들을 의롭다고 여겨주시기 위해서 대속의 십자가를 지러 올라가시기 때문입니다.

이점에서 복음(福音)이 무엇인가 하는 점을 간략하게나마 말씀드려야만 하겠습니다. "복음에는 하나님의 의가 나타나서" (롬 1:17) 합니다. 복음, 즉 기쁜 소식이 무엇인가? "하나님의 의가 나타났다"는 이것이 복음이라고 말씀합니다. 하나님께서 이루어주신(지어주신) 것이기에 "하나님의 의"인 것입니다. "하나님의 의가 나타났다"는 것이 어째서 복음인가? 나타난 "하나님의 의"를 받아 입기만 하면 하나님께로 돌아갈 수가 있기 때문입니다. 나타난 하나님의 의를 어떻게 받을 수가 있는가? "곧 예수 그리스도를 믿음으로 말미암아 모든 믿는 자에게 미치는 하나님의 의니 차별이 없느니라" (롬 3:22)고 "믿음" 으로 받는다고 말씀합니다.

하나님의 의가 왜 나타나야만 했는가? "율법의 행위로 그의 앞에 의롭다 하심을 얻을 육체가 없기" (롬 3:20) 때문입니다. 그렇다면 하나님의 의가 나타나는 것이 어떻게 해서 가능하게 되었는가? "그리스도 예수 안에 있는 속량(구속)으로 말미암아" (3:24) 가능해졌다고 말씀합니다.

그러면 기독교윤리(基督敎倫理)는 어떻게 되는 것인가? "하나님의 의"를 입은 사람은 그 의를 더럽히지 아니하려고 사모하는 자들입니다. 의롭다 하심을 얻었다는 감격이 있는 자에게는 성화의 삶이 따라오게 되는 것입니다. "너희는 모든 악독과 노함과 분냄과 떠드는 것과 비방하는 것을 모든 악의와 함께 버리고 서로 친절하게 하며 불쌍히 여기며 서로 용서하기를 하나님이 그리스도 안에서 너희를 용서하심과 같이 하라" (엡 4:31-32)는 삶을 살기를 열망하는 사람들입니다. 세리는 평생을 그런 감사와 감동으로 살았을 것입니다.

우리가 주목해야 할 점은 주님이 말씀하신 비유가 교회 내에서 일어나는 일이라는 점입니다. "자기를 의롭다고 믿고 다른 사람을 멸시" 하는 사람들은 교회 안에 있다는 말씀입니다. 그러니까 주님 당시나 오늘이나 어느 시대를 막론하고 믿노라하는 자들 중에는 이런 자들이 있기 마련입니다. 그것도 은혜 많이 받고 열심 있다는 사람들이 이런 병에 걸릴 가능성이 많습니다. 그리고 교회가 갈등과 불화와 분열을 겪게 되는 것은, "자기를 의롭다고 믿고 다른 사람을 멸시하는" 이런 자들 때문인 것입니다. 그러므로 본 단원의 중심점도 "기도" 자체에 있는 것이 아니라 결론에서, "자기를 높이지 말고 낮추라" 말씀하신 14절에 있는 것입니다.

첫째 단원(1-8)의 "원한"이라는 주제가 외부로부터 오는 박해라면, 둘째 단원의 "멸시"라는 주제는 내부로부터 오는 갈등이라 할 수가 있습니다.

주님께서는 떠나신 이후 교회가 직면하게 될 외부의 박해와 내부의 갈등에 대해서 교훈하고 계시는 것입니다. "무릇 자기를 높이는 자는 낮아지고 자기를 낮추는 자는 높아지리라"(14하) 하십니다. 언제 이런 역전이 있게 된다는 말씀인가? "인자가 올 때에"! "이 사람에게 자리를 내주라"(14:9)고 낮아질 사람도 있을 것이요, "벗이여 올라 앉으라"(14:10)고 높여주실 사람들도 많이 있을 것입니다. 그러므로 "항상 기도하고 낙심하지 맙시다" 인자가 올 때까지.

어린 아이 같은 자가 되라

"사람들이 예수께서 만져주심을 바라고 자기 어린 아기를 데리고 오매 제자들이 보고 꾸짖거늘"(15). 제자들이 꾸짖고 제지한 것은 주님을 번거롭게 해드리지 않으려는 배려로 보입니다. 그런데 주님은 이 상황을 선용하셔서, "하나님의 나라" 백성의 특성을 교훈 하시는 계기로 삼으십니다. "예수께서 그 어린 아이들을 불러 가까이 하시고 이르시되 어린 아이들이 내게 오는 것을 용납하고 금하지 말라 하나님의 나라가 이런 자의 것이니라"(16) 하십니다.

"이들의 것이라" 하신 것이 아니라, "이런 자의 것"이라고 말씀하십니다. "이런 자"란 어떤 자일까요? 첫째 단원에 등장하는 "불의한 재판관"이 어른들의 특성을 지닌 인물이라면, "과부"는 "이런 자"의 특성을 지닌 자라 하겠습니다. 그는 오직 재판관 외에는 의지하고 호소할 곳이란 달리는 없었습니다. "해보다가 안 되면 말지"가 아니라 이 길이 아니면 자기는 끝장이라는 각오로 매달렸습니다.

둘째 단원에 등장하는 두 인물 중 바리새인이 어른 같은 특성을 지닌 자라면, 세리는 "이런 자"의 특성을 지닌 자라 하겠습니다. 또한 여리고 길가에 앉아 구걸하던 소경 같은 자입니다. 제자들이 "꾸짖어 잠잠 하라" 하되 그가 더욱 심히 소리를 지르는 모습은 꼭 어린 아이를 닮은 모습이지 결코 점잖은 척하는 어른의 특성은 아닙니다. 만일 그도 체면을 차리고 잠잠했다면 "결단코" 주님을 만나지는 못하였을 것입니다.

"이런 자"의 특성은 모압이라는 이방 여인이면서 예수님의 족보에 오른 "룻"에게서도 나타납니다. 나오미가 과부 된 두 자부에게 개가할 것을 권하면서 고향 베들레헴으로 돌아오려 하자 오르바는 돌아갔으나, "룻은 그를 붙좇았더라"(룻 1:14)고 말씀합니다. "붙좇았다"는 말은 엄마의 치마를 붙잡고 떨어지지 않겠다고 매달리는 어린 아이 모습 그대로입니다. 룻도 어른같이 약삭빠른 계산을 했다면 하나님 나라에 "결단코 들어가지"(17하) 못하였을 것입니다.

"내가 진실로 너희에게 이르노니 누구든지 하나님의 나라를 어린 아이와 같이 받들지 않는 자는 결단코 들어가지 못하리라"(17) 하십니다. 언제까지 어린 아이 같이 받들어야 합니까? "인자의 오시는 날까지"입니다. 그런데 한국교회 우리의 모습은 어떠합니까?

셋째 단원(18-30) 하나님은 하실 수 있으시다

"어떤 관리가 물어 이르되 선한 선생님이여 내가 무엇을 하여야 영생을 얻으리이까"(18). 부자이면서 관원인 젊은이가, "영생" 문제를 가지고 주님을 찾아왔습니다. 13장에서는, "주여 구원을 얻는 자가 적으니이까" 하고, "구원"에 대해 질문했는데, 우리 중에 "구원과, 영생"에 대해 고민하는 자가 얼마나 될까를 생각합니다.

주님은, "네가 계명을 아나니 간음하지 말라, 살인하지 말라, 도둑질하지 말라, 거짓 증언 하지 말라, 네 부모를 공경하라 하였느니라"(20) 하십니다. 그러자 관원은, "이것은 내가 어려서부터 다 지키었나이다"(20-21)고 대답하는 것이 아닌가? 여기서 두 가지 질문이 가능한데 첫째는, 주님은 어찌하여 계명들을 말씀하셨는가 하는 점이고, 둘째는 관원은 과연 계명을 다 지켰는가 하는 점입니다.

본 단원은 구속사의 관점으로 바라볼 때에 결코 단순한 주제가 아닙니다. 젊은 관원의 말대로 "다 지켰다"면 그는 "율법의 의로는 흠이 없는 자"요, 그도 "자기를 의롭다고 믿고"(9) 있는 자인 것입니다. 그는 "하나님이여 불쌍히 여겨주소서 나는 죄인이로소이다" 하고 가슴을 칠 이유도 없는 자입니다. 그는 자기 행위로 의롭다고 여기고 있기 때문에 하나님의 긍휼도, 은혜도, 하나님의 의도 모르는 자이며 그러므로 대속의 주님이 필요치도 않은 자인 것입니다. 그러면서 왜 주님을 찾아왔느냐는 것입니다. 자기의 공로를 자랑하기 위해서 왔단 말인가?

탐내지 말라

㉠ 주님은 어찌하여 영생의 방도를 묻는 관원에게 계명을 지키라고 말씀하셨을까요? 그것은 분명합니다. "율법으로는 죄를 깨달음이니라" 한, "죄"를 깨닫게 하기 위해서였던 것입니다. 그런데 부자 청년은 "이것은 내가 어려서부터 다 지

키었나이다"고, 다 지킨 줄로 알고 있는 이것이 문제인 것입니다. 이는 부자 청년만이 그러한 것이 아니라 주님 당시의 서기관, 바리새인들이 다 그러했던 것입니다.

이점에서 "율법의 의로는 흠이 없는 자라(빌 3:6) 자부했다가, 죄인 중에 내가 괴수니라"(딤전 1:15)고 깨지게 된 바울을 본으로 삼아야만 할 것입니다. 왜냐하면 바울 자신이, "주를 믿어 영생 얻는 자들에게 본(本)이 되게 하려 하심이라"(딤전 1:16)고, 자신을 "본"으로 제시하고 있기 때문입니다. 그러면 바울은 자신이 죄인 중의 괴수라는 것을 어떻게 깨달을 수가 있었는가? 이는 관원만이 아니라 현대교회 성도들에게도 결정적으로 중요한 요점입니다. 왜냐하면 죄를 모르면 은혜를 모르고 복음을 필요 없는 것으로 여기게 되기 때문입니다. 이는 우려가 아니라 현실이 그러한 것입니다.

바울은, "곧 율법이 탐내지 말라 하지 아니하였더라면 내가 탐심을 알지 못하였으리라"(롬 7:7)고 고백합니다. 형제는 "탐내지 말라"는 계명이 십계명 중 몇 번째 계명인지 아니십니까? 마지막 열 번째 계명입니다. 바울이 이 계명을 처음 대한 것일까요? 아닙니다. "계명이 이르매 죄는 살아나고 나는 죽었도다"(롬 7:9)고 진술합니다. "계명이 이르매", 즉 조명(照明)이 비추듯 했다는 것입니다. 그 전에는 단순한 의문(儀文), 즉 수박 겉핥기식으로 문자만을 보았는데, "탐내지 말라"는 계명이 자신의 심령에 조명이 되자 "탐내지 말라"! "탐심(貪心)! 탐심! 탐심!", 비로소 "탐심"(貪心)을 깨닫게 되었고, 십계명이 마음(心)의 문제임을 알게 되었다는 것입니다.

그렇습니다. 율법의 대명사라 할 수 있는 모세까지도, "너희는 마음에 할례를 행하라"(신 10:16)고 말씀했던 것입니다. "살인하지 않았노라, 간음하지 않았노라, 도직질 하지 않았노라", 다 지켰노라 자부하던, "전에 법을 깨닫지 못할 때에는 내가 살았더니 계명이 이르매 죄는 살아나고 나는 죽었도다" (롬 7:9)고 말합니다. 그리하여 이때부터 "마음"을 지키려고 발버둥 칩니다. 그러나 "내가 행하는 것을 내가 알지 못하노니 곧 내가 원하는 것은 행하지 아니하고 도리어 미워하는 것을 행함이라(롬 7:15), 내가 원하는 바 선은 행하지 아니하고 도리어 원하지 아니하는바 악을 행하는" (롬 7:19), 자력구원의 불가능성을 발견하게 된 것입니다. 그래서 어떤 결론에 도달하게 되었는가? "내 지체 속에서 한 다른 법이 내 마음의 법과 싸워 내 지체 속에 있는 죄의 법으로 나를 사로잡는(생포) 것을 보는도다(롬 7:23), 나는 육신에 속하여 죄 아래에 팔렸도다" (죄의 노예), (롬 7:14) 라는 결론에 도달하게 된 것입니다. 그리하여 결국은, "오호라 나는 곤고한 사람이로다 이 사망의 몸에서 누가 나를 건져내랴" (롬 7:24) 하고, "누구", 즉 구원자를 찾기에 이른 것입니다.

훗날 바울은 이렇게 고백합니다. "미쁘다 모든 사람이 받을 만한 이 말이여 그리스도 예수께서 죄인을 구원하시려고 세상에 임하셨다 하였도다 죄인 중에 내가 괴수니라" (딤전 1:15). 그렇습니다. 이 말씀은 부자 청년도 받아야 할 "미쁘신 말씀"이요, 이를 상고하고 있는 우리들도 받아야 할 미쁘신 말씀이요, 모든 사람이 받아야 할 믿을만한 진실한 말씀인 것입니다. 부자 청년은 "다" 지키지 못했습니다. 그리고 율법의 행위로 다 지킬 수 있는 사람이란 한 사람도 없습니다. 다만 "회칠한 무덤 같이" (마 23:27) 겉으로만 번드르르 하게 지키노라 하고 있을 따름입니다.

급소를 찌르신 주님

그러므로 바울의 급소를 찌르셨던 주님께서는 부자 청년의 급소를 찌르셔야 할 필요를 아셨습니다. "네게 아직도 한 가지 부족한 것이 있으니 네게 있는 것을 다 팔아(탐심) 가난한 자들에게 나눠 주라 그리하면 하늘에서 네게 보화가 있으리라 그리고 와서 나를 따르라" (22), 오해하지 마시기 바랍니다. 부자 청년이 재물을 다 팔아 가난한 자들에게 나누어주었다고 해서 구원이 가능한 것은 아닙니다. 주님께서 이렇게 말씀하신 것은, "다 지키었나이다" 한 청년 속에 숨어 있는 "탐욕"을 적발해내기 위해서였던 것입니다. 말하자면 청년의 급소를 찌르신 것입니다.

어떻게 반응했습니까? "그 사람이 큰 부자이므로 이 말씀을 듣고 심히 근심하더라" (22-23)합니다. "이것은 내가 어려서부터 다 지키었나이다" (21)고 말할 때와, "근심하니라" 한 이때의 표정이 어떻게 달랐을까를 상상해 보시기 바랍니다. 왜 근심했을까요? 지킬 수가 없었기 때문에, 다시 말하면 죄를 깨달았기 때문입니다.

주님은 근심하게 하시기로 작정이라도 하신 듯, 돌아가는 부자 청년의 뒤에다 대고, "재물이 있는 자는 하나님의 나라에 들어가기가 얼마나 어려운지 낙타가 바늘귀로 들어가는 것이 부자가 하나님의 나라에 들어가는 것보다 쉬우니라" (24-25) 하십니다. 이번에는 이 말씀이 듣는 제자들을 놀라게 했습니다. "그런즉 누가 구원을 얻을 수 있나이까" (26) 합니다. 형제는 무엇이라 대답하시겠습니까?

주님은 대답하십니다. "무릇 사람이 할 수 없는 것을 하나님은 하실 수 있느니라" (27). 여기에 본문의 핵심(核心)이 있습니다. 성경을 교훈적으로만 보려하지 마십시오. 부자(16:19)라서 구원을 얻지 못하는 것이 아닙니다. 재물을 가난한 자에게 다 나눠준다고 해서 구원을 얻을 수 있는 것도 아닙니다. 나사로가 거지였기 때문에 구원 얻은 것도 아닙니다. 어린 아이이기 때문에 하나님의 나라에 들어갈 수 있는 것도 아닙니다. 가슴을 치며 애통하는 것으로 의롭다함을 얻는 것이 가능해지는 것도 아닙니다.

주님은 "부자 관원"만이 들어갈 수 없다고 말씀하고 있지 아니합니다. "무릇 사람이 할 수 없는 것"이라고, 모든 사람, 그 누구도 자력으로는 불가능한 것이 구원이라고 말씀하십니다. 그것을 "하나님은 하실 수 있느니라" (27하) 하십니다. 형제는 하나님께서 어떻게 행해주셨는지 말해줄 수가 있습니까? "율법이 육신으로 말미암아 연약하여 할 수 없는" (롬 8:3상) 것이 있다고 말씀합니다. 먼저 율법이 할 수 있는 일은 무엇일까요? 정죄하는 일입니다. 죽이는 일입니다. 그렇다면 율법이 할 수 없는 것이 무엇인가? 죄인을 의롭다고 여겨주는 일을 할 수가 없습니다. 살리는 일을 못합니다.

"그것을 하나님은 하시나니" (롬 8:3중) 합니다. 어떻게 하실 수가 있으셨는가? "곧 죄로 말미암아 자기 아들을 죄 있는 육신의 모양으로 보내어 육신에 죄를 정하사" (롬 8:3하) 행해주셨습니다. "죄(罪)를 정(定)하사"를 붙여서 말해보십시오. "정죄" (定罪)가 됩니다. 우리의 죄를 자기 아들에게 대신 정죄하시고 행해주셨다고 말씀합니다. 아셨습니까? 하나님이시라도, 의로우신 하나님이시기 때문에 자기 아들의 대속적인 죽음을 통해서만 가능했다는 말씀입니다. 이것이 "하나님은 하실 수 있느니라" (27)에 함의된 의미입니다. 이를 위해서 주님은 우리를 대신하여 정죄를 받으시기 위해서 예루살렘으로 올라가시는 것입니다. 이점을 시편 49편에서는 이렇게 감동적으로 노래하고 있습니다.

> 자기의 재물을 의지하고 부유함을 자랑하는 자는
> 아무도 자기의 형제를 구원하지 못하며
> 그를 위한 속전을 하나님께 바치지도 못할 것은
> 그들의 생명을 속량하는 값이 너무 엄청나서
> 영원히 마련하지 못할 것임이니라 (시49:6-8).

"못한다"는 말이 매절마다 나옵니다. 영영히 못할 것임이라 합니다.

> 그러나 하나님은 나를 영접하시리니
> 이러므로 내 영혼을 스올의 권세에서 건져내시리로다 (셀라)
> (시49:15).

넷째 단원(31-43) 다윗의 자손이여 불쌍히 여기소서

예루살렘을 향하여 올라가시는 주님의 발걸음은 이제 여리고에 가까이 오셨습니다. 여리고는 베뢰아 전도의 마지막 지점입니다. 다음 장에서 드디어 예루살렘에 입성하시는 것을 대하게 될 것입니다. 그래서 주님은 제자들에게 마지막으로, "보라 우리가 예루살렘으로 올라가노니 선지자들을 통하여 기록된 모든 것이 인자에게 응하리라"(31) 하십니다. 그러면 선지자들을 통하여 예언하신 핵심이 무엇인가?

"인자가 이방인들에게 넘겨져 희롱을 당하고 능욕을 당하고 침 뱉음을 당하겠으며 그들은 채찍질하고 그를 죽일 것이나 그는 삼 일 만에 살아나리라" (32-33) 하신 대속제물이 되신다는 말씀입니다. 구약의 제사제도는 이에 대한 예표로 주어진 것입니다. 주님은 고난당하실 것을 여러 번 예고하셨는데 그 중에서 본문이 가장 자세하게 하신 말씀입니다. 주님이 담당하신 십자가 사건은 능력이 모자라서, 또는 임기응변(臨機應變)으로 일어난 일이 절대로 아닙니다. 선지자들을 통하여 미리 예언하신 성취였던 것입니다.

> 그가 찔림은 우리의 허물 때문이요
> 그가 상함은 우리의 죄악 때문이라
> 그가 징계를 받으므로 우리는 평화를 누리고
> 그가 채찍에 맞으므로 우리는 나음을 받았도다
> 우리는 다 양 같아서 그릇 행하여 각기 제 길로 갔거늘
> 여호와께서는 우리 모두의 죄악을 그에게 담당시키셨도다
>
> 그가 곤욕을 당하여 괴로울 때에도 그의 입을 열지 아니하였음이여
> 마치 도수장으로 끌려가는 어린 양과 털 깎는 자 앞에서
> 잠잠한 양 같이 그의 입을 열지 아니하였도다
> 그는 곤욕과 심문을 당하고 끌려갔으나 그 세대 중에 누가 생각하기를
> 그가 살아 있는 자들의 땅에서 끊어짐은 마땅히 형벌 받을
> 내 백성의 허물 때문이라 하였으리요 (사 53:4-8).

기록된 모든 것이 응하리라

이런 문맥에서 주님께서 여리고에 가까이 가셨을 때에 구걸하던 한 맹인이, "무리가 지나감을 듣고 이 무슨 일이냐고 물은 대 그들이 나사렛 예수께서 지나가신다 하니" (35-37),

㉠ "다윗의 자손 예수여 나를 불쌍히 여기소서"(38) 하고 외칩니다. 앞서 가는 자들이 그를 꾸짖어 잠잠하라 하되 그가 더욱 크게 소리 질러, "다윗의 자손이여 나를 불쌍히 여기소서"(39) 했다는 것입니다. 드디어 "예수께서 머물러 서서", 주님의 발걸음을 멈추게 했습니다. 그리고 "데려오라" 하십니다. 그리고 물으십니다.

㉡ "네게 무엇을 하여 주기를 원하느냐, 주여 보기를 원하나이다". 주님은, "보라!" 하시고, "네 믿음이 너를 구원하였느니"라 하시매, "곧 보게 되어 하나님께 영광을 돌리며 예수를 따르니 백성이 다 이를 보고 하나님을 찬양하니라"(40-43) 합니다.

아직 우리가 탐구해야 할 요점이 남았습니다. 그것은 "네 믿음이 너를 구원했다" 하신 맹인의 믿음이 무엇인가 하는 점입니다. 이점이 맹인이 예수님을 누구라고 부르고 있는가 하는 호칭에 나타나고 있습니다. 무리는 "나사렛 예수" (37)라고 말했습니다. 부자 청년은 "선한 선생님" (18)이라고 불렀습니다. 그런데 맹인은 "다윗의 자손"이라고 부르고 있는 것입니다. "다윗의 자손"이란 말은 하나님께서 다윗에게 언약하신 그리스도를 가리키는 말입니다.

천사는 마리아에게, "그가 큰 자가 되고 지극히 높으신 이의 아들이라 일컬어질 것이요 주 하나님께서 그 조상 다윗의 왕위를 그에게 주시리니 영원히 야곱의 집을 왕으로 다스리실 것이며 그 나라가 무궁하리라" (1:32)고 전해주었던 것입니다. 또 사가랴도 성령의 충만함을 입어, "우리를 위하여 구원의 뿔을 그 종 다윗의 집에 일으키셨으니 이것은 주께서 예로부터 거룩한 선지자의 입으로 말씀하신 바" (1:69-70)라고 찬양했습니다. 이것이 "다윗의 자손"이라는 의미입니다.

그런데 주님께서 예루살렘에 가까이 오셨고, 마지막으로 수난의 예고를 하시는 이제께서 예수님을 "다윗의 자손" 으로 부른 자는 아무도 없었습니다. 이 장면을 이렇게 구성을 해보십시다. 주님께서 무리를 향하여 물으셨습니다.

너희는 나를 누구라 하느냐?

나사렛 예수십니다.

선한 선생님이십니다.

그런데 갑자기 구걸하던 맹인이 외쳤습니다.

주는 "다윗의 자손이니이다", 나를 불쌍히 여기소서.

그마 만큼 "다윗의 자손"이란 말은 무게가 있는 호칭입입니다. 이는 다름 아닌 맹인의 신앙고백이었던 것입니다. 부자 관원은, "선생님이여 내가 무엇을 하여야 영생을 얻으리이까"고 물었습니다. 주님에 대한 호칭(呼稱)도, 질문 내용도 근본적으로 잘못되었던 것입니다. 무엇을 행함으로 영생을 얻을 수 있는 사람이란 한 사람도 없습니다. 제자들은, "그 말씀이 감취었으므로" (34) 알지 못했다고 했습니다. 저들은 눈은 떴으나 영적인 맹인이었고, 맹인은 눈은 감았으나 영안으로 예수님이 누구신가를 밝히 알았던 것입니다. "보라! 네 믿음이 너를 구원하였느니라" (42).

"곧 보게 되어 하나님께 영광을 돌리며 예수를 따르니" (43상), 부자 청년은 근심하며 돌아갔으나 구걸하던 맹인은 하나님께 영광을 돌리며(기뻐하며) "예수를 따랐습니다". "백성이 다 이를 보고 하나님을 찬양하니라". 이것이 "죽으시고 다시 사실 것을 예고하심"입니다.

누가복음 19장 개관도표

주제 : 나귀새끼를 타고 입성하시는 왕

잃어버린 자를 찾아

1-10

1 예수께서 **여리고로 들어가 지나가시더라**
2 **삭개오라** 이름하는 자가 있으니 세리장이요 또한 부자라
3 **그가 예수께서 어떠한 사람인가 하여 보고자 하되** 키가 작고 사람이 많아 할 수 없어
4 앞으로 달려가서 보기 위하여 **돌무화과나무에 올라가니** 이는 예수께서 그리로 지나가시게 됨이러라
5 예수께서 그 곳에 이르사 쳐다 보시고 이르시되 **삭개오야 속히 내려오라**
내가 오늘 네 집에 유하여야 하겠다 하시니
6 급히 내려와 즐거워하며 영접하거늘
7 뭇 사람이 보고 수군거려 이르되 **저가 죄인의 집에 유하러 들어갔도다** 하더라
8 삭개오가 서서 주께 여짜오되 주여 보시옵소서 내 소유의 절반을 가난한 자들에게 주겠사오며
만일 누구의 것을 속여 빼앗은 일이 있으면 **네 갑절이나 갚겠나이다**
9 예수께서 이르시되 **오늘 구원이 이 집에 이르렀으니** 이 사람도 아브라함의 자손임이로다
10 **인자가 온 것은 잃어버린 자를 찾아 구원하려 함이니라**

왕위를 받아 가지고 오려고

11-27

11 그들이 이 말씀을 듣고 있을 때에 비유를 더하여 말씀하시니 이는 자기가 **예루살렘에 가까이 오셨고**
그들은 하나님의 나라가 **당장에 나타날 줄로 생각함이더라**
12 이르시되 어떤 귀인이 **왕위를 받아가지고 오려고 먼 나라로 갈 때에**
13 **그 종 열을 불러 은화 열 므나를 주며** 이르되 **내가 돌아올 때까지 장사하라** 하니라
14 그런데 그 백성이 그를 미워하여 사자를 뒤로 보내어
이르되 우리는 이 사람이 **우리의 왕 됨을 원하지 아니하나이다 하였더라**
15 귀인이 왕위를 받아가지고 돌아와서 은화를 준 종들이 각각 **어떻게 장사하였는지를 알고자 하여**
그들을 부르니
16 그 첫째가 나아와 이르되 주인이여 당신의 **한 므나로 열 므나를 남겼나이다**
17 주인이 이르되 잘하였다 **착한 종이여 네가 지극히 작은 것에 충성하였으니** 열 고을 권세를 차지하라 하고
24 곁에 섰는 자들에게 이르되 그 **한 므나를 빼앗아 열 므나 있는 자에게 주라 하니**
26 주인이 이르되 내가 너희에게 말하노니 **무릇 있는 자는 받겠고 없는 자는 그 있는 것도 빼앗기리라**
27 그리고 **내가 왕 됨을 원하지 아니하던** 저 원수들을 이리로 끌어다가 내 앞에서 죽이라 하였느니라

주의 이름으로

28-40

28 예수께서 이 말씀을 하시고 **예루살렘을 향하여 앞서서 가시더라**
30 이르시되 너희는 맞은편 마을로 가라 그리로 들어가면 아직 아무도 타 보지 않은
나귀 새끼가 매여 있는 것을 보리니 풀어 끌고 오라
31 만일 누가 너희에게 어찌하여 푸느냐 묻거든 말하기를 **주가 쓰시겠다 하라** 하시매
35 그것을 예수께로 끌고 와서 자기들의 겉옷을 나귀 새끼 위에 걸쳐 놓고 예수를 태우니
38 이르되 찬송하리로다 **주의 이름으로 오시는 왕이여 하늘에는 평화요 가장 높은 곳에는 영광이로다** 하니

우시는 주님

41-48

41 가까이 오사 **성을 보시고 우시며**
42 이르시되 너도 **오늘 평화에 관한 일을 알았더라면 좋을 뻔하였거니와** 지금 네 눈에 숨겨졌도다
43 **날이 이를지라 네 원수들이 토둔을 쌓고** 너를 둘러 사면으로 가두고
45 **성전에 들어가사 장사하는 자들을 내쫓으시며**
46 그들에게 이르시되 기록된 바 **내 집은 기도하는 집이 되리라 하였거늘**
너희는 강도의 소굴을 만들었도다 하시니라
47 예수께서 날마다 성전에서 가르치시니 대제사장들과 서기관들과 백성의 지도자들이
그를 죽이려고 꾀하되
48 백성이 다 그에게 귀를 기울여 들으므로 어찌할 방도를 찾지 못하였더라

19장

나귀새끼를 타고 입성하시는 왕

19장은 드디어 주님께서 예루살렘 성에 입성하시는 내용입니다. 하나님의 아들이 인간의 몸을 입으시고 임마누엘하신 목적이 무엇인가? "인자의 온 것은 잃어버린 자를 찾아 구원하려 함이니라" (10)고 말씀합니다. "잃어버린 자를 찾아 구원"하려면 어떻게 해야만 하는가? "인자가 온 것은, 대속물로 주려 함이니라" (마 20:28) 하십니다. 이를 위해서, "예루살렘을 향하여 올라가기로 굳게 결심하시고" (9:51), 드디어 예루살렘에 입성하시는 맥락입니다.

㉠ 거룩하신 그리스도께서 죄인 삭개오의 집에 유하러 들어가시는 것이(7) 어떻게 가능한가?

㉡ 왕위를 받아 가지고 오려고 먼 나라로 간다(12)는 의미가 무엇인가?

㉢ 주의 이름으로 오시는 왕(38)이라는 구속사적 의미가 무엇인가?

㉣ 성을 보시고 우신 주님의 마음은 무엇인가?

이러한 물음을 가능케 하면서 네 단원으로 나누어 상고합니다.

첫째 단원(1-10) **잃어버린 자를 찾아 구원하러 오신 주님**

둘째 단원(11-27) **왕위를 받아 가지고 오려고 떠나시는 주님**

셋째 단원(28-40) **주의 이름으로 오시는 왕이여**

넷째 단원(41-48) **성을 보시고 우시는 주님**

첫째 단원(1-10) 잃어버린 자를 찾아 구원하러 오신 주님

"예수께서 여리고로 들어가 지나가시더라 삭개오라 이름하는 자가 있으니 세리장이요 또한 부자라"(1-2). 너무나 유명해진 내용이나 관점의 차이로 해석상 문제가 있는 장이기도 합니다. 본문을 보면 두 가지 행위가 이야기를 엮어 나갑니다. ㉠ 하나는 예수님을 보기 위하여 뽕나무에 올라가는 삭개오의 행위이고(4), ㉡ 다른 하나는 "삭개오야 속히 내려오라 내가 오늘 네 집에 유하여야 하겠다"(5) 하시는 예수님의 행위입니다. 어디에 초점을 맞추느냐에 따라 부각되는 의미가 전연 달라집니다. 이는 성경관의 문제입니다.

삭개오의 행위에 초점을 맞추어 전개해 나가는 것을 예증적(例證的), 또는 모범적(模範的)인 설교라고 말합니다. 모범적인 설교란 설교의 모델이 된다는 뜻이 아니고, 어느 인물을 모범으로 제시하여 그를 본받아야 할 본으로, 또는 본받지 말아야 할 본으로 제시함을 의미합니다. 그래서 "예증적 설교"라고도 하는데 어떤 사실을 예(例)로 제시하여 증언함을 뜻합니다.

이렇게 하는 것이 설교하기가 쉽고 감화력도 있는 것이 사실입니다. 그러나 그런 설교는 회중들로 하여금 "나도 아브라함처럼, 나도 삭개오처럼"

하고 모범으로 제시한 사람을 만나고 돌아가게 합니다. 결국 설교의 중심에 인간이 놓이게 되는 인본주의 설교가 되고 맙니다. 극단적으로 말한다면 그런 설교라면 성경이 아니라 삼국지나 심지어 춘향전을 가지고도 얼마든지 감동적인 설교를 할 수가 있는 것입니다.

많은 설교자들이 뽕나무 위에 올라가는 삭개오는 보면서, "잃어버린 자를 찾아 구원"하시려 오신 예수님, 대속제물이 되기 위해서 예루살렘으로 올라가고 계시는 주님을 보지를 못하는 것이 이 때문입니다. 그리하여 설교 중에 "삭개오"가 주인공이 되고 예수님은 들러리처럼 취급하는 것을 보게 될 때에 참으로 안타깝고 답답합니다.

이에 반하여 성경을 구속사(救贖史)라는 관점에서 본다는 것은 예수 그리스도에게 초점을 맞추어 그 의미를 추적해 나가는 것을 의미합니다. "예수님이 누구이신가? 그 분이 이 땅에 오신 목적이 무엇인가? 왜 예루살렘으로 올라가기로 굳게 결심하시고 올라 가셔야만 하는가? 어떻게 삭개오의 집에 들어가 유하실 수가 있단 말인가? 삭개오의 집에 구원이 임함이 어떻게 가능한 것인가?" 그리스도의 증인은 이를 증언하라고 세움을 받은 자입니다. 그렇게 할 때 삭개오가 아닌 예수 그리스도를 만나게 되고 복음을 듣게 되어, 삭개오만이 아니라 성도들에게도 "구원이 임하게" 되는 것입니다. 그리하여 구속의 은총을 찬양하게 되는 것입니다. 자, 이제 본문을 구속사라는 관점으로 본다면 어떤 의미가 되는가?

네 집에 유하여야 하겠다

"그가 예수께서 어떠한 사람인가 하여 보고자 하되 키가 작고 사람이 많아 할 수 없어 앞으로 달려가서 보기 위하여 돌무화과나무에 올라가니 이는 예수께서 그리로 지나가시게 됨이러라" (3-4) 합니다. 사람의 마음을 감찰하시는 주님께서 이를 모른 척 하실 리가 있겠습니까? 예수께서 그 곳에 이르사 쳐다보시고 이르시되, "삭개오야 속히 내려오라 내가 오늘 네 집에 유하여야 하겠다" (5)는 놀랄만한 말씀을 하십니다. 이를 예사 일로 생각해서는 아니 됩니다. 그렇게 한다면 그는, "너희는 나를 누구라 하느냐" 하신 9:20절로 되돌아가야만 합니다. 왜냐하면 그는 예수님이 "하나님의 그리스도시라"는 점을 모르거나 망각했기 때문입니다.

요한복음은, "태초에 말씀이 계시니라 이 말씀이 하나님과 함께 계셨으니 이 말씀은 곧 하나님이시니라(1), 말씀이 육신이 되어 우리 가운데 거하시매 우리가 그의 영광을 보니 아버지의 독생자의 영광이요 은혜와 진리가 충만하더라(14), 본래 하나님을 본 사람이 없으되 아버지 품속에 있는 독생하신 하나님이 나타내셨느니라" (18)고 증언합니다. 이런 분이 사람들도 상종하지 않는 세리 삭개오의 집에 유하러 들어가셨다니 이는 무엇에도 비할 수 없는 놀라운 일인 것입니다.

예수님께서 삭개오의 집에 유하러 들어가시자, "뭇 사람이 보고 수군거려 이르되 저가 죄인의 집에 유하러 들어갔도다" (7)고 비난했습니다. 이는 도덕적인 차원에서만이 아니라 성경적으로 보아도 불가해한 일이었던 것입니다. 하나님께서 강림하시는 시내산에 어찌하여 지경(地境)을 정하라 하시고, "침범하는 자는 반드시 죽임을 당할 것이라" (출 19:12) 하셨는가를 생각해보시기를 바랍니다. 지성소에 접근하지 못하도록 어찌하여 휘장으로 막으라 하셨는가? 죄가 하나님과 우리 사이를 끊어놓았기 때문입니다. 사도 바울은, "의와 불법이 어찌 함께 하며, 빛과 어둠이 어찌 사귈 수가" (고후 6:14) 있단 말이냐 합니다.

그런데 거룩하시고 의로우신 주님께서 일반 사람들도 교제하지 않으려는 세리장 삭개오의 집에 어떻게 유하러 들어가신다는 말인가? 아마 제자들도 못 마땅히 여겼을 것입니다. 유하실 곳이 달리는 없기 때문에 불가피하여 그리 하셨단 말인가? 아닙니다. 이는 의도적으로 그리하신 것으로 여겨집니다. 지금 성경은 우리에게 삭개오의 이야기, 즉 옛날이야기를 하고 있는 것이 아닙니다. 이를 들어서 주님께서, "우리 집에, 내 마음에 오심"이 어떻게 가능해졌는가 하는 오늘 우리들의 구원을 말씀하고 있는 것입니다.

하나님의 아들 그리스도께서 삭개오의 집에 유하러 들어가시는 것이 어떻게 가능한 것인가 하는 점은, "인자가 온 것은 잃어버린 자를 찾아 구원하려 함이니라" 하신 10절과 결부가 됩니다. 예수 그리스도께서는 죄 값에 팔린 잃어버린 자를 구원하기 위한 대속제물이 되기 위해서 지금 예루살렘으로 올라가시기 때문에 가능한 것입니다. 대속물이 되시기 위하여 "자기를 비워 종의 형체를 가지사 사람들과 같이" (빌 2:7) 되심이 아니었다면 삭개오의 집에 유하러 들어가신다는 것은 상상할 수도 없는 일인 것입니다. 그러므로 "여리고"는 목적지가 아니라, "여리고로 들어가 지나가시더라" (1) 한 경유지였다는 점을 기억해야만 합니다.

다른 예를 하나 들어서 설명해 보겠습니다. 주님께서는 간음 중에 잡힌 여인에게, "나도 너를 정죄하지 아니하노니" (요 8:11) 하셨습니다. 그 여자는 누명을 쓴 것이 아니라 현행범입니다. 그런데 어떻게 정죄하지 않으실 수가 있단 말인가? 이것이 가능했던 것은 주님께서 그 여인과, 우리 죄를 위하여 대신 정죄(定罪)를 받으시려 오셨기 때문입니다.

그렇다면 정작 문제는, "저가 죄인의 집에 유하러 들어갔도다" 라고 비난하는 뭇 사람들이 자신의 집에 들어오심은 괜찮다고 여기는, 자신이 "죄인"임을 모르고 있다는 점이 문제인 것입니다. 다시 말하면 "예수님이 누구신가? 왜 오셨는가"를 모르는 것이 문제라는 말씀입니다. 이런 맥락에서 예수 그리스도로부터, "오늘 네 집에 유하여야 하겠다"는 말씀을 듣는 것보다 영광스럽고도 놀라운 말씀은 달리는 없는 것입니다.

영원토록 함께 있으리라

구원이란 궁극적으로 무엇을 의미하는가? 구원이란 하나님께서 "네 집에 유(留)하는" 것을 의미합니다. 성경은 말씀합니다. "또 다른 보혜사를 너희에게 주사 영원토록 너희와 함께 있게 하리니—또 너희 속에 계시겠음이라(요 14:16-17). 너희 몸은 너희가 하나님께로부터 받은바 너희 가운데 계신 성령의 전인 줄을 알지 못하느냐"(고전 6:19) 하십니다. 그리하여 죄로 말미암아 추방을 당하여 잃어버림을 당했던 자들이, "보라 하나님의 장막이 사람들과 함께 있으매 하나님이 그들과 함께 계시리니 그들은 하나님의 백성이 되고 하나님은 친히 그들과 함께 계셔서"(계 21:3), 하나님과 영원토록 함께 거하게 되는 이것이 구원인 것입니다.

이는 오직 예수 그리스도의 대속으로 말미암아 가능해지는데 그러므로 "내가 오늘 네 집에 유하여야 하겠다" 하신 이 말씀은 삭개오에게만 하신 말씀이 아닌 것입니다. 성령님은 기록된 말씀을 통해서 오늘도 형제에게 말씀하고 있는 것입니다. 주님은 형제의 집에 유하시기를 기뻐하십니다. 형제의 심령에는, 가정에는 주님이 유하고 계시는 것입니다. 삿개오의 집에 "유하여야 하겠다" 하신 주님은 자기 땅에 오매 영접하는 자가 없었고 머리두실 곳이 없으셨던 분이십니다. 그런데 주님은, "삭개오야 속히 내려오라 내가 오늘 네 집에 유하여야 하겠다" 하시니 삭개오는, "급히 내려와 즐거워하며 영접"(6)했다고 말씀합니다. 이것이 "만남"입니다.

> 인애와 진리가 같이 만나고 의와 화평이 서로 입맞추었으며
> 진리는 땅에서 솟아나고 의는 하늘에서 굽어보도다
> (시 85:10-11).

이 만남은 놀라운 감동입니다. 감격입니다. 기쁨입니다. 두근거림입니다. 주님은 이런 희년의 기쁨을 주시기 위해서 오셨던 것입니다. 이 말씀을 듣는 형제의 심정은 어떠합니까? 그러므로 주님께서 세리장 삭개오에게, "오늘 네 집에 유하여야 하겠다" 하신 말씀은 이제까지의 사역을 총정리하는 상징성이 있습니다. 당시의 종교지도자들은 주님의 사역을 한마디로 "세리와 죄인의 친구"(5:30, 7:34, 15:1)라고 비난했기 때문입니다. 시편 113편은 이점을 감동적으로 노래하고 있습니다.

> 여호와는 모든 나라보다 높으시며 그의 영광은 하늘보다 높으시도다
> 여호와 우리 하나님과 같은 이가 누구리요 높은 곳에 앉으셨으나
> 스스로 낮추사 천지를 살피시고
> 가난한 자를 먼지 더미에서 일으키시며
> 궁핍한 자를 거름 더미에서 들어 세워
> 지도자들 곧 그의 백성의 지도자들과 함께 세우시며
> (시 113:4-8).

"높으시다는 말과, 스스로 낮추셨다"는 표현을 주목하시기를 바랍니다. "그의 영광은 하늘 위에 높으시도다" 한 그토록 높으신 분이 무엇 때문에 "스스로 낮추사" 천지를 살피시고, 즉 잃어버린 자를 찾고 계셨다는 것입니다. 가난한 자를, 궁핍한 자를, 그렇습니다. 삭개오를, 그리고 형제를 먼지 더미에서 일으키시고 거름 더미에서 드셔서 방백들 곧 왕 같은 제사장으로 그렇게 높이 세워주셨다면 우리는 어떻게 해야 마땅합니까?

> 할렐루야 여호와의 종들아 찬양하라 여호와의 이름을 찬양하라
> 이제부터 영원까지 여호와의 이름을 찬송할지로다
> 해 돋는 데서부터 해 지는 데까지
> 여호와의 이름이 찬양을 받으시리로다
> (시 113:1-3).

예수 그리스도께서는 삭개오로 인하여 낮아지셨으며, 삭개오는 예수 그리스도로 말미암아 높아졌습니다. "하늘과 하늘들의 하늘이라도 주를 용납하지 못하겠거든"(왕상 8:27), 그러한 주님을 거름 무더기 같은 나 같은 죄인이 모시게 되었다는 것은 무엇에도 비할 수 없는 영광이 아닐 수가 없습니다. 그러므로 "이제부터 영원까지, 해 돋는 데서부터 해 지는 데까지" 찬양을 받으시기에 너무나 합당하신 것입니다. 삭개오가 소유의 절반을 가난한 자들에게 줌으로 구원을 얻은 것이 아닙니다. 이는 구원 얻은 자의 향기로운 열매였던 것입니다. 삭개오는 어떤 부자 관원이 실행해 옮기지 못했던 것(18:18)을 실천함으로 하나님께 영광을 돌렸습니다.

예수님은, "오늘 구원이 이 집에 이르렀으니 이 사람도 아브라함의 자손

임이로다"고 선언하시면서, "인자가 온 것은 잃어버린 자를 찾아 구원하려 함이니라"(10)고 오신 목적을 밝히십니다. 대속제물이 되시기 위해서 예루살렘을 향하여 올라가시던 주님은 여리고를 지나가시다가 "잃어버린" 한 마리 양을 찾으신 것입니다. 그렇다면 구원 얻은 우리들의 할 일이 무엇일까요? 이점을 다음 단원에서 말씀하십니다.

둘째 단원(11-27) 왕위를 받아 가지고 오려고 떠나시는 주님

"그들이 이 말씀을 듣고 있을 때에 비유를 더하여 말씀하시니 이는 자기가 예루살렘에 가까이 오셨고 그들은 하나님의 나라가 당장에 나타날 줄로 생각함이더라"(11). 그래서 주님은, "어떤 귀인이 왕위를 받아가지고 오려고 먼 나라로 갈 때에 그 종 열을 불러 은화 열 므나를 주며 이르되 내가 돌아올 때까지 장사하라 하니라"(12-13)는 "므나 비유"를 말씀하시게 된 것입니다.

주님께서 이 비유를 말씀하시게 된 동기는 주님이 예루살렘에 입성하시게 되면 하나님의 나라가 당장에 나타날 줄로, 다시 말하면 자신들이 한자리 할 줄로 생각하고 있었기 때문입니다. 비유의 구조(構造)는, "먼 나라로 갈 때에(12), 돌아올 때까지(13), 돌아와서"(15)로 되어 있습니다.

㉠ 하나님의 나라는 당장에 나타나는 것이 아니라 주님은 먼 나라로 떠나셔야 한다는 것입니다. 떠나신다는 말은 "십자가, 부활, 승천"을 포함하는 말씀입니다.

㉡ 종들에게 내가 돌아오기까지 장사하라고 명하십니다.

㉢ 주님은 왕위를 받아 가지고 분명히 돌아오신다고 말씀하십니다.

ⓔ 주님이 돌아와서 종들과 보상의 결산이 있게 되리라고 말씀합니다.

ⓜ 왕 됨을 원치 않는 무리들의 심판이 있다고 말씀합니다.

돌아오기까지 장사하라

이것이 비유의 요약입니다. 주님은 분명히 재림하셔서 왕위에 오르실 것이고, 하나님의 나라는 분명히 임할 것입니다. 그러나 중요한 요점은 영광 전에 고난을 받으셔야만 한다는 점입니다. "내가 돌아올 때까지 장사하라" 는 분부는 주님과 함께 영광을 받기 위하여 고난에도 함께 참여하여야 할 것을 의미합니다. 그러므로 달란트 비유와는 달리, 10명의 종들에게 똑같이 한 므나 씩을 주셨다는 것은 주의 제자라면 누구나 예외 없이 모두가 다 감당해야 할 사명이 있음을 강조하기 위함인 것입니다.

첫째 종은 열 므나를 남겼고, 둘째 종은 다섯 므나를 남겼습니다. 그들에게 열 고을, 다섯 고을을 다스릴 권세를 주십니다. 이점에서 유념해야 할 점은, 수고에 비해서 보상은 엄청나다는 것입니다. 그러므로 이는 응분의 보상이 아니라 은혜임을 알아야만 합니다.

문제는 "또 한 사람" (20)입니다. "주인이여 보소서 주의 한 므나가 여기 있나이다 내가 수건으로 싸 두었나이다 이는 당신이 엄한 사람인 것을 내가 무서워함이라" (21)고 말합니다. 어디에 문제가 있습니까?

ⓖ 첫째는 주인, 즉 예수 그리스도가 누구신가를 아는데 실패했다는데 문제가 있는 것입니다. 주인을 가리켜 "엄한 사람" 이라고 부르고 있음이 이를 말해줍니다.

ⓛ 둘째는, 우리에게 무엇을 행해주셨는가 하는 복음을 몰랐다는데 문제가 있는

것입니다. 이점이 "무서워함이라"는 말에 나타납니다. 그의 말에는 주인의 사랑과 은혜에 대한 감사와 기쁨이 전연 없습니다. 오직 "엄하고 두려운 사람"으로만 인식하고 있을 뿐입니다. 사도 요한은, "사랑 안에 두려움이 없고 온전한 사랑이 두려움을 내쫓나니 두려움에는 형벌이 있음이라 두려워하는 자는 사랑 안에서 온전히 이루지 못하였느니라"(요일 4:18)고 증언합니다. 순종의 삶이란 벌을 받을까 두려워서, 화가 미칠까 두려워서 하는 것이 아닙니다. 감사해서, 기뻐서, 자원하여 하는 것입니다.

㉢ 셋째는, 자신이 종임을 망각한데 있습니다. 다시 말씀드리면 주님이 누구신가? 나는 누구인가를 몰랐기 때문입니다. 성경은 "너희는 너희 것이 아니라 값으로 산 것이 되었으니 그런즉 몸으로 하나님께 영광을 돌리라"(고전 6:20)고 말씀합니다. 이것이 종의 삶입니다. 그는 자신의 신분을 망각했습니다. 그래서 주인은 "악한 종아"(22) 하고 책망했던 것입니다.

㉣ 넷째는, 주인이 왕위를 받아 가지고 돌아오리라는 약속을 믿지를 않았기 때문으로 여겨집니다. 이점이 "그러면 어찌하여 내 돈을 은행에 맡기지 아니하였느냐"(23) 하신 말씀에 암시적으로 나타납니다. 주인이 돌아와 결산이 있을 것을 확신했다면 그는 열심히 장사를 했을 것입니다. 그렇다면 이 사람은, "내가 왕 됨을 원하지 아니하던 저 원수"(27), 즉 불신자와 동류(同類)인 셈입니다.

주님은 "한 므나를 빼앗아 열 므나 있는 자에게 주라" 하시면서, "무릇 있는 자는 받겠고 없는 자는 그 있는 것도 빼앗기리라" (24, 26) 하십니다. 세 부류의 종 중 형제는 어느 종을 닮았다고 여겨집니까? 주님이 "므나 비유"를 말씀하심은 우리 중에 "내가 수건으로 싸 두었나이다" 할 "또 한 사람"과 같은 자들이 있을 것이기에 경고 적으로 하신 말씀인 것입니다. 그렇습니다. 어떤 분들은 자신에게 "은혜, 은사"를 주시지 않은 양, 심지어 성령을 모시지 않은 양으로 생각하고 활용하지 않는 분들이 있습니다. 만일 그렇게 한다면 있는 것까지 빼앗길는지도 모릅니다.

우리는 주님께서, "내가 오늘 네 집에 유하여야 하겠다" 하심으로 주님을 모시게 된 자들이요, "주께서 쓰시겠다" 한 주님을 태운 나귀새끼 같은 자들이요, 주님께 받은 "무나"가 있는 자들입니다. 두려워서가 아니라 기쁨으로, 감사함으로 장사를 하여 이를 남기십시다. 언제까지입니까? 주님께서 돌아오셔서 "결산"할 때까지"입니다. 이것이 구원 얻은 자가 감당해야 할 사명입니다.

셋째 단원(28-40) 주의 이름으로 오시는 왕이여

"예수께서 이 말씀을 하시고 예루살렘을 향하여 앞서서 가시더라"(28). 주님은 "이 말씀", 즉 "어떤 귀인이 왕위를 받아 가지고 오려고 먼 나라로 갈 때에"(12)라는 "므나 비유"를 말씀하신 후에, "예루살렘을 향하여 앞서서"(28) 가셨습니다. 마가복음은 이 장면을, "예루살렘으로 올라가는 길에 예수께서 그들 앞에 서서 가시는데 그들이 놀라고 따르는 자들은 두려워하더라"(막 10:32)고 당시의 긴장된 분위기를 전해주고 있습니다.

"감람원이라 불리는 산 쪽에 있는 벳바게와 베다니에 가까이 가셨을 때에 제자 중 둘을 보내시며 이르시되 너희는 맞은편 마을로 가라 그리로 들어가면 아직 아무도 타 보지 않은 나귀 새끼가 매여 있는 것을 보리니 풀어 끌고 오라 만일 누가 너희에게 어찌하여 푸느냐 묻거든 말하기를 주가 쓰시겠다 하라"(29-31)고 명하십니다. 그리고 주님은 나귀새끼를 타고 입성을 하십니다.

예수님께서는 "열두 살" 때부터(2:42) 예루살렘에 여러 번 올라가셨습니다. 초막절 때 올라가셨을 때에는, "나타내지 않고 은밀이 하시니라"(요 7:10)는 말씀을 대하게 됩니다. 이는 자기 때가 아직 이르지 아니하였기 때문입니다. 그러나 19장의 입성은 "승천하실 기약이 차 가매 예루살렘을 향하여 올라가기로 굳게 결심하시고"(9:51) 올라오신 "메시아로, 왕"으로 공적(公的)인 입성이라 할 수가 있습니다. 그래서 나귀를 타시고, "주의 이름으로 오시는 왕이여" 하는 찬양을 받으시면서 공개적으로 입성하고 계시는 것입니다. 이렇게 하신 의도가 무엇인가? 여기에는 몇 가지 구속사적 의미가 있습니다.

㉠ 첫째는 예언의 성취입니다. 주님께서 나귀새끼를 타신 것은 즉흥적으로 하신 일이 아니라 하나님께서 선지자를 통해서, "시온의 딸아 크게 기뻐할지어다 예루살렘의 딸아 즐거이 부를지어다 보라 네 왕이 네게 임하시나니 그는 공의로우시며 구원을 베푸시며 겸손하여서 나귀를 타시나니 나귀의 작은 것 곧 나귀새끼니라"(슥 9:9) 하신 예언의 성취자로 오신 메시아라는 점을 입증하기 위해서입니다.

㉡ 그러면 예언한 내용이 무엇인가? "네 왕이 네게 임하시나니" 했습니다. 첫째는, 왕의 입성이요, 개선장군은 "백마"를 타고 입성을 하는데 "나귀 새끼"를 타고 입성하셨다는 것은 둘째는 "겸손의 왕, 구원의 왕"이라는 이미지입니다.

㉢ 성경에서 나귀는 부정한 동물로 분류되어 있습니다. 그러므로 성경은, "나귀의 첫 새끼는 다 어린 양으로 대속할 것이요"(출 13:13) 하십니다. 이 말씀이 어떤 문맥에서 나오고 있느냐 하면 애굽에 종 되었던 이스라엘 백성들을 유월절 양으로 대속하여 구원을 베푸신 문맥에서 주어지고 있는 것입니다. 애굽에서 종

살이하던 이스라엘 백성들이나 우리들은 어린 양으로 대속함을 받아야 할 나귀새끼들과 같은 자들입니다. 만일 대속하지 않은 나귀새끼는 "그 목을 꺾을 것이라"(출 13:13) 하시는데, 형제의 목은 안전합니까?

㉣ 계시록에는 주님께서, "보라 백마와 그것을 탄 자가 있으니 그 이름은 충신과 진실이라 그가 공의로 심판하며 싸우더라"(계 19:11)는 장면이 있습니다. 그런 주님께서 백마가 아닌 나귀, 그것도 새끼를 타신 것입니다. 어떤 의미에서는 눈물겨운 장면입니다. 당시에 나귀는 천민들이나 이용하는 동물이었습니다. 여기에는 상징성이 있는데, 존귀하신 주님은 나귀 새끼와 같은 세리들과 죄인들의 친구가 되어주셨음을 의미합니다. 형제가 주님을 태운 나귀새끼라는 말입니다.

하나님께서 약 5백 년 전에 스가랴 선지자로 하신 예언이 성취되었다는 것은 예수님이 "그리스도"시라는 증거가 되는 것입니다. 그런데 스가랴서에는 나귀 타고 입성하실 것만이 아니라, 노예 한 사람의 값인 은 30에 팔릴 것(11:12)과, 그가 찔림을 받으실 것(12:10), 즉 치심을 받으시게 되고(13:7), 이로 인하여 "죄와 더러움을 씻는 샘이 열리게 되리라"(13:1)는 등 메시아 예언이 풍부한데 모두 성취가 된 것입니다. 하나 남은 것은, "나의 하나님 여호와께서 임하실 것이요 모든 거룩한 자들이 주와 함께 하리라"(슥 14:5)는 재림의 예언인데 이것도 성취하여주실 것을 확신하게 되는 것입니다.

나귀를 타신 주님께서 감람 산 내리막길에 가까이 오시매 무리들이, "찬송하리로다 주의 이름으로 오시는 왕이여 하늘에는 평화요 가장 높은 곳에는 영광이로다"(38)고 찬양을 했습니다. 이는 백성들이 주의 이름으로 오실 "왕"을 기다리고 있었다는 증거입니다. 시므온이 "이스라엘의 위로를 기다린" (2:25) 것이나, "백성들이 바라고 기다리므로" (3:15) 세례 요한을 그리스도신가 심중에 의논했다는 것도 이를 의미합니다. "주의 이름으로 오시는 왕" (시 118편)은 메시아께 올리는 찬양인데 고대하던 왕이 오신 것입니다. 이 날을 얼마나 바라고 기다리고 있었던가!

> 이 날은 여호와께서 정하신 것이라
> 이 날에 우리가 즐거워하고 기뻐하리로다
> 여호와여 구하옵나니 이제 구원하소서
> 여호와여 우리가 구하옵나니 이제 형통하게 하소서
> 여호와의 이름으로 오는 자가 복이 있음이여
> 우리가 여호와의 집에서 너희를 축복하였도다
> (시 118:24-26).

이 예언이 성취된 것입니다. "주의 이름으로 오시는 왕"이라 했는데 어디서부터 오셨는지 아십니까? 인류의 시조가 범죄한 현장에서 하나님께서, "내가 여자의 후손을 보내서 네 머리를 상하게 하리라" (창 3:15) 하신 창세기로부터 출발하여, 모세 5경과, 역사서와, 시편과 선지서를 거쳐서 드디어 지금 예루살렘 성으로 입성하고 계신다는 것을 증언하고 있는 것이 성경인 것입니다.

바리새인들이 당신의 제자들을 책망하소서 라고 말하자 주님은, "만일 이 사람들이 침묵하면 돌들이 소리를 지르리로다" (40)고 자신이 메시아 그리스도시요 왕이심을 숨기시려 하지 않으셨습니다. 그러므로 주님께서 예루살렘 성에 입성하시는 장면은, "인자가 자기 영광으로 모든 천사와 함께 올 때에 자기 영광의 보좌에 앉으리니"(마 25:31)에서 완성이 될 예표였던 것입니다. "그 날에 그가 강림하사 그의 성도들에게서 영광을 받으시고 모든 믿는 자들에게서 놀랍게 여김을 얻으시리라"(살후 1:10) 합니다.

넷째 단원(41-48) 성을 보시고 우시는 주님

"가까이 오사 성을 보시고 우시며 이르시되 너도 오늘 평화에 관한 일을 알았더라면 좋을 뻔하였거니와 지금 네 눈에 숨겨졌도다"(41-42). 주님은 예루살렘을 목적 삼으시고 유월절에 맞춰서 올라오셨습니다. 그런데 어찌하여 "주의 이름으로 오시는 왕"이 성을 보시고 우셔야 한단 말인가? 예루살렘 성은, 그리고 하나님의 성전은 하나님께서 원하고 기대하시는 그런 처소는 아니었던 것입니다.

이는 어제 오늘의 일이 아니었습니다. 선지자 예레미야는 성전 문에 서서 예배하러 들어가는 백성들을 향하여, "너희는 이것이 여호와의 전이라 여호와의 전이라 하는 거짓말을 믿지 말라"(렘 7:1-4)고 외쳤습니다. 미가 선지자는 "시온을 피로, 예루살렘을 죄악으로 건축하는도다"(미 3:10)고 책망했습니다.

그리하여 그토록 고대하던 "주의 이름으로 오시는 왕"이 지금 입성하고 계시건만, 저들의 눈은 어두워서 평화에 관한 일을 알아보지를 못하고, 주의 이름으로 오시는 왕의 눈에서 눈물을 흘리게 하는 도성이 되고 말았던 것입니다. 왜냐하면, "네 자식들을 땅에 메어치며 돌 하나도 돌 위에 남기지 아니하게"(44) 될 것을 바라보셨기 때문입니다.

성전에 들어 가셔서 장사하는 자들, 곧 "성전 안에서 소와 양과 비둘기파는 사람들과 돈 바꾸는 사람들" (요 2:14)을 내쫓으시면서, "내 집은 기도하는 집이 되리라 하였거늘 너희는 강도의 소굴을 만들었도다" (46)고 책망하십니다. 여기에는 교훈만이 아니라 구속사적인 의미가 있는 것입니다.

강도의 굴혈이 된 성전

우선적으로 "성전"이 누구에 대한 모형으로 주어졌는가를 상기해야만 합니다. 그것은 명백한 "임마누엘"의 모형이었던 것입니다. 그러므로 주님은, "너희가 이 성전을 헐라 내가 사흘 동안에 일으키리라" (요 2:19)고 말씀하셨습니다. 예루살렘 성전의 존재의미는, "번제와 속죄제" 등을 드리면서 참 성전으로 오셔서 대속제물로 드려주실 그리스도를 대망하라고 주어진 것입니다. 그런데 그리스도가 오시자 배척하고 있다는 것은 성전이 아니라, "강도의 소굴"로 전락했다는 증거인 것입니다.

이런 맥락에서 장사하는 자들을 내쫓으시며 성전을 청결케 하신 의미를 구해야 하는데, "자, 성전이 정화되었으니 이제부터 제사를 잘 드려라 그리하면 하나님께서 기쁘게 받으시리라"고 말씀하셨습니까? 아닙니다. 성전이 임마누엘에 대한 모형이라면 저들이 팔고 있는 "소, 양, 비둘기" 등의 제물은 대속제물이 되어주실 주님 자신에 대한 그림자인 것입니다. 그러므로 성전 정화에는 개혁(改革)이라는 신학적인 의미가 있는 것입니다. 성경은 말씀합니다. "이런 것은 먹고 마시는 것과 여러 가지 씻는 것과 함께 육체의 예법일 뿐이며 개혁할 때까지 맡겨 둔 것이니라" (히 9:10).

그래서 주님은, "내 집은 제사하는 집"이라고 말씀하지 않고 "기도하는 집"이라고 말씀하시는 것입니다. 새 언약, 즉 실체를 드러주심으로 옛 제사는 폐하여지나 하나님과의 교제인 기도는 계속되어야 하기 때문입니다. 새 언약의 중보자를 통하여 말입니다.

그러므로 성전 정화의 기사가 놓여 있는 좌표(座標) 곧 시점이 중요합니다. 성전을 정화하신 기사를 요한복음은 사역 초에 두고 있습니다. 그런데 공관복음에서는 고난당하시기 직전에 하신 일로 기록하고 있습니다. 왜냐하면 1500년 동안이나 지속하던 "유월절과, 제사제도"가 실체가 오심으로 단 번에 온전케 하셨다는 개혁을 드러내기 위해서 십자가 사건 직전에 기록하고 있는 것입니다.

또한 성전 정화는 구속사라는 역사만이 아니라 개인구원으로도 적용이 되는데 우리의 심령은 강도의 소굴과 같았던 자들입니다. 이를 구속의 피로 정결케 하사, "너희 몸은 너희가 하나님께로부터 받은바 너희 가운데 계신 성령의 전인 줄을 알지 못하느냐"(고전 6:19)고, 성전으로 삼아주시고 성령을 모시게 하셨다는 구속의 은총도 깨달아야 마땅합니다.

19장을 마치기 전에, "주가 쓰시겠다 하라"(31) 하신 말씀을 되새겨 보아야만 하겠습니다. 왜냐하면 나귀새끼까지도 선지자로 하신 예언을 성취하기 위하여 그때 그 자리에 있었다면 피로 값을 주고 사신, "나는 무엇을 위해서 이때에 여기 있는가" 하고 각성하게 되기 때문입니다. 이것이 "나귀새끼를 타고 입성하시는 왕"입니다.

The Book of Luke

누가복음 20장 개관도표

주제 : 건축자들이 버린 돌이 모퉁이 돌이 됨

무슨 권세로	**1-8** 1 하루는 예수께서 성전에서 백성을 가르치시며 복음을 전하실 새 **대제사장들과 서기관들이** 장로들과 함께 가까이 와서 2 말하여 이르되 당신이 **무슨 권위로 이런 일을 하는지** 이 권위를 준 이가 누구인지 우리에게 말하라 3 대답하여 이르시되 **나도 한 말을 너희에게 물으리니** 내게 말하라 4 **요한의 세례가 하늘로부터냐 사람으로부터냐** 7 대답하되 어디로부터인지 알지 못하노라 하니 8 예수께서 이르시되 **나도 무슨 권위로 이런 일을 하는지 너희에게 이르지 아니하리라** 하시니라
악한 농부의 비유	**9-19** 9 그가 또 이 비유로 백성에게 말씀하시기 시작하시니라 한 사람이 **포도원을 만들어 농부들에게 세로** 주고 타국에 가서 오래 있다가 10 때가 이르매 포도원 소출 얼마를 바치게 하려고 한 종을 농부들에게 보내니 **농부들이 종을 몹시 때리고 거저 보내었거늘** 13 포도원 주인이 이르되 어찌할까 **내 사랑하는 아들을 보내리니** 그들이 혹 그는 존대하리라 하였더니 14 농부들이 그를 보고 서로 의논하여 이르되 **이는 상속자니 죽이고 그 유산을** **우리의 것으로 만들자** 하고 15 **포도원 밖에 내쫓아 죽였느니라** 그런즉 포도원 주인이 이 사람들을 어떻게 하겠느냐 16 와서 **그 농부들을 진멸하고** 포도원을 다른 사람들에게 주리라 하시니 사람들이 듣고 이르되 그렇게 되지 말아지이다 하거늘 17 그들을 보시며 이르시되 그러면 기록된 바 **건축자들의 버린 돌이 모퉁이의 머릿돌이 되었느니라** 함이 어찜이냐 18 무릇 이 돌 위에 떨어지는 자는 깨어지겠고 **이 돌이 사람 위에 떨어지면** 그를 가루로 만들어 흩으리라 하시니라
정치적 종교적 음모	**20-40** 22 우리가 **가이사에게 세를 바치는 것이 옳으니이까** 옳지 않으니이까 하니 24 데나리온 하나를 내게 보이라 누구의 형상과 글이 여기 있느냐 대답하되 가이사의 것이니이다 25 이르시되 그런즉 **가이사의 것은 가이사에게, 하나님의 것은 하나님께 바치라** 하시니 27 **부활이 없다고 주장하는 사두개인** 중 어떤 이들이 와서 28 물어 이르되 선생님이여 모세가 우리에게 써 주기를 만일 어떤 사람의 형이 아내를 두고 자식이 없이 죽으면 그 동생이 그 아내를 취하여 형을 위하여 **상속자를 세울지니라** 하였나이다 33 일곱이 다 그를 아내로 취하였으니 **부활 때에 그 중에 누구의 아내가 되리이까** 35 저 세상과 및 죽은 자 가운데서 부활함을 얻기에 합당히 여김을 받은 자들은 **장가가고 시집가는 일이 없으며** 36 그들은 다시 죽을 수도 없나니 이는 천사와 동등이요 **부활의 자녀로서 하나님의 자녀임이라** 38 하나님은 죽은 자의 하나님이 아니요 **살아 있는 자의 하나님이시라** 하나님에게는 모든 사람이 살았느니라 하시니
누구의 자손	**41-47** 41 예수께서 그들에게 이르시되 사람들이 어찌하여 **그리스도를 다윗의 자손이라** 하느냐 42 시편에 다윗이 친히 말하였으되 **주께서 내 주께 이르시되** 43 내가 네 원수를 네 발등상으로 삼을 때까지 **내 우편에 앉았으라 하셨도다** 하였느니라 44 그런즉 **다윗이 그리스도를 주라 칭하였으니** **어찌 그의 자손이 되겠느냐** 하시니라

20장

건축자들이 버린 돌이 모퉁이 돌이 됨

20장은 예루살렘에 입성하신 주님께서 대제사장, 서기관, 장로들과 논쟁한 내용입니다. 이는 단순한 논쟁이 아니라 책을 잡아(20) 주님을 죽이려는 간계(23)였던 것입니다. 마가복음을 통해서 날짜를 추정해 보면 주님께서 예루살렘에 입성하신 날이 주일(종려주일)이고, 성전을 정화하신 것이 월요일(막 11:12)이요, 대제사장, 서기관, 장로들과 논쟁한 것이 화요일(막 11:19, 27)이요, 잡히신 일이 목요일이고, 십자가에 달리신 날이 금요일임을 알 수가 있습니다. 이로 보건대 20장의 논쟁은 죽으시기 불과 삼 일 전에 있었던 일종의 영적 대결이었던 것입니다.

20장 첫 절에는, "대제사장들과 서기관들과 장로들"이 등장합니다. 주님은 제자들에게, "너희는 나를 누구라 하느냐"고 물으신 후에, "인자가 많은 고난을 받고 장로들과 대제사장들과 서기관들에게 버린바 되어 죽임을 당하고 제 삼 일에 살아나야 하리라" (9:22)고 말씀하시고, "예루살렘을 향하여 올라가기로 굳게 결심하시고"(9:51) 올라오셨는데, 예루살렘에서 드디어 그들을 만나신 것입니다. 그렇다면 다음은 무엇이 올 것 같습니까? 주님을 죽이려는 음모입니다.

그러므로 20장에서 가장 핵심적인 말씀은, "건축자들의 버린 돌이 모퉁이의 머릿돌이 되었느니라"(17)는 말씀입니다. 이는 수일 내에 주님에게 일어날 일, 즉 버림을 당하실 것과 다시 살아나실 것에 대한 예고인 것입니다. 그러므로 20장의 주제가 "건축자들이 버린 돌"이 될 수가 있습니다. 네 단원으로 나누어 상고합니다.

첫째 단원(1–8) **무슨 권세로 이런 일을 하느냐**

둘째 단원(9–19) **악한 농부의 비유**

셋째 단원(20–40) **정치적, 종교적 음모**

넷째 단원(41–47) **어찌 그리스도를 다윗의 자손이라 하느냐**

첫째 단원(1–8) 무슨 권세로 이런 일을 하느냐

"하루는 예수께서 성전에서 백성을 가르치시며 복음을 전하실 새 대제사장들과 서기관들이 장로들과 함께 가까이 와서 말하여 이르되 당신이 무슨 권위로 이런 일을 하는지 이 권위를 준 이가 누구인지 우리에게 말하라"(1-2) 합니다. 첫 번째 논쟁은 "권위"에 관한 것인데, 성전에서 장사하는 자들을 내쫓는 일, 백성을 가르치는 일 등이 무슨 권위로 하느냐? 다시 말하면 산헤드린 공회나 대제사장이 이런 권위를 너에게 위임한 일이 있느냐고 따지고 있는 것입니다. 이렇게 하므로 가르치시는 일을 막으려 했던 것입니다.

사도행전에 보면 공회에서 사도들을 불러, "도무지 예수의 이름으로 말하지도 말고 가르치지도 말라"(행 4:18)고 경고하고 때려서 내쫓는 것을 보게 됩니다. 물론 주님은 그들로부터 가르치라는 권위를 부여받으신 바가 없으십니다.

그들의 음모를 간파하신 주님은 직답(直答)을 피하시고, "나도 한 말을 너희에게 물으리니 내게 말하라 요한의 세례가 하늘로부터냐 사람으로부터냐"(4)고 반문하십니다. 이는 절묘한 반문인데 왜냐하면, "만일 하늘로부터라 하면", 예수님의 권위도 하늘로부터임을 인정하게 되는 결과를 가져옵니다. 왜냐하면 요한이, "나는 물로 너희에게 세례를 베풀거니와 나보다 능력이 많으신 이가 오시나니 나는 그의 신발 끈을 풀기도 감당하지 못하겠노라 그는 성령과 불로 너희에게 세례를 베푸실 것이라"(3:16)고 예수님에 대해 증언했기 때문입니다.

반대로, "만일 사람으로부터라 하면 백성이 요한을 선지자로 인정하니 그들이 다 우리를 돌로 칠 것이라 하고, 어디로부터인지 알지 못하노라"(5-6)고 회피합니다. 그러자 주님은, "나도 무슨 권위로 이런 일을 하는지 너희에게 이르지 아니하리라"(8) 하십니다. 주님은 대답을 회피하신 것이 아니라 우회적으로 답변을 하신 셈입니다. 저들은 예수님의 권위를 실추시키려다가 도리어 백성들 앞에서 망신을 당하고 말았습니다. 주님은 재판석상에서 주님의 권위가 누구로부터 받은 권위인지 당당히 밝히시는 것을 보게 될 것입니다. 주님은 "악한 농부의 비유"를 들어서 저들의 잘못을 지적하십니다.

둘째 단원(9-19) 악한 농부의 비유

"한 사람이 포도원을 만들어 농부들에게 세로 주고 타국에 가서 오래 있다가 때가 이르매 포도원 소출 얼마를 바치게 하려고 한 종을 농부들에게 보내니 농부들이 종을 몹시 때리고 거저 보내었거늘"(9-10) 하고, "악한 농부의 비유"를 들어서 말씀하십니다.

이 비유는 구약시대를 한마디로 집약한 참으로 절묘하기 그지없는 비유인데,

㉠ 포도원은 하나님의 선민 이스라엘(사 5:7)이요,

㉡ 농부는 백성들을 위임받은 지도자들이요,

㉢ 보냄을 받은 종은 핍박을 받고 죽임을 당한 선지자들을 가리킵니다.

"다시 다른 종을 보내니 그도 몹시 때리고 능욕하고 거저 보내었거늘 다시 세 번째 종을 보내니 이 종도 상하게 하고 내쫓은지라"(11-12) 합니다. 실제로 그들의 조상들은 참 선지자들에게 이렇게 했던 것입니다. 이점을, "내가 내 종 선지자들을 너희들에게 꾸준히 보내었으나 너희는 그들의 말을 듣지 않았느니라 여호와의 말이니라"(렘 29:19) 하십니다.

"포도원 주인이 이르되 어찌할까 내 사랑하는 아들을 보내리니 그들이 혹 그는 존대하리라"(13) 하고, 마지막으로 보냄을 받은 사랑하는 아들은 주님 자신을 가리킵니다. 성경은 말씀합니다. "이 모든 날 마지막에는 아들을 통하여 우리에게 말씀하셨으니"(히 1:2). 그러나 악한 농부들은 어떻게 대우했는가? "이는 상속자니 죽이고 그 유산을 우리의 것으로 만들자 하고 포도원 밖에 내쫓아 죽였느니라 그런즉 포도원 주인이 이 사람들을 어떻게 하겠느냐"(14-15)고 물으시면서, "와서 그 농부들을 진멸하고 포

도원을 다른 사람들에게 주리라" 하시니 백성들은 일제히, "그렇게 되지 말아지이다"(16)고 외칩니다. 진멸 받아 마땅한 농부는 제사장, 서기관, 장로들이요, "다른 사람"이란 축복이 이방인에게로 옮겨지게 될 것을 의미합니다.

건축자가 버린 돌

주님은 비유를 말씀하신 후에 그들을 보시며 이르시되 그러면, "기록된 바 건축자들의 버린 돌이 모퉁이의 머릿돌이 되었느니라 함이 어찜이뇨"(17) 하십니다. 이는 시편 118:22절의 인용인데 우리는 "모퉁이 돌과, 머릿돌"을 교차적으로 사용하고 있으나 구속사라는 맥락으로 보면,

㉠ "모퉁이 돌"이란 건물을 지을 때 방향 등을 정하기 위해서 처음으로 놓는 돌로, "그리스도 예수께서 친히 모퉁잇돌이 되셨느니라"(엡 2:20) 한 교회의 기초석(基礎石), 즉 주님의 죽으시고 다시 사심과 결부가 되고,

㉡ 반면 "머릿돌"이란 "그가 머릿돌을 내놓을 때에 무리가 외치기를 은총, 은총이 그에게 있을지어다 하리라"(슥 4:7) 한, 건물이 완성되었을 때에 맨 마지막으로 올려놓는 돌, 즉 주님의 재림과 결부가 되는 뜻입니다. 그러니까 시작하신 이가 완성하신다는 말씀입니다. 이점을 스가랴서에서는, "스룹바벨의 손이 이 성전의 기초(基礎)를 놓았은즉 그의 손이 또한 그 일을 마치리라"(슥 4:9)고 말씀하는데, 여기서 스룹바벨은 그리스도의 예표의 인물로 등장합니다.

㉢ 그리고 "건축자"란 선민 이스라엘을 가리키는데 하나님께서는 이스라엘을 하나님 나라를 건설하는데 쓰시기 위하여 건축자로 택하신 것입니다. 그런데 그 건축자들이 "모퉁이의 머릿돌"을 몰라보고 버렸다는 것입니다.

주님은 또 이사야 8:14-15절을 인용하셔서, "무릇 이 돌 위에 떨어지는 자는 깨어지겠고 이 돌이 사람 위에 떨어지면 그를 가루로 만들어 흩으리라" (18) 하십니다. 무슨 뜻인가? 지금은 저들이 이 "돌"을 깨트리려고 돌 위에 부딪치다가 자신들이 깨지고 마는 때요, 그러나 주님께서 재림하시는 날에는, "이 돌이 사람 위에 떨어지는" 날, 즉 심판하시는 날이라는 뜻입니다. 다니엘서에 이에 도움을 주는 말씀이 있는데 사람의, "손대지 아니한 돌이 산에서 나와서 쇠와 놋과 진흙과 은과 금을 부서뜨린 것을 왕께서 보신 것은 크신 하나님이 장래 일을 왕께 알게 하신 것이라" (단 2:45) 합니다.

주님의 말씀은, "당신이 무슨 권위로 이런 일을 하는지 이 권위를 준 이가 누구인지 우리에게 말하라" (2) 한 대제사장, 서기관, 장로들에게 하신 답변인 셈입니다. 이점이 "서기관들과 대제사장들이 예수의 이 비유는 자기들을 가리켜 말씀하심인 줄 알고 즉시 잡고자 하되 백성을 두려워하더라" (19) 한 말에 나타납니다. 이것이 "악한 농부의 비유"입니다.

셋째 단원(20–40) 정치적, 종교적 음모

"이에 그들이 엿보다가 예수를 총독의 다스림과 권세 아래에 넘기려 하여" (20), 즉 저들은 예수님을 반역자로 몰아 총독에게 넘기려는 음모를 꾸미고 있는데 궁리해 낸 첫 번 계책이, "우리가 가이사에게 세를 바치는 것이 가하니이까 불가하니이까" (22) 하는 정치적인 문제였습니다. 이점은 당시로서는 가장 민감한 문제로 심지어 반란의 원인이 되기도 한 문제입니다. 저들은 총독에게, "우리가 이 사람을 보매 우리 백성을 미혹하고 가이사에게 세금 바치는 것을 금하며 자칭 왕 그리스도라 하더이다" (23:2)라고 고소했던 것입니다.

이점에서 세금을 바치는 것이 가하다 하면 백성들로부터 비난을 당하게 될 것이요, 불가하다 하면 반역죄로 총독에게 고발을 당하게 될 것입니다. 이를 아시는 주님은, "가이사의 것은 가이사에게, 하나님의 것은 하나님께 바치라" (25)는 명답을 하심으로 "그들이 백성 앞에서 그의 말을 능히 책잡지 못하고 그의 대답을 놀랍게 여겨 침묵" (26) 하게 만드셨던 것입니다.

종교적인 음모

"부활이 없다고 주장하는 사두개인 중 어떤 이들이 와서 물어 이르되 선생님이여 모세가 우리에게 써 주기를 만일 어떤 사람의 형이 아내를 두고 자식이 없이 죽으면 그 동생이 그 아내를 취하여 형을 위하여 상속자를 세울지니라 하였나이다" (27-28). 바리새파의 정치적인 음모가 실패로 돌아가자 사두개파에서 종교적인 문제를 들고 나온 것입니다. 이들이 부활을 부정하는 근거로 제기한 것은 하나님께서 모세에게 명하신, "형제들이 함께 사는데 그 중 하나가 죽고 아들이 없거든 그 죽은 자의 아내는 나가서 타인에게 시집가지 말 것이요 그의 남편의 형제가 그에게로 들어가서 그를 맞이하여 아내로 삼아 그의 남편의 형제 된 의무를 그에게 다 행할 것이요" (신25:5) 하신 계대결혼(繼代結婚) 문제입니다. 이 제도를 통해서 계시하시려는 바가 무엇인가? 후사(後嗣)의 중요성입니다. 구속사는 "여자의 후손"이 태어날 후사를 끊으려는 사탄의 대적과, 후사가 끊어짐이 없이 이어지게 하시려는 하나님의 주권적인 섭리의 대결이라 할 수가 있습니다.

그런데 저들이 꾸며낸 음모는 형제 "일곱이 다 저를 아내로 취하였으니 부활 때에 그 중에 뉘 아내가 되리이까" (33) 하는 궤변이었던 것입니다. 주님을 죽이려는 이 시점에서 "부활이 없다"는 문제를 들고 나온 데는 어떤 저의가 깔려있는 것인가? 이는 단순한 교리논쟁이 아니라, 주님께서 여러 번 예고하신 죽었다가 삼 일만에 다시 살아 나야하리라는 말씀에 대한 도전이었던 것입니다. 그들은 예수를 처형한 후에 있을지도 모를 후환이 없도록 쐐기를 박으려는 계책이었던 것입니다.

실제로 그들은 주님을 처형한 후에 빌라도에게, "저 속이던 자가 살아 있을 때에 말하되 내가 사흘 후에 다시 살아나리라 한 것을 우리가 기억하노니 그러므로 명령하여 그 무덤을 사흘까지 굳게 지키게 하소서 그의 제자들이 와서 시체를 도둑질하여 가고 백성에게 말하되 그가 죽은 자 가운데서 살아났다 하면 후의 속임이 전보다 더 클까 하나이다" (마 27:63-64)고 청원을 했던 것입니다. 주님은 두 가지로 답을 하셨습니다.

㉠ 첫째로, "저 세상과 및 죽은 자 가운데서 부활함을 얻기에 합당히 여김을 받은 자들은 장가가고 시집가는 일이 없으며 그들은 다시 죽을 수도 없나니 이는 천사와 동등이요 부활의 자녀로서 하나님의 자녀임이라"(35–36)고, 내세란 이 세상의 연장선상이 아님을 말씀하십니다.

㉡ 둘째로, 성경을 들어서 말씀하시는데 사두개인들이 모세의 글을 근거로 문제를 제기한 만큼 주님도 모세의 글을 인용하셔서, "죽은 자가 살아난다는 것은 모세도 가시나무 떨기에 관한 글에서 주를 아브라함의 하나님이요 이삭의 하나님이요 야곱의 하나님이시라 칭하였나니"(37) 하십니다. 즉 하나님께서는 "나는 아브라함의 하나님이었었다" 라고 과거시제로 말씀하신 것이 아니라 현재도 "아브라함의 하나님이요 이삭의 하나님이요 야곱의 하나님이라"고 칭하

셨다면 그들이 살아있다는 증거라는 말씀입니다. 왜냐하면 "하나님은 죽은 자의 하나님이 아니요 산 자의 하나님"이시기 때문이라는 것입니다. 그래서 주님은, "나를 믿는 자는 죽어도 살고"(요 11:25) 라고 말씀하셨던 것입니다. 부활사상을 깨뜨림으로 메시아왕국에 대한 기대를 분쇄하려던 저들의 음모는 도리어 부활신앙만을 더욱 확고하게 세워주는 결과를 가져왔던 것입니다.

주님은 십자가에 달리시기 위해서 예루살렘으로 오셨습니다. 그러나 저들의 음모에 의해서가 아니라, "하나님의 정하신 뜻과 미리 아신 대로 내어준 바" (행 2:23)가 될 것입니다. 왜냐하면 이것이 그가 그리스도라는 표징이기 때문입니다.

넷째 단원(41-47) 어찌 그리스도를 다윗의 자손이라 하느냐

"예수께서 그들에게 이르시되 사람들이 어찌하여 그리스도를 다윗의 자손이라 하느냐" (41). 정치적인 음모, 종교적인 음모가 무산이 되어 아무 것도 감히 더 물을 수 없게 (40) 되자 이번에는 주님께서 공세를 취하십니다. "시편에 다윗이 친히 말하였으되 주께서 내 주께 이르시되 내가 네 원수를 네 발등상으로 삼을 때까지 내 우편에 앉았으라 하셨도다 하였느니라 그런즉 다윗이 그리스도를 주(主)라 칭하였으니 어찌 그의 자손이 되겠느냐" (42-44)고 물으십니다. 주님은 어찌하여 이 말씀을 인용하셨는가? 이는 시점으로 보나 내용으로 보나 참으로 합당한 질문이었던 것입니다.

㉠ 첫째는 그리스도가 누구인가 하는 그리스도론, 즉 신성(神性)을 드러내신 것입니다. 성경은 분명 메시아가, "이새의 줄기에서 한 싹이 나며 그 뿌리에서 한

가지가 나서 결실 할 것이요"(사 11:1) 하고 다윗의 자손으로 오실 것을 말씀하고 있습니다. 이 약속이 성취로, "우리를 위하여 구원의 뿔을 그 종 다윗의 집에 일으키셨다"(1:69)고 했습니다. 그러므로 여리고의 소경도, "다윗의 자손 예수여"(18:38) 라고 불렀던 것입니다. 주님도 이를 부인하신 것이 아닙니다.

그러나 그리스도는 다윗의 자손, 그 이상임을 깨닫기를 원하십니다. 성경도, "이는 한 아기가 우리에게 났고 한 아들을 우리에게 주신 바 되었는데 그의 어깨에는 정사를 메었고 그의 이름은 기묘자라, 모사라, 전능하신 하나님이라, 영존하시는 아버지라, 평강의 왕이라 할 것임이라" (사 9:6)고 그의 본성에 대하여 말씀하고 있습니다.

미가 선지자도, "베들레헴 에브라다야 너는 유다 족속 중에 작을지라도 이스라엘을 다스릴 자가 네게서 내게로 나올 것이라 그의 근본은 상고에, 영원에 있느니라" (미 5:2)고, 베들레헴에서 탄생하시나 그는 베들레헴 사람이 아니고 "그의 근본은 상고에, 영원에 있느니라" 합니다.

ⓛ 둘째는 그리스도의 사명이 무엇인가 하는 점을 드러내신 것입니다. "네 원수를 네 발등상으로 삼을 때까지 내 우편에 앉았으라 하셨도다"(43) 한 예언을 인용하신 의도는 주님께서 십자가에 달려 죽으셨다가 부활 승천하셔서 영광을 얻으시게 될 것을 드러내시는 말씀인 것입니다. 또한 "발등상으로 삼을 때까지" 라는 말씀은 심판 주로 재림하실 것을 가리킵니다.

주님께서 인용하신 시편 110:1절에는 이러한 깊은 뜻이 함의되어 있는 것입니다. 사도행전에 보면 사도들이 이 시편을 인용하여 주님이 부활하셔서 하나님 우편에 계시다(행 2:34-35, 히 1:13)는 점을 힘 있게 증언하고 있는 것을 보게 됩니다. 어느 시대를 막론하고 교회가 정도를 잃고 곁길로 빠지게 되는 근본적인 원인은 "예수가 누구신가" 하는 기독론의 불확실성에 기인하는 것입니다. 그러므로 주님께서, "어찌하여 그리스도를 다윗의 자손이라 하느냐" 하신 질문은 시의적절(時宜適切)한 반격이었던 것입니다. 20장 서두에서 대제사장, 장로, 서기관들이 "당신이 무슨 권위로 이런 일을 하는지 이 권위를 준 이가 누구인지 우리에게 말하라"고 힐문한데 대하여 이보다 더 적절한 답변은 없을 것입니다. 결국 "건축자들의 버린 돌이 모퉁이의 머릿돌"이 될 것입니다.

이 말씀을 하신 후에 제자들에게, "긴 옷을 입고 다니는 것을 원하며 시장에서 문안 받는 것과 회당의 높은 자리와 잔치의 윗자리를 좋아하는 서기관들을 삼가라"(46) 하시는데 어떤 의도에서인가? 열거하신 여섯 가지 특성, "긴 옷을 입고 다니는 외식, 시장에서 문안 받기를 좋아하는 것, 회당의 높은 자리를 좋아하는 것, 물질을 탐하는 것, 보이기 위하여 길게 기도하는 것" 등 너희는 이렇게 되지 말라는 경계인 것입니다.

그런데 오늘의 우리는 어떠한가를 돌아보게 합니다. 결론은 "그들이 더 엄중한 심판을 받으리라"(47) 하십니다. 이것이 "건축자들이 버린 돌이 모퉁이의 돌이 됨"입니다.

누가복음 21장 개관도표

주제 : 영광의 재림과 종말적인 예언

성전을 자랑함	**1-7** 1 예수께서 눈을 들어 **부자들이 헌금함에 헌금 넣는 것을 보시고** 2 또 어떤 **가난한 과부가** 두 렙돈 넣는 것을 보시고 동전의 명칭 3 이르시되 내가 참으로 너희에게 말하노니 이 가난한 과부가 다른 모든 사람보다 많이 넣었도다 5 어떤 사람들이 **성전을 가리켜 그 아름다운 돌과 헌물로** 꾸민 것을 말하매 예수께서 이르시되 6 너희 보는 이것들이 날이 이르면 **돌 하나도 돌 위에 남지 않고 다 무너뜨려지리라** 7 그들이 물어 이르되 선생님이여 그러면 **어느 때에 이런 일이 있겠사오며** 이런 일이 일어나려 할 때에 **무슨 징조가 있사오리이까**
겹쳐진 두 그림	**8-24** 8 이르시되 **미혹을 받지 않도록 주의하라** 많은 사람이 내 이름으로 와서 이르되 내가 그라 하며 때가 가까이 왔다 하겠으나 그들을 따르지 말라 9 **난리와 소요의 소문을 들을 때에** 두려워하지 말라 이 일이 먼저 있어야 하되 끝은 곧 되지 아 니하리라 12 이 모든 일 전에 **내 이름으로 말미암아 너희에게 손을 대어 박해하며** 회당과 옥에 넘겨주며 임금들과 집권자들 앞에 끌어 가려니와 17 또 너희가 내 이름으로 말미암아 모든 사람에게 미움을 받을 것이나 18 너희 **머리털 하나도 상하지 아니하리라** 19 너희의 **인내로 너희 영혼을 얻으리라** 20 너희가 **예루살렘이 군대들에게 에워싸이는 것을 보거든** 그 멸망이 가까운 줄을 알라 22 이 날들은 기록된 모든 것을 이루는 **징벌의 날이니라** 24 그들이 칼날에 죽임을 당하며 모든 이방에 사로잡혀 가겠고 예루살렘은 **이방인의 때가 차기까지 이방인들에게 밟히리라**
주님의 재림	**25-33** 25 일월 성신에는 징조가 있겠고 땅에서는 민족들이 바다와 파도의 성난 소리로 인하여 혼란한 중에 곤고하리라 26 사람들이 **세상에 임할 일을 생각하고 무서워하므로** 기절하리니 이는 하늘의 권능들이 흔들리겠음이라 27 그 때에 사람들이 **인자가 구름을 타고 능력과 큰 영광으로 오는 것을 보리라** 28 이런 일이 되기를 시작하거든 일어나 머리를 들라 **너희 속량이 가까웠느니라** 하시더라 29 이에 비유로 이르시되 무화과나무와 모든 나무를 보라 31 이와 같이 너희가 이런 일이 일어나는 것을 보거든 **하나님의 나라가 가까이 온 줄을 알라** 33 **천지는 없어지겠으나 내 말은 없어지지 아니하리라**
인자 앞에 서도록	**34-38** 34 **너희는 스스로 조심하라** 그렇지 않으면 방탕함과 술취함과 생활의 염려로 마음이 둔하여지고 **뜻밖에 그 날이 덫과 같이 너희에게 임하리라** 35 **이 날은 온 지구상에 거하는 모든 사람에게 임하리라** 36 이러므로 너희는 장차 올 이 모든 일을 **능히 피하고 인자 앞에 서도록** 항상 기도하며 깨어 있으라 하시니라 37 예수께서 낮에는 성전에서 가르치시고 밤에는 나가 감람원이라 하는 산에서 쉬시니 38 모든 백성이 그 말씀을 들으려고 이른 아침에 성전에 나아가더라

21장

영광의 재림과 종말적인 예언

21장의 내용은 예루살렘의 멸망과, 종말(終末)에 관한 말씀인데, 두 장면이 겹쳐진 그림으로 나타나고 있습니다. 그런데 핵심은 예루살렘의 멸망도 아니요, 그렇다고 최후심판에 있는 것도 아니라는 점을 유념해야만 합니다. 여기에 초점을 맞추려 하는 것은 본문을 호기심으로 대하려 하기 때문입니다. 주님의 관심은, 그리고 성경의 중심주제는 일관되게 "이런 일이 일어나는 것을 보거든 하나님의 나라가 가까운 줄을 알라"(31) 하신 "하나님의 나라"에 있음을 명심해야만 합니다.

하나님의 나라는 예수 그리스도의 재림으로 완성이 되기 때문에 종말적인 징조들을 말씀하시게 된 것입니다. 이런 맥락에서 21장의 요절은, "그 때에 사람들이 인자가 구름을 타고 능력과 큰 영광으로 오는 것을 보리라"(27)는 말씀이라 하겠습니다. 주님은 지금 십자가를 목전에 두고 계십니다. 이러한 시점에서 능력과 영광으로 오실 주의 재림을 말씀하심으로 제자들로 하여금 십자가 넘어 영광의 그 날을 바라보도록 하시려는 의도인 것입니다.

20장의 강조점이 "건축자들의 버린 돌", 즉 십자가에 달려 죽임을 당하실 것에 초점이 맞춰져 있다면, 21장의 강조점은, "모퉁이의 머릿돌", 즉 재림으로 하나님의 나라가 완성 될 것에 강조점이 있는 것입니다. 네 단원으로 나누어 상고하겠습니다.

첫째 단원(1-7) **성전을 자랑하는 제자들**

둘째 단원(8-24) **겹쳐진 두 그림**

셋째 단원(25-33) **영광으로 오는 것을 보리라**

넷째 단원(34-38) **인자 앞에 서도록 깨어 있으라**

첫째 단원(1-7) 성전을 자랑하는 제자들

"예수께서 눈을 들어 부자들이 헌금함에 헌금 넣는 것을 보시고"(1), 주님은 지금 성전 연보궤 옆에 계신 것으로 여겨집니다. 1-4절은 장(章)을 나눌 때에 20장에 포함시켰더라면 좋았을 것입니다. 왜냐하면 20장 마지막 절에서 주님은 당시의 종교 지도자들을, "과부의 가산을 삼키는" 자들이라 하셨는데 본문 1-2절에는 가난한 과부의 헌금하는 장면이 등장하기 때문입니다. 부자들이 헌금하는 중에, "어떤 가난한 과부의 두 렙돈 넣는 것을 보시고" 이 가난한 과부가 모든 사람보다 많이 넣었도다고 칭찬하셨던 것입니다. 부자 과부의 "가산을 삼키는" 저들의 눈에도 가난한 과부의 두 렙돈이 그토록 귀하고도 크게 보였을 것인가 하는 여운이 남습니다.

참 성전을 몰라보는 제자들

그러는 중에 "어떤 사람들이 성전을 가리켜 그 아름다운 돌과 헌물로 꾸민 것을"(5) 예수님에게 자랑을 했던 것입니다. 마가복음의 병행구절에서는, "선생님이여 보소서 이 돌들이 어떠하며 이 건물들이 어떠하니이까"(막 13:1) 라고 감탄한 사람이 제자였다고 말씀합니다. 현관 기둥들과 회랑들은 흰 대리석으로 되어 있었으며 기둥의 높이는 12미터나 되었다고 전합니다. 또한 헌물로 꾸민 것 중에 가장 황홀한 것은 순금으로 만든 큰 포도나무였는데 그 포도송이 하나의 크기가 사람만 했다고 바클레이는 전합니다. 어떤 제자의 눈에는 이런 성전 광경이 부러움의 대상이었던 듯싶습니다. 상대적으로 자신들(주님을 포함하여)은 너무나 초라하게 보였을 것입니다.

구속사의 관점에서 보면 이는 결코 작은 문제가 아닌 것입니다. 왜냐하면 참 성전 되시는 주님을 모시고 있으면서 모형으로 주어진 성전 건물을 자랑하다니! 참 성전의 영광스러움은 깨닫지를 못하고 미석이나 황금만을 보고 부러워했다면 이는 한심한 노릇이 아닐 수가 없기 때문입니다.

학개 선지자는, "모든 나라의 보배가 이르리니 내가 이 성전에 영광이 충만하게 하리라 만군의 여호와의 말이니라 은도 내 것이요 금도 내 것이니라 만군의 여호와의 말이니라 이 성전의 나중 영광이 이전 영광보다 크리라"(학 2:7-9)고 예언하고 있는데 이는 명백한 메시아 예언이었던 것입니다. 솔로몬의 성전에 비해 너무나 초라한 스룹바벨의 성전을 보면서 대성통곡하는 백성들에게 하나님께서는, "은이나 금"으로 건축하면 내가 기뻐할 줄로 생각하느냐 아니라, "나중 영광이 이전 영광보다 크리라"고 격려

하셨던 것입니다.

예수 그리스도가 누구신가? "이 성전의 나중 영광이 이전 영광보다 크리라" 하신 참 성전으로 오신 분이십니다. 이점을 요한복음에서는, "말씀이 육신이 되어 우리 가운데 거하시매 우리가 그의 영광을 보니 아버지의 독생자의 영광이요 은혜와 진리가 충만하더라" (요 1:14)고 증언하고 있습니다. 이런 주님에게 헤롯이 건축한 건물을 자랑하다니! 오늘날 성도들이 안고 있는 모든 문제들도 예수 그리스도의 구속의 은총으로 말미암아 자신의 몸이 하나님의 성령을 모신 하나님의 성전인 것과, 자신의 신분이 왕 같은 제사장임을 망각하고, 미석과 황금 포도송이 같은 예배당 건물로 자랑하려는데 있는 것은 아닐까요?

주님은, "너희 보는 이것들이 날이 이르면 돌 하나도 돌 위에 남지 않고 다 무너뜨려지리라" (6)는 두려운 말씀을 하십니다. 제자들도 놀란 모양입니다. 묻기를, "선생님이여 그러면 어느 때에 이런 일이 있겠사오며 이런 일이 일어나려 할 때에 무슨 징조가 있사오리이까" (7).

둘째 단원(8–24) 겹쳐진 두 그림

첫 말씀이, "미혹을 받지 않도록 주의하라 많은 사람이 내 이름으로 와서 이르되 내가 그라 하며 때가 가까이 왔다 하겠으나 그들을 따르지 말라" (8) 하십니다. 이점에서 유념해야 할 점은 주님의 말씀에는 예루살렘의 멸망을 통해서 종말에 있을 최후심판을 내다보는 두 그림이 겹쳐진 것으로 나타나고 있다는 점입니다.

예를 들면 요엘서는 세장에 불과한 예언서이면서도, "여호와의 날"이라는 말이 6번(1:15, 2:1, 11, 31, 3:14, 18)이나 등장합니다. 선지자 당시의 여호와의 날은 메뚜기 재앙이 엄습한 날이었습니다. 그런데 선지자는 눈앞에 일만 보는 근시안이 아니라, 메뚜기 재앙 너머로 메뚜기보다 더 무서운 바벨론이 내습해 올 것을 경고합니다. 그리고 궁극적인 "여호와의 날"은, "사람이 많음이여, 심판의 골짜기에 사람이 많음이여, 심판의 골짜기에 여호와의 날이 가까움이로다 해와 달이 캄캄하며 별들이 그 빛을 거두도다" (욜 3:14-15) 한 종말적인 최후심판으로 모아지는 근경(近景), 중경(中景), 원경(遠景)이 겹쳐진 그림으로 나타나고 있는 것입니다. 이것이 묵시(默示)의 특성입니다.

주님의 말씀도, "이 날 또는, 그 날" (22, 23, 34, 35)에 초점이 맞춰져 있는데 그러면 "이날, 그 날"이 어떤 날인가? 예루살렘이 멸망을 당하는 날이요, 최후심판이 임하는 날입니다. 그래서 본문을 관찰하다 보면 예루살렘의 멸망을 말씀하는 것 같다가도 역사의 종말을 말씀하는 예언의 복합성(複合性)이 나타납니다. 멸망에 이르는 심판의 날은 예루살렘에만 임하는 것이 아니라, "그 날이 덫과 같이 너희에게 임하리라" (34)고 우리에게도 임하리라고 경고하십니다.

그러므로 21장의 초점은, "이 날은 온 지구상에 거하는 모든 사람에게 임하리라" (35)는 역사적인 종말에 맞춰져 있습니다. 이는 본문에서만이 아니라, "그 날에 많은 사람이 나더러 이르되 주여 주여 우리가 주의 이름으로 선지자 노릇 하며 주의 이름으로 귀신을 쫓아내며 주의 이름으로 많은 권능을 행하지 아니하였나이까 하리니 (마 7:22), 그런즉 깨어 있으라 너희는 그 날과 그 때를 알지 못하느니라" (마 25:13) 하십니다.

구약의 선지자들도, "여호와께서 아시는 한 날이 있으리니 낮도 아니요 밤도 아니라 어두워 갈 때에 빛이 있으리로다" (슥 14:7), "또 너희가 악인을 밟을 것이니 그들이 내가 정한 날에 너희 발바닥 밑에 재와 같으리라 만군의 여호와의 말이니라" (말 4:3)고 "여호와께서 아시는 한 날"에 맞춰져 있습니다.

지구상에 거하는 모든 사람에게 임하리라

주님은 두 가지 "가까움"을 말씀하고 있는데 첫째는, ㉠ "멸망이 가까운 줄을 알라" (20) 하시고, 둘째는 ㉡ "너희 속량이 가까웠느니라" (28) 하십니다. "그 날"에는 구원과 멸망, 이 두 가지 일이 동시에 일어날 것이기 때문입니다. 사도 바울도, "그 마지막은 사망임이니라, 이 마지막은 영생이라" (롬 6:21-22)고 두 종말이 있을 것을 말씀하고 있습니다. 본 단원에는, "멸망(20), 징벌(22), 환난과 진노" (23)가 강조되어 있고, 다음 단원에는 "속량(28), 피할 자(36), 하나님의 나라" (31)가 강조되어 있습니다. 그렇습니다. 심판에는 불가피하게 분리가 있기 마련입니다.

미혹을 받지 않도록 주의하라

그러면 "이날, 그 날"을 대비한 성도들이 주의해야 할 점은 무엇인가? ㉠ "미혹을 받지 않도록 주의하라" (8) 하십니다. 혼란한 시대에는 미혹에 이끌리기가 쉽기 때문입니다. ㉡ 박해를 당할 것(12)을 말씀하십니다. 미혹과 핍박은 손바닥 앞뒤와도 같습니다. 미혹을 따를 것이냐? 아니면 끝까지

신앙정절을 지키며 핍박을 받을 것인가? 이것이 문제입니다.

제자들은, "이런 일이 일어나려 할 때에 무슨 징조가 있사오리이까" (7) 라고 물었습니다. "민족이 민족을, 나라가 나라를 대적하여 일어나겠고 곳곳에 큰 지진과 기근과 전염병이 있겠고 또 무서운 일과 하늘로부터 큰 징조들이 있으리라" (10-11) 하셨는데 이런 말세의 징조는 이 시대에 더욱 두드러지게 나타나고 있습니다. 다시 강조합니다만 주님께서 강조하시려는 바는 예루살렘의 멸망과 징벌에 있는 것이 아니라, 궁극적으로는 최후심판을 내다보고 하시는 말씀이요, "이날"은 우리 앞에 다가오고 있다는 점을 명심해야만 합니다.

"천지는 없어지겠으나 내 말은 없어지지 아니하리라" (33) 하십니다. 예표로 말씀하신 예루살렘의 멸망이 문자적으로 성취되었다면, 역사적인 종말도 말씀하신 대로 온 지구상에 거하는 모든 사람에게 반드시 임할 것이라는 확신입니다.

셋째 단원(25-33) 영광으로 오는 것을 보리라

"그 때에 사람들이 인자가 구름을 타고 능력과 큰 영광으로 오는 것을 보리라 이런 일이 되기를 시작하거든 일어나 머리를 들라 너희 속량이 가까웠느니라" (27-28) 하십니다. "그 날"은 "멸망(20), 징벌(22), 환난과 진노" (23)의 날인가 하면, "속량(28), 피할 자(36), 하나님의 나라" (31)가 임하는 날이기도 합니다. 본 단원의 핵심적인 단어는 "다 이루어지리라" (32)는 말씀입니다. "천지는 없어지겠으나 내 말은 없어지지 아니하리라" (33) 하십니다. "다 이루어지리라"는 말씀이 무엇을 가리키는 것일까요? 좁은 의미에서는 21장에서 말씀하신 바가 다 이루리라는 것입니다.

그러나 구속사의 지평으로 보면 약속의 말씀인 성경이 "다 이루리라"는 뜻인 것입니다. 성경의 구조는 인류의 시조가 타락한 현장에서, "내가— 하리라"(창 3:15)고 선언하시고 성경 마지막 책 마지막 부분에서 "이루었도다"(계21:6)고 선언하시는 구조로 되어 있습니다. 어찌하여 "다 이루어지리라" 하십니까?

㉠ 첫째는, 이를 말씀하신 하나님은 신실(信實)하시기 때문입니다.

㉡ 둘째는, 신실하신 하나님은 이루시고도 남음이 있는 전능(全能)의 하나님이시기 때문입니다.

㉢ 셋째는, 하나님의 거룩하신 이름으로 약속하셨기 때문입니다. 다시 말하면 하나님께서 약속을 지켜주시지 않으신다면 우리들에게 거짓말을 한 것이 되기 이전에 하나님 자신에게 거짓을 한 것이 된다는 말입니다. 이점을 바울 사도는 최후의 서신에서, "우리는 미쁨이 없을지라도 주는 항상 미쁘시니 자기를 부인하실 수 없으시리라"(딤후 2:13) 합니다. 일향 미쁘신 하나님! 언제나 믿을만한 하나님은 자기를 부인하실 수 없으시기 때문에, "내가 나의 거룩함으로 한번 맹세하였은즉 다윗에게 거짓을 아니 할 것이라"(시 89:35) 하십니다.

㉣ 넷째는 하나님의 구원계획에는 하나님의 거룩하신 이름과 명예가 걸려 있는, "하나님의 전쟁"이기 때문입니다. "나는 나를 위하며 나를 위하여 이를 이룰 것이라 어찌 내 이름을 욕되게 하리요 내 영광을 다른 자에게 주지 아니하리라"(사 48:11) 하십니다. 그러므로 실패한다든가 미완성에 끝인다는 것은 상상도 할 수 없는 일인 것입니다. 그러므로 성경 마지막 책은, "또 내게 말씀하시되 이루었도다 나는 알파와 오메가요 처음과 나중이라"(계 21:6) 하십니다.

모든 일이 다 이루어지리라

그렇다면 무엇이 "다 이루어지리라" 하시는가? "이런 일이 나는 것을 보거든 하나님의 나라가 가까운 줄을 알라"(31) 하신 "하나님의 나라"입니다. 이점에서 유념해야 할 점은 하나님의 나라가 파괴되었다는 말은 지구가 산산조각이 났다는 그런 뜻이 아니라, 그 핵심은 하나님의 형상대로 지으신 하나님의 "백성"을 잃어버리셨다는 데 있습니다. 자기 백성을 잃어버리신 하나님! 백성이 없는 왕! 그리하여 하나님은 재창조의 사역을 시작하셨는데 재창조의 핵심은 "잃어버린 자를 찾는, 하나님의 백성"에 있는 것입니다. 그리고 잃어버린 자를 찾으시는 데는 첫 창조 때처럼 말씀만으로 되는 것은 아닙니다. 왜냐하면 죄 값에 팔렸기 때문입니다. 그러므로 주님은 우리 죄를 대속(代贖)하시기 위해서 십자가를 목전에 두고 이 종말적인 말씀을 하시는 것입니다.

"이런 일이 되기를 시작하거든 일어나 머리를 들라 너희 속량(구속)이 가까웠느니라"(28) 하시는데, "속량"이 무엇을 의미하는가? 이점을 로마서에서는, "우리까지도 속으로 탄식하여 양자 될 것 곧 우리 몸의 속량을 기다리느니라"(롬 8:23) 합니다. 이점에서 강조하고 싶은 것은 "구원"은 영혼구원만을 의미하는 것이 아니라는 점입니다. 죄 값으로 영과 육의 사망이 왔습니다. 만일 그리스도의 구속이 영혼만의 구원이라면 그것은 완전한 구원도, 완전한 승리도 되지 못할 것입니다. 성경은 말씀합니다. "이 썩을 것이 썩지 아니함을 입고 이 죽을 것이 죽지 아니함을 입을 때에는 사망을 삼키고 이기리라고 기록된 말씀이 이루어지리라"(고전 15:54), 이것이 몸의 속량이요, 이것이 이루어져야만 구원은 완성이 되는 것입니다. 성경은 "맨 나중에 멸망 받을 원수는 사망이니라" (고전 15:26) 하는 것입니다.

바울 사도는 빌립보교회에 보낸 옥중서신에서, "너희 안에서 착한 일을 시작하신 이가 그리스도 예수의 날(재림)까지 이루실 줄을 확신하노라" (빌 1:6) 합니다. 무엇을 이루실 것을 확신한다는 말씀입니까? "우리의 시민권은 하늘에 있는지라 거기로부터 구원하는 자 곧 주 예수 그리스도를 기다리노니 그는 만물을 자기에게 복종하게 하실 수 있는 자의 역사로 우리의 낮은 몸을 자기 영광의 몸의 형체와 같이 변하게 하시리라" (빌 3:20-21) 하신 몸의 속량 곧 영화입니다. 이는 "그 때에 사람들이 인자가 구름을 타고 능력과 큰 영광으로 오는 것을 보리라" (27) 하신 주의 재림 때에 이루어질 일입니다. 이때 구원은 완성되는 것입니다. 이는 반드시 이루어지고야 말 것입니다. 하나님의 거룩하신 이름과 명예를 위하여! "천지는 없어지겠으나 내 말은 없어지지 아니하리라" (33).

넷째 단원(34-38) 인자 앞에 서도록 깨어 있으라

"너희는 스스로 조심하라 그렇지 않으면 방탕함과 술 취함과 생활의 염려로 마음이 둔하여지고 뜻밖에 그 날이 덫과 같이 너희에게 임하리라" (34). 이제 주님은 종말적인 경고를 우리에게 적용을 시키십니다.

본 단원의 핵심은, "인자 앞에 서도록"이라는 말씀인데, 이는 주님께서 재림하실 때에 그 앞에 서는 것을 의미합니다. "인자 앞에 서기" 위해서는 소극적으로는 "스스로 조심하라" (34상) 하시고, 적극적으로는 "깨어 있으라" (36하) 하십니다.

㉠ 먼저 소극적으로 조심해야 할 점부터 생각해 보겠습니다. "방탕함, 술 취함, 생활의 염려로 마음이 둔하여지는 것"(34) 등입니다. 마음을 둔하게 만드는 요인으로 방탕, 술 취함, 생활의 염려를 들고 있는데, "방탕과 술 취함"이 특히 남자들이 조심해야 할 특성이라면, "생활의 염려"는 여자들이 더욱 조심해야 할 특성이라 할 것입니다.

"마음이 둔하여지고"는 깨어있는 것과는 반대되는 영적으로 잠이 든 상태를 의미합니다. 잠이 들어 있는 자에게는 뜻밖에 그 날이, "덫과 같이" 임할 수밖에 없는 것입니다. "덫과 같이"란 심판의 돌발성을 의미합니다. 그리고 "이 날은 온 지구상에 거하는 모든 사람에게 임하리라"(35) 하신 말씀은 심판의 보편성을 가리킵니다. 최후심판은 예루살렘의 멸망 같이 국지적인 것이 아니라, 노아 때의 홍수심판처럼 돌발적이고 보편적인 것입니다.

깨어 있으라

㉡ 적극적으로 "깨어 있으라" 하십니다. 종말론적인 강화에서 성도들에게 경계하신 말씀 중 "깨어 있으라"고 얼마나 강조하고 있는가를 보십시오. "그러나 그 날과 그 때는 아무도 모르나니 하늘에 있는 천사들도, 아들도 모르고 아버지만 아시느니라 주의하라 깨어 있으라 그 때가 언제인지 알지 못함이라 가령 사람이 집을 떠나 타국으로 갈 때에 그 종들에게 권한을 주어 각각 사무를 맡기며 문지기에게 깨어 있으라 명함과 같으니 그러므로 깨어 있으라 집 주인이 언제 올는지 혹 저물 때일는지, 밤중일는지, 닭 울 때일는지, 새벽일는지 너희가 알지 못함이라 그가 홀연히 와서 너희가 자는 것을 보지 않도록 하라 깨어 있으

라 내가 너희에게 하는 이 말은 모든 사람에게 하는 말이니라"(막 13:32-37).

좀 길게 인용했습니다만 깨어 있어야 할 필요를 절실하게 깨달으셨습니까?

그렇다면 구체적으로 어떻게 하는 것이 깨어 있는 것인가? 한마디로 "항상 기도"하는 것이라고 말씀하십니다. 성경에서 기도는 깨어있음과 결부되어 있습니다. "시험에 들지 않게 깨어 기도하라"(마 26:41). "모든 기도와 간구로 하되 항상 성령 안에서 기도하고 이를 위하여 깨어 구하기를 항상 힘쓰며"(엡 6:18). "기도를 항상 힘쓰고 기도에 감사함으로 깨어 있으라"(골 4:2) 하십니다.

"항상 기도하며" 하신 "항상"이 문자적으로 "항상"을 의미할 수도 있고, 다윗이 말한바, "내 입의 말과 마음의 묵상이 주님 앞에 열납되기를 원하나이다"(시 19:14) 한, "묵상"을 통한 교통이 깨어 있는 기도인 것입니다. 제리 브릿지즈는 "날마다 자신에게 복음을 전하라"고 권면하는데 이것이 깨어 있는 비결인 것입니다.

항상 기도하며

"인자 앞에 서도록" 하시는데 서지 못하는 자들의 광경이 계시록에는 있습니다. "내가 보니 여섯째 인을 떼실 때에 큰 지진이 나며 해가 검은 털로 짠 상복 같이 검어지고 달은 온통 피 같이 되며 하늘의 별들이 무화과나무가 대풍에 흔들려 설익은 열매가 떨어지는 것 같이 땅에 떨어지며 하늘은 두루마리가 말리는 것 같이 떠나가고 각 산과 섬이 제 자리에서 옮겨지매 땅의 임금들과 왕족들과 장군들과 부자들과 강한 자들과 모든 종과 자유인이 굴과 산들의 바위 틈에 숨어 산들과 바위에게 말하되 우리 위에 떨어져 보좌에 앉으신 이의 얼굴에서와 그 어린 양의 진노에서 우리를 가리라 그들의 진노의 큰 날이 이르렀으니 누가 능히 서리요" (계 6:12-17) 합니다.

베드로도, "하나님의 집에서 심판을 시작할 때가 되었나니 만일 우리에게 먼저 하면 하나님의 복음을 순종하지 아니하는 자들의 그 마지막은 어떠하며 또 의인이 겨우 구원을 받으면 경건하지 아니한 자와 죄인은 어디에 서리요" (벧전 4:17-18) 합니다. "누가 능히 서리요(계 6:18), 죄인이 어디에 서리요" (벧전 4:18) 하는데 주님은, "인자 앞에 서도록 항상 기도하며 깨어 있으라" (36) 하십니다.

피할 자가 있으리라

증언해야 할 한 가지가 남았습니다. 그것은, "이러므로 너희는 장차 올 이 모든 일을 능히 피하고" 하신 "피할 자"가 있다는 점입니다. 그렇습니다. 성경은 일관되게 "남은 자, 피할 자"가 있을 것을 말씀합니다. "이스라엘이여 네 백성이 바다의 모래 같을지라도", 그들이 다 구원에 이르는 것이 아니라, "남은 자만 돌아오리니" (사 10:22) 합니다.

㉠ "여호와의 크고 두려운 날이 이르기 전에 해가 어두워지고 달이 핏빛 같이 변하려니와 누구든지 여호와의 이름을 부르는 자는 구원을 얻으리니 이는 나 여호와의 말대로 시온 산과 예루살렘에서 피할 자가 있을 것임이요 남은 자 중에 나 여호와의 부름을 받을 자가 있을 것임이니라"(욜 2:31–32),

㉡ 신약성경에서도, "그런즉 이와 같이 지금도 은혜로 택하심을 따라 남은 자가 있느니라"(롬 11:5) 합니다. "형제들아 너희는 어둠에 있지 아니하매 그 날이 도둑 같이 너희에게 임하지 못하리니"(살전 5:4) 하는데, 이들이 깨어 있는 자요,

피할 자인 것입니다.

21장은, "예수께서 낮에는 성전에서 가르치시고 밤에는 나가 감람원이라 하는 산에서 쉬시니 모든 백성이 그 말씀을 들으려고 이른 아침에 성전에 나아가더라" (37-38)고 끝을 맺고 있습니다. "가르침"과, 말씀을 들으려는 "배움", 이것이 주님 오시는 날까지 교회가 계속해야 할 일입니다. "내가 이를 때까지 읽는 것과 권하는 것과 가르치는 것에 전념하라, 네가 네 자신과 가르침을 살펴 이 일을 계속하라 이것을 행함으로 네 자신과 네게 듣는 자를 구원하리라" (딤전 4:13, 16) 하십니다. "배우든지 가르치든지" 하십시오. 왜냐하면 이것이 "인자 앞에 서도록 깨어 있으라" 하신 비결이기 때문입니다.

The Book of Luke

누가복음 22장 개관도표

주제 : 마지막 유월절과 첫 성찬

유월절 양을 잡을 때	**1-13** 1 **유월절이라 하는 무교절이 다가오매** 2 대제사장들과 서기관들이 **예수를 무슨 방도로 죽일까 궁리하니** 이는 그들이 백성을 두려워함이더라 3 열둘 중의 하나인 가룟인이라 부르는 **유다에게 사탄이 들어가니** 7 **유월절 양을 잡을 무교절날이 이른지라** 8 베드로와 요한을 보내시며 이르시되 가서 우리를 위하여 **유월절을 준비하여** 우리로 먹게 하라 11 **유월절을 먹을** 객실이 어디 있느냐 하시더라 하라 13 그들이 나가 그 하신 말씀대로 만나 **유월절을 준비하니라**
새 언약	**14-23** 14 때가 이르매 예수께서 사도들과 함께 앉으사 15 이르시되 내가 고난을 받기 전에 너희와 함께 이 **유월절 먹기를 원하고 원하였노라** 16 내가 너희에게 이르노니 **이 유월절이** 하나님의 나라에서 이루기까지 다시 먹지 아니하리라 하시고 19 또 떡을 가져 감사 기도 하시고 떼어 그들에게 주시며 이르시되 이것은 **너희를 위하여 주는 내 몸이라 너희가 이를 행하여 나를 기념하라** 하시고 20 저녁 먹은 후에 잔도 그와 같이 하여 이르시되 이 잔은 **내 피로 세우는 새 언약이니** 곧 너희를 위하여 붓는 것이라
하나님의 나라 위임	**24-38** 24 또 그들 사이에 **그 중 누가 크냐 하는 다툼이 난지라** 27 앉아서 먹는 자가 크냐 섬기는 자가 크냐 앉아서 먹는 자가 아니냐 그러나 **나는 섬기는 자로 너희 중에 있노라** 28 너희는 나의 모든 **시험 중에 항상 나와 함께 한 자들인즉** 29 내 아버지께서 **나라를 내게 맡기신 것 같이 나도 너희에게 맡겨** 30 너희로 내 나라에 있어 내 상에서 먹고 마시며 또는 보좌에 앉아 **이스라엘 열두 지파를 다스리게 하려 하노라** 31 시몬아, 시몬아, 보라 **사탄이 너희를 밀 까부르듯 하려고** 요구하였으나 32 내가 너를 위하여 **네 믿음이 떨어지지 않기를 기도하였노니 너는 돌이킨 후에 네 형제를 굳게 하라**
아버지 원대로 하옵소서	**39-71** 39 예수께서 나가사 습관을 따라 **감람 산에 가시매** 제자들도 따라갔더니 42 이르시되 아버지여 만일 아버지의 뜻이거든 **이 잔을 내게서 옮기시옵소서** 그러나 내 원대로 마시옵고 **아버지의 원대로 되기를 원하나이다** 하시니 43 천사가 하늘로부터 예수께 나타나 힘을 더하더라 46 이르시되 어찌하여 자느냐 시험에 들지 않게 일어나 기도하라 하시니라 47 말씀하실 때에 한 무리가 오는데 열둘 중의 하나인 유다라 하는 자가 그들을 앞장서 와서 53 내가 날마다 너희와 함께 성전에 있을 때에 내게 손을 대지 아니하였도다 **그러나 이제는 너희 때요 어둠의 권세로다** 하시더라 54 예수를 잡아 끌고 대제사장의 집으로 들어갈새 베드로가 멀찍이 따라가니라 61 **주께서 돌이켜 베드로를 보시니** 베드로가 주의 말씀 곧 오늘 닭 울기 전에 네가 세 번 나를 부인하리라 하심이 생각나서 67 **네가 그리스도이거든 우리에게 말하라** 대답하시되 내가 말할지라도 너희가 믿지 아니할 것이요 69 그러나 이제부터는 **인자가 하나님의 권능의 우편에 앉아 있으리라** 하시니 70 다 이르되 그러면 **네가 하나님의 아들이냐** 대답하시되 **너희들이 내가 그라고 말하고 있느니라**

22장

마지막 유월절과 첫 성찬

22장은 예수님께서 제자들과 최후의 만찬을 드신 후, 감람산에 가셔서 기도하시는 중에 제사장들과 장로들이 파송한 무리들에 의하여 잡히시는 내용입니다. 이 일련의 사건들을 구속사라는 맥락에서 바라본다면 핵심적인 주제는, "유월절"입니다. 우리가 절대라 할 만큼 잊어서는 아니 될 점은 모든 복음서의 초점이 공통적으로 "유월절"(逾月節)에 맞춰져 있다는 점입니다.

이점은 예표로 주어진 출애굽에서도 나타나는데 바로를 굴복시키기 위해서 10가지 재앙이 필요한 것은 아니었습니다. 1-9가지 재앙으로가 아니라, "내가 이제 한 가지 재앙을 바로와 애굽에 내린 후에야 그가 너희를 여기서 내보내리라"(출 11:1) 하신 "유월절 어린 양의 피"로 말미암아 가능했다는 점을 클로즈업시키기 위한 하나님의 의도에서였던 것입니다.

그래서 복음서의 초점도 "유월절"에 맞춰져 있으며, 주님은 "이를 위하여 이 때"(요 12:27)에 오셨다고 말씀하시는 것입니다. 그러므로 이 밤은 마지막 유월절의 밤이요, 예표로 지켜내려 오던 유월절이 참 것으로 개혁(改革)이 되는 첫 성찬이었던 것입니다. 주님은 이를 성취하기 위해서 유월절에 맞춰, "예루살렘을 향하여 올라가기로 굳게 결심하시고"(9:51) 올라오셨으며 드디어 "유월절"을 맞이하여 잡히시게 된 것입니다. 그러므로 22장의 주제가 "마지막 유월절과 첫 성찬"이라 할 수가 있습니다. 네 단원으로 나누어 상고합니다.

첫째 단원(1–13) **유월절 양을 잡을 때가 이른지라**

둘째 단원(14–23) **피로 세우신 새 언약**

셋째 단원(24–38) **제자들에게 하나님의 나라를 맡기심**

넷째 단원(39–71) **아버지의 원대로 되기를 원하나이다**

첫째 단원(1–13) 유월절 양을 잡을 때가 이른지라

22장은 "유월절이라 하는 무교절이 다가오매"(1) 하고 시작이 되는데 첫째 단원의 중심주제는 단연 "유월절"입니다. "유월절"이 1-16절에 일곱 번(1, 7, 8, 11, 13, 15, 16)이나 등장합니다. 그러면 유월절에는 무엇을 준비해야 하는가? 7절을 보십시오. "유월절 양을 잡을 무교절 날이 이른지라" 합니다. 그런데 성경은 주님을 가리켜, "우리의 유월절 양"(고전 5:7)이라고 말씀합니다. 이런 맥락에서, "대제사장들과 서기관들이 예수를 무슨 방도로 죽일까 궁리"(2)를 했다는 것은, 유월절 양을 잡을 궁리를 했다는 것이 되는 것입니다.

이 일에 "열 둘 중의 하나인 가룟인이라 부르는 유다에게 사탄이 들어가니" (3) 하고, 유다의 배신이 사탄의 도구로 사용되고 있습니다. 여기서 우리가 관심하게 되는 것은 주님의 공생애 초기에, "마귀가 모든 시험을 다한 후에 얼마동안 떠나니라" (4:13) 했던 사탄이 결정적인 시기에 다시 등장하고 있다는 점입니다.

31절에서도, "시몬아, 시몬아, 보라 사탄이 너희를 밀 까부르듯 하려고 요구하였으나" 라고 사탄이 유다에게만 들어간 것이 아니라 베드로와 다른 제자들까지 공격하고 있었다는 점을 보게 됩니다. 이는 무엇을 말해주느냐 하면 궁극적으로 주님을 죽이려는 음모를 꾸미고 있는 자는 사탄이요, 이 싸움은 "혈과 육을 상대하는 것이 아니요 통치자들과 권세들과 이 어둠의 세상 주관자들과 하늘에 있는 악의 영들" (엡 6:12)과의 영적인 싸움임을 말해줍니다. 이 싸움에 대제사장들과 서기관들, 그리고 가룟 유다가 하수인으로 이용되고 있을 뿐입니다.

사탄의 목적은 주님께서 "악한 농부의 비유"에서 말씀하신, "이는 상속자니 죽이고 그 유업을 우리의 것으로 만들자 하고 포도원 밖에 내어 쫓아 죽였느니라" (20:14-15) 한 대로 하나님의 아들을 죽이고 하나님의 기업을 자신의 것으로 만들려는데 있습니다. 그러므로 "유월절"과 결부되는 단어는, "죽일(2), 양을 잡을(7), 넘겨 줄 방도(4), 넘겨 줄 기회" (6) 등입니다. "유다가 허락하고 예수를 무리가 없을 때에 넘겨 줄 기회를 찾더라" (6) 합니다.

우리의 유월절 양 그리스도

주님은 자신이 유월절 양이 되어 유월절에 희생이 되어야 할 것을 아셨습니다. 그래서 주님은 베드로와 요한을 보내셔서, "유월절을 준비하라" (8) 하십니다. 이런 맥락에서 본 단원의 주제 중 하나가, "준비하다"인데 4번(8, 9, 12, 13)이나 등장합니다. 구속사의 맥락에서 보면 이 "준비"하심은 창세기에서 아브라함이 이삭에게, "아들아 번제할 어린 양은 하나님이 자기를 위하여 친히 준비하시리라"(창 22:8) 한 것과 맥을 같이 합니다. 이점을 신약성경은, "하나님이 제사와 예물을 원하지 아니하시고 오직 나를 위하여 한 몸을 예비하셨도다"(히 10:5)고 해설해주고 있습니다. 모리아 산에서는 이삭 대신 한 "숫양"(창 22:13)을 준비하여 주셨는데 이는 실체에 대한 그림자였기 때문입니다.

"어디서 준비하기를 원하십니까"(9) 라고 묻는 제자들에게, "너희가 성내로 들어가면 물 한 동이를 가지고 가는 사람을 만나리니 그가 들어가는 집으로 따라 들어가서 그 집 주인에게 이르되 선생님이 네게 하는 말씀이 내가 내 제자들과 함께 유월절을 먹을 객실이 어디 있느냐 하시더라 하라 그리하면 그가 자리를 마련한 큰 다락방을 보이리니 거기서 준비하라 하시니 그들이 나가 그 하신 말씀대로 만나 유월절을 준비하니라"(10-13) 합니다. 성경을 응하게 하시려고 나귀 새끼를 예비해 놓으셨던(19:30) 주님은, 또한 유월절의 성취를 위하여 다락방을 예비해 놓으셨던 것입니다. 또한 이 다락방은 성령께서 강림하시기 위하여 예비해 놓으신 그 다락방(행 1:13)으로 여겨집니다.

둘째 단원(14-23) 피로 세우신 새 언약

"때가 이르매 예수께서 사도들과 함께 앉으사" (14) 합니다. 무슨 "때"가 이르렀다는 것인가? 십자가를 앞에 놓으시고, "내가 이를 위하여 이때에 왔나이다" (요 12:27) 하신 "때가 이르렀다"는 것입니다. 주님은 "내가 고난을 받기 전에 너희와 함께 이 유월절 먹기를 원하고 원하였노라" (15) 하십니다.

질문을 드려 보겠습니다. 첫 번 유월절이 언제입니까? 그러면 마지막 유월절은 언제인지 아십니까? 주님께서 잡히시던 이 밤은 1500동안이나 그림자로 지켜 내려오던 마지막 유월절이요, 실체로 개혁(改革)이 되는(히 9:10) 첫 성찬의 밤이었던 것입니다. 이를 제자들에게, 그리고 우리들에게 깨닫게 하기 위해서, "내가 고난을 받기 전에 너희와 함께 이 유월절 먹기를 원하고 원하였노라" 하시는 것입니다.

그러므로 본문을 주목해보면, "유월절 양"을 잡아 준비하여, "무교병과 쓴 나물과 아울러 먹었다" (출 12:8)는 언급은 전혀 없이, "또 떡을 가져 감사기도 하시고 떼어 그들에게 주시며 이르시되 이것은 너희를 위하여 주는 내 몸이라 너희가 이를 행하여 나를 기념하라, 잔도 그와 같이 하여 이르시되 이 잔은 내 피로 세우는 새 언약이니 곧 너희를 위하여 붓는 것이라" (19-20) 하고, 주님의 몸과 피만이 등장한다는 점입니다.

"기념하라" 하신 구속사적 의미가 무엇인가? 이는 출애굽의 날에 하나님께서 모세에게, "한 가지 재앙(출 11:1), 나의 표징" (출 10:1)을 보이기 위해서 바로와 신하들의 마음을 완강하게 하셨다 하시면서, "내가 애굽에서 행한 일들 곧 내가 그들 가운데에서 행한 표징을 네 아들과 네 자손의 귀에 전하기 위함이라" (출 10:2) 하신 말씀과 결부가 되는 것입니다. 구약의 성도들로 하여금 유월절 양의 실체이신 그리스도 곧 메시아언약을 잊지 않게 하시려고 "표징을 네 아들과 네 자손의 귀에 전하기 위함이라" 하신 것입니다. "이 후에 너희의 자녀가 묻기를 이 예식이 무슨 뜻이냐 하거든 너희는 이르기를 이는 여호와의 유월절 제사라 여호와께서 애굽 사람에게 재앙을 내리실 때에 애굽에 있는 이스라엘 자손의 집을 넘으사 우리의 집을 구원하셨느니라 하라" (출 12:26-27)고 말씀하셨습니다. 그리하여 유대인들은 대대로 유월절을 지켜 내려왔던 것입니다.

이제 실체가 오셔서 영적 출애굽이 가능해진 것입니다. 주님께서 성취해놓으신 이 복음을 망각하지 않게 하기 위해서, "이를 행하여 나를 기념하라" 하시는 것입니다. 이점을 사도 바울은, "식후에 또한 그와 같이 잔을 가지시고 이르시되 이 잔은 내 피로 세운 새 언약이니 이것을 행하여 마실 때마다 나를 기념하라 하셨으니 너희가 이 떡을 먹으며 이 잔을 마실 때마다 주의 죽으심을 그가 오실 때까지 전하는 것이니라" (고전 11:25-26)고 해설해줍니다.

가나 잔치 집에서 마리아가, "포도주가 없다" 하자, "내 때가 아직 이르지 아니 하였나이다" (요 2:4) 하신 주님은 포도주 잔을 주시며, "이 잔은 내 피로 세우는 새 언약이니 곧 너희를 위하여 붓는 것이라" (20) 하시면서 "다 이것을 마시라" 하십니다.

출애굽을 가능케 한 비밀

이점에서 우리의 깨달음을 더욱 확실하게 하기 위해서 좀 더 넓은 문맥을 펼쳐보아야만 하겠습니다. 모세는 "유월절 제사를 네 하나님 여호와께서 네게 주신 각 성에서 드리지 말고 오직 네 하나님 여호와께서 자기의 이름을 두시려고 택하신 곳에서" (신 16:5-6) 드리라고 명하는 의도가 무엇인가? 그것은 분명합니다. 유월절은 우리나라 광복절과 같은 "기념식"이나 하는 날이 아닙니다. 만일 기념의 의미라면 부산이나 광주 등 각 성에서 드린들 어떻겠습니까? "오직", 택하신 한 곳에서만 드리라 하심은 오직 구원은 예수 그리스도께서 우리의 유월절 양이 되셔서 죽임을 당하실 십자가에만 있다는 점을 강력히 제한하고 있는 말씀인 것입니다. "천하 인간에 구원을 얻을 만한 다른 이름을 우리에게 주신 일이 없는" (행 4:12) 것입니다.

그러므로 성경은, "이는 황소와 염소의 피가 능히 죄를 없이 하지 못함이라 그러므로 주께서 세상에 임하실 때에 이르시되 하나님이 제사와 예물을 원하지 아니하시고 오직 나를 위하여 한 몸을 예비하셨도다" (히 10:4-5)고 말씀하는 것입니다. 명심하십시오. 천천만만의 짐승이 아닙니다. 솔로몬이 성전 낙성식 때 드린 "소가 22,000이요 양이 120,000 마리" (왕상 8:63)라 한 것도 아닙니다. 이는 그림자에 불과합니다. 하나님께서 예비해 놓으신 대속제물은 오직 "한 몸", 즉 자기 아들이었습니다.

내 피로 세우는 새 언약

그 "한 몸"이 오신 것입니다. 그림자에 대한 실체(實體)가 오신 것입니다. 그 한 몸이 영적 출애굽을 가능케 하기 위하여 유월절 양으로 죽임을 당하려는 순간입니다. 죽음(고난) 앞에서 주님은 제자들에게 유월절의 영적인 성취를 선포하시기를 원하고 원하셨던 것입니다. 이점이, "내가 너희에게 이르노니 이 유월절이 하나님의 나라에서 이루기까지 다시 먹지 아니하리라"(16) 하신 말씀에 나타납니다.

그러므로 주님께서 그토록 원하셨던 유월절 석상에서 계시하시고자 한 핵심은, "이 잔은 내 피로 세우는 새 언약이니 곧 너희를 위하여 붓는 것이라"(20) 하신 "새 언약"입니다. "새 언약"이라고 말씀합니다. 옛 언약시대는 지나고 새 언약시대가 열리고 있는 것입니다. 성경은 "첫 언약(옛 언약)도 피 없이 세운 것이 아니니"(히 9:18) 합니다. 왜 그렇습니까? "피 흘림"은 죽음을 의미하는데, "피 흘림이 없은즉 사함이 없기"(히 9:22) 때문입니다.

첫 언약은 하나님과 백성 사이에 모세가 중보자가 되어서 짐승의 피로 세운 것입니다. "모세가 그 피를 가지고 백성에게 뿌리며 이르되 이는 여호와께서 이 모든 말씀에 대하여 너희와 세우신 언약의 피니라"(출 24:8)고 세우신 것이 첫 언약입니다. 그런데 성경은 "저 첫 언약이 무흠(無欠) 하였더면 둘째 것(새 언약)을 요구할 일이 없었으려니와"(히 8:7) 합니다. 그러므로 하나님께서는, "나 여호와가 말하노라 보라 날이 이르리니 내가 이스라엘 집과 유다 집에 새 언약을 세우리라"(렘 31:31)고 미리 예언케 하셨던 것입니다. "새 언약"을 세우신다는 것은 첫 언약이 흠이 있었기 때문이라는 것입니다.

그렇다면 어디에 결함이 있었을까요? "이는 황소와 염소의 피가 능히 죄를 없이하지 못함이라"(히 10:4) 하신 제물이 흘린 "피"에 결함이 있었던 것입니다. 여기서 말씀하는 피는 죽음을 뜻합니다. 즉 짐승이 죽임을 당하여 흘리는 피로는 사람이 범한 죄를 대속할 수가 없다는 것입니다. 짐승의 죽음으로는 "네가 먹는 날에는 반드시 죽으리라"고 선언하신 "하나님의 공의"를 충족시킬 수가 없다는 말씀입니다.

그렇다면 첫 언약의 결함을 충족시켜드릴 수 있는 제물의 구비조건은 무엇인가? 첫째는 짐승이 아니라 "몸", 즉 사람이어야만 했습니다. 둘째는 흠, 즉 죄가 없어야만 했습니다. 그러나 이 조건을 구비한 대속물은 인간 중에는 없었던 것입니다. 그리하여 "말씀이 육신이 되어" (요 1:14) 이 땅에 오시는 임마누엘 사건이 있게 된 것입니다. 하나님께서는 "자기 아들을 죄 있는 육신의 모양으로 보내어 육신에 죄를 정" (롬 8:3)하사 이를 성취하셨던 것입니다. 이점에서 유의해야 할 점은 첫 언약으로는 안 되니까 새 언약을 세우신 것이 아니라는 점입니다.

하나님은 "여자의 후손은 네 머리를 상하게 할 것이요 너는 그의 발꿈치를 상하게 할 것이라" (창 3:15) 하신 때부터 이를 작정하셨던 것입니다. 여자의 후손으로 오신 주님은 지금 뱀의 머리를 상하게 하시려는 것이요, 사탄은 주님의 발꿈치를 상하게 하려는 것입니다. 다시 강조합니다만 주님께서 만찬석상에서, "이 잔은 내 피로 세우는 새 언약이니 곧 너희를 위하여 붓는 것이라"고 선언하신 말씀은 다름이 아니라 첫 언약은 낡아지고 쇠하여 없어지고 새 언약으로 개혁(改革)하는 역사적인 순간이었던 것입니다(히 8:13, 9:10). 얼마나 중요한 분기점(分岐點)입니까? 이를 선포하시기 위해서 주님은, "고난을 받기 전에 너희와 함께 이 유월절 먹기를 원하고 원하셨던" 것입니다.

그렇다면 이런 물음이 제기 됩니다. 첫 언약, 즉 "황소와 염소의 피가 능히 죄를 없이하지 못하였다" (히 10:4)면 첫 언약 하에 있던 성도들의 구원 문제는 어떻게 되는 것인가? 이점을 성경은 대답하기를, "이로 말미암아 그는 새 언약의 중보자시니 이는 첫 언약 때에 범한 죄에서 속량하려고 죽으사 부르심을 입은 자로 하여금 영원한 기업의 약속을 얻게 하려 하심이라" (히 9:15)고 말씀합니다. 놀랍지 않습니까? 주님은 첫 언약 하에 있던 성도들, 그러니까 구약시대의 죄까지도 담당하시기 위하여 대속제물이 되시려는 것입니다. 구약의 성도들도 예수 그리스도로 말미암아 구원을 얻게 되는데, 그들은 오실 그리스도를 그림자를 통하여 멀리서 바라보며 믿었고, 신약의 성도들은 이미 오신 그리스도를 바라보며 믿는다는 차이뿐입니다.

첫 언약과 새 언약의 차이점

이점에서 첫 언약과 새 언약의 내용이 어떻게 다른가 하는 점을 생각해보아야만 하겠습니다. 구원사에 있어서 해결해야 할 가장 큰 난제(難題)는 죄인이 어떻게 하나님 앞에 의롭다함을 얻을 수가 있느냐 하는 점입니다. 이점만 해결이 되면 "의롭다 하시고, 영화롭게 하셨나니라"가 끊어짐이 없이 성취되어 가게 되는 것입니다. 문제는 의롭다함을 얻지 못하면 하나님 앞에 나아갈 수가 없다는 점입니다.

첫 언약의 내용은 모세가, "언약서를 가져다가 백성에게 낭독하여 듣게 하니 그들이 이르되 여호와의 모든 말씀을 우리가 준행하리이다" (출 24:7) 했습니다. 그들은 행함으로 하나님 앞에 의롭다함을 얻겠다고 약속한 것입니다. 이를 가리켜 행위언약(行爲言約)이라고 말하는데 그들은 약속대로 다 준행을 했단 말인가? 성경은, "율법의 행위로 그의 앞에 의롭다 하심을 얻을 육체가, 하나도 없다" (롬 3:20, 12)고 단언합니다. 그러므로 첫 언약은 결과적으로, "이 율법의 말씀을 실행하지 아니하는 자는 저주를 받을 것이라 할 것이요 모든 백성은 아멘 할지니라" (신 27:26) 한, 정죄와 저주와 죽이는 법이 되고 만 것입니다.

그러나 새 언약은, "곧 예수 그리스도를 믿음으로 말미암아 모든 믿는 자에게 미치는 하나님의 의니 차별이 없느니라" (롬 3:22)고 말씀합니다. 그렇다면 예수 그리스도의 무엇을 믿으면 의롭다함을 얻을 수가 있다는 말인가? "그리스도 예수 안에 있는 속량으로 말미암아 하나님의 은혜로 값없이 의롭다 하심을 얻은 자 되었느니라" (롬 3:24)한 "속량"입니다. "이는 그리스도 예수 안에 있는 생명의 성령의 법이 죄와 사망의 법에서 너를 해방하였음이라" (롬 8:2) 한, "구속" (救贖)을 믿는 것을 의미합니다.

이것이 새 언약의 내용입니다. 아버지 되시는 하나님과 아들 되시는 그리스도 간에 언약하시기를 인류의 죄를 주님이 대신 담당하심으로 이를 믿는 자들을 의롭다고 여겨주시고 영접해주시기로 약속하셨다는 이것이 새 언약입니다. 구약시대 중보자는 모세인 것 같으나 성경은, "하나님은 한 분이시요 또 하나님과 사람 사이에 중보자도 한 분이시니 곧 사람이신 그리스도 예수라" (딤전 2:5), 즉 중보는 둘이 아니라 한 분이라 말씀합니다. 모세는 그리스도를 예표하는 인물로 세움을 입은 것입니다.

"만일 누가 죄를 범하여도 아버지 앞에서 우리에게 대언자(중보자)가 있으니 곧 의로우신 예수 그리스도시라 그는 우리 죄를 위한 화목제물이니 우리만 위할 뿐 아니요 온 세상의 죄를 위하심이라" (요일 2:1-2)고 말씀합니다. 무엇이라 대언하시는가? "그가 범한 죄를 제가 대신 책임지겠다" 하십니다. "그러므로 자기를 힘입어 하나님께 나아가는 자들을 온전히 구원하실 수 있으니 이는 그가 항상 살아 계셔서 그들을 위하여 간구하심이라" (히 7:25)고 말씀합니다.

"너희는 이를 행하여 나를 기념하라" (19하) 하신 말씀 속에는 이러한 은혜가 내포되어 있는 것입니다. 성찬의 떡과 포도주는 화체설(化體說)처럼 주님의 살과 피로 화하여지는 것이 아닙니다. 만일 그렇게 화한다면 떡과 포도주에 생명이 있는 것같이 되고 맙니다. 아닙니다. 중요한 것은, "나 여호와가 말하노라 보라 날이 이르리니 내가 이스라엘 집과 유다 집에 새 언약을 세우리라" (렘 31:31) 하신 "언약"이요, 언약하신 대로 "이 잔은 내 피로 세우는 새 언약이라" (20) 하신 예수 그리스도의 대속의 피에 있는 것입니다. 그리고 하나님의 언약과 성취를 나의 것으로 받아드리는 믿음입니다.

그리고 우리가 행해야 할 사명은, "너희는 이 떡을 먹으며 이 잔을 마실 때마다 주의 죽으심을 오실 때까지 전하는 것이니라" (고전 11:26)는 말씀인데 이는 전도를 염두에 두고 한 말씀이 아닙니다. 왜냐하면 "이 떡을 먹으며 이 잔을 마실 때마다", 즉 성찬을 베풀 때를 두고 말씀하고 있기 때문입니다. 이런 뜻입니다. 구약의 성도들이 유월절 예식을 행한 것처럼 신약의 성도들도 성찬을 행할 때에 자녀들은, "이 예식이 무슨 뜻이냐" 묻고, 부모들은 "성경대로 그리스도께서 우리 죄를 위하여 죽으시고 장사 지낸바 되었다가 성경대로 사흘 만에 다시 살아나셨다" (고전 15:3-4)는 점을 오실 때까지 전해주어 복음을 망각하지 않도록 계승시켜 나가라는 뜻입니다.

유월절과 오순절과 초막절의 의미

부언할 말씀이 있습니다. 하나님께서는, "너의 중 모든 남자는 일 년 삼차 곧 무교절(유월절)과 칠칠절(오순절)과 초막절" (신 16:16)을 지키라 명하십니다. 이를 가리켜 3대 절기라 하는데 이는 구속사에 있어서 중요한 의미가 있기 때문입니다. 우리는 유월절이 영적으로 어떻게 성취되었는가를 상고해 보았습니다. 우리는 사도행전을 통해서 성령께서 강림하심으로 오순절도 성취(행2:1)되는 것을 보게 됩니다. 이제 남은 것은 초막절입니다.

주님은 초막절의 마지막 날을 가리켜서, "명절 끝 날 곧 큰 날" (요 7:37)이라고 말씀하시는데, 어찌하여 "큰 날"이 되는가? 그 날은 초막에 거하던 광야생활을 끝마치고 약속의 땅에 입성하게 되기 때문인데, 이는 주님께서 재림하심으로 성취가 될 하나 남은 약속입니다. 지금 우리들은 광야와 같은 이 세상을 살아가면서 많은 고난을 당하고 있지만 유월절과 오순절을 성취하여주신 하나님께서는 초막절도 성취하여 주실 것을 확신하고도 남음이 있는 것입니다.

셋째 단원(24-38) 하나님의 나라를 제자들에게 위탁하심

"또 그들 사이에 그 중 누가 크냐 하는 다툼이 난지라" (24) 합니다. 먼저 염두에 두어야 할 점은 본 단원이 제자들과의 마지막 교제요, 마지막 교훈이라는 점입니다. 주님의 3년의 공생애를 통한 제자훈련은 여기서 대단원의 막을 내리게 됩니다. 이제 남은 것은 주님 홀로 담당하셔야 할 십자가 사역뿐입니다. "내가 가는 곳에 네가 지금은 따라올 수 없으나 후에는 따라오리라" (요 13:36) 하십니다. 그렇다면 제자들을 위한 마지막 사역이 무엇이 남았을까?

㉠ "내 아버지께서 나라를 내게 맡기신 것같이 나도 너희에게 맡기노라"(29) 하신 "하나님의 나라"를 제자들에게 위탁하신 일입니다.

㉡ 이 위임은, "아버지께서 나를 보내신 것 같이 나도 너희를 보내노라"(요 20:21)

하신 것과 짝을 이루는 말씀입니다.

㉢ 한 곳을 더 인용한다면, "만국을 다스리는 권세를 주리니 그가 철장을 가지고 그들을 다스려 질그릇 깨뜨리는 것과 같이 하리라 나도 내 아버지께 받은 것이 그러하니라"(계2:26-27)는 말씀이 될 것입니다.

나도 너희에게 맡기노라

주님의 사역의 중심에는 언제나 "하나님의 나라"가 있었는데, 이제 떠나시려는 주님은 제자들에게 위탁하시는 것입니다. 이는 실로 엄청난 위임(委任)인데 설명을 가한다면 이런 뜻입니다.

㉠ 1500년 동안이나 그림자로 지켜 내려오던 유월절을 영적으로 성취하는 일은, "내가 할 것이다",

㉡ 그 후에 성령이 임하시면 이 복음을 증언하여, "하나님의 나라를 확장해나가야 할 사명은 너희에게 맡긴다".

㉢ 그리고 "내가 재림함으로 완성을 할 것이다", 이런 의미가, "아버지께서 나라를 내게 맡기신 것같이 나도 너희에게 맡기노라"는 뜻입니다.

주님은 예루살렘으로 올라오시면서, "진실한 청지기가 되어 주인에게 그 집 종들을 맡아 때를 따라 양식을 나누어 줄 자가 누구냐 주인이 이를 때에 그 종이 그렇게 하는 것을 보면 그 종은 복이 있으리로다"(12:42-43) 하고, 어린 양을 부탁하신 바가 있습니다. 그러므로 위임(委任) 받은 "하나님의 나라"를 위하여, "그 집 종들"을 돌보는 청지기의 사역은 주인이 다시 오시는 날까지 계속 될 것입니다. 그러므로 이 말씀은 형제에게도 적실성이 있는 말씀인 것입니다. 그래서 주님은 "볼지어다 내가 세상 끝 날까지 너희와 항상 함께 있으리라"(마 28:20)고 약속하셨던 것입니다.

하나님의 나라를 위임받은 자에게는 양면성(兩面性)이 있게 되는데

㉠ 첫째는, "너희는 나의 모든 시험 중에 항상 나와 함께 한 자들인즉"(28) 하신 고난(苦難)입니다. 주님은 지금까지 아버지께서 맡겨주신 나라를 위하여 모든 시험과 고난을 받으셨습니다. 이제 주님은 고난의 절정인 십자가를 앞에 놓고 계십니다. 그러한 고난은 하나님의 나라를 위임받는 제자들에게도 있는 것입니다. 그래서 "누구든지 자기 십자가를 지고 나를 좇지 않는 자도 능히 나의 제자가 되지 못하리라"(14:27)고 말씀하셨던 것입니다.

그러므로 하나님의 나라를 "위탁"하시는 것에는 주님께서 받으신 "고난"도 함께 위탁하신다는 의미가 있습니다. 그러하건만 제자들은 십자가 앞에서, "그 중 누가 크냐"(24) 하고 다투고 있습니다. 이는 세상 나라에서나 있는 일이라 하십니다. "너희는 그렇지 않을지니"(26) 하시면서 하나님의 나라는 세상 나라와는 달리, "나는 섬기는 자로 너희 중에 있느니라"(27), 즉 "섬기는 자"가 되어야 할 것을 말씀하십니다.

나라를 위임받은 자에 따르는 양면성

㉡ 둘째는, "너희로 내 나라에 있어 내 상에서 먹고 마시며 또는 보좌에 앉아 이스라엘 열두 지파를 다스리게 하려 하노라"(30) 하신, 영광(榮光)입니다. 이 영광에는 아무나 참여하는 것은 아닙니다. 주님은, "너희는 나의 모든 시험 중에 항상 나와 함께 한 자들"이기 때문에, "내 상에서 먹고 마시며" 하십니다. 이점을 사도 바울은, "우리가 그와 함께 영광을 받기 위하여 고난도 함께 받아야 될 것이니라"(롬 8:17) 합니다.

구약성경에는 이에 대한 좋은 예가 있는데, 다윗은 왕위에 오른 후에, "사울의 집에 아직도 남은 사람이 있느냐 내가 요나단으로 말미암아 그 사람에게 은총을 베풀리라"(삼하 9:1)고 찾습니다. 다윗은 요나단이 자신의 고난에 동참하였던 일과 그와 맺은 약속을 기억하고 그 약속을 지켜주려 하는 것입니다. 그리하여 요나단의 아들 므비보셋에게, "너는 항상 내 상에서 떡을 먹을지니라"(삼하 9:7)고 말하는데 이 말이 네 번이나 강조되어 있습니다. 그리하여 "므비보셋은 왕자 중 하나처럼 왕의 상에서 먹으니라"(삼하 9:11) 합니다. 이것입니다. 만일 요나단이 부친 사울과 합세하여 다윗을 박해하였다면 이는 상상할 수도 없는 일이었던 것입니다.

고난과 영광, 이것이 주님께서 하나님의 나라를 제자들에게 위탁하실 때에 함께 맡겨주신 양면성입니다. 고난에 참여함이 없는 영광은 없습니다. 이점을 바울은, "미쁘다 이 말이여 우리가 주와 함께 죽었으면 또한 함께 살 것이요 참으면 또한 함께 왕 노릇할 것이요 우리가 주를 부인하면 주도 우리를 부인하실 것이라"(딤후 2:11-12) 합니다. 이처럼 엄청난 사명을 위탁(委託)받은 제자들은 22장에서 어떤 모습을 보여주고 있는가?

㉠ "또 그들 사이에 그 중 누가 크냐"(24) 하는 다툼이 난지라 합니다. 이것이 3년이나 주님을 따라서 여기까지 온 제자들의 모습이란 말인가?

㉡ "어찌하여 자느냐"(46). 이것이 땀방울이 피 방울 같이 되는 주님의 기도 중에 자고 있는 나약한 제자들의 모습입니다.

㉢ "베드로가 부인하여 이르되 이 여자여 내가 그를 알지 못하노라"(57). 이것이 큰소리치던 수제자의 모습입니다.

우리들의 연약을 아시는 주님은, "시몬아, 시몬아, 보라 사탄이 너희를 밀 까부르듯 하려고 요구하였으나 그러나 내가 너를 위하여 네 믿음이 떨어지지 않기를 기도하였노니 너는 돌이킨 후에 네 형제를 굳게 하라" (31-32) 하십니다. 베드로가 통곡을 하면서 돌이킬 수 있었던 것이나 우리가 이만큼의 믿음을 유지하는 것도, "죽으실 뿐 아니라 다시 살아나신 이는 그리스도 예수시니 그는 하나님 우편에 계신 자요 우리를 위하여 간구하시는 자시니라" (롬 8:34) 한 주님의 붙드심이라는 점을 잊지 마십시다.

베드로, 요한, 바울 등은 위임 받은 선한 싸움을 싸우고 달려갈 길을 마치고 안식하는 교회에 속해 있습니다. 지금 그들을 불러다가 사역하게 할 수는 없습니다. 이제 구속사의 무대에는 내 모습 이대로 형제가 세움 받은 것입니다. 주님은 기록된 말씀을 통하여 지금도 형제에게 말씀하고 계십니다. "내 아버지께서 나라를 내게 맡기신 것같이 나도 너희에게 맡기노라"!!

넷째 단원(39-71) 아버지의 원대로 되기를 원하나이다

"예수께서 나가사 습관을 따라 감람산에 가시매 제자들도 따라갔더니 그 곳에 이르러 그들에게 이르시되 유혹에 빠지지 않게 기도하라 하시고" (39-40), 제자들에게 하나님의 나라를 위탁하신 주님은 감람산으로 향하셨습니다. 그들을 떠나 돌 던질 만큼 가서 무릎을 꿇고 기도하시기를, "아버지여 만일 아버지의 뜻이거든 이 잔을 내게서 옮기시옵소서 그러나 내 원대로 마시옵고 아버지의 원대로 되기를 원하나이다" (42) 하십니다. 주님 기도의 핵심은 "아버지의 뜻이거든" 하신 "하나님의 뜻, 하나님의 원대로" 에 있습니다. 주님은 우리들이 하고 있는 방식대로 자신의 요구를 관철시키기 위하여 그처럼 힘쓰고 애써 기도하신 것이 아닙니다. 도리어 하나님의 뜻을 묻고 아버지의 원하시는 대로 되어지이다 라고 의탁하셨습니다.

"하나님의 뜻", 이는 겟세마네 동산의 기도중심만은 아닙니다. 주님의 전 생애와 사역에 있어서 언제나 중심에는 "아버지의 뜻"이 있었습니다. 주님은 말씀하십니다. "나의 양식은 나를 보내신 이의 뜻을 행하며 그의 일을 온전히 이루는 이것이니라(요 4:34), 내가 하늘에서 내려온 것은 내 뜻을 행하려 함이 아니요 나를 보내신 이의 뜻을 행하려 함이니라" (요 6:38-39). 심지어 이렇게까지 말씀하십니다. "내가 아무것도 스스로 할 수 없노라 듣는 대로 심판하노니 나는 나의 뜻대로 하려 하지 않고 나를 보내신 이의 뜻대로 하려는 고로 내 심판은 의로우니라" (요 5:30).

그러면 독생자를 보내신 하나님의 뜻, 하나님의 원하심은 무엇이었는가? "여호와께서 그에게 상함을 받게 하시기를 원하사 질고를 당하게 하셨은즉" 한, 십자가를 담당하시는 것, 대속제물이 되시는 것이었습니다. 왜 그렇게 원하셨는가? 두 가지를 위해서였는데

㉠ 첫째는, "그의 영혼을 속건제물로 드리기에 이르면 그가 씨를 보게 되며"(사 53:10) 한 "씨"가 퍼지게 하기 위해서인데 그 씨가 허물과 죄로 죽었던 형제를 거듭나게 한 것입니다.

㉡ 둘째는, "그가 자기 영혼의 수고한 것을 보고 만족하게 여길 것이라 나의 의로운 종이 자기 지식으로 많은 사람을 의롭게 하며 또 그들의 죄악을 친히 담당하리로다"(사 53:11 한), 형제를 "의롭다"고 여겨주시기 위해서 하나님은 자기 아들이 대속제물이 되기를 원하셨던 것입니다. 우리 주님은 힘이 모자라서 십자가를 담당하신 것이 절대로 아닙니다. 주님은 말씀합니다. "이를 내게서 빼앗는 자가 있는 것이 아니라 내가 스스로 버리노라 나는 버릴 권세도 있고 다시 얻을 권세도 있으니"(요 10:18) 하십니다. 베드로는 증언하기를, "그가 하나

님께서 정하신 뜻과 미리 아신 대로 내준바 되었다"(행 2:23)고 말씀합니다. 그래서 "또 그의 손으로 여호와께서 기뻐하시는 뜻을 성취하리로다"(사 53:10)고 말씀하는 것입니다.

하나님의 주권을 세워드려야 할 사명

어찌하여 성경을 구속사의 관점에서 해석하고 설교해야만 하는가?

㉠ 첫째가 하나님의 주권(主權), 즉 하나님의 뜻을 세워드리기 위해서입니다. 구속사란 하나님이 계획하시고 언약하신 대로 주권적으로 성취해 나가시는 역사이기 때문입니다. 그러므로 하나님의 주권을 세워드려야 할 책임이 설교자들에게는 있는 것입니다.

㉡ 둘째는, "이 성경이 곧 내게 대하여 증언하는 것이니라"(요 5:39) 하신 예수 그리스도를 증언하기 위해서입니다. 창세기 3장에서 "죄"가 들오자, 4장에서 즉각적으로 양의 첫 새끼가 제물로 드려짐으로 아벨을 받아주시는 것이 가능하게 되고, 성경 마지막 책, 마지막 장인 계시록 22:1절까지, "생명수의 강을 내게 보이니 하나님과 및 어린 양의 보좌로부터 나와서" 하고, 어린 양으로 시작하여 어린 양으로 마치고 있는 것이 성경입니다.

㉢ 셋째는, 하나님의 선하시고 신실하심을 증언하기 위해서입니다. 구속사의 관점으로 성경을 보게 되면 하나님은 언약하신 바를 반드시 지켜주셨으며 한 번 하신 말씀은 반드시 성취하시고야 마는 선하시고 신실하신 하나님을 만나게 되는 것입니다.

㉣ 넷째는, 지금까지 성취해 오신 구속의 역사를 통해서 한 가지 남은 약속, 즉 우리를 영접하러 다시 오신다는 재림의 약속도 반드시 지켜주신다는 확신을 성

도들에게 심어주게 되는 것입니다.

ⓜ 다섯째는, 성도 개개인이 창세기에서 시작하여 요한 계시록에서 완성되는 구속사의 동일선상(同一線上)에 서 있음을 자각(自覺)하게 합니다. 이는 자신의 위치와 사명이 무엇인가를 일깨워주는 중요한 각성(覺醒)인 것입니다.

ⓑ 마지막으로 이를 깨닫고 하나님을 더욱 사랑하며 경외하기를 배우게 하기 위해서인 것입니다. 하나님의 주권과 선하심과 신실하심을 깨달았다면 감사하며 찬양하며 자랑(전파)하지 않을 수가 없는 것입니다. 이처럼 구속사역은 "모든 일을 그 마음의 원대로 역사 하시는 자의 뜻을 따라"(엡 1:11) 성취되어 나아가는 "하나님의 큰 일"(1:49, 행 2:11)인 것입니다.

이제는 너희 때요 어두움의 권세로다

"말씀하실 때에 한 무리가 오는데 열둘 중의 하나인 유다라 하는 자가 그들을 앞장서 와서 예수께 입을 맞추려고 가까이 하는지라" (47-48), 주님은 잡으러 온 대제사장들과 성전의 경비대장들과 장로들에게, "너희가 강도를 잡는 것 같이 검과 몽치를 가지고 나왔느냐 내가 날마다 너희와 함께 성전에 있을 때에 내게 손을 대지 아니하였도다 그러나 이제는 너희 때요 어둠의 권세로다" (52-53)고 말씀하십니다.

"너희 때요 어두움의 권세로다" 하셨는데 무슨 뜻인가? 이는 우리 주님께서 한 때나마, "어두움의 권세" 하에 놓이신 때가 있으셨다는 점을 말해줍니다. 이점을 사도 바울은, "이는 그리스도께서 죽은 자 가운데서 살아나셨으매 다시 죽지 아니하시고 사망이 다시 그를 주장하지 못할 줄을 앎이로라" (롬 6:9)고 말씀합니다. 그러니까 한 때나마 사망이 주님을 주장한 때가 있었다는 것입니다. 그렇습니다. 주님을 십자가에 못 박아 죽이고 장사하고 무덤을 인봉(印封)하던 때가 사망이 주님을 "주장"하던 때였습니다. 이것이 "이제는 너희 때요 어두움의 권세로다" 하신 의미입니다.

그렇다면 주님께서 어찌하여 사망의 권세 하에 들어가셔야만 했는가? 잃어버린 자들이 사망에게 매여 그곳에 붙들려 있었기 때문입니다. 그런 상태에 있는 우리들을 구출하기 위해서 주님은 사망 하에 들어가셨던 것입니다. 성경은 이를 설명하기를, "자녀들은 혈과 육에 속하였으매 그도 또한 같은 모양으로 혈과 육을 함께 지니심은 죽음을 통하여 죽음의 세력을 잡은 자 곧 마귀를 멸하시며 또 죽기를 무서워하므로 한평생 매여 종노릇 하는 모든 자들을 놓아 주려 하심이니" (히 2:14-15) 라고 설명해 줍니다.

사망의 권세 하에 들어오셨던 주님이 무덤을 깨치고 다시 살아나셨다는 것은 사망 권세를 이기셨다는 명백한 증거인 것입니다. 그리하여 예수님을 죽이기만 하면 승리하는 줄 알았던 마귀는 도리어 "머리를 상하게" 되었고, 사망권세 하에 매여 있던 우리들은 해방이 되었던 것입니다. 시편에는 이를 묘사하고 있는 아름다운 시가 있습니다.

> 사람이 흑암과 사망의 그늘에 앉으며 곤고와 쇠사슬에 매임은
> 하나님의 말씀을 거역하며 지존자의 뜻을 멸시함이라
> 그러므로 그가 고통을 주어 그들의 마음을 겸손하게 하셨으니
> 그들이 엎드러져도 돕는 자가 없었도다
> 이에 그들이 그 환난 중에 여호와께 부르짖으매
> 그들의 고통에서 구원하시되
> 흑암과 사망의 그늘에서 인도하여 내시고

그들의 얽어 맨 줄을 끊으셨도다
여호와의 인자하심과 인생에게 행하신 기적으로 말미암아
그를 찬송할지로다
그가 놋문을 깨뜨리시며 쇠빗장을 꺾으셨음이로다
(시 107:10-16).

구원 얻기 전의 우리들의 처참한 상태를 보십시오. 그러한 우리들을, "그가 놋 문을 깨뜨리시며 쇠 빗장을 꺾으셨음이로다" (14) 합니다. 이를 위하여 주님은 한 때나마 어두움의 권세 하에 들어가셨으며, 우리를 구원하시기 위해 당하시는 고난과 수모를 마다하지 않으셨습니다.

잡히신 주님은 먼저 공회 앞에서 종교재판을 받으셨는데 심문의 초점은, "네가 그리스도이거든 말하라" (67)는 것이었습니다. 주님은, "내가 말할지라도 너희가 믿지 아니할 것이요" 하시면서, "그러나 이제부터는 인자가 하나님의 권능의 우편에 앉아 있으리라" (69)고 묻지 않는 점까지를 말씀하십니다.

그러자 저들은, "그러면 네가 하나님의 아들이란 말이냐" (70)고 말하고 주님은 "너희 말과 같이 내가 그니라" (70) 하십니다. 누가는 복음서의 시작부터 마지막까지, "예수가 누구신가? 왜 오셨는가?" 이 두 주제를, 구약성경을 들어 입증하기 위해서 복음서를 기록하고 있는 것입니다. 그리고 이 두 주제가 설교자들이 증언해야 할 복음인 것입니다. 이것이 "유월절의 영적인 성취"입니다.

The Book of Luke

누가복음 23장 개관도표

주제 : 자기 아들을 화목제물로 세우신 하나님

죄를 찾지 못하였다	**1-25** 1 무리가 다 일어나 예수를 **빌라도에게 끌고 가서** 2 **고발하여 이르되** 우리가 이 사람을 보매 우리 **백성을 미혹하고 가이사에게 세금 바치는 것을** 금하며 자칭 **왕 그리스도라** 하더이다 하니 3 빌라도가 예수께 물어 이르되 **네가 유대인의 왕이냐** 대답하여 이르시되 **네 말이 옳도다** 4 빌라도가 대제사장들과 무리에게 이르되 내가 보니 **이 사람에게 죄가 없도다** 하니 8 **헤롯이 예수를 보고** 매우 기뻐하니 이는 그의 소문을 들었으므로 보고자 한 지 오래였고 또한 무엇이나 이적 행하심을 볼까 바랐던 연고러라 9 여러 말로 물으나 아무 말도 대답하지 아니하시니 14 이르되 너희가 이 사람이 백성을 미혹하는 자라 하여 내게 끌고 왔도다 보라 내가 너희 앞에서 심문하였으되 너희가 고발하는 일에 대하여 **이 사람에게서 죄를 찾지 못하였고** 15 **헤롯이 또한** 그렇게 하여 그를 우리에게 도로 보내었도다 보라 **그가 행한 일에는 죽일 일이 없느니라** 21 그들은 소리 질러 이르되 **그를 십자가에 못 박게 하소서 십자가에 못 박게 하소서** 하는지라 22 빌라도가 세 번째 말하되 이 사람이 무슨 악한 일을 하였느냐 **나는 그에게서 죽일 죄를 찾지 못하였나니** 24 이에 빌라도가 **그들이 구하는 대로 하기를 언도하고**
십자가에 못박고	**26-38** 26 그들이 예수를 끌고 갈 때에 **시몬이라는 구레네 사람이** 시골에서 오는 것을 붙들어 그에게 십자가를 지워 예수를 따르게 하더라 27 또 백성과 및 그를 위하여 가슴을 치며 슬피 우는 여자의 큰 무리가 따라오는지라 28 예수께서 돌이켜 그들을 향하여 이르시되 **예루살렘의 딸들아 나를 위하여 울지 말고 너희와 너희 자녀를 위하여 울라** 33 해골이라 하는 곳에 이르러 거기서 **예수를 십자가에 못 박고** **두 행악자도 그렇게 하니** 하나는 우편에, 하나는 좌편에 있더라 34 이에 예수께서 이르시되 **아버지 저들을 사하여 주옵소서** 자기들이 하는 것을 알지 못함이니이다 하시더라 그들이 그의 옷을 나눠 제비 뽑을새 38 그의 위에 이는 **유대인의 왕이라 쓴 패가 있더라**
휘장이 찢어짐	**39-49** 39 달린 **행악자 중 하나는** 비방하여 이르되 네가 그리스도가 아니냐 너와 우리를 구원하라 하되 40 **하나는 그 사람을 꾸짖어 이르되** 네가 동일한 정죄를 받고서도 하나님을 두려워하지 아니하느냐 41 우리는 우리가 행한 일에 상당한 보응을 받는 것이니 이에 당연하거니와 **이 사람이 행한 것은 옳지 않은 것이 없느니라 하고** 42 이르되 예수여 **당신의 나라에 임하실 때에 나를 기억하소서** 하니 43 예수께서 이르시되 내가 진실로 네게 이르노니 **오늘 네가 나와 함께 낙원에 있으리라** 하시니라 45 **성소의 휘장이 한가운데가 찢어지더라** 46 예수께서 큰 소리로 불러 이르시되 아버지 **내 영혼을 아버지 손에 부탁하나이다** 하고 이 말씀을 하신 후 숨지시니라 47 백부장이 그 된 일을 보고 하나님께 영광을 돌려 이르되 **이 사람은 정녕 의인이었도다** 하고
요셉	**39-71** 50 공회 의원으로 선하고 의로운 **요셉이라 하는 사람이 있으니** 52 그가 빌라도에게 가서 **예수의 시체를 달라 하여** 53 이를 내려 세마포로 싸고 아직 사람을 장사한 일이 없는 **바위에 판 무덤에 넣어 두니** 56 돌아가 향품과 향유를 준비하더라

23장

자기 아들을 화목제물로 세우신 하나님

23장은 주님께서 빌라도에게 정치적인 재판을 받으시고, 십자가에 못 박혀 죽으시고, 장사되는 내용입니다. 주님은 극악무도한 죄인을 처형하는 십자가형을 당하셨습니다. 그런데 본문에는 "죄가 없으시다"는 점이 반복적으로 강조되어 있습니다. 빌라도를 통해(4), 헤롯을 통해(15), 심지어 함께 달린 한 강도를 통해(41), 사형집행관인 백부장을 통해(47), 주님의 시체를 장사지낸 아리마대 요셉을 통해(51) 주님의 죄 없으심이 드러나고 있습니다. "주님은 죄가 없었다, 그럼에도 불구하고 십자가에 달려죽으셨다", 이를 통해서 증언하고자 하는바가 무엇인가? 우리를 대신한, "대속적인 죽음"을 당하셨다는 점을 증언하고 있는 것입니다.

그래서 누가는 사도행전에서, "그가 하나님의 정하신 뜻과 미리 아신 대로 내어준 바 되었다"(행 2:23)고 증언하고, 사도 바울은 "이 예수를 하나님이 그의 피로써 믿음으로 말미암는 화목제물로 세우셨으니"(롬 3:25) 라고 증언하고 있습니다. 자기 아들을 십자가에 "내어주신 이도, 세우신 이"도 하나님 아버지 자신이었다고 말씀합니다. 그러므로 23장의 주제가 "자기 아들을 화목제물로 세우신 하나님"이 될 수가 있습니다. 네 단원으로 나누어 상고합니다.

첫째 단원(1–25) **이 사람에게서 죄를 찾지 못하였다**

둘째 단원(26–38) **예수를 십자가에 못 박고**

셋째 단원(39–49) **성전 휘장이 찢어짐**

넷째 단원(50–56) **저의 결의에 가타 하지 않은 요셉**

첫째 단원(1–25) 이 사람에게서 죄를 찾지 못하였다

"무리가 다 일어나 예수를 빌라도에게 끌고 가서 고발하여 이르되 우리가 이 사람을 보매 우리 백성을 미혹하고 가이사에게 세금 바치는 것을 금하며 자칭 왕 그리스도라 하더이다 하니"(1-2). 예수님은 두 번의 재판을 받으셨는데 산헤드린 공회에서 받은 종교적인 재판과, 빌라도 앞에서 받으신 정치적인 재판입니다. 그들은 빌라도에게 세 가지 죄목을 들어 고소합니다.

㉠ 백성을 미혹하는 자,

㉡ 가이사에게 세 바치는 것을 금하는 자,

㉢ 자칭 왕 그리스도라 하는 자(2)라 했습니다.

공회 앞에서의 죄목은(22:70-71), 자신을 "하나님의 아들"이라고 칭한다는 신성모독 죄였으나, 빌라도 앞에서 송사 할 때는, "가이사에게 세금 바치는 것을 금하며 자칭 왕"이라 한다는 정치적인 죄를 들어서 고소한 것입니다. 왜냐하면 종교적인 죄를 가지고는 사형에 처할 수가 없음을 알았기 때문입니다. 그러나 빌라도는 저들이 고소하는 동기가 정치적인 문제가 아니라, 종교적인 갈등임을 알아차린 것입니다.

그리하여, "내가 보니 이 사람에게 죄가 없도다"(4)고 말합니다. 그러자 저들은 "갈릴리에서부터 시작하여 여기까지 와서 백성을 소동하게"(5) 했다고 말합니다. 저들이 "갈릴리"를 들먹인 의도는 그 지방이 반역의 고장이었기 때문입니다. 그러자 빌라도는 예수가 갈릴리 사람임을 알고 갈릴리를 관할하고 있는 헤롯 안디바스에게 보냄으로 골치 아픈 문제를 전가시키려했습니다. 헤롯은 유월절을 지키기 위하여 마침 예루살렘에 와 있었습니다.

죄를 찾지 못한 헤롯

"헤롯이 예수를 보고 매우 기뻐하니 이는 그의 소문을 들었으므로 보고자 한지 오래였고 또한 무엇이나 이적 행하심을 볼까 바랐던 연고러라"(8) 합니다. 이 헤롯은 세례 요한을 죽인 자인데 예수님을 보고자 한 것은 사람들이 예수님을 가리켜 죽은 요한이 살아났다고 말하기 때문이요((9:9), 기사이적에 대한 소문을 들었기 때문입니다. 그리스도와 헤롯의 만남, 이것은 헤롯에게 주어진 마지막 긍휼의 시간이기도 했습니다. 그러나 헤롯은 주님을 구경거리로 대했던 것입니다.

"여러 말로 물으나 아무 말도 대답지 아니"(9) 하실 수밖에 없으셨습니다. 헤롯도 예수님에게 죄가 없음을 알았다는 점이 빌라도가, "헤롯이 또한 그렇게 하여 그를 우리에게 도로 보내었도다"고 말한 데서 드러납니다. 헤롯은 자신의 위세를 부리고 싶어서였을까요? "군병들과 함께 예수를 업신여기며 희롱하고 (왕이 입는) 빛난 옷을 입혀" (11) 빌라도에게 도로 보냈던 것입니다.

이 사람에게서 죄를 찾지 못하였다

빌라도는 벗어버린 줄로 알았던 짐이 다시 자기에게로 돌아오자 재차, "죄를 찾지 못하였음"을 말하면서 "때려서 놓겠노라" (16) 합니다. 유월절과 같은 명절을 당하면 무리의 소원대로 죄수 하나를 놓아주는 전례가 있었는데 이 시점에 "민란과 살인"으로 말미암아 옥에 갇힌 자" (18-19) 바라바가 등장하여, "너희는 내가 누구를 놓아주기를 원하느냐 바라바냐 그리스도라 하는 예수냐" (마 27:17) 하고 택일하라 합니다.

이는 마지막 기회요, 긍휼이라 할 수가 있는데 그러나, "무리가 일제히 소리 질러 이르되 이 사람을 없이하고 바라바를 우리에게 놓아주소서" (18) 하고 바라바를 택했던 것입니다. 이점을 성령께서 베드로의 입을 통하여, "너희가 그를 넘겨주고 빌라도가 놓아 주기로 결의한 것을 너희가 그 앞에서 거부하였으니 너희가 거룩하고 의로운 이를 거부하고 도리어 살인한 사람을 놓아 주기를 구하여 생명의 주를 죽였도다" (행 3:13-15)고 저들의 죄를 고발합니다.

결국 죄가 없으신 예수님을 십자가에 못 박도록 언도를 하고 내어줍니다. 본문이 이처럼 민란과 살인한 바라바와, 죄가 없으신 예수님을 대조하여 보여주고 있는 의도는, "하나님이 죄를 알지도 못하신 자로 우리를 대신하여 죄를 삼으신 것" (고후 5:21)을 은연 중에 드러내기를 원하고 있기 때문입니다.

둘째 단원(26-38) 예수를 십자가에 못 박고

"그들이 예수를 끌고 갈 때에 시몬이라는 구레네 사람이 시골에서 오는 것을 붙들어 그에게 십자가를 지워 예수를 따르게 하더라" (26). 마가복음에서는 이 시몬을, "알렉산더와 루포의 아버지" (막 15:21)로 소개하고 있는데, 로마서의 "주 안에서 택하심을 입은 루포" (롬 16:13)와 동일 인물일 가능성은 아주 많습니다. 왜냐하면 마가복음은 로마인을 위하여 기록되었고, 마가가 이런 설명을 가하고 있는 의도가 주님의 십자가를 대신 짊어진 시몬이 다른 사람이 아니라 바로 로마 성도인 루포의 아버지임을 밝히기 위함으로 여겨지기 때문입니다.

루포를 가리켜, "주 안에서 택하심을 입은 루포"라 하는데, "택하심을 입은 자"라는 말씀은 언제 들어도 우리를 흥분시키기에 족한 말씀입니다. 그런 시몬이 유월절을 지키기 위하여 예루살렘으로 올라왔다가 사형수의 십자가 형틀을 대신 짊어지고 가게 되었다는 것은 얼마나 불행스러워 보입니까? 그러나 이것이 바로 구레네 시골에 있는 택하신 자를 부르시는 방편일 줄이야! 주님은 십자가를 지고 가시면서도 "잃어버린 한 마리 양을 찾아 구원" (19:10) 하신 셈입니다.

백성과 및 그를 위하여 가슴을 치며 슬피 우는 여자의 큰 무리가 따라오고 있었습니다. 지금 형편에 가슴을 치며 슬피 우는 것은 당연하다하겠습니다. 그러나 그들의 눈물이 예수님을 위한 동정의 눈물이라면 이는 주님이 원하시는 바는 아니었던 것입니다. 그래서 주님은 그들을 돌이켜 보시면서, "예루살렘의 딸들아 나를 위하여 울지 말고 너희와 너희 자녀를 위하여 울라 보라 날이 이르면 사람이 말하기를 잉태하지 못하는 이와 해산하지 못한 배와 먹이지 못한 젖이 복이 있다 하리라" (28-29) 하십니다.

이 경계가 1차적으로는 예루살렘의 멸망으로 성취가 되었습니다만 이는 오늘의 우리들에게 더욱 경계가 되는 말씀입니다. 이점이 "그 때에 사람이 산들을 대하여 우리 위에 무너지라 하며 작은 산들을 대하여 우리를 덮으라 하리라 푸른 나무에도 이같이 하거든 마른 나무에는 어떻게 되리요" (30-31) 하신 말씀에 나타납니다. 왜냐하면 이는 최후심판을 가리키는 말씀이기 때문입니다.

그러므로 그들에게, 그리고 우리 모두에게 바라시는 것은 동정의 눈물이 아니라 예수님은 누구신가? 그런 분이 어찌하여 육신을 입으시고 이 땅에 오셔서 십자가에 달리셔야만 했는가를 알고 회개의 눈물을 흘리기를 원하시는 것입니다. "그는 곤욕과 심문을 당하고 끌려갔으나 그 세대 중에 누가 생각하기를 그가 살아 있는 자들의 땅에서 끊어짐은 마땅히 형벌 받을 내 백성의 허물 때문이라 하였으리요" (사 53:8). 이를 아는 자라면 자신과 자녀들을 위하여 울지 않을 수가 없을 것입니다.

"해골이라 하는 곳에 이르러 거기서 예수를 십자가에 못 박고 두 행악자도 그렇게 하니 하나는 우편에, 하나는 좌편에 있더라" (33) 합니다. 예수님을 행악 자들 틈에 세운 것은 동류(同流)로 여기기 위함이며, 그 중에서도 중죄인임을 나타내려고 가운데 세운 것으로 여겨집니다. 그런데 이는 선지자를 통하여 미리 예언하신, "그는 강포를 행하지 아니하였고 그 입에 거짓이 없었으나 그의 무덤이 악인들과 함께 되었으며, 범죄 자 중 하나로 헤아림을 받았음이라" (사 53:9. 12)의 성취였던 것입니다.

십자가에 달리신 예수님은, "아버지 저들을 사하여 주옵소서 자기들이 하는 것을 알지 못함이니이다" (34)고, 기도하셨는데 이를 구속사적으로 보면 중요한 의미가 있는 기도인 것입니다.

㉠ 이는 저들이 주동자가 아니라 하수인(下手人)임을 나타내는 것으로, 주모자는 바로 사탄(22:3)이라는 점과,

㉡ 그래서 "알지 못함", 즉 부지중(不知中)에 지은 죄로 여겨주심으로 사함 받을 수 있는 길을 열어 주신 기도였기 때문입니다. 만일 고범죄(故犯罪), 즉 알고 지은 죄로 여기셨다면 사함 받을 길은 없는 것입니다.

㉢ 주님은 "저들을 사하여 주옵소서" 라고 기도하셨습니다. 이는 대속제물이 되신 십자가 사역과 결부되는 것으로, 주님께서 저들의 죄를 대신 담당하시면서 (사 53:6, 12) 사하여주옵소서 하신 기도인 것입니다.

그러므로 주님은 저들만을 위해서가 아니라 지금도 우리 모두를 위하여 중보기도를 하고 계시는 것입니다. 성경은 말씀합니다. "그러므로 자기를 힘입어 하나님께 나아가는 자들을 온전히 구원하실 수 있으니 이는 그가 항상 살아 계셔서 그들을 위하여 간구하심이라" (히 7:25).

"백성은 서서 구경하는데 관리들은 비웃어 이르되 저가 남을 구원하였으니 만일 하나님이 택하신 자 그리스도이면 자신도 구원할지어다(35), 지금 십자가에서 내려올 지어다 그러면 우리가 믿겠노라" (마 27:42)고 조롱합니다. 인간의 생각 같아서는 당장 십자가에서 내려오셨으면 싶을 성도입니다. 그러나 하나님은 끝내 자기 아들을 구원하시지 않으셨습니다. 아

브라함이, "손을 내밀어 칼을 잡고 그 아들을 잡으려"(창 22:10) 했을 때는, "아브라함아, 아브라함아 그 아이에게 네 손을 대지 말라"고 황급히 구원하셨으나 하나님의 독생자 그리스도가 제물로 드려졌을 때에는 아무런 음성도 들려오지가 않았습니다. 왜냐하면 예수님을 십자가에서 내려놓고 인류의 죄를 대신 담당케 하실 다른 제물이 없으셨기 때문입니다.

"그의 위에 이는 유대인의 왕이라 쓴 패가 있더라"(38). 저들은 이것이 못마땅해서 빌라도에게 "자칭 유대인의 왕이라 쓰라"(요 19:21)고 요구하였으나 빌라도는 "나의 쓸 것을 썼다" 하고 거절합니다. 십자가에 달리신 분은 저 유대인의 왕이요 곧 우리의 왕이셨습니다. 하나님의 아들 그리스도께서 이처럼 당하시게 될 것이 약 1000년 전에 기록한 다윗의 시편에는 이렇게 예언되어 있습니다.

> 많은 황소가 나를 에워싸며 바산의 힘센 소들이 나를 둘러쌌으며
> 내게 그 입을 벌림이 찢으며 부르짖는 사자 같으니이다
> 나는 물 같이 쏟아졌으며 내 모든 뼈는 어그러졌으며
> 내 마음은 밀랍 같아서 내 속에서 녹았으며
> 내 힘이 말라 질그릇 조각 같고 내 혀가 입천장에 붙었나이다
> 주께서 또 나를 죽음의 진토 속에 두셨나이다
> 개들이 나를 에워쌌으며 악한 무리가 나를 둘러 내 수족을 찔렀나이다
> 내가 내 모든 뼈를 셀 수 있나이다 그들이 나를 주목하여 보고
> 내 겉옷을 나누며 속옷을 제비 뽑나이다
> (시 22:12-18).

복음서들은 공통적으로 주님께서 당하신 고난의 한 주간에 초점을 맞추고 있습니다. 요한복음은 무려 복음서의 절반을 이 한 주간(週間)에 할애하고, 누가복음도 9:51절에서, "예수께서 승천하실 기약이 차 가매 예루살렘을 향하여 올라가기로 굳게 결심하시는" 십자가로 모아지다가 23장에 이르러 십자가에 달리시는 구조입니다. 예수님이 십자가에 못 박히신 것은 힘이 모자라서도 아니요, 우연히 이루어진 사건이 아닙니다. "하나님께서 정하신 뜻과 미리 아신 대로 내준 바 된" (행 2:23) 예언의 성취였던 것입니다.

셋째 단원(39-49) 성전 휘장이 찢어짐

달린 행악자 중 하나는 죽어가면서도 비방하기를, "네가 그리스도가 아니냐 너와 우리를 구원하라"고 비방하나, 다른 하나는 그 사람을 꾸짖어, "네가 동일한 정죄를 받고서도 하나님을 두려워하지 아니하느냐 우리는 우리가 행한 일에 상당한 보응을 받는 것이니 이에 당연하거니와 이 사람이 행한 것은 옳지 않은 것이 없느니라" (39-41)고 주님을 증언합니다. 여기서 멈추지 않고, "예수여 당신의 나라에 임하실 때에 나를 기억하소서" 합니다. 지금 상황은 오병이어로 오천 명을 먹이시는 현장이 아닙니다. 죽은 나사로를 살리시는 주님이 아니라 십자가에 함께 달리셔서 죽어 가고 있는 예수님을 향하여, ㉠"당신의 나라"라고 말한다는 것은 예수님이 왕이심을 인정하는 엄청난 고백이요, ㉡"임하실 때에"라 함은 주님이 죽으시고 다시 살아나셔서 영광의 보좌 우편에 앉으실 것과, 영광중에 다시 오실 것도 믿은 것입니다. ㉢"나를 생각하소서" 합니다. 이는 내세를 믿는 신앙입니다. 심판이 있음을 믿는 신앙입니다. 영생과 영벌이 있음을 믿는 신앙입니다. 자신의 공로 없고 자격 없음을 인정하는 신앙고백이었던 것입니다. 주님은 "내가 진실로 네게 이르노니 오늘 네가 나와 함께 낙원에 있으리라" (42-43) 하십니다. 주님은 십자가상에서도 잃어버린 한 양을 찾으신 셈입니다.

생각해 봅니다. 이 엄청난 고백을, "주여 내가 주와 함께 옥에도, 죽는데도 가기를 각오하였나이다" (22:33)고 큰소리치던 베드로가 주님과 함께 십자가에 달려서 이렇게 증언했다면! 그런데 베드로는, 그리고 제자들은 지금 어디서 어떻게 하고 있단 말인가? 그러나 주님의 사역은 십자가상에서 찾으신 한 사람의 증언을 들으심으로 외롭지가 않으셨습니다. 구속사(救贖史)를 통해 보면 홍수심판 때도, 소돔이 멸망 받을 때도, 바벨론 포로 중에서도 그리고 "목자를 치면 양이 흩어지려니와" (슥 13:7) 하신 대로 다 흩어진 상황에서도 남은 자를 붙여주셔서 외롭지 않게 하셨습니다.

형제여, 그 하나님, 그 주님은 지금 형제와 함께 하십니다. 형제가 "나만 남은 것"같은 실의에 빠져 있을 때에도 하나님께서는 의외의 조력자를 통해서 주의 종을 위로하심을 믿으시기를 바랍니다. 그가 까마귀일 수도, 사르밧의 과부일 수도, 심지어 행악자 중 하나일 수도 있습니다. "이제도 은혜로 택하심을 따라 남은 자가 있느니라" (롬 11:5) 하신 대로 복음전도자는 외롭지 않습니다.

이 사람은 정녕 의인이었도다

제 육시쯤, 그러니까 12시 쯤 되어 해가 빛을 잃고 온 땅에 어둠이 임하여

제 구시(오후 3시)까지 계속되었습니다. 주님은 아침 9시(막 15:25)에 십자가에 달리셔서, 오후 3시쯤에 큰 소리로, "아버지 내 영혼을 아버지 손에 부탁하나이다" (46) 하고 운명하셨다고 말씀합니다. 이 때 놀라운 일이 일어났는데, "성소의 휘장이 한가운데가 찢어지더라" (44-45) 합니다.

23장을 통해서 증언하고자 하는 바는 두 가지로 요약할 수가 있는데 첫째는, 예수님이 "죄가 없으시다"는 것과, 둘째는 "십자가에 달려 죽으셨다" (운명)는 사실입니다. 그렇다면 죄가 없으신 하나님의 아들이 무엇 때문에 십자가에 달려 죽으셔야만 했는가? "성소의 휘장이 한가운데가 찢어지더라" (45)는 말씀에 그 답이 있습니다. 그리고 이것이 23장의 핵심(核心)이요, 구속사의 핵심이기도 합니다.

주님께서 십자가에 달리셨을 때에 "성소의 휘장"이 위로부터 아래까지 찢어진 사실을 공관복음은 공통적으로 기록하고 있습니다. 성소는 예루살렘 성안에 있고 주님께서 십자가에 달리신 골고다는 성 밖에 있습니다. 그럼에도 이를 부각시키고 있는 의도가 무엇일까? 복음서 기자들은 객관적으로, "이에 성소 휘장이 위로부터 아래까지 찢어져 둘이 되니라" (막 15:38)고 사실적으로 기록하고 있을 뿐 아무런 설명을 가하고 있지 아니합니다.

그런데 성소 휘장이 "찢어져 둘이 되었다"는 말씀을 구속사라는 맥락으로 보면 실로 엄청난 사건인 것입니다. 하나님의 임재를 상징하는 지성소를 휘장으로 가리게 하신 이는 하나님이셨습니다(출 26:33). 왜냐하면 "오직 너희 죄악이 너희와 너희 하나님 사이를 갈라놓았다" (사 59:2)고 말씀합니다. 이 분리가 하나님께서 시내산에 강림하셨을 때에도, "사면으로 지경(地境)"을 정하여 범하지 못하게 하심으로 나타내셨습니다.

성령께서는 이 성막 계시를 통하여, "첫 장막이 서 있을 동안에는 성소에 들어가는 길이 아직 나타나지 않은 것이라" (히 9:8) 합니다. 구약시대란 인간 편에서 보면 지성소에 들어가는 것이 "출입금지"로 "막혀 있는" 시대요, 하나님 편에서 보면 "얼굴을 가리신" 시대가 구약시대였던 것입니다. "이는 황소와 염소의 피가 능히 죄를 없이하지 못했기" (히 10:4) 때문에 휘장을 제거할 수가 없었던 것입니다.

이토록 1500년 동안이나 가로막혀 있던 휘장이 주님께서 십자가에 달리셔서 "다 이루었다" (요 19:30)고 선언하시자 단 번에 열려졌다는 것은 무엇을 말씀해주고 있는가? 우리의 죄가 예수 그리스도의 대속으로 말미암아 단번에 제하여졌음을 나타내신 표징이었던 것입니다. 하나님께 나아가는 길이 열린 것입니다. "휘장으로 가로 막으라" 하셨던 분도, 막혔던 휘장을 자기 아들의 대속으로 열어주신 분도 하나님 자신이셨습니다.

다 이루었다

주님은 "나는 문이다, 나는 길이다" 하십니다. 이를 모르는 그리스도인은 없을 것입니다. 문제는 예수 그리스도께서 어떻게 하셔서 "문과, 길"이 되어주셨는가 하는 점입니다. 이점을 성경은, "그 〈길〉은 우리를 위하여 휘장 가운데로 〈열어 놓으신〉 새로운 살 길이요 휘장은 곧 그의 육체니라" (히 10:20) 합니다. 그래서 "내가 문이니 누구든지 나로 말미암아 들어가면 구원을 받고 또는 들어가며 나오며 꼴을 얻으리라(요 10:9), 내가 곧 길이요 진리요 생명이니 나로 말미암지 않고는 아버지께로 올 자가 없느니라" (요 14:6)고 말씀하신 것입니다. 이점을 베드로 사도는, "그리스도께서도 단번에 죄를 위하여 죽으사 의인으로서 불의한 자를 대신하셨으니 이는 우리를 하나님 앞으로 인도하려 하심이라" (벧전 3:18)고 증언합니다.

하나님은 미련하고 우둔한 것들을 깨우치기 위해서 성소와 지성소를 휘장으로 가로막게 하시고 주님께서 가로막힌 휘장을 열어놓으실 때까지 보존케 하셨던 것입니다. 이래도 깨닫지를 못한다는 말입니까? 그러므로 요한복음에서는 휘장이 찢어진 것을 기록하는 대신에 "다 이루었다" (요 19:30)고 말씀하고 있는 것입니다. 주님은 구속사역을 "단 번에, 다, 이루신" (히 9:12) 것입니다.

넷째 단원(50–56) 저의 결의에 가타 하지 않은 요셉

"공회 의원으로 선하고 의로운 요셉이라 하는 사람이 있으니 (그들의 결의와 행사에 찬성하지 아니한 자라) 그는 유대인의 동네 아리마대 사람이요 하나님의 나라를 기다리는 자라" (50-51). 요셉을 가리켜 "하나님의 나라를 기다리는 자"라고 말합니다.

2장에서도 "이스라엘의 위로를 기다리는 자"인 시므온과, "예루살렘의 구속됨을 바라는" 안나를 만나 보았습니다. 이들은 의롭고 경건한 사람들로서 메시아를 기다리고 있었습니다. 이런 요셉이 "빌라도에게 가서 예수의 시체를 달라" (52) 했습니다. 이점을 마가복음에서는, "아리마대 사람 요셉이 와서 〈당돌히〉 빌라도에게 들어가" (막 15:43) 라고 표현하고 있습니다. 이를 다른 번역에서는 "용기"로 번역하고 있으나 그 이상입니다. 극한 적인 행위를 나타내는 묘사라고 사전은 풀이하고 있습니다. 당시의 상황으로는 극단적인 행위였던 것입니다. 제자들이 그렇게 한 것이 아닙니다. "존귀한 공회원인 요셉"이 무엇이 아쉬워서 무모하다 할 이런 극단적인 행동을 하였을까요?

㉠ 주님의 죄 없으심을 믿었기 때문일 것입니다.

㉡ 그러므로 주님을 죽이려는 그들의 결의에 찬성하지 않았다 합니다.

㉢ 궁극적으로는 "그 묘실이 부자와 함께 되었도다"(사 53:9)는 예언의 성취자로 등장한다는 점을 놓치지 마시기를 바랍니다.

어찌하여 성경은 메시아가 강도와 함께 못 박히고 부자의 묘실에 장사될 것을 예언(사 53:9)하고 있는가? 어찌하여 그 속옷을 제비뽑을 것을 미리 말씀하고 있는가? 이런 작은 부분의 예언까지 성취되었다는 것을 증거(證據)로 제시하여 그가 진실로 하나님의 아들 그리스도이심을 증명(證明)하라고(행 17:3) 주신 표징인 것입니다.

죄 없으신 예수님이 십자가에 달리셨습니다. 운명하셨습니다. 장사지낸 바 되었습니다. 이것이 23장의 요약입니다. 성경은 말씀합니다. "하나님이 죄를 알지도 못하신 자로 우리를 대신하여 죄를 삼으신 것은 우리로 하여금 그(그리스도)의 안에서 하나님의 의가 되게 하려 하심이니라"(고후 5:21). 이것이 "자기 아들을 화목제물로 세우신 하나님"입니다.

The Book of Luke

누가복음 24장 개관도표

주제 : 이루어져야 하리라 한 말이 이것이라

천사들의 부활고지	**1-12** 1 안식 후 첫날 새벽에 이 여자들이 그 준비한 향품을 가지고 무덤에 가서 2 돌이 무덤에서 굴려 옮겨진 것을 보고 3 들어가니 주 예수의 시체가 보이지 아니하더라 4 이로 인하여 근심할 때에 문득 찬란한 옷을 입은 두 사람이 곁에 섰는지라 5 여자들이 두려워 얼굴을 땅에 대니 두 사람이 이르되 어찌하여 살아 있는 자를 죽은 자 가운데서 찾느냐 6 여기 계시지 않고 살아나셨느니라 갈릴리에 계실 때에 너희에게 어떻게 말씀하셨는지를 기억하라 7 이르시기를 인자가 죄인의 손에 넘겨져 십자가에 못 박히고 제 삼일에 다시 살아나야 하리라 하셨느니라 한대 8 그들이 예수의 말씀을 기억하고 9 무덤에서 돌아가 이 모든 것을 열한 사도와 다른 모든 이에게 알리니 11 사도들은 그들의 말이 허탄한 듯이 들려 믿지 아니하나
두 제자와 동행	**13-31** 13 그 날에 그들 중 둘이 예루살렘에서 이십오 리 되는 엠마오라 하는 마을로 가면서 15 그들이 서로 이야기하며 문의할 때에 예수께서 가까이 이르러 그들과 동행하시나 16 그들의 눈이 가리어져서 그인 줄 알아보지 못하거늘 17 예수께서 이르시되 너희가 길 가면서 서로 주고받고 하는 이야기가 무엇이냐 하시니 두 사람이 슬픈 빛을 띠고 머물러 서더라 22 또한 우리 중에 어떤 여자들이 우리로 놀라게 하였으니 이는 그들이 새벽에 무덤에 갔다가 -- 23 그의 시체는 보지 못하고 와서 그가 살아나셨다 하는 천사들의 나타남을 보았다 함이라 25 이르시되 미련하고 선지자들이 말한 모든 것을 마음에 더디 믿는 자들이여 26 그리스도가 이런 고난을 받고 자기의 영광에 들어가야 할 것이 아니냐 하시고 27 이에 모세와 모든 선지자의 글로 시작하여 모든 성경에 쓴바 자기에 관한 것을 자세히 설명하시니라 30 그들과 함께 음식 잡수실 때에 떡을 가지사 축사하시고 떼어 그들에게 주시니 31 그들의 눈이 밝아져 그인 줄 알아 보더니 예수는 그들에게 보이지 아니하시는지라
부활의 증인들	**32-45** 32 그들이 서로 말하되 길에서 우리에게 말씀하시고 우리에게 성경을 풀어 주실 때에 우리 속에서 마음이 뜨겁지 아니하더냐 하고 33 곧 그 때로 일어나 예루살렘에 돌아가 보니 열한 제자 및 그들과 함께 한 자들이 모여 있어 34 말하기를 주께서 과연 살아나시고 시몬에게 보이셨다 하는지라 36 이 말을 할 때에 예수께서 친히 그들 가운데 서서 이르시되 너희에게 평강이 있을지어다 하시니 37 그들이 놀라고 무서워하여 그 보는 것을 영으로 생각하는지라 40 이 말씀을 하시고 손과 발을 보이시나 41 그들이 너무 기쁘므로 아직도 믿지 못하고 놀랍게 여길 때에 이르시되 여기 무슨 먹을 것이 있느냐 하시니 44 또 이르시되 내가 너희와 함께 있을 때에 너희에게 말한 바 곧 모세의 율법과 선지자의 글과 시편에 나를 가리켜 기록된 모든 것이 이루어져야 하리라 한 말이 이것이라 하시고
사명을 주심	**46-53** 46 또 이르시되 이같이 그리스도가 고난을 받고 제 삼일에 죽은 자 가운데서 살아날 것과 47 또 그의 이름으로 죄 사함을 받게 하는 회개가 예루살렘에서 시작하여 모든 족속에게 전파될 것이 기록되었으니 48 너희는 이 모든 일의 증인이라 49 볼지어다 내가 내 아버지께서 약속하신 것을 너희에게 보내리니 너희는 위로부터 능력으로 입혀질 때까지 이 성에 머물라 하시니라 51 축복하실 때에 그들을 떠나 [하늘로 올려지시니]

24장

이루어져야 하리라 한 말이 이것이라

마지막 장에 이르렀습니다. 24장의 내용은 예수님이 부활하셔서 제자들에게 보이시고 사명을 주신 후에 승천하시는 내용입니다. 그런데 본문을 관찰해보면 주님의 부활을 돌발적인 사건으로 다루고 있는 것이 아니라 주님께서 미리 말씀하신 바요(6), "모세의 율법과 선지자의 글과 시편"(구약성경)에 기록된 대로의 성취(27, 44)임을 증언하고 있습니다. 이점을 엠마오로 가는 두 제자에게와, 열 한 사도에게 다 같이 강조하십니다.

그러므로 주님의 부활을 믿지 못해 하는 제자들에게 그 자체를 책망하시기에 앞서, "선지자들이 말한 모든 것을 마음에 더디 믿는"(25), 성경에 대한 불신(不信)을 책망하고 계심을 보게 됩니다. 이점은 엠마오의 두 제자의 눈이 밝아져 주님을 알아보게 되고 마음이 뜨거워지는 과정에서도 나타납니다. 그들은 부활하신 주님을 보았기 때문에 눈이 밝아진 것이 아니라 "모든 성경에 쓴바, 자기에 관한 것을 자세히 설명"(27)하여 주심을 듣고 깨달게 되었을 때에 눈이 밝아지고 마음이 뜨거워졌던 것입니다.

주님이 받으신 고난도, "이루어져야 하리라"(44) 한 성취요, 주님의 부활도 "이루어져야 하리라" 한 성취였던 것입니다. 승천하셔서 영광 받으심도 "이루어져야 하리라" 한 성취요, 뿐만 아니라 보내주실 성령도 "아버지의 약속"(49)대로 "이루어져야 하리라"의 성취인 것입니다. 주님의 재림도 약속하신 대로 "이루어질" 일입니다. 그러므로 24장의 주제를 "이루어져야 하리라 한 말이 이것이라"(44하)로 잡았습니다. 이는 본 강해가 구속사의 관점으로 바라보기 때문에 가능한 것입니다. 네 단원으로 나누어 상고합니다.

첫째 단원(1–12) **천사들의 부활고지와 제자들의 불신앙**

둘째 단원(13–31) **두 제자와 동행하시는 부활하신 주님**

셋째 단원(32–45) **터를 놓아야 할 부활의 증인들**

넷째 단원(46–53) **공동체에게 사명을 맡기심**

첫째 단원(1–12) 천사들의 부활고지와 제자들의 불신앙

"안식 후 첫날 새벽에 이 여자들이 그 준비한 향품을 가지고 무덤에 가서 돌이 무덤에서 굴려 옮겨진 것을 보고 들어가니 주 예수의 시체가 보이지 아니하더라"(1-3) 합니다. 이때 두 천사가 나타나 주님의 부활을 알려주는데

㉠ 첫째로, "어찌하여 살아 있는 자를 죽은 자 가운데서 찾느냐 여기 계시지 않고 살아나셨느니라"(5–6) 합니다.

㉡ 둘째로, "갈릴리에 계실 때에 너희에게 어떻게 말씀하셨는지를 기억하라"(6하) 합니다. 본 단원을 해석하는 열쇠는, "기억하라"(6)는 말입니다. 천사들은 주님의 부활을 의외의 사실을 전하듯이 말하고 있지 아니합니다. 도리어, "어찌하여 산 자를 죽은 자 가운데서 찾느냐"고 책망을 하면서, "너희에게 말씀하신 것을 기억하라"고 주님께서 수차에 걸쳐 예고하신 "죽으심과 부활"을 상기시키고 있습니다. 그리고 그 말씀에 근거하여 말씀하신 대로, "여기 계시지 않고 살아나셨느니라"고 증언합니다.

누가복음은 1장에서 천사가 마리아에게 "수태고지"(受胎告知)를 하고, 2장에서는 목자들에게 "탄생고지"(誕生告知)를 하는 것으로 시작했습니다. 이제 마지막 장에서, "부활고지"(復活告知)를 하므로 복음서를 끝맺고 있는 것입니다. 그런데 수태고지 때와는 달리 부활을 알리는 장면에는, "두 사람"(4), 즉 두 천사가 등장하고 있음을 봅니다. 이렇게 하고 있는 것은 두 증인의 증언이기 때문에 더욱 확실함을 나타내기 위한 것으로 여겨집니다.

문제는 주님의 말씀을 마음에 담아두고 기억하고 있는 제자가 단 한 사람도 없다는데 있습니다. 그리하여 믿지를 못하고 있다는데 있습니다. 남의 이야기가 아니라 바로 이 모습이 지난 주 설교제목도 기억하지 못하고 있는 우리들의 모습이요, 영접하러 다시 오시리라 하신 주님의 재림의 약속을 명심하지 않고 믿지 않고 있는 오늘 우리들의 모습이 아니겠습니까? 이에 대한 경계가 구약성경에는 풍부합니다.

신명기는 모세가 죽기 전에 모압 평지에서 행한 세 편의 설교로 되어있는데 모세의 유언과도 같은 말씀입니다. 모세는 신명기에서, "잊지 말라, 기억하라"고 거듭 거듭 강조하고 있습니다. "너는 기억하라 네가 애굽 땅에서 종이 되었더니 네 하나님 여호와가 강한 손과 편 팔로 거기서 너를 인도하여 내었나니 그러므로 네 하나님 여호와가 네게 명령하여 안식일을 지키라 하느니라" (신 5:15) 합니다. "네가 만일 네 하나님 여호와를 잊어버리고 다른 신들을 따라 그들을 섬기며 그들에게 절하면 내가 너희에게 증거하노니 너희가 반드시 멸망할 것이라" (신8:19)고 경고합니다. 그러나 슬프게도 그들은 이 경고를 기억하지를 못하고 믿지를 않다가 경고한 대로 멸망을 당하고 말았던 것입니다.

마태나 마가복음에서는 부활하신 주님이 여인들에게 직접 보이신(마 28:9, 막 16:9) 것으로 기록하고 있으나 누가복음에서는 이를 드러내지 않고 덮어두고 있습니다. 이는 누가복음의 관점이 보는 것이 중요한 것이 아니라, "기록된 말씀" (47)에 근거하여 "이루어진 사실"을 믿는 "믿음"을 강조하기 때문으로 여겨집니다. 이점은 주님께서 엠마오로 가는 두 제자에게 하신 말씀에서도 나타나는데 제자들이, "우리와 함께 한 자 중에 두어 사람이 무덤에 가 과연 여자들이 말한 바와 같음을 보았으나 예수는 보지 못하였느니라"고 "보지 못했다"고 말하자 주님은, "나다. 내가 부활한 주님이다"고 말씀하셨습니까? "미련하고 선지자들이 말한 모든 것을 마음에 더디 믿는 자들이여" (24-25) 하고 기록된 말씀을 믿지 못함을 책망하셨던 것입니다.

또한 열한 사도들에게 나타나셔서 하신 말씀도 동일합니다. "모세의 율법과 선지자의 글과 시편에 나를 가리켜 기록된 모든 것이 이루어져야 하리라 한 말이 이것이라" (44) 하시고 "이같이 그리스도가 고난을 받고 제 삼일에 죽은 자 가운데서 살아나실 것" (47)이 기록되었으니 하고 제자들의 눈이 성경에서 떨어지지 않도록 하십니다.

여자들이 사도들에게 전한 말이 무엇입니까? 천사가 한 말, "갈릴리에 계실 때에 너희에게 어떻게 말씀하신 것을 기억하라"는 말을 분명히 전했을 것입니다. 그런데 사도들은 그 때까지도, "그들의 말이 허탄한 듯이 들여 믿지 아니했다"(11)는 것은 여자들의 말을 믿지 않은 것에 그치는 것이 아니라, 주님께서 수차에 걸쳐 죽으시고 다시 사실 것을 말씀하신 주님의 말씀을 허탄한 듯이 여긴 것이 되고, 나아가 "기록하였으되" 하는 성경의 권위를 무시하고 불신한 것이 되는 것입니다.

오늘날도 성경의 권위를 믿지 못하는 자들에게는 주님의 "구속, 부활, 재림"도 "허탄한 듯이" 보일 수밖에 없는 것입니다. 말씀을 믿지 못하게 될 때에 어떠한 지경에 빠지게 됩니까? "근심"(4)하게 되고, "두려워"(5)하게 되고, "슬픔"(17)에 잠기게 되는 것입니다.

믿음으로 살리라

어느 시대를 막론하고 기록된 말씀을 믿지 못할 때가 암흑시대요, 믿음의 근거를 말씀에 두지 않을 때가 교회의 위기인데 현대교회가 더욱 그러합니다. 그렇다면 그 원인은 무엇이며 처방은 무엇일까요? 그 점을 다음 단원에서 보게 될 것인데 성경은 말씀합니다. "잠시 잠깐 후면 오실 이가 오시리니 지체하지 아니하시리라 나의 의인은 믿음으로 말미암아 살리라"(히 10:37-38) 하십니다. 보는 것으로 사는 것이 아닙니다. 체험으로 살아가라고 말씀하고 있지 아니합니다. 눈에 보이는 것이 없고 귀에 들리는 것이 없을지라도 약속의 "말씀"만 있으면 족한 것입니다. 그 약속의 말씀을 믿는 믿음으로 살아진다는 것입니다. 약속의 말씀을 믿지 못한다는 것은 다름 아닌 약속하신 분을 믿지 못함과 같은 것입니다. 약속을 믿는 것, 이것이 성경적인 믿음입니다. 이것이 구원에 이르는 믿음입니다. 이 믿음에 이르기 위해서는 말씀을 기억하는 묵상이 있어야만 하는 것입니다.

둘째 단원(13-31) 두 제자와 동행하시는 부활하신 주님

"그 날에 그들 중 둘이 예루살렘에서 이십오 리 되는 엠마오라 하는 마을로 가면서 이 모든 된 일을 서로 이야기하더라"(13-14). 여기 누가복음에만 등장하는 감동적인 이야기가 있습니다. 예수님을 "이스라엘을 구속"(21)할 자로 바라고 3년이나 따랐는데 주님이 십자가에 처형이 되고 시신마저 잃어버리게 되자 두 제자는 만사가 끝장이라는 심정으로 슬픔에 잠겨 고향으로 내려가고 있었습니다. 그들에게 부활하신 예수님께서 가까이 이르러, "그들과 동행"(15)하여 주신 것입니다.

그러나 그들은 부활하신 주님을 몰라보고, "슬픈 빛을 띠고 머물러 서더라"(17) 합니다. 무엇이 문제입니까? "그들의 눈이 가리어져서"(16) 주님인줄을 알아보지 못했기 때문입니다. 그러므로 둘째 단원을 해석하는 열쇠는 어찌하여 제자들의 눈이 가리어졌는가를 규명하는데 있다 하겠습니다. 이는 저들의 문제만이 아니요, "볼지어다 내가 세상 끝 날까지 너희와 항상 함께 있으리라"(마 28:20)고 말씀하시고 오늘도 우리와 동행하여주시는 주님을 알아보지를 못하고 "근심과 두려움과 슬픔"에 잠겨있는 우리들의 문제이기 때문입니다.

성경을 더디 믿는 자들

그렇다면 무엇이 제자들의 눈을 가려지게 했단 말인가? 이를 알기 위해서는 주님께서 무엇이라 진단(診斷)하시고 어떻게 치료(治療)하여주셨는가를 주의 깊게 관찰해보면 깨닫게 됩니다. 주님의 첫 말씀은, "미련하고 선지자들이 말한 모든 것을 마음에 더디 믿는 자들이여" (25) 하십니다. 이것이 주님의 진단입니다. 저들이 맹인이 된 원인은 "선지자들이 말한" 성경 말씀을 믿지 않는 불신앙에 있었던 것입니다. 선지자들은 그리스도가 이런 고난을 받고 자기의 영광에 들어가야 할 것을 예언하였습니다. 주님께서도 이 말씀에 근거하여 고난 받으실 것과 다시 사실 것을 갈릴리에 계실 때에 여러 번 반복해서 말씀하셨습니다.

그러나 제자들은 이를 기억하고 믿고 있었던 것이 아니라 마이동풍(馬耳東風)식으로 "흘러 떠내려" (히 2:1) 보내고 말았던 것입니다. 그래서 무덤을 찾은 여인들에게 천사는, "갈릴리에 계실 때에 너희에게 어떻게 말씀하신 것을 기억하라"고 일깨워주었던 것입니다. 성경은 말씀합니다. "그들과 같이 우리도 복음 전함을 받은 자이나 들은 바 그 말씀이 그들에게 유익하지 못한 것은 듣는 자가 믿음과 결부시키지 아니함이라" (히 4:2).

그렇다면 주님은 이를 어떻게 치료하여주셨는가? "이에 모세와 및 모든 선지자의 글로 시작하여 모든 성경에 쓴바 자기에 관한 것을 자세히 설명하시니라" (27) 합니다. 이것이 주님께서 치료하신 방법입니다. 그리고 이 방법 외에는 다른 치료책은 없다 하겠습니다.

성경을 구속사적으로 설명하심

이점에서 혼동하지 말고 착각하지 말아야 할 점이 있는데 오늘날은 말씀이 홍수를 이루고 있습니다. 그리고 모두가 다 말씀중심이라고 주장합니다. 그리고 회중들은 "아멘, 아멘"을 연발하면서 "믿습니다. 믿습니다" 합니다. 모든 것이 잘되어가고 있는 듯합니다. 주님께서 하신 방법과 어디가 다른가를 보십시오. "이에 모세와 및 모든 선지자의 글로 시작하여 모든 성경에 쓴바 자기에 관한 것을 자세히 설명하시니라"(27) 합니다. 무엇을 자세히 설명하셨습니까? "자기에 관한 것"입니다. 44절에서도 "나를 가리켜 기록된 모든 것이 이루어져야 하리라 한 것이 이것이라"고 말씀합니다. 주님의 말씀에는 그리스도가 중심에 있습니다. 오늘의 설교에는 그리스도가 빠져있거나 옆으로 밀려나 있다는데 심각한 문제가 있는 것입니다.

"모세와 및 모든 선지자의 글로 시작하여 모든 성경"(27상)이라 한 표현은 구약성경 전체를 가리키는 말입니다. 44절에서도, "곧 모세의 율법과 선지자의 글과 시편"이라고 말씀하고 있는데 유대인들은 구약성경을 이렇게 분류하고 있었던 것입니다. 주님은 구약성경 전체를 들어서 자세히 설명하신 것입니다. 무엇을 말입니까? "자기에 관한 것"(27하)입니다. "나를 가리켜 기록된 모든 것"(44)을 가르쳐주셨습니다. 주님은 성경을 구속사라는 관점에서 설명해주셨던 것입니다. 이렇게 할 때 성도들은 하나님의 말씀의 진실 됨을 깨닫게 되고 믿음의 근거를 말씀에 두게 되는 것입니다.

성경의 중심주제와 기록목적이 무엇인가? 주님은 유대인들에게, "너희가 성경에서 영생을 얻는 줄 생각하고 성경을 상고하거니와 이 성경이 곧 내게 대하여 증언하는 것이로다"(요 5:39)고 말씀하십니다. 성경의 중심은 설교에 있어서도 중심이 되어야 마땅합니다. 설교의 중심을 교훈에 두고 있지 아니합니까? 설교의 중심을 축복에 두고 있지 아니합니까? 교훈도, 축복도 중요합니다. 그러나 영생은 교훈에 있지 아니합니다. 축복에 있지 아니합니다. 오직 예수 그리스도에게만 있습니다. 교훈이나 축복적인 설교로는 성도들의 눈을 밝게 해줄 수가 없습니다. 주님께서는 눈이 가려진 제자들을 치료하기 위하여, "자기에 관한 것을 자세히 설명"(27하)해주셨습니다. 이렇게 하였을 때에, "그들의 눈이 밝아져 그 인줄 알아"(31) 보았습니다. "길에서 우리에게 말씀하시고 우리에게 성경을 풀어 주실 때에 우리 속에서 마음이 뜨겁지 아니하더냐"(32)고 마음이 뜨거워졌습니다. 눈이 가려져 보지 못하고 낙심하고 있던 그들은 치료를 받았던 것입니다.

마음이 뜨겁지 아니하더냐

주님께서 "떡을 가지사 축사하시고 떼어 그들에게 주시매"(30) 그들의 눈이 밝아졌다는 것은 떡에 무슨 신통력이 있었기 때문이 아닙니다. 그보다 앞서 "모든 성경에 쓴바 자기에 관한 것을 자세히 설명"(27)하여 주심을 통해서 깨달음이 선행되었기 때문으로 보아야만 합니다. "떡을 가지사 축사하시고 떼어" 주실 때에 두 제자는 비로소 최후의 만찬석상에서 "떡을 가져 사례하시고 떼어 그들에게 주시던"(22:19) 주님임을 생각했을 것입니다. 그리고 말씀하신 바를 상기하게 되었을 것입니다. 이것이 눈이 밝아져 주님을 알아보게 하는 기폭제 역할을 하였을 것입니다.

오늘날 밝아져야 할 눈은 육신의 눈이 아닙니다. 성경은 "너희 마음 눈을 밝히사"(엡 1:18) 하고 마음의 눈이 밝아져야함을 말씀합니다. 가려진 것은 "눈"만이 아닙니다. 사도 바울이, "그러나 그들의 마음이 완고하여 오늘까지도 구약을 읽을 때에 그 수건이 벗겨지지 아니하고 있으니 그 수건은 그리스도 안에서 없어질 것이라 오늘까지 모세의 글을 읽을 때에 수건이 그 마음을 덮었도다" (고후 3:14-15) 한, 마음의 수건도 벗어져야 하는 것입니다.

유대인들만 그러했던 것은 아닙니다. 불신자만이 그러한 것은 아닙니다. 수건이 그 마음을 덮고 있는 자들은 교회 안에도 많이 있습니다. 평신도만이 아니라, 성경에서 축복이나 교훈은 보면서 그리스도는 알아보지를 못하고 있는 것은 눈과 마음이 가려져 있기 때문입니다. "그러나 언제든지 주께로 돌아가면 그 수건이 벗어지리라" (고후 3:16) 합니다. 그리스도에게로 돌아가십시다. "너는 말씀을 가지고 여호와께로 돌아오라" (호 14:2) 하십니다.

셋째 단원(32-45) 터를 놓아야할 부활의 증인들

"곧 그 때로 일어나 예루살렘에 돌아가 보니 열한 제자 및 그들과 함께 한 자들이 모여 있어 말하기를 주께서 과연 살아나시고 시몬에게 보이셨다 하는지라" (33-34). 셋째 단원을 해석하는 열쇠는 "모여 있어" (33하)라는 말입니다. 무심히 지나치기 쉬우나 중요한 의미가 있기에 단원을 달리해서 상고하고자 합니다.

엠마오라 하는 촌으로 가던 두 제자가, "곧 그 시로 일어나 예루살렘으로 돌아와 보니" 합니다. 그때는 이미 날이 저물고(29) 어두운 밤이었을 것입니다. 이 표현을 보십시오. “곧 그 시로” 합니다. 그들은 즉시 행동을 취한 것입니다. “일어나” 합니다. 이는 앉았다가 일어났다는 문자적인 의미가 아니라 그들의 신앙상태를 나타내주는 것입니다. 그들의 신앙은 주저앉았다가, “벌떡 일어난” 것입니다. 그리고 “돌아갔다” 합니다. 어디로 말입니까? 예루살렘으로!

누가, 무슨 능력이 그들을 이토록 방향전환(方向轉換)을 시켜놓았습니까? 주님이십니다. 부활하신 주님의 흡인력(吸引力)이 이렇게 변화시켜놓았던 것입니다. 좀 더 말씀을 드린다면, “모든 성경에 쓴바 자기에 관한 것을 자세히 설명”(27)하여 주신 “말씀”의 능력이 저들의 눈을 밝게 해주었고 잡아당겼던 것입니다. “돌아가 보니 열한 제자 및 그와 함께 한 자들이 모여”(33) 있었다고 말씀합니다.

이는 우연히 된 일이 아니라 주님께서 흩어져 있던 제자들을 한 자리에 모으셨기 때문에 가능해진 것입니다. 12절에 의하면 베드로는 주님의 시체가 없어진 것을 확인하고는 분명 “집으로 돌아가니라”고 말씀하고 있습니다. 두 제자가 예루살렘에서 이십 오리 되는 촌으로 내려간 것 처럼 제자들은 뿔뿔이 흩어진 것을 알 수가 있습니다. 주님은 잡히시던 밤에, “오늘 밤에 너희가 다 나를 버리리라 기록된바 내가 목자를 치리니 양의 떼가 흩어지리라 하였느니라”(마26:31)고 이 예언이 주님에게 성취될 것을 말씀하셨습니다.

이점에서 미스터리로 남겨두었던 31절의 의미를 깨닫게 되는데, “그들의 눈이 밝아져 그인 줄 알아보더니 예수는 그들에게 보이지 아니하시는지라” 한 의미입니다. 이상하다는 생각이 들지 않습니까? 제자들의 눈이 밝아져 주님인줄을 알아보게 되었다면 반가우셔서라도 교제를 계속 하셨을 성싶은데 주님은 즉시 "보이지 아니하니라", 즉 떠나셨던 것입니다.

왜 그렇게 하셨을까요? 그 의도를 계속되는 말씀을 통해서 깨닫게 되는데, 주님이 떠나시자 두 제자는, "곧 그 시로 일어나 예루살렘으로 돌아"(33상)갔던 것입니다. 주님께서는 엠마오로 낙향(落鄕)하고 있는 두 제자를 예루살렘으로 불러올리시기 위해서 그들에게 나타나신 것입니다. 엠마오로 가던 두 제자만 이렇게 하신 것이 아니라 34절을 보십시오. "주께서 과연 살아나시고 시몬에게 보이셨다"고 말씀합니다. "그 된 일을 놀랍게 여기며 집으로 돌아갔던"(12하) 베드로도 주님께서 이끌어 그리로 데리고 오심으로 공동체(共同體)를 형성하게 하셨던 것입니다. 이점을 성경은 이렇게 예언하고 있습니다. "만군의 여호와가 말하노라 칼아 깨어서 내 목자, 내 짝 된 자를 치라 목자를 치면 양이 흩어지려니와 작은 자들 위에는 내가 내 손을 드리우리라"(슥 13:7). 이렇게 해서 "모인 무리의 수가 한 일백 이십 명이나 되더라"(행 1:15) 합니다.

작은 자들 위에 손을 드리워주신 주님

그렇다면 주님은 왜 이렇게 모으셨을까요? 공동체(共同體) 곧 몸 된 교회를 이루게 하기 위해서였습니다. 주님은 하나의 "몸"을 이루게 하신 후에, 각 사람을 몸 된 교회의 지체(肢體)가 되게 하셨습니다. 그리고 그 "모인 몸 된 교회" 위에 성령은 임하시고 부탁하신 사명을 감당케 하시기를 원하셨던 것입니다. 만일 이렇게 하심이 없이 각 사람에게 개별적으로 나타내셨다면 어떤 현상이 나타나게 되었을까요? 구심점이 없어 혼란과 분쟁과 신비주의에 빠지게 되었을 것이요, 결국 흩어지게 되었을 것입니다. 그래서 주님은 그들이 "그인 줄 알아보자" 곧 떠나셨던 것입니다.

성경은 말씀합니다. "몸 가운데서 분쟁이 없고 오직 여러 지체가 서로 같이 돌보게 하셨느니라 만일 한 지체가 고통을 받으면 모든 지체가 함께 고통을 받고 한 지체가 영광을 얻으면 모든 지체가 함께 즐거워하느니라 너희는 그리스도의 몸이요 지체의 각 부분이라" (고전 12:25-27).

엠마오로 가던 두 형제가 자신들에게 나타내신, "이 말을 할 때에 예수께서 친히 그들 가운데 서서 이르시되 너희에게 평강이 있을지어다 하시니 그들이 놀라고 무서워하여 그 보는 것을 영으로 생각하는지라" (36-38). 주님은 흩어졌던 제자들을 모으신 후에 친히 그 가운데 서서, "너희에게 평강이 있을지어다" (36) 하고 나타나셨습니다. 주님은 그 공동체의 "머리" 요, 공동체는 "몸" 이요, 저들은 몸의 각 "지체" 가 된 것입니다. 이것이 "그리스도 예수 안에서 거룩하여지고 성도라 부르심을 받은 자들" (고전 1:2)의 공동체인 교회인 것입니다. 주님은 왜 그들에게 나타내셨을까요?

㉠ 첫째는 그들의 마음을 덮고 있는 의심의 구름을 해소시켜주기 위해서였습니다. 먼저 의심을 해소하고 확신을 주신 후에,

㉡ 둘째로 사명을 주기 위해서 나타나신 것입니다. 그러므로 본 단원의 키워드는 "의심"이라 할 수가 있습니다. "어찌하여 두려워하며 어찌하여 마음에 의심이 일어나느냐"(38) 하십니다. 주님은 사도들의 의심을 해소시켜 주시기 위해서, "손과 발을 보라" 하십니다. 혹 영이 아닌가? 의아해하는 것을 아시고, "나를 만져 보라"(39) 하십니다. "그들이 너무 기쁘므로 아직도 믿지 못하고 놀랍게 여길 때에", 여기 무슨 먹을 것이 있느냐 하시니 구운 생선 한 토막을 드리니 잡숴 보이셨습니다(43). 어떻습니까? 이만하면 주님의 부활에 대한 의심이 해소되지 않았을까요? 그러면 주님의 부활(復活)에 대한 확증(確證)이 어째서 이

다지도 중요한가?

㉠ 첫째는 예수님이 누구신가 하는 정체성을 아는데 최종적인 증거가 되기 때문입니다. 성경은 "성결의 영으로는 죽은 자들 가운데서 부활하사 능력으로 하나님의 아들로 선포되셨으니 곧 우리 주 예수 그리스도시니라"(롬 1:4) 합니다. 죽은 가운데서 부활하심을 보아서, "아! 이 분은 진실로 하나님의 아들이었도다"고 인정하게 된다는 말씀입니다. 그러므로 제자들이 주님의 부활을 믿지 못해 한다는 것은 바로 주님이 누구신가를 아는데 불분명한 것이 되는 것입니다.

㉡ 둘째는 우리의 죄가 대속(代贖)되었다는 확증입니다. 성경은 "예수는 우리가 범죄한 것 때문에 내줌이 되고 또한 우리를 의롭다 하시기 위하여 살아나셨느니라"(롬 4:25)고 말씀합니다. 생각해 보십시오. 빚을 갚으러 간 사람이 붙들려서 돌아오지 않고 있다면 그것은 빚이 해결되지 않았기 때문입니다. 그러므로 성경은 "하나님께서 그를 사망의 고통을 풀어 살리셨으니 이는 그가 사망에 매여 있을 수 없었음이라"(행 2:24)고 말씀합니다.

㉢ 셋째는 주님의 부활은 우리들의 부활에 대한 보증이 되기 때문입니다. 성경은 말씀합니다. "그리스도께서 다시 살아나신 일이 없으면 너희의 믿음도 헛되고 너희가 여전히 죄 가운데 있을 것이요 또한 그리스도 안에서 잠자는 자도 망하였으리니 만일 그리스도 안에서 우리가 바라는 것이 다만 이 세상의 삶뿐이면 모든 사람 가운데 우리가 더욱 불쌍한 자이리라"(고전15:17-19).

㉣ 넷째로 부활은 기독교가 생명의 종교임을 입증하는 진수(眞髓)가 되기 때문입니다. 성탄절은 타종교에도 있다고 말합니다. 그러나 부활절(復活節)은 기독교에만 있는 것입니다. 주님은 말씀하십니다. "나는 부활이요 생명이니 나를 믿는 자는 죽어도 살고"(요 11:25).

㉤ 다섯째로 "부활"에 대한 소망이 고난 중에서도 사명을 감당할 수 있게 하는 원

동력이 되기 때문입니다. 사도 바울은, "미쁘다 이 말이여 우리가 주와 함께 죽었으면 또한 함께 살 것이요 참으면 또한 함께 왕 노릇 할 것이요 우리가 주를 부인하면 주도 우리를 부인하실 것이라"(딤후 2:11-12) 합니다.

그렇다면 오늘날도 의심하는 자들에게 동일한 방법으로 의심을 해소시켜주시는가? 아닙니다. 사도란 특별한 직분으로 "교회의 터" (엡 2:20)를 놓아야 할 창설 멤버들이기 때문입니다.

사도들과 선지자들의 터

그러므로 교회의 터를 놓은 사도들이란, "귀로 듣고 눈으로 보고 손으로 만져본 자" (요일 1:1)라고 말씀합니다. 그리고 그것을 기록하여 전해주게 하셨는데 이것이 신약성경입니다. 선지자들이란 그리스도가 고난을 받고 제 삼일에 죽은 자 가운데서 살아날 것을 예언하고 기록한 자들입니다. 이것이 구약성경입니다. 그러므로 복음은, "모세의 율법과 선지자의 글과 시편에 나를 가리켜 기록된 모든 것이 이루어져야 하리라" (44) 한 구약성경의 성취인 것입니다. 이것이 "사도들과 선지자들의 터 위에 세우심을 입은 자"란 뜻입니다.

그러므로 교회의 터를 놓아야 할 사도들의 어느 한 부분에라도 의심의 여지가 남아있다면 이는 "교회의 터"에 심각한 결함이 되는 것입니다. 그러므로 계시가 충족(신구약성경의 완성)된 이후에는 보고 듣고 만져보고 믿는 것이 아니라 기록된 말씀에 의지하여 "보지 못하고 믿는 자들이 복되도다"고 말씀하십니다.

주님은 부활하신 자신의 몸을 보여주심으로 확증(確證)하는 일을 마치셨던가? 아닙니다. 44절은 "또 이르시되" 이렇게 시작됩니다. 이는 제자들에게 손과 발을 보이시고 만져 보라 하시고 잡수어 보이신(36-43) 것만으로는 부족함을 아셨음을 의미합니다. 만일 그것으로 충분하였다면 44-47절은 언급하심이 없이 바로 48절로 이어져서, "너희는 이 모든 일의 증인이라"고 사명을 부여하셨을 것입니다.

보이시고, 만져 보라 하시고, 잡수어 보이신 것만으로는 당장의 의심은 해소할 수가 있다하여도 그것은 불변의 진리가 아니라는 점을 주님은 아셨습니다. 왜냐하면 사도들은 "보고 만져보고" 믿는다하여도 그 후 세대들의 믿음의 근거는 어디에 두어야 한단 말인가? 시간이 흘러 목격자들이 떠나고 나면 다시 의심의 싹이 틀 것을 아셨습니다. 그렇다면 세상 지나고 시간이 흘러도 변함이 없는 믿음의 근거란 무엇일까? 그것이 44절이 말씀하는 기록된 말씀 곧 성경인 것입니다.

"또 이르시되 내가 너희와 함께 있을 때에 너희에게 말한바 곧 모세의 율법과 선지자의 글과 시편에 나를 가리켜 기록된 모든 것이 이루어져야 하리라 한 말이 이것이라 하시고 이에 그들의 마음을 열어 성경을 깨닫게 하셨다"고 말씀합니다. 즉 "기록된 말씀", 성경만이 영원불변의 믿음의 근거라는 말씀입니다. 이점을 성경은, "풀은 마르고 꽃은 떨어지되 오직 주의 말씀은 세세토록 있도다"(벧전 1:24-25)고 말씀합니다. 주님께서는 기록된 말씀을 들어 그리스도가 당하실 "고난, 부활, 영광" 등을 입증하심으로 제자들에게 최종적인 확신을 주셨던 것입니다. 이 이상은 없습니다.

더 확실한 예언

주님께서 마귀에게 시험을 받으실 때에도 무엇으로 물리치셨는가를 상기할 필요가 있습니다. 세 번 다 "기록되었으되, 또 기록되었으되, 기록되었으되" (마 4:4, 8, 12) 라고 기록된 말씀으로 물리치셨습니다. 우리가 기대하는 것같이 무슨 능력으로, 기사이적으로 물리치신 것이 아닙니다. 주님 자신이 이렇게 하신 것은 보는 것보다도, 만지는 것보다도, 기록된 말씀이 더욱 능력이 있고 확신을 주는 증거임을 아셨기 때문입니다. 그렇습니다. "기록되었으되", 이것이 믿음의 근거요, 최종적인 권위입니다. 그럼에도 어찌하여 체험을 선호하는가? 언약의 말씀을 더디 믿는 불신앙 때문입니다. 그래서 주님은 "악하고 음란한 세대가 표적을 구한다" 하신 것입니다.

그러므로 순교를 목전에 둔 사도 베드로도는, "우리 주 예수 그리스도의 능력과 강림하심을 너희에게 알게 한 것이 교묘히 만든 이야기를 따른 것이 아니요 우리는 그의 크신 위엄을 친히 본 자라" 고 변화산상의 경험을 전해주면서, 여기서 끝인 것이 아니라, "또 우리에게는 더 확실한 예언이 있다", 즉 자신이 목격하고 경험한 것보다 "더 확실한 것"이 있다는 것입니다. 그것이 무엇인가? "어두운 데를 비추는 등불과 같으니 날이 새어 샛별이 너희 마음에 떠오르기까지 너희가 이것을 주의하는 것이 옳으니라" (벧후1:15-19) 한 기록된 말씀이 더 확실한 것이라 합니다.

그러므로 주님께서도, "모세의 율법과 선지자의 글과 시편에 나를 가리켜 기록된 모든 것이 이루어져야 하리라 한 말이 이것이라 하시고 이에 그들의 마음을 열어 성경을 깨닫게" (44-45) 해주셨던 것입니다. 그렇다면 선지자들은 무엇이라 기록하였는가? 요약하면 ㉠ "그리스도가 고난을 받고 제 삼일에 죽은 자 가운데서 살아날 것과(46), ㉡ 또 그의 이름으로 죄 사함을 받게 하는 회개가 예루살렘으로부터 시작하여 모든 족속에게 전파 될 것”(47)입니다. 이렇게 하신 후에, “너희는 이 모든 일의 증인이라”(48)고 사명을 부여하셨던 것입니다.

넷째 단원(46-53) 공동체에게 사명을 맡기심

넷째 단원의 중심점은 “너희는 이 모든 일의 증인이라”(48) 하신, 교회공동체에 사명을 명하시는데 있습니다. 여기 중요한 근거가 있는데, “회개가 예루살렘에서 시작하여 모든 족속에게 전파될 것이 기록되었으니”(47) 하신 “기록되었다”는 말씀입니다. 무엇이 기록되었다는 것인가? “전파될 것”이 기록되었다는 것입니다.

그 중 한두 가지 예를 들면 이사야 선지자는, “좋은 소식을 전하며 평화를 공포하며 복된 좋은 소식을 가져오며 구원을 공포하며 시온을 향하여 이르기를 네 하나님이 통치하신다 하는 자의 산을 넘는 발이 어찌 그리 아름다운가”(사 52:7)하면서, “그 날에 너희가 또 말하기를 여호와께 감사하라 그의 이름을 부르며 그의 행하심을 만국 중에 선포하며 그의 이름이 높다 하라 여호와를 찬송할 것은 극히 아름다운 일을 하셨음이니 이를 온 땅에 알게 할지어다”(사 12:4-5) 하고, 복음이 “만국 중에 선포하라”고 기록하고 있습니다. 이는 교회가 감당해야 할 증인의 사명도 기록된 말씀에 근거를 둔 사명이라는 점을 깨닫게 하시려는 것입니다. 기록된 말씀을 이루어 드려야 할 사명이 교회에 있다는 동기(動機)를 부여하시는 것입니다.

이 사명에 투철한 사람 사도 바울은, "내가 교회의 일꾼 된 것은 하나님이 너희를 위하여 내게 주신 직분을 따라 하나님의 말씀을 이루려 함이니라" (골 1:25)고 진술합니다. 누구에게 전파될 것이 기록되었다고 말씀하는가? "모든 족속에게"입니다. 주님께서 담당하신 십자가는 하나님과 인간 사이에 막힌 휘장만 열어놓으신 것이 아니라, 유대인과 이방인 사이에 가로막고 있던 벽도 허물어 버리신 것입니다. "이는 이 둘(유대인과 이방인)로 자기 안에서 한 새 사람을 지어 화평하게 하시고" (엡 2:15) 합니다.

"너희는 이 모든 일의 증인이라" (48) 하셨는데 그러면 증인들이 증언해야 할 "이 모든 일"이란 무엇을 가리키는 것일까요? 요약하면 그리스도께서 받으신 "고난과 다시 사심으로 말미암은 죄 사함" (46-47)이라고 말할 수가 있습니다. 이는 선지자들이 예언한 중심주제이기도 합니다. 사도행전에서 증인들이 이렇게 하고 있는 것을 보게 됩니다. 그러므로 바울 사도는 "예수 그리스도와 그의 십자가에 못 박히신 것 외에는 아무것도 알지 아니하기로 작정하였음이라" (고전 2:2)고 말씀합니다. 왜냐하면 이것이 모든 족속에게 전파해야 할 복음이기 때문입니다.

그런데 마지막으로 중요한 요점이 남았습니다. 그것은 "볼지어다 내가 내 아버지께서 약속하신 것을 너희에게 보내리니 너희는 위로부터 능력으로 입혀질 때까지 이 성에 머물라" (49) 하신 말씀입니다. "아버지의 약속하신 것"이라 하시는데 성경은 약속의 책입니다. 그런데 하나님께서는 두 가지를 약속하셨는데 "그리스도와, 성령"입니다. "그 후에 내가 내 영을 만민에게 부어 주리니" (욜 2:28) 하십니다. 하나님께서는 주님께서 "다 이루었다" 하고 휘장을 찢어주신 후에, 약속하신 대로 오순절에 또 성령을 보내주셨습니다. 베드로는, "이는 곧 선지자 요엘로 말씀하신 것이라" (행 2:16)고 약속의 성취임을 증언했던 것입니다.

성령이 나를 증거 하실 것이요

그렇다면 성령을 왜 보내주시는가? "내가 아버지께로부터 너희에게 보낼 보혜사 곧 아버지께로부터 나오시는 진리의 성령이 오실 때에 그가 나를 증언하실 것이요" (요 15:26) 하십니다. 주님께서 십자가상에서 "다 이루었다" 하신 구속의 은총을 인간의 이성이나 지혜로 알 수가 있단 말인가? 그러므로 그리스도에 대한 궁극적인 증언의 사명은 성령님의 사역인 것입니다. 그러므로 성경은 "성령으로 아니 하고는 누구든지 예수를 주시라 할 수 없느니라" (고전 12:3)고 말씀하는 것입니다. 그러면 성령님은 어떤 방도로 증언하시는가?

㉠ 첫째로, 선지자들을 감동하셔서, "그리스도가 고난을 받고 제 삼일에 살아날 것과 또 그의 이름으로 죄 사함을 얻게 하는 회개가 예루살렘으로부터 시작하여 모든 족속에게 전파 될 것을 기록"(46–47)하게 하신 분은 바로 성령님이십니다.

㉡ 둘째로 "성령이 너희에게 임하시면" 하신 대로 그리스도인들에게 임하셔서,

㉢ 셋째로 성령의 감동으로 기록하게 하신 성경을 들어 "그리스도의 고난과, 다시 사심"을 입증함으로 증언하시는 것입니다. 이점을 사도 바울을 통해서 보게 되는데, "바울이 자기의 관례대로 그들에게로 들어가서 세 안식일에 성경을 가지고 강론하며 뜻을 풀어 그리스도가 해를 받고 죽은 자 가운데서 다시 살아나야 할 것을 증언하고 이르되 내가 너희에게 전하는 이 예수가 곧 그리스도라"(행 17:2–3)고 입증했던 것입니다.

㉣ 이렇게 할 때에 성령께서는 듣는 자들에게 믿음을 주시고 거듭나게 하시는 것입니다. 이것이 성령의 증언하는 방도입니다. 어부였던 베드로를 들어서 하루에 삼천 명을 회개케 하신 이는 성령님이었습니다. 그렇다면 누가복음의 마지막 말씀은 지금까지 상고한 복음을 증언해야 할 증인은 바로 형제라는 결론에 이르게 됩니다. 왜냐하면 형제는 그리스도를 증언하기 위하여 강임하신 성령을 모셨고, 형제의 손에는 성경이 주어졌기 때문입니다.

기다리는 사람들

그러므로 누가복음은 그리스도를 기다리고 있는 사람들(2:25, 38)로 시작하여, 성령을 기다리는 사람들로 끝을 맺고 있습니다. 그리고 누가는 기다리던 120명 제자들이 약속하신 대로 위로부터 능력으로 입힘을 받고 생명 바쳐 증인노릇 하는 것을 누가복음의 속편인 사도행전을 통해서 계속해서 증언하고 있습니다. 그리고 신약성경은 "아멘 주 예수여 오시옵소사"(계 22:20) 하고 재림을 기다리는 사람들로 끝을 맺고 있습니다. 이것이 "이루어져야 하리라 한 말이 이것이라" 한 구원계획인 것입니다.

구속사의 관점에서 바라본 "누가복음 파노라마"를 마치면서 한마디 다짐을 한다면 무슨 말씀이 가장 적합하겠습니까? "우리가 그를 전파하여 각 사람을 권하고 모든 지혜로 각 사람을 가르침은 각 사람을 그리스도 안에서 완전한 자로 세우려 함이니 이를 위하여 나도 내 속에서 능력으로 역사하시는 이의 역사를 따라 힘을 다하여 수고하노라" (골 1:28-29). 아멘